DAVID HUME'S POLITICAL PHILOSOPHY

高全喜 著

# 休谟的政治哲学

（增订版）

上海三联书店

# 目　录

**增订版序言**　/ 001

**前言**　/ 001


**第一章　政治哲学的人性论预设**　/ 001

　　一、休谟的哲学政治之维　/ 001

　　　　1.《人性论》的写作　/ 001

　　　　2. 思想史的脉络　/ 013

　　二、休谟难题　/ 022

　　三、人性论的预设　/ 038

　　　　1. 是否有恒长的人性？　/ 038

　　　　2. 自然资源的匮乏　/ 046

　　　　3. 自私与有限的慷慨　/ 051

**第二章　政治德性论**　/ 062

　　一、休谟的情感论　/ 063

　　二、休谟的德性论　/ 076

　　　　1. 古典古代的德性问题　/ 077

　　　　2. 休谟的两种德性观　/ 086

　　　　3. 政治社会与正义德性　/ 094

三、苏格兰思想中的德性论 / 111

    1. 苏格兰道德哲学 / 111

    2. 所谓的"英国化颠覆" / 117

    3. "斯密问题" / 127

第三章　正义规则论 / 137

一、关于财产权的一般理论 / 138

    1. 产物占有问题 / 138

    2. 财产权与政治社会 / 147

    3. 三个基本的规则 / 154

二、财产权的产生机制 / 162

    1. 共同利益感 / 162

    2. 财产权的心理发生机制 / 175

    3. 与洛克、黑格尔财产权理论之比较 / 181

三、人为正义问题 / 191

    1. 自然法问题 / 192

    2. 正义规则 / 200

    3. 规则之治 / 206

    4. 公正的旁观者 / 216

第四章　政治经济学 / 224

一、休谟与古典经济学 / 224

    1. 英国古典经济学 / 224

    2. 作为经济学家的休谟 / 238

二、休谟经济哲学的两个维度 / 243

三、休谟的政治经济学 / 261

    1. 个人利益与公共利益 / 261

　　2. 国民财富与商品贸易　/ 271

　　3. 经济论文　/ 283

　　4. 古典经济学与道德学　/ 292

第五章　政治学与政体论　/ 300

　一、政治学如何成为科学？　/ 301

　二、一般政体论　/ 311

　　1. 政体类型的二阶划分　/ 311

　　2. 政府的起源与权威　/ 327

　三、政体形态论　/ 341

　　1. 自由君主制　/ 343

　　2. 专制君主制　/ 363

　　3. 理想共和制　/ 371

第六章　休谟与现代自由主义　/ 384

　一、现代自由主义及其危机　/ 385

　二、休谟与现代自由主义　/ 394

　　1. 自由主义，抑或保守主义？　/ 394

　　2. 休谟与现代自由主义　/ 409

　三、回到大卫·休谟！　/ 426


后记　/ 439

主要参考书目　/ 443

附录一　休谟的文明社会论　/ 447

附录二　休谟的法学方法论转换及其内在机制　/ 472

附录三　《休谟政治经济论文选》中文版序言　/ 493

# 增订版序言

　　承蒙上海三联书店及编辑徐建新君的雅意，鄙人于 2004 年在北京大学出版社出版的拙著《休谟的政治哲学》再次予以增订出版，二十多年弹指一挥间，摩挲着手头厚厚的校样稿，不禁感慨万千，一言难尽矣！说起来，在写完《休谟的政治哲学》之后，我的思想路径逐渐进入法理学和宪法学，但对于休谟以及苏格兰启蒙思想并没有忘怀，而是化为法政理论的种子，伴随着自己对于宪法与历史问题的思考，并且慢慢生根发芽。这些年，我还参与国内外各种有关苏格兰启蒙思想的学术论坛，并且在去年写作和出版了《苏格兰道德哲学十讲》，感谢上海三联书店以及这些年来一起倡导苏格兰思想的同道，大家的砥砺前行，必将促使这个富有生机的思想谱系，在中国大地上开花结果。

　　这次再版拙著，不是简单地再版，而是增订版，除了保持原版的基本风貌之外，我还增加了三篇这些年来新写的文章，作为附录，补充了原版的一些不足（当然也难免有个别段落的重复之处），此外，对原版的一些文句和注释错讹，也做了一定的修订。总的来说，二十多年过去了，自己对于休谟的政治哲学以及苏格兰启蒙思想的认识和研究，并没有发生多大的变化，大致上保持了原有的立场和观点，对于休谟政治理论在思想史上的意义，认识得更加深刻，我觉得中国现时代需要休谟那样的思想家。

想说的都在书中说了，走笔至此，我突然读到休谟在《论趣味》一文开篇所言，我愿以此与读者诸君共勉。休谟写道：

> 有些人拥有某种敏感的激情，使得他对生活中的一切事物都极为敏感，遇到成功之事欢欣鼓舞，遭遇不幸和灾难时悲痛欲绝。点滴恩惠和善意帮助很容易赢得这类人的友谊，而稍微的伤害也会激起怨恨。任何名誉或荣耀都能使他们得意忘形，但对微不足道的轻蔑也会十分在意。毫无疑问，具有这样性格的人，比镇定稳重的人更容易产生大喜大悲的心情。不过我认为凡事都有一个平衡，没有人能完全具有后者的性格，除非他能完全控制他的性情。好运、厄运几乎不在我们的情感控制之下。——培养优雅艺术的趣味压制了某些激情，让我们对其他人热衷追求的事物漠不关心，或许我这样说有些过头。深入思考之后我发现，这种趣味的确提高了我们对所有温和的、令人愉悦的激情的感知力，同时，使我们内心不为那些粗野、较剧烈的情绪所动。

2024 年 1 月 12 日于沪上寓所

前言

在西方现代的社会政治理论中，17、18 世纪的英国古典思想处于一个十分突出的地位，我们考察现代思想的演变，考察自由主义在人类思想历程中的产生、发展与变化，考察英美政治制度的理论依据，都脱离不了英国的古典政治社会理论，特别是英国的古典政治哲学。而在英国的古典思想中休谟的政治哲学又占有重要的位置，休谟以及他与斯密所共同代表的苏格兰历史学派的政治哲学及社会政治理论进一步拓展了霍布斯和洛克的政治思想，作为英国古典政治思想的集大成者，他们的理论对于当时的欧洲乃至美国的政治理论和政治实践产生了不可低估的影响，这种影响直到今天还依然持续着，并且构成了现代自由主义的一个重要的理论渊源。

然而，苏格兰历史学派的政治哲学，尤其是休谟的政治哲学，长期以来却一直受到不应有的忽视，从某种意义上来说，休谟的政治哲学究竟是怎样的还一直处在隐晦不明之中。固然休谟的经验主义哲学，他的和缓的怀疑论，他的道德哲学，尤其是他的"是"与"应该"两分的观点，在传统的哲学研究领域受到了普遍的重视，并对于功利主义、逻辑实证主义和分析哲学等都产生了重要的影响，此外，休谟作为一个历史学家，他的《英国史》也获得广泛的认同，但是，休谟的政治哲学，他有关政治社会的人性基础，有关正义规则和政治德性，以及有关市民社会的制度价值和政体模式，乃至政治经济学等方面的理论观点，却很少被人注意。可以说直到 20 世纪 70 年代，上述状况才有所改观，随着传统自由主义的政治理论在西方社会面临日益严峻的挑战，理论家们逐渐发现在苏格兰历史学派的思想中，特别是在休谟的社会政治理论中存在着一些重要的因素可以弥补现代自由主义的缺陷，因此休谟的政治哲学开始受到重视，并陆续出版了一系列著作。

在此值得一提的是哈耶克写于 1963 年的那篇重要论文"大卫·休谟的法哲学和政治哲学"，虽然这篇文章在英美主流学术界的休谟研究中并没有得到足够的重视，但在我看来，它对于研究休谟的政治哲学具有指导性的意义。哈耶克的这篇文章揭示了休谟政治哲学中的一个重要的维度，即休谟哲学提供了一个市民社会赖以形成的有关法律制度和政治秩序及其相关的正义本性的论证。按照哈耶克的理解，休谟理论的贡献不仅在于他提出了人为正义这样一个观点，而且更在于提出了三个基本的对于政治社会的构成具有着重要意义的正义规则，那就是财产权的确立和稳定、同意的财产转让和许诺的履行，这三个基本的正义规则奠定了现代市民社会的理论基础。由此观之，以前人们对于休谟理论的看法大多是分离的，一方面人们注意到了休谟的人性论和他的道德哲学，另一方面也注意到了休谟的一些具体的政治和经济观点，但是往往忽略了在休谟的人性论哲学和现实社会政治理论之间存在着一个重要的桥梁，那就是以三个正义规则为支撑的政治哲学和法律哲学，它们构成了英国 18 世纪社会政治理论的一个重要的内容。哈耶克通过挖掘休谟的政治思想从而进一步深化了他自己的理论体系，例如他有关正当行为规则的作用、自生秩序的机制、理性不及的认识等方面的重要观点，都能在休谟那里找到理论的源泉，从某种意义上说，休谟的政治哲学是哈耶克社会政治理论，特别是他的法学和宪政理论的出发点和前提。

哈耶克等自由主义者是以英国古典自由主义的衣钵传人为标榜的，他们与其他各种自由主义之不同在于自认为继承的是英国古典自由主义的政治哲学传统。不过，如果全面研究一下休谟和斯密的政治哲学，我们就会发现一个问题，哈耶克等人的研究似乎忽视了英国古典传统中的另外一个维度，即休谟和斯密政治哲学中的人性与道德情操的维度，而恰恰是这个维度为人类社会的制度建构提供着人性论的依据。当然，哈耶克对于休谟哲学中有关从自然到社会演化构成中自生秩序的分析与强调并无不妥之处，甚至可以说哈耶克所揭示的休谟与斯密共同建立起来的经济、法律与政治制度及其正义性的理论确实是古典自由主义的一个极其重要的内容，哈耶克通过休谟思想的分析从而为自由主义找到了一个制度正义的支撑点。但问题在于，哈耶克对于人性的认识与英国古典的政治哲学相比，甚至与同时代的其他政治理论家相比，还是非常薄弱的，他没有注意到或者相当草率地忽视了休谟政治哲学中的道德情感论，这样在哈耶克那里就只剩了孤零零的自私的个人和三条基本的正义规则，以及由此所导致的市场秩序和法治制度。然而这并不是英国古典政治思想的本来面目，只是哈耶克有色眼镜里的英国古典思想或者说是哈耶克自己的政治哲学。

那么休谟的政治哲学究竟是怎样的呢？休谟的政治哲学除了包含哈耶克所揭示的那个法律规则及其社会秩序之外，还有另外一个重要的方面，即道德情感论和政治德性论。在这方面休谟所提出的有关自私、同情、仁爱、审慎等间接情感和传统美德，以及斯密所提出的道德的合宜性、公正的旁观者以及同情、仁慈等，它们对于一个市民社会的法律规则和政治制度的建立与维系发挥着十分重要的作用。从哲学形态上看，休谟、斯密的哲学属于古典古代非主流的自然主义的哲学系列，与柏拉图、亚里士多德等主流的理性主义哲学迥然相异，在对于人性的认识方面来看，它们偏重于情感，而非理性，因此与古代的智者学派、伊壁鸠鲁主义有着某种内在的联系。但是，英国政治哲学最具有创造性方面在于，这种基于人性情感论的道德理论却通过休谟的人为德性和斯密的看不见的手的提升和转型，而变成了一种与非主流的希腊思想的反公共政治倾向完全不同的政治理论，在面对公共社会、讲究政治德性，特别是构建政治社会的国家理论方面，它们反而与古代占主导地位的理性主义政治理论相一致，所不同的是，它们取代了柏拉图和亚里士多德的主智主义的理性论和目的论，而是以人的情感，以个人利益与公共利益的协调，以同情和道德情操为基础，建立起一种面向社会的公共政治理论、一种市民社会的政治理论和法律理论。我们看到，18世纪英国的这种经验主义的本于人性情感的道德论，经过休谟和斯密在理论上的全面塑造，变成了一种面对公共领域的政治德性论和规则正义论以及政治经济学，这样一来，就使得英国的政治哲学呈现出一种非常独特的性质，既克服了古希腊的主流政治理论的理性主义和目的论的弊端，又排除了非主流的情感主义逃避社会的犬儒主义的缺陷，并在情感主义的人性基础之上建立起一种新的全面参与社会的政治理论。这种理论不但对于英国市民社会的形成和英国的君主立宪政体的建立提供了坚固的理论支撑，而对于美国立宪时代的政治实践，对于西方政治理论中的英美主义的理论形态、原则和气质的形成，都产生了深远的影响。

就现代中国的政治理论和政治实践来看，18世纪英国的这种由休谟和斯密所开启的非主智主义的政治理论，其所具有的潜在意义是十分巨大的。我们的政治理论近一个世纪以来明显受到了欧洲大陆思想的影响，并且在对西方古代希腊思想的吸收上面，也一直是以主流的理性主义政治理论为主导。这种理性主义化的政治理论形态固然对于中国当今乃至传统的政治理论具有着系统化和规范性的作用，不过应该看到，这种以理性建构的方式建立起中国的政治哲学和社会政治理论乃至以此来理解中国的传统政治向现代政治的演变，又存在着很大的缺陷，呈现出相当的片面性。因为从西方的社会政治理论来看，由于英美经验主义的政治哲学传统一直十分深厚，就使得大陆理性主义的政治哲学在对政治事务和历史传统的分析论述中，并没有取得一枝独秀的地位。但是对于我们中国的社会政治理论来说，由于这些年来一直没能真正深入地吸收与融会英美经验主义的政治哲学及其社会政治理论，所以，在一系列现实事务的研究上面，无论是经济事务还是政治和法律事务等等，不是局限于概念编织的空中楼阁，就是滑落于庸俗的市侩偏见，少有英国古典政治哲学所达到的高明、审慎之见，至于对于传统思想的理解与研究，更是充满了"致命的自负"。

我们知道，中国传统的政治理论百余年来所面临的一个生死攸关的问题就是如何从内圣中开出外王，这个问题如果以理性建构主义的政治哲学加以解决，不但极易导致重大的理论偏差，并且与中国的文脉传统并不契合。在中国五千年的政治文化中，几乎没有那种主智主义主导的理性政治理论和国家学说，在中国传统文化中占主流的一直是实用主义的理性形态，而在政治领域中实用主义的政治理性往往转化为一种开明的政治传统，所谓的内圣实质上依然是一个经验的道德情感问题，这一点与休谟和斯密所说的人性论并没有什么本质上的不同，我们发现在孔、荀那里所提出的一些有关人性的基本看法，诸如等差之爱、仁义礼智信、忠恕之道等，与休谟和斯密理论中人的自私和有限的慷慨、共同利益感和道德情操等有很多相似之处，即便是宋明理学把人的内圣提高到了超验的高度，也仍然与西方神义论的政治神学是判然有别的。

但值得注意的是，17、18 世纪英国的政治哲学却通过斯密和休谟的理论开辟出了一个通过人性而进入公共政治领域的路径，并具体地表现在他们的政治德性论、正义规则论和政治经济学上面，我们看到在英国思想中不但建立起了从人性到规则与制度这样一条由内圣到外王的路径，而且在现实的实践中已经得到了实现和完成，英国的市民社会及其政治和法律制度正是这种英国式的内圣外王之政治哲学的体现。从休谟的政治哲学以及英美的社会实践回头再重新审视我们中国的政治传统，研究中国式内圣与外王路径的严重分裂，就会发现很多富有启发性的东西，休谟的政治哲学以及斯密的政治经济学是如何开辟出一个从人性到制度的演进路径的，其中正义的法律规则、私利与公益的关系、宪政制度的建立等问题，都具有着重要的提示作用，值得我们认真思考和研究。

当然，指出由休谟和斯密所代表的英国古典政治理论已经从内圣开出外王，这只是一个类比的说法，因为内圣外王之道属于一个中国式的传统政治问题，西方的政治理论或许根本不是这么回事，因此没有必要套用这样的模式来研究休谟的政治哲学。同样，反过来考量中国的问题，我们不可能也没有必要把休谟乃至英国的古典政治哲学所开启的那种从人性到制度的内在转换机制，完全照搬到中国的传统理论上来，进而复制一个中国的休谟式的内圣外王之道。英国经验主义政治理论的一个主要特性就是尊重历史传统，注重现实情感的合宜性，但由于中国历史传统、时代背景、道德习俗等诸多方面与英美大为不同，很难预设一个共同的人之为人的普遍本性，不过我们也没有必要特别强调各个民族和国家之间的相互隔膜与不可公度性，在这一点上古人所谓的人同此心、心同此理也许更为符合休谟的看法。所以，研究休谟的政治哲学对于中国的问题仍然具有着启发意义，在有关私利与公益的关系问题上，有关自然正义与人为正义的划分上，特别是在有关法律规则和政治制度的建设以及政治德性的塑造与培养方面，我们都可以或多或少地通过比较与鉴别吸收休谟思想的内在营养。

全面而深入地研究休谟，对于今天西方的现代自由主义来说也同样具有着重要的理论意义，现代自由主义之所以面临着重大的危机，并且受到各种各样的挑战，其中的一个主要原因便在于其人性学说的薄弱，特别是缺乏自己的道德情感和公共美德理论。现代自由主义应该感到惭愧的是，他们完全遗忘了 17、18 世纪英国古典自由主义理论中的那个丰厚的道德与人性理论的资源，实际上早在两百多年前休谟和斯密的政治哲学和政治经济学中就已经实现了自由主义的政治制度论与人性论和美德论的结合，可惜的是自由主义在19、20 世纪的演变中越来越趋于僵硬，变成与人性情感相隔膜的所谓价值中立的制度机器，因此受到现代社群主义的批判乃是必然的。社群主义确实为现代自由主义补了一课，但需要指出的是，社群主义对于道德情感、美德传统和公共利益的解说是极为片面的，他们无视休谟和斯密思想中的道德学与制度论两个维度的互动关系，对于苏格兰历史学派政治理论的解读和批判大多是荒谬的。因为，休谟的政治哲学毕竟不是道德心理主义，也不是古代的政治美德论，而是现代市民社会的政治哲学，在休谟和斯密等人的道德情操和公民德性理论的背后，存在着一个现代经济社会的法律规则和政治制度的正义论基础。

基于上述种种考虑，本书对于休谟政治哲学的研究，基本上是从如下几个方面展开的，它们体现了我对于休谟乃至17、18世纪英国古典思想的关切点。

本书第一章"休谟政治哲学的人性论预设"所着重讨论的是休谟政治哲学的人性论基础问题。在我看来，人性问题在休谟的政治哲学中与在他的哲学上的地位是有所不同的，应该看到，从休谟的哲学到政治哲学存在着一种重要的转换，这种转换是以他提出的事实与价值问题的两分为枢纽而展开的，因此基于其上的有关人性的预设是休谟政治哲学的前提和出发点。至于休谟哲学的认识论、知识论等属于传统哲学的范畴，对于他的政治哲学和道德哲学来说并不具有前提预设的意义，因此，我们不能把他的哲学认识论简单地拿过来作为他的政治哲学的出发点，也不能把他的社会政治理论视为他的哲学的一个次要的组成部分。其实从某种意义上来说，休谟的政治哲学比他的一般哲学更具有根本性的意义，连他自己也是这样看待的，他的《人性论》以及后来改写的两个《研究》其内在的逻辑线索也是把道德学或政治思想置于他的哲学认识论之上。建立一个正义的政治社会，这是休谟思想的最终蕴含，至于他的人性论预设显然是为这样一个政治哲学而设立的。

在本书的第二章"政治德性论"、第三章"正义规则论"和第四章"政治经济学"以及第五章"政治学与政体论"中，我尽可能详尽地讨论了休谟政治哲学的主要内容。第二章"政治德性论"是休谟乃至斯密社会政治思想的一个重要的维度，它涉及人性的心理机制，休谟有关直接情感和间接情感以及道德情操与政治德性等相关的内容在此都获得了充分的讨论。值得注意的是，以休谟和斯密为代表的英国古典思想深刻地阐述了人性的内在机制，从而成功地把自然主义的道德情感论转向一个公共社会的政治领域，并由此形成了他们的政治德性论。这种把主观情感与政治美德结合在一起的道德学开辟了英国古典政治哲学的一个新的维度，而这恰恰是后来的自由主义政治理论所严重忽略的，因此在近期又受到了社群主义的片面性关注。为了挑明现代自由主义的危机以及回应社群主义的挑战，在本章我特意把休谟的德性理论放在17、18世纪英国社会政治思想的广阔背景之下，并结合斯密的思想一起予以讨论，在我看来，所谓"休谟对于苏格兰传统的英格兰颠覆"以及古典经济学中"斯密问题"，其关键仍然是一个关涉自由主义之本质的人性与制度的正义论问题。

在第三章"正义规则论"中，我重点探讨了休谟政治哲学的另外一个重要的维度，即构建现代市民社会之经济与政治秩序和制度的基本的正义规则理论，尤其是以财产权的确立为基础的正义规则理论。应该指出，这个维度是从古典自由主义到现代自由主义一脉相承的理论路径，它们展示了自由主义政治哲学的命脉，所谓现代资本主义社会的市场经济秩序以及法治与民主政治，都是在这样一个正义的法律规则的基础之上建立起来的，休谟所提出的以财产权为中心的三个正义规则被视为现代市民社会得以存在的元规则。在此，休谟的规则理论得到了哈耶克等自由主义理论家们的重点阐释与发挥。不过本章在上述理论背景之下所着重探讨的是休谟有别于洛克与黑格尔的独特的财产权理论及其正义的本性。休谟对于财产的本质、稳定占有的方式、心理发生的机制，以及与政治社会的关系，作为法律规则的人为正义的特性等方面的看法，不但开辟了有关财产权理论的一个新的路径，而且对于现代市民社会的影响也是十分巨大的。本章的主要内容便是梳理分析休谟的财产权理论，并在与洛克、黑格尔财产权理论的比较研究中，揭示其所蕴涵的理论意义。

在第四章"政治经济学"中探讨了休谟乃至斯密的政治经济学理论。政治经济学是英国古典社会政治思想的一个重要内容，它有别于古代家政学和现代经济学，其对于一个社会经济事务的分析具有着古典自由主义政治哲学的基础。因此，作为市民社会的政治经济学，在休谟和斯密看来所研究的乃是有关社会财富的性质与原因的研究，而这种研究只有在经验论的人性哲学和正义的规则与制度的前提之下才能进行。在这个方面休谟提供了一个研究古典经济学的人性的和制度的考察方式，通过对于个人利益与公共利益的关系、国民财富、商品贸易以及相关的各种经济现象与关系的分析，休谟深刻地揭示了现代市民社会作为一个经济社会的内在本性，从而使得他的一系列经济论文具有了经济学乃至经济哲学的意义，并构成了他的政治哲学的一个重要部分。

第五章"政治学与政体论"重点考察了休谟有关政治科学与自由政体的理论。政体是政治学研究的主要对象，一个优良的政治体制关键在于制度本身的设计。一个社会的政体结构和文明价值并不是天然地从自然状态中生长出来的，而是人们在社会的共同利益的寻求与合作中逐渐创造和设计出来的。休谟在一系列文章中考察了历史上的以及他那个时代的各种不同的政体，认为英国的混合政体是最为可取的一种体制，与法国的专制政体特别是东方专制社会的野蛮政体相比，英国的君主立宪制作为一种自由的体制，表现出了很大的优越性。作为社会政治理论的一部分，休谟以他的"经验"与"观察"的方法，对于人类政治事物，尤其是英国的政治传统给予充分的分析与研究，从而把政治学提高为一门政治的科学。

上述四章分别论述了休谟政治哲学的基本内容，在结构上它们包括人性与制度两个维度的展开，以及政治德性、正义规则、政治经济学和政体理论等四个方面的具体内容。在我看来，上述内容构成了休谟政治哲学的主干，如果把它们放在一个广阔的历史背景之下，就会发现以休谟、斯密为代表的苏格兰历史学派的政治哲学，与现代以来的其他各种政治哲学有着明显的区别，它们集中体现了所谓古典自由主义的本质，而这恰恰是本书在最后一章"休谟与现代自由主义"所要处理的问题。在第六章我着重探讨了以休谟为代表的英国古典自由主义与现代政治自由主义的关系，指出休谟的学说从某种意义上来说对于政治哲学的一系列重要问题，特别是有关人性、道德情感和制度正义等方面的难题给予了卓有成效的解答，而正是在这些方面现代自由主义的社会政治理论一方面发展了休谟政治哲学的相关思想，但在另一方面却忽略乃至抛弃了休谟思想中的很多丰富的内容，使得现代自由主义面临着前所未有的危机。因此，休谟与现代自由主义的关系问题并非一个简单的历史问题，同时也是一个现实问题，在诸如由人性如何形成社会秩序，正义的规则如何可能，以及私利与公益的关系如何在一个社会的自生演进中调适等问题上，休谟的政治哲学在今天仍然具有着重大的启示意义。我们不能否认，休谟基于人性的政治哲学以及社会政治理论，在道德情感和正义规则两个维度上，为现代自由主义提供一个可以扩展的足以弥补其缺陷的广阔空间。

现代自由主义特别是哈耶克的自由主义，往往偏重于法律与政治制度层面的探讨和建设，而忽视了人性中的情感因素，他们只是片面地强调在社会生活中个人利益与公共利益的关系应在看不见的手的调整下，通过规则和秩序自发地加以解决，并认为由此可以产生一种制度的正义。其实在休谟看来，这种制度和规则的正义并不完全是建立在各种利益的博奕之上的，也不是规则本身就具有着天然的正当性，正义是一种人为的德性，在其中仍然存在着人性的心理和情感的基础，探讨这种人类固有的自私本性、有限的慷慨以及同情感和仁爱之心，揭示其共同的利益感觉，以及由此所产生出来的面向公共社会的政治德性和规则制度，同样是自由主义所必须面对和予以解决的问题。因为一个社会的政治共同体乃至一个息息相关的生活共同体，除了利益和规则之外，还有着精神上和心理上的关联与沟通，所以休谟的政治哲学为现代自由主义矫正其片面的内容（包括规则）功利主义和制度工具主义之弊端，重新建立自己的道德情操论和政治德性论，无疑具有重大的理论意义和现实意义。

研究休谟的政治哲学，使我们发现这个两百多年前产生于英国的思想体系，其对于人性的真切认识和对于社会制度与道德情感的深入分析，不仅在西方产生了深远的影响，即便是对于当今的中国，对于我们这个正处在从传统文化向现代文化，从过去的旧秩序向自由的政治秩序转型的国度，也同样具有着极其重要的启示性意义。因此，在今天的语境下重新研究休谟的政治哲学，并且适时地提出"回到休谟！"，在我看来不仅是恰当的，而且具有着某种历史的必然性。我们的社会政治理论往往不是偏于规则秩序的制度建设，就是偏于道德情感的德性建设，至于如何调整两者之间的关系，在道德情感的德性维度上和正义规则的制度维度上关联互动，并共同依据于一个内在的人性原则，从而建设一个既源于传统又有别于传统的现代政治理论，这个问题的解决不仅是理论本身的需要，同时也是现实对我们提出的迫切要求。

　　在当今世界，自由主义与社群主义是两个重要的彼此相互对立的思想理论，但从休谟政治哲学和从英国古典自由主义的思想背景来看，我们发现从某种意义上来说，这两种政治理论其实恰恰把英国古典思想中的两个维度的东西各自加以多少有些片面性的扩展。英国古典政治哲学中强调规则与制度的思想，即承认在这种看不见的手的调整下形成一个社会经济秩序乃至政治秩序的理论，显然是被 19 世纪以来的各种现代自由主义所大力发展了，并且走到了某种极端化的程度，以至于他们过分强调制度的工具作用以及作为制度人的个人权利和利益，而忽视了在制度和个人权利的背后还有某种相关联的社会情感、共同利益和公共德性。而社群主义则又是片面地强调了社会共同体的情感联系以及个人相互之间的共同命运，并且把这种内在的情感及其展现出来的公共美德视为社会组织和政治群体唯一的支撑点和归宿地，从而忽视了任何一个社会组织和群体的建立与维系，必须首先确立正当的行为规则，必须有一整套形式与程序公正的法律制度的支撑，显然，一个没有规则和制度的共同体，单靠共通情感的关联是很难存在下去的。所以，自由主义和社群主义在制度层面上和情感层面上的相互对立实际上是片面的，在其中应该有一种人性上的沟通与联系，应该在此基础之上既拓展制度的建设又进行情感的交流，把自由法治与道德同情联系在一起。

我们看到，这样一种全面的社会政治思想在休谟那里已经完成，因此，回到休谟，重新寻找英国古典自由主义的内在本性，并在中国的接续传统的现实土壤中，翘首以盼一种新的政治哲学的可能性，这也正是我写作本书所潜在的意图。

# 第一章　政治哲学的人性论预设

休谟哲学存在着一个基本的预设，他的政治哲学，乃至整个社会政治理论都是建立在有关人性的基本看法之上的，在他看来，"人性本身"是一切科学的"首都或心脏"，"一旦掌握了人性之后，我们在其他各方面就有希望轻而易举地取得胜利了"。[①] 从这个意义上说，休谟的政治哲学与现代的各种"薄的"政治自由主义大不相同，是一种"厚的"政治理论，属于古典的政治理论形态，它不但不削减整全性的（comprehensive）理论体系，反而把他的政治理论基于人性论这个一切科学的唯一基础之上。

## 一、休谟的政治哲学之维

### 1.《人性论》的写作

我们知道，休谟在 26 岁左右的时候就大体完成了他的划时代的著

---

① 休谟：《人性论》，上，关文运译，商务印书馆 1996 年版，第 7 页。

作——《人性论》。《人性论》的写作，直接来自牛顿自然哲学的鼓舞，休谟企图通过建立一种新的人性论，取得牛顿那样的广泛影响。当然，休谟的目标不是自然科学，而是一门新的社会政治理论，按照当时的学科分类，牛顿的科学原理被视为一门自然哲学，由于有了牛顿的建树，对于自然世界因果必然性以及相关真理的认识，便成为多余的了，因为牛顿已经建立起一个指导人类认识世界的最高的科学原理。然而在社会政治领域，牛顿意义上的科学却一直付之阙如，因此，休谟感到在社会政治领域建立一个普遍的哲学原理，不但是必要的也是可能的，他认为这门有关人的"完整的科学体系"就是人性学。

休谟基于自己对人性科学的理解将《人性论》一书分成三卷，论知性、论情感和道德学，第一卷讨论哲学认识论问题，第二卷讨论情感心理学问题，第三卷讨论道德学或社会政治哲学问题。道德学究竟在休谟的人性学中占有怎样的地位，这一点实际上从《人性论》的分类中就已经表明：知性论为道德学提供了一个哲学的认识论前提，情感论所探讨的是道德学的心理情感基础，而道德学则展开了一个以政治德性论和正义规则论为核心内容的政治哲学。休谟所企图建立的牛顿式的科学理论，主要是体现在他的后两卷特别是第三卷"道德学"中，在那里他把牛顿建立自然哲学的那种"经验和观察"的科学方法在社会政治领域加以运用，为此，他在《人性论》书名之下刻意写下了这样一句副标题："在精神科学中采取实验推理方法的一个尝试"，其用意也正在于此。在他看来，道德学属于有别于牛顿自然科学的精神科学，他要在精神科学领域中通过实验推理的方式，像牛顿演绎出一个自然科学的体系那样，建立起一个社会政治理论的科学体系，从而在精神科学或社会政治科学中取得牛顿在自然科学中所达到的那种地位，这是休谟的梦想，也是他的哲学的目的所在。①

　　麦克瑞在"作为政治哲学家的休谟"一文中这样写道："休谟在《人性论》的'引论'中表明他不仅仅是一个哲学的怀疑论者，而且清楚地表达了他的把形而上学建立在稳固的基础之上的建设性计划，休谟讨论了哲学的本性和它的分类，并为我们提供了这样一个预设，如果它一旦实现，将使休谟由此取得的哲学体系和整全性意见得到辩护。"② 麦克瑞指出，各门科学在休谟那里可根据它们依赖于人性的程度分为两个层次，一些是较少依赖性的，它们是数学、自然哲学和自然宗教，另一些则是较多依赖性的，它们是逻辑、道德学、批评学和政治学。按照休谟的观点，"一切科学对于人性总是或多或少地有些关系，任何学科不论似乎与人性离得多远，它们总是会通过这样或那样的途径回到人性"。③ 对此，麦金太尔从另一个角度说得十分明确，他认为"《人性论》一书便是一部政治文献，而不仅仅是该书那些明确讨论政府问题和忠诚问题的部分具有政治文献的性质"。④ 由此可见，休谟的人性学说是一种政治哲学和社会政治理论，

---

① 休谟曾这样写道："对于道德上的善恶的原则，对于政府的本性和基础，对于推动和支配我的情感和倾向的原因，我都不禁有一种乐意加以认识的好奇心。我如果不知道我是根据了什么原则，赞许一个对象，而不赞许另一个对象，称一种东西为美，称另一种东西为丑，判断其真实和虚妄，理性和愚蠢：那么我思想起来便觉得不安。现在的学术界在这种种方面都是处于可怜的无知状态，我对此很感关切。我感觉自己雄心勃勃，要想对于人类的教导有所贡献，并借我的发明和发现获得声名。……这就是我的哲学的起源。"见休谟：《人性论》，上，第301—302页。

② Robert McRae, Hume as a Political Philosopher, Hume as Philosopher of Society, Politics and History, Edited by D. Livingston, University of Rochester Press, 1991, pp 26 - 27.

③ 休谟：《人性论》，上，第6页。

④ 麦金太尔：《谁之正义？何种合理性？》，万俊人译，中国社会科学出版社1996年版，第394页。当然，麦金太尔对于政治哲学的理解是不同于以休谟、斯密为代表的苏格兰启蒙学派的，不过他抓住了休谟思想中政治哲学这一根本性的维度却是深刻的，显示了他作为一个伦理学家不同于其他伦理学家的独特眼力。关于麦金太尔对于休谟思想的批判性研究，本书将在下面有关章节中专门讨论。

不过，休谟在他的《人性论》中并没有冠之这样的称谓。因为，政治哲学从某种意义上说，是一种现代的学科词汇，按照古典的学科分类传统，休谟仍称之为"道德学"，并在第三卷用一卷的篇幅集中论述了他的基于人性论的社会政治理论或政治哲学。①

虽说《人性论》是休谟的第一部也是最重要的一部著作，可是事不随人愿，在休谟看来，这部他在青年时期所写的著作却是一部失败的作品，正像休谟在"自传"中所说的，"它从机器中一生出来就死了，它无声无臭的，甚至在热狂者中也不曾刺激起一次怨言来。"② 休谟心有不甘，通过反复考量，他对自己的《人性论》进行了修改，分别出版了《人类理解研究》和《道德原则研究》两书，据说反映较好，尽管休谟在"自传"中仍认为它们没有达到预期的结果，但他对于改写仍然是满意的，特别是对于《道德原则研究》一书，他认为是自己"所有不论历史的、哲学的或文学的著作中最

---

① 在 17、18 世纪的英国，伦理学或道德哲学实际上是一个广义的综合学科，包含了我们今天所分化出来的道德学、经济学、法学和政治学等多个方面的内容。例如斯密虽然是伦理哲学教授，但他教授的伦理学这门课程就包含着四个部分的内容：第一部分是神学，第二部分是所谓狭义的伦理学，第三部分是讨论与法律有关的伦理学，第四部分则是讨论涉及国家的财富、力量和繁荣的政治条例或政治学。休谟《人性论》第三卷所讨论的道德学实际上与斯密所使用的道德学的含义大体相当，涉及的领域是一个包含了道德、政治、法律和经济学在内的综合学科。参见《亚当·斯密关于法律、警察、岁入及军备的演讲》中"原编者引论"，坎南编，商务印书馆 1997 年版。再如，米勒的《休谟政治思想中的哲学与意识形态》一书在谈到休谟的"论民族特性"一文时曾指出："在考察民族性格变迁的根源时，休谟特别强调他所谓的'道德的'（moral）因素，它通过人的意识发挥作用，而看轻那些诸如气候等直接影响人的身体的物质因素。道德的范畴包括人生活于其中的经济的、政治的环境，它要比这个观念通常所含有的意义宽广得多。"David Miller, Philosophy and Ideology in Hume's Political Thought, Oxford University Press, 1981, p. 103.

② 1739 年出版的《人性论》只是第一和第二两卷，第三卷"道德学"于 1740 年出版，不过，总的来说，该书出版后没有产生什么影响，参见休谟：《人类理解研究》"休谟自传"，关文运译，商务印书馆 1997 年版，第 4 页。

好的作品"。①

《人性论》与休谟后来改写的两部著作，特别是与《道德哲学研究》，它们在休谟的思想理论中分别处于怎样的地位，究竟是否像休谟自己所说的那样后者要优于前者，以及两部著作的价值何在，等等，一直是英国思想史研究领域中的一个有争议的问题。一些学者鉴于休谟自己的看法，跟着认为后一部书是对前书的改进和提高，其学术成果高于前一部著作，② 也有一些学者并不完全认同这种观点，他们认为休谟自己的看法是片面的，实际上《人性论》在其涉及的领域和独创性的理论贡献上，特别是对于西方政治思想的影响等方面，价值都要远远高于《道德原则研究》一书，是休谟思想的发源地，是休谟代表作。

就思想本身来说，休谟的《人性论》是人类思想史上一部具有创造力的经典性作品，也是休谟一生中所创作的最重要的一部作品，休谟思想的最核心的方面，都在这部著作中得到了表述，例如他的有关事实与价值两分的看法，有关人性的三个预设的看法，有关自私与同情的看法，以及基于共同的利益感觉之上的三个正义法则的看法，他的有关人为正义的看法，有关社会秩序与制度正义的看法等等，这些在思想史中极其重要的具有着深刻影响的理论观点，都是在《人性论》一书中首先提出并加以理论阐发的。相比之下，后来的《道德原则研究》一书无论是在深度上还是广度上，都是无法

---

① 参见休谟：《人类理解研究》"休谟自传"，第 2 页。

② 关于这方面的论述，参见 The letters of David Hume, ed. J. Y. T. Greig (Oxford, 1932), vol. I, p. 32; R. D. Cumming, Human Nature and History(Chicago and London, 1969), vol ⅱ, chapter13; J. T. King, the place of the language of morals in Hume's second Enquiry, in D. W. Livingston anf J. T. King (eds.), Hume: A Re-evaluation, New York, 1976, pp. 343 - 361。

与《人性论》相比的，甚至从某种意义上来说，没有达到《人性论》的高度，如此看来，休谟的《人性论》不但不是一个失败，反而是他对人类思想史的一个伟大的贡献。列维斯顿在为纪念《人性论》出版250周年而编辑的论文集《作为社会、政治与历史哲学家的休谟》的导言中指出：

> 从上述论文中所显示的休谟作为一个文化哲学家的地位，很少为职业哲学家们所知晓，不过这个哲学的基础已经奠基于休谟的第一本著作，即《人性论》这部杰作之上，他的其他的哲学的与历史的作品，都可以视为这部书中所揭示的人性科学原理的一个应用。①

休谟为什么把这本书说成是一个失败呢？我们知道，休谟是一个性情温和的人，而且非常爱好文名，② 与西方思想史上的那些特立独行的思想家相比，休谟或许是一个俗人，他很看重自己的作品在社会上所取得的影响，看重当时人们对于他的名望的承认，看重社会舆论和时尚对于他的评价。所以，一开始就对他的《人性论》在知识界和社交界抱有很大的奢望，可实际上这本书出版之后，在当时几乎是毫无影响，并没有为他带来应有的名望和声誉。休谟究其原因，认为主要是由于他的文笔和写作技巧有问题，因此，他在后

---

① Hume as Philosopher of Society, Politics and History, Edited by D. Livingston, University of Rochester Press, 1991, Donald livingston, Introduction.
② 参见休谟的"自传"，关于自己的性格，他这样写道："和平而能自制，坦白而又和蔼，愉快而善与人亲昵，最不易发生仇恨，而且一切感情都是十分中肯的。我虽是最爱文名，可是得势的情感也并不曾使我的脾气变得乖戾，尽管我也遭遇过几度挫折。"参见休谟：《人类理解研究》，第8页。

来从语言文字的使用和思想的简练和修辞上，对这部书进行了重新的改写，这样就有了后来的两本书，令人欣慰的是，后两本书确实如他所愿为他带来了一定的名望，受到了社会的欢迎。但是，回过头来我们看后两本书的所谓成功，就像第一本书的失败一样，都不过是一些世俗的考虑，似乎与真正的思想并没有多大的关联，甚至从某种意义上来说，反而是一种倒退，至少是同一个层面上的重复，只不过在语言上更精巧了，表达得更精练了，风格更加简洁了，文风更加优雅了，这些不过是投合了当时英国上流社会的阅读习惯而已。

有一种观点认为在《道德原则研究》一书中，休谟的思想有了大的提高，改进了《人性论》的思想，把一些不重要的东西抛除了。在该书中休谟对道德对象的探讨，不再着重追溯道德本性的起源及其方式问题，而是通过归纳推理和比较分析的方法，探讨道德本身得以成立的原则和道德价值的构成，这样一来，对于诸如人性的本性是性善还是性恶、支配道德行为的主要因素是理性还是情感等《人性论》中的关键问题，就都被有关个人价值的复合因素的探讨所取代。例如，在确立德性的标准问题上，《人性论》只是简单地提出了欢乐和不快的感受得以发生的四种方式，即对社会有用、对自己有用、令他人愉快和令自己愉快。而在《研究》一书中，休谟则是大大开展了这部分的内容，列了四章专门探讨这个问题，并且把原先的与同情原则并列的比较原则删除了，如此一来，一方面淡化了在《人性论》中占有重要位置的"论情感"的有关情感心理学的内容，另一方面则通过突出公共的效用而提出了一个有关个人价值的问题。[①] 此

---

① 参见 Selby-Bigger（eds.），Enquiries Concerning The Hunam Understanding and Concerning The Principles of Morals, Introduction, Oxford 1975。

外，关于同情问题，在《人性论》中主要指的是与个人的自私与有限的慷慨相关联的同情感（sympathy），具有浓厚的心理学的含义，而在《研究》一书中，sympathy 的意义发生了重大的变化，为 fellow-feeling with others 所代替，成为一种与他人共生的同胞感，或成为一种我们每一个人作为人所共有的本性上的"人性"或"人道"（humanity）。还有，在有关人的行为动机问题上，《研究》一书也与《人性论》相比发生了重大的变化，原先偏重于人的自私性因素的"自爱"（self-love）被"仁爱"（benevolence）所取代，这样一来，《人性论》有关道德问题的人性论预设所包含的内在张力就在《研究》中得以弱化，所谓的"共同利益感"在后来的论述中便易于达到个人与社会利益的调节，从而使得《研究》与《人性论》在意趣与目的等方面呈现着本质性的不同。

应该承认，上述种种思想观点的变化，在休谟两部书中确实是存在的，《道德原则研究》在方法、结构和论证等方面与《人性论》"论道德"有着很大的差异，这一点没有什么疑义。但是，问题的关键在于如何看待这些变化，我的观点是应该从正反两个方面来看。首先，从正的方面来看，休谟自己的看法，乃至有些学者的观点不无道理，《道德原则研究》一书在语文上更精致了，而且在某些观点上更系统了。但是必须指出，这种变化是有得有失的，还不能简单地得出结论说，《道德原则研究》是对于《人性论》"论道德"的重要发展，甚至我认为从总的来说是失大于得的。因为休谟在《道德原则研究》所采取的改变后的研究路径，所强调的道德共通感以及仁爱的动机等，固然就一般道德学的意义来说是精致化和系统化了，甚至在内容上进一步扩展了，或者说更具有了现代学科意义上的道德学的意义，更成为一部基本上是以道德学为主要研究对象的伦理学著作。但是，如果我们把道德学放在前述的那样一个政治哲学和传统社会政治理论的背景之下，就会看到休谟的《道德原则研究》本质上淡化了《人性论》中所包含的如此广阔的社会政治、经济和法律等方面的内容，也就是说他把原来《人性论》第二和第三卷所包含的政治哲学、法哲学和政治经济学等大部分重要的理论淡化和消减了，从而仅仅变成了一部狭义道德学意义上的书，例如，有关正义规则、财产权、政府论一系列重要的理论内容都被忽视了或者取消了。因此，如果从一个完整的休谟政治哲学或社会政治理论的角度来看，我们就不能不认为《道德原则研究》一书并没有什么理论上的重大发展，反而可能是一种倒退，至少不具有超越《人性论》的理论意义。

当然，也应该指出，《人性论》与《道德原则研究》之间的差异，也并非有想象的那么大，或者说两者之间并不存在截然的对立，那种把它们对立起来的观点显然是不可取的。从某种意义来说，还是休谟自己的看法更为恰当，即他只把它们的不同视为语文技巧上的改进，对此，米勒指出："哲学的原则在《人性论》与《研究》两部书中是基本一致的，"休谟的"认识论和道德学理论中的最优异内容在后来的两部《研究》中都得到了卓有成效的重述……《人性论》中有关政治忠顺的部分构成了他后来的一系列政治论文的基础。总之，《研究》并没有囊括休谟的第一部哲学著作中所有值得保存的思想内容，而只是一部分论题，它们可能处于相对独立的状态，有必要在一种恰当的程度内展示。休谟的问题不是保持或删除那些内容，而是如何把《人性论》中的原创思想分化为一些丰厚的部分"。关于两部书之间的一些差别，米勒认为它们并不十分重要，《人性论》的目的是创建一种哲学的真理，而《研究》的目的则是把业已建立的真理提供出来，只不过前者的论述方式不那么引人注意。因此，"《人性论》毫无疑问是休谟最伟大的著作，同时也是理解休谟其他一系列著作的钥匙，它是一个包含着更有实践性的经济学、政治学和历史研究基于其上的哲学体系，而《研究》则没有这样一个可供选择的思想体系，不过是休谟原创体系的较少整合的分支。"①

如此看来，谈《人性论》与《道德原则研究》之间的关系，既不能忽视它们的差别，也不能过分看重这些差别，应该在承认它们在整体思想的一致性的前提下，是有着相当程度的变化的，这些变化如果从单一的伦理学或狭义道德学的视角来看，在内容上确实有所改进，丰富和完善了休谟的理论。但是，如果从一种系统的人性科学，从哲学的基本原理，特别是从休谟所追求的在社会政治领域建立一种牛顿式的新科学的角度，从政治哲学和社会政治理论的视野来看，后来的任何著作与《人性论》相比都显得单薄。关于上述相关内容的论述，在此不可能加以充分地展开，从某种意义来说，它涉及休谟的整个思想理论，对此我将在本书的下面有关章节，如"政治德性论"、"正义规则论"中专门展开讨论。总之，通观休谟的

---

① 参见 Divid Miller, *Philosophy and Ideology in Hume's Political Thought*, Oxford University Press, 1981, Introduction. 关于《人性论》与《道德原则研究》之间的关系，哈康森曾有过专门的分析，他认为休谟的道德哲学是一个，并非两个，尽管他承认在休谟的两部书中存在着一定的思想观点的区别，但他反对那种抬高后者的做法。Cumming 在 *Human Nature and History*（Chicago and London, 1969）一书中十分注重《研究》的价值，认为它是"迈向边沁和穆勒父子的功利主义的重要一步"。对此哈康森存有疑义，在他看来，《研究》严重地忽视了《人性论》中有关同情的道德心理学内容，他写道："一旦《人性论》与《研究》之间的差别可以被视为一条理解休谟的情感理论的真正本质的路径，而非他抛弃情感理论的明证时，对于我们来说，后一部著作的价值甚微也就明了了。因为，当他在一定程度内忽视了种种内容的道德建构时，我们将看到，他也就排除了我们理解正义的极其重要的方面。我们下面的论述主要是基于《人性论》一书的，尽管《研究》也不会被遗漏。"Knud Haakonssen, *The Science of a Legislator*, Cambridge University Press 1981, pp. 4 - 7.

所有著作，可以说最重要、最能体现休谟的牛顿式企图的著作，不是后来的两部《研究》，而是他的第一部著作——《人性论》，特别是《人性论》的第三卷"道德学"，它是休谟政治哲学或社会政治理论，乃至休谟整个人性哲学思想的最核心、最具有创造力的一部著作，也是对西方社会产生了巨大影响的一部伟大的著作。哈耶克分析道：

> 休谟在他的哲学著作中阐发他的政治思想和法律思想，绝非偶然。因为我们知道，休谟的政治思想和法律思想乃是与他所持有的一般性哲学观念，尤其是与他所主张的有关"人之理智范围有限"的怀疑论观点紧密勾连在一起的。休谟所关注的乃是一般意义上的人性，而且他的知识论也主要是为了理解作为一个道德存在和一个社会成员的人的行为而建构的一个理论基础。休谟达致的成就，最重要的就是他提出的有关人类制度生成发展的理论，而正是这个理论后来构成了他赞成自由的理据，而且还成了福格森、斯密和斯图亚特这些伟大的苏格兰道德哲学家进行研究的基础。今天，这些伟大的苏格兰道德哲学家已经被公认为现代进化人类学的主要创始者。此外，休谟的思想还为美国宪法的创制者提供了坚实的基础。当然也在某种程度上为伯克的政治哲学奠定了基础——实际上伯克的政治哲学要比人们所公认的更接近于休谟的思想，也更直接地源出于休谟的思想。[1]

---

① 《哈耶克论文集》，邓正来译，首都经济贸易大学出版社 2001 年版，第 489—491 页。

通过上面的初步分析，对于休谟的基于人性的政治思想，我们大致可以得出如下认识：首先，政治哲学是休谟哲学的一个重要方面，甚至从某种意义上说是休谟哲学的核心内容。尽管传统的休谟思想研究把休谟的经验主义的哲学认识论视为中心内容，[①] 但休谟的人性论所揭示的哲学本性从根本性上说乃是一种人的社会政治本性，或人为正义的本性，因此，政治哲学可谓休谟《人性论》的核心内容。从这个意义上说，《人性论》，特别是第三卷"道德学"构成了休谟政治哲学的基础理论部分。其次，休谟后来改成的《道德原则研究》，以及在生前陆续写作的一系列政治、经济与文学方面的文章，死后由后人结集为《道德、政治与文学文集》，再加上《英国史》中的相关理论评论，它们共同构成了休谟社会政治理论的基本内容，可以说是休谟政治哲学一般原理的补充与运用，属于休谟哲

---

① 在国内外都颇有影响的梯利的《西方哲学史》对于休谟的道德与政治思想几乎只字未提，至于罗素在他的《西方哲学史》中则明确写道："休谟的《人性论》分为三卷，各讨论理智、情感和道德。他的学说中新颖重要的东西在第一卷里，所以下面我仅限于谈第一卷。"罗素：《西方哲学史》，何兆武等译，商务印书馆 1981 年版，第 197 页。尽管 1941 年出版的 Norman Kemp Smith, The Philosophy of David Hume 一书，力图把休谟解说为一个自然主义的哲学体系，而非经验主义，从而开启了休谟研究的新的路径，但史密斯仍然立足于传统的哲学认识论的领域，对于休谟的政治哲学仅仅是从狭义道德学的角度来看待的。可以说，关于休谟社会政治理论的研究与重视，还是上个世纪七十年代以后才逐渐出现的，其中 Forbes, Hume's Philosophical Politics, Cambridge University Press 1973, K. Haakonssen, The Science of a Legislator, Cambridge University 1981, Divid Miller, Philosophy and Ideology in Hume's Political Thought, D. W. Livingston, Philosophical Melancholy and Delirium, Hume's Pathology of Philosophy, University of Chicago Press, 1998, 等等，他们对于休谟的政治哲学和社会政治理论给予了专门的研究，从而使得国际学术界对于休谟思想的研究进入了一个新的阶段。此外，哈耶克的有关休谟法哲学和政治哲学的论述，麦金太尔对于休谟思想的批判性研究，也都各自从不同的方面推动了学术界对于休谟政治哲学的研究。关于上述学者和思想家们的具体观点，我在本书的相关章节中会逐一加以分析与讨论，请读者参阅。

学的实践理论。[①] 本书所讨论的休谟政治哲学，基本上由上述一般理论与具体运用两个大的部分组成，当然，这种划分只是相对的，实际上休谟在写作时并没有采用理论与实践的明确分类，他在对于诸多社会政治问题往往是把一般原理与具体分析混合在一起加以论述的，作为典型的英国思想家，休谟无意于像德国人那样炮制一个精密的逻辑体系，而是更善于在对于具体问题的分析评论中展示深刻的思想。因此，对于休谟政治哲学的研究，就需要我们不能仅仅限于一般原理的阐发，而是要在具体的有关政治事务的缕析中发现休谟思想内涵的要义。

## 2. 思想史的脉络

为什么休谟的政治哲学在他的人性哲学中占有如此重要的地位，或者说为什么休谟有关人的科学实质上是一种社会政治的人性理论，这要从思想史上的两次极为重要的思想转向及其广阔的社会背景来考察。

首先，我们来看古典古代。我们知道，古希腊的哲学思想经历

---

① 参见哈耶克在"休谟的法律哲学和政治哲学"一文中的有关看法："休谟最早是在《人性论》一书中提出上述观点的。需要指出的是，这些观点在休谟后来的论著中占据了更重要的地位，而且也与休谟的政治思想有了更为紧密的联系。有关这些观点的最为简洁的阐述，可以见之于《道德原则研究》一书的附录三。在这里，我向所有希望了解休谟法律哲学的人建议，先阅读《道德、政治与文学论文集》一书中的 6 页文字（亦即该书标准版第二卷第 272—278 页），然后再回过头来阅读休谟在《人性论》一书中对这些观点所做的更为详尽的阐述。但是，在下文的讨论中，我仍将主要引征休谟在《人性论》一书中的文字，因为在这部著作中，休谟对这些观点所做的个别阐述往往更具有新意，尽管从整体上看，这部书的阐述有时候显得颇为冗长并有些乏味。"见《哈耶克论文集》，第 495 页。

了一个从客观主义向主观主义、从自然哲学向社会政治哲学的演变和转移，这个转变的核心和代表人物是苏格拉底。苏格拉底"爱智的"认识论以及苏格拉底之死，开启了西方古典政治哲学的新篇。关于苏格拉底之死的研究可以说是多方面的，有着各种各样的论述，如果我们不去纠缠于相关问题的细节和考据学的分析，而抓住重要的实质问题，就会看到这个事件作为一个哲学事件，其本身就包含着一个政治哲学如何可能的人性学预设，具有双重的政治哲学的意义。

就第一个层面来说，苏格拉底的被判死刑以及苏格拉底的自愿接受，这本身就说明了人的问题，特别是人的政治问题和法律问题与人的道德问题和心理问题之间的内在冲突，揭示了一种新的政治哲学的可能性。当人探讨自身的本性，认识人在宇宙中的地位时，就会与他人特别是与由不同的个人所组成的社会共同体以及这个社会共同体所普遍遵循的公共的道德法则和政治法律发生实质性的关联，这样一来，政治哲学也就出现了。所谓政治哲学说到底乃是从哲学的角度探讨人在参与社会的时候，是如何形成一个社会与人的正当性关系，因此正义问题也就高于认识问题或知识问题而具有了核心的重要意义。我们看到，苏格拉底之死之所以具有象征意义，也就在于它已经从一个人的认识论问题转向为社会的正义性问题，只不过这个转变不幸的是落在了苏格拉底的身上，并以他所选择的合法的死为代价。① 尽管从苏格拉底个人价值的角度来说，他有诸多

---

① 参阅列奥·施特劳斯在《政治哲学史》"绪论"中的有关论述，他认为苏格拉底是古典政治哲学的创始人，苏格拉底从人们普遍持有的意见出发，通过探讨正义的本质，从而开创了对于自然本性的新的研究，揭示了人的真实本性不在"自然"（physis），而在"法律"（nomos），或者说在于超越于自然与法律的张力关系的"形式"（form），对于人来说，社会生活的最完美形式是 polis，或城邦国家，因此正义的本性与其说是在自然之中，不如说是在城邦国家这一更高的自然之中。列奥·施特劳斯、约瑟夫·克罗波西主编：《政治哲学史》，上、下卷，李天然等译，河北人民出版社 1998 年版。

理由驳斥对于他的任何指控，但是，作为希腊城邦的一个公民，按照当时的法律程序对他实施的审判与裁决，这个事件从城邦国家的角度来说是一个法律行为和政治事件，因此具有无可指责的正当性和合法性，苏格拉底没有理由逃避，这也正是他为什么不愿意选择逃跑的主要原因。在他看来，正义问题已经不是私人的个人善恶问题，而是一个社会共同体的政治问题，因此，他接受死刑与其说是接受这个判决，不如说是接受这个判决背后所具有的那种城邦的正义，作为公民他只能以自己的死来成就城邦国家的法律制度以及这个制度的正义德性。

值得注意的是，由于苏格拉底之死所带来的个人与城邦国家在制度上的围绕着正义出现了悲剧性的结局，因此，为了有效地解决个人与政治共同体或城邦国家的关系，在苏格拉底之后，古希腊主流的思想出现了一种有机主义的社会政治理论。在柏拉图、亚里士多德那里，个人与城邦国家的关系既不是功利主义的也不是自然主义的，而是一种政治的正义关系，他们通过提出一个目的论的观念而试图在一个有机的社会共同体中解决个人与城邦的关系，这样也就回应了苏格拉底的政治哲学所揭示的另外一个层次的意义。在亚里士多德看来，个人与城邦的关系就像人的手足与整个机体的关系，城邦国家是理想的整体，个体公民不过是这个完整的国家实体中的一个个局部的环节，他们自身只有服务于国家机体的内在机制和目的，才能够使自己具有意义，所以，由一个有机共同体的目的来统一不同的公民，使他们听从了国家的安排，这是亚里士多德目的论的正义论的关键所在。由此一来，他也就解决了个人与国家在制度和功能层面上的矛盾与冲突，亚里士多德的政治学乃至他的伦理学就是这样一个从自然向社会、并最终向城邦共同体的至善目标逐渐发展的过程，实现了个人与社会的和谐统一的至善目的是古希腊主流政治哲学的完成。

由此可见，古希腊从自然哲学经过苏格拉底向国家学说的演变，表明古典希腊哲学中最核心的方面，所谓人的觉醒关键是政治哲学的觉醒，它意味着人对于本性的认识已经从自然哲学的天空下降到人间，转变为人与人之间的社会关系。只有在一个社会共同体中，人的行为才有所谓正义与否的区别，才有所谓政治德性与知识偏见，脱离群体社会的孤立生活对于古希腊的公民来说乃是一种最大的惩罚，当时的所谓贝壳放逐法便是将不受欢迎的人逐出城邦共和国，让他脱离这个政治共同体。正像亚里士多德所指出的："凡人由于本性或由于偶然而不归属于任何城邦的，他如果不是一个鄙夫，那就是一个超人，这种'出族、法外、失去坛火（无家无邦）的人'，荷马曾被视为自然的弃物。"① 对于希腊的公民来说，离开了自己的城邦无异于成为游魂野鬼，生不如死。贡斯当曾经深刻地指出了古代政治的意义，认为希腊社会是一个城邦国家占主导地位的公共社会，在那里纯粹的私人还不具有近现代的意义，更没有近现代法权关系中的地位，在希腊城邦，人首先意味着是一个公民，具有公民的资格和身份，其次，他才是家庭的成员或其他意义上的个人。"在古代人那里，个人在公共事务中几乎永远是主权者，但在所有私人关系中却是奴隶。"② 正义在希腊人那里是存在于公民身份之中的德性，以公民身份和参与政治生活为前提。苏格拉底虽然对当时的政治法度和公民宗教给予了批判，但他宁死也不愿抛弃公民的义务，柏拉

---

① 亚里士多德：《政治学》，吴寿彭译，商务印书馆1965年版，第7—8页。
② 贡斯当：《古代人的自由与现代人的自由》，阎克文等译，商务印书馆1999年版，第27页。

图的理想国也是把德性与国家联系在一起，德性的正义最终体现为国家的总体性正义。至于亚里士多德，则在《政治学》的开篇就指出：

> 无论是一个人或一匹马或一个家庭，当它生长完成以后，我们就见到了它的自然本性；每一个自然事物生长的目的就在显明其本性（我们在城邦这个终点也见到了社会的本性）。事物的终点，或其极因，必然达到至善，那么，现在这个完全自足的城邦正该是（自然所趋向的）至善的社会团体了。[①]

总之，古希腊的主流思想回应着苏格拉底的问题，展示了一种古典政治哲学的演化路径。[②]

现在，我们回过头来看一下休谟时代的思想史的状况。按照一般的理解，近代欧洲的思想从一开始就有两个不同的路径。一个是大陆哲学的理性主义系统，它由古希腊的主智主义和中世纪的唯实论发展而来，笛卡儿、斯宾诺莎、莱布尼茨，直到德国的黑格尔哲学，都属于此系统。另一个是英国的经验主义系统，它由希腊的非主智主义以及中世纪的唯名论发展而来，整个 17、18 英国哲学所走的路径，霍布斯、洛克、休谟等人的哲学基本上都属

---

[①] 亚里士多德：《政治学》，第 7 页。
[②] 按照施特劳斯学派的考证，早在亚里士多德的《政治学》中，他就使用了"政治哲学"这一术语，从某种意义上暗示着政治哲学是有别于其他的伦理学和政治学著作中的对于"政治"本性的专门探讨。参见《政治哲学史》，上卷，第四章"亚里士多德"的"理论与实践"一节。

于此系统。[①] 尽管唯理论与经验论在诸多方面是大不相同的，但就其思想的发展历程来说，却有一个共同的倾向，那就是它们又都以主体哲学的自觉为出发点的，近代哲学无论是在笛卡儿还是在培根那里，都是通过对于人性的某种自觉而进入哲学的理论体系。哲学的人性自觉究竟是什么意义，与政治哲学又是什么关系呢？在大陆的唯理论哲学那里，它通过笛卡儿"我思故我在"的怀疑方法而成为一种理性主义的哲学认识论，并进而为斯宾诺莎的神学政治论和莱布尼茨的神义论奠定了哲学基础，最后演变为黑格尔的基于绝对精神的国家理论。在英国的经验主义那里，这种主体性的自觉意识经过培根和贝克莱的经验主义的感觉论，进而到霍布斯和洛克那里发展成为一种理智主义的国家论和政府论，而后又在以休谟和斯密为代表的苏格兰历史学派那里演变为一种情感主义和自然主义的政治德性论、正义规则论和政治经济学。

施特劳斯和麦金太尔在谈到近代英国的政治思想时分别指出了在那里存在着中世纪的唯名论传统与亚里士多德主义的复兴问题。例如，施特劳斯在他的《霍布斯的政治哲学》一书中曾谈到亚里士多德主义对于霍布斯政治思想的重大影响，[②] 麦金太尔在他的著作中

---

① 典型的论述，参见黑格尔《哲学史演讲录》第四卷，以及梯利、罗素等人的哲学史著作，对此，国人早已熟知。当然，上述分类只是一个大的哲学思想背景，大陆理性主义内部，如法国哲学与德国哲学各自的特征及其相互关系，甚至英国霍布斯等人所受到的理性主义的影响，等等，都是十分复杂的；而英国经验主义哲学内部，各个哲学家之间也是大不相同的，特别是自从斯密斯揭示了休谟的自然主义的哲学特征之后，有关英国哲学中经验主义与自然主义之间的关系就成为一个焦点问题，究竟休谟哲学本质上是经验主义还是自然主义，以及对于英国19世纪以来的逻辑实证主义产生了怎样的影响等，都引起了广泛的讨论，对此，我在本书的有关章节中将有所涉及。

② 参见《霍布斯的政治哲学》中的相关章节，施特劳斯"试图把作为近代政治哲学创始者的霍布斯政治学说，跟作为传统政治哲学奠基者的柏拉图和亚里士多德政治学说加以比较，以期论证"这样一种观点，即"近代自然法则首先和主要是一系列 （转下页）

多次指出，唯名论或奥古斯丁的基督教思想以及亚里士多德主义的德性伦理是英国 17、18 世纪政治思想的重要特征。① 虽然他们论述的视角是完全不同的，涉及的问题也是十分复杂的，在此我们并不准备详述他们对此问题的冗长探讨，但是从他们的结论中感到，近代英国的社会政治思想确实呈现出一个非常独有的特征，那就是中世纪的唯名论以及古希腊的非主智主义的哲学思想，与一种亚里士多德主义的伦理学和政治学，在那里成功地实现了一种奇妙的结合，这种结合本身一方面体现了英国经验主义思想的哲学本性，但另一方面又表明了它所包含的内在张力的创造性内涵。

因为，从哲学认识论的角度来说，英国近代思想中的从培根到霍布斯、洛克和休谟的这条主线乃是唯名论的经验主义和感觉主义，这一点是哲学史的常识在此不必多说，它也是英国哲学有别于大陆哲学的基本特征。但奇怪的是，在英国的唯名论的经验哲学中却产生了一种亚里士多德主义的复兴，或者说亚里士多德主义的社会政治理论又与这种经验主义的或自然主义的政治哲学协调在一起，这不能不说是英国近代思想的一个独特本性。我们知道，古希腊的感觉主义哲学本来是反社会的，逃避政治的，至少是与亚里士多德主义的"政治学"不相容的，亚里士多德主义作为希腊理性主义的一个重要理论，它本该与大陆理性主义的哲学政治论相关联。从经验主义的自然哲学中是很容易导致希腊化时期的那种反社会政治的理论观点的，当时皮浪的怀疑主义、伊壁鸠鲁的享乐主义、第欧根尼

---

（接上页）的'权利'，或倾向于一系列的'权利'，一系列的主观诉求，它们启始于人类意志"。列奥·施特劳斯：《霍布斯的政治哲学》，申彤译，译林出版社 2001 年版，第 2 页。

① 参见麦金太尔：《谁之正义？何种合理性？》第 12 至 18 章中的相关论述。

的犬儒主义等，它们的哲学都是感觉主义的，伦理和道德思想是逃避政治和社会的，① 可是在英国的经验主义哲学中，虽然哲学上仍然是感觉主义占主导，情感上的快乐与否是一个重要的取舍标准，但在社会政治理论中却产生了一种不但不逃避政治，反而与传统政治的美德与制度密切关联的政治哲学，这不能不使我们深思。

如此看来，从英国的自然哲学到它的政治哲学，本性上已经发生了一个极其重要的转型，并与古希腊时代的思想进程有了重大的区别，如果说在古希腊，其思想演进的逻辑在主流和非主流两个层面上各自遵循着理性主义-政治德性论和政治论、感觉主义-反政治德性的唯我论或享乐论的话，那么，在 17、18 世纪的英国思想中，其内在的逻辑却发生了重要的变化，它的内部尽管存在着大量的分歧，英格兰的思想家与苏格兰的思想家、经验主义与自然主义、感觉主义与怀疑主义等思想观点之间有着很大的差别，但就总的方面来看，英国近代思想所遵循的基本路径恰恰是古希腊的反向综合。它一方面吸取了古希腊非主流的感觉主义哲学，但却开辟出一条主流的社会政治理论，这样一来，就使得英国的近代哲学在社会政治

---

① 鉴于希腊化时期的社会状况，当时的各派学说，包括理性主义的斯多亚学派，均表现出"出世"的倾向，而怀疑主义和伊璧鸠鲁主义等则对于社会政治明显地表现出逃避的批判态度，如针对亚里士多德的"人本质上是政治的动物"的观点，伊璧鸠鲁说："人本质上不是社会动物。"他们关注的并不是普遍的社会价值以及城邦正义、公民德性等主流思想的问题，而是人的生存之本真状态的思考，对于灵魂之疾的治疗，因此，伊璧鸠鲁的快乐主张乃是"自然的快乐"，即身体健康与灵魂平静，而非现代意义上的受各种观念毒化了的、无休止的、变态的、不自然的、放纵情欲的、混世的享乐主义。所以，伊璧鸠鲁的快乐主义，既不是利他主义的伦理学，也非利己主义的伦理学，因为无论利他利己，都是一种社会性的道德识见，而伊璧鸠鲁对于社会政治已经没有兴趣。例如，对于希腊传统主要德性的认识，伊璧鸠鲁就与主流思想家不同，他强调的不是其社会性的公共美德，而是个人灵魂的自持："勇敢"是面对死与疾病痛苦时的坚忍而不是"公民为祖国作战"，"公正"是约定互不伤害而不是"利他之自然本性"。参见包利民：《生命与逻各斯——希腊伦理思想史论》，东方出版社 1996 年版，第五章"走出主流"的相关论述。

理论方面表现出既有别于古希腊的社会政治理论又有别于当时大陆理性主义的社会政治理论的新的特性。因此，所谓亚里士多德主义在英国的复兴实际上并不是单纯的古典理性主义政治哲学的照搬，并不是把亚里士多德的城邦政治和道德学说完全不变地拿到英国思想之中，相反，实际上这里存在着一个对亚里士多德主义的全面的改造和整合，也就是说这个改造祛除原来的亚里士多德的理性主义的目的论，而以一种新的经验主义的人性学说代替之，并集中地体现在以休谟和斯密为代表的苏格兰历史学派的政治哲学乃至道德哲学、法律哲学和政治经济学之中。[①]

所以，麦金太尔对休谟和斯密的指责并不是问题的所在，相反，问题的实质在于如何通过对于亚里士多德主义的目的伦理学的改造，

---

① 如果就一个广阔而又复杂的思想背景来看，上述英国社会政治思想的演变与转型又呈现出两条既相互对立相互关联的线索。一条是被理论家们广泛论述的近代自然法的路径，可以说自格劳秀斯以降，欧洲的近世思想就与自然法发生了内在的关联，英国的思想也不例外，霍布斯、洛克、沙夫茨伯利、哈奇逊、休谟、斯密等人都受到了自然法观念的巨大影响，对此，学者们给予了充分的讨论，参见 Knud Haakonssen, The Science of a Legislator, Cambridge University Press 1981；Natural Law and Moral Philosophy, From Grotius to the Scottish Enlightenment, Bosten University Press 1996；Forbes, Hume's Philosophical Politics, Cambridge University Press 1973；Stewart, The Moral and Political Philosophy of David Hume, Princeton University Press 1992。但是，波科克等人也指出了另外一条路径，即自马基雅维里以来对于欧洲社会产生了重大影响的市民人文主义（civic humanism）的观念，按照波科克的考察，17、18 世纪英国的社会政治思想，特别是休谟、斯密的道德哲学也属于这个市民人文主义思想传统的一部分。参见 J. G. A. Pocock, The Machiavellian Moment: Florentine Political Thought and the Atlantic Republican Tradition, Princeton University Press 1975。至于休谟与上述两条思想线索的关系，确实是十分复杂的，斯图亚特曾认为，"尽管休谟把市民社会的原则基于自然的而不是超自然的基础之上，但他的政治理论的内容仍然是更为密切地与自然法理论相关，而不是与市民人文主义相关。"见氏著，第 8 页。不过，需要指出的是，休谟对于自然法的理解是有别于他同时代的思想家的，虽然他多次把他的正义规则称之为自然法则，但实际上它们主要是人在历史中逐渐创造出来的，是一种人为的法则。因此又不可否认，风俗习惯、历史传统、市民文化等因素在休谟思想中的重要性。

并以此建立起一个情感主义的社会政治理论，这个政治理论被冠之于"英国化颠覆"这一点实际上是似是而非的。这种似是而非的本质究竟是什么呢？为了搞清这个问题，我们有必要进入思想史上一个著名的问题即休谟难题的考察。

## 二、休谟难题

整个古典古代思想经历了一个从客观主义向主观主义，或者说，从自然哲学向社会政治哲学的转变，这个转变集中地以苏格拉底的言行显示出来，它触及人性以及人性所关联的个人与群体，特别是个人与政治共同体之间的关系问题，由此希腊哲学进入了一个政治哲学的层面，并在柏拉图和亚里士多德为代表的主流社会政治理论中得到完成。与此相应，近代哲学的演变也同样经历了这样一个转型，只不过在近代哲学中它并不是以某个人的死亡这样一个特定的悲剧性事件为标志，而是以一个重要的理论命题为标志，这就是思想史上影响深远的休谟难题。休谟难题可以说是近代的苏格拉底事件，其意义不亚于苏格拉底之死，它意味着从自然哲学到政治哲学，从真理认识论到政治正义论，从探索事实的真伪问题到关涉人的是非价值问题，这其中存在着一个重要的裂痕，如果不看到这个分立所具有的深刻性意义以及可能带来的理论上的危机，对于政治哲学的理解就会是肤浅的，因此，也就不可能真正的理解人类社会政治问题的本性，实现不了政治哲学的理论转型。在我看来，如果说政治哲学需要一个前提或预设的话，它不是认识论或本体论意义上的，而是蕴涵在这个转型中的人性论意义上的。

休谟在《人性论》第三卷明确谈到了这个事实与价值的冲突问题，他写道：

> 在我所遇到的每一个道德学体系中，我一向注意到，作者在一个时期中是照平常的推理方式进行的，确定了上帝的存在，或是对人事作了一番议论；可是突然之间，我却大吃一惊地发现，我所遇到的不再是命题中通常的"是"与"不是"等连系词，而是没有一个命题不是由一个"应该"或一个"不应该"联系起来的。这个变化虽是不知不觉的，却是有极其重大的关系的。因为这个应该或不应该既然表示一种新的关系或肯定，所以就必需加以论述和说明；同时对于这种似乎完全不可思议的事情，即这个新关系如何能由完全不同的另外一些关系推出来的，也应当举出理由加以说明。不过作者们通常既然不是这样谨慎从事，所以我倒想向读者们建议要留神提防；而且我相信，这样一点点的注意就会推翻一切通俗的道德学体系，并使我们看到，恶和德的区别不是单单建立在对象的关系上，也不是被理性所察知的。①

从文本上看，休谟的这段话多少有些突兀，像是偶然穿插进来的引申之论。在书中休谟原本是论述一些道德事实的善恶性质，他说按照近代哲学的看法，一些道德事实正像声音、颜色和冷暖等物理现象所引起的人的生理感受那样，在人的情感中也会产生相应的苦乐感，并由此转化为善恶的道德评价，凡是引起快乐的就是善的，

---

① 休谟：《人性论》，下，第509页。

引起不快的就是恶的，这是一种自然科学的考察方式。休谟大体是按照这样一个理路来讨论道德问题的，但是他突然引入了另外一个话题，那就是他发现道德事实与自然事实毕竟是不一样的，如果用自然科学的方式来探讨道德问题，实际上就忽视了道德问题的本质，即道德问题是一个应然层面上的是非问题，而不是一个事实层面的真假问题，因此这就涉及"是然"与"应然"的关键性区别，后一个命题所包含的乃是一种"新的关系"。不过，不知为什么休谟在加上了这段话之后，并没有像正常的行文那样对上述这个重要的问题，给予正面的回答或解释，而是马上又跳回到原来的讨论之中，继续论述他的有关道德善恶与苦乐感的关系问题。这样，休谟就在哲学史上留下了一段公案，他究竟如何解答这个"是"与"应该"或事实与价值的两分问题，一直是一个争议不清的问题。①

　　尽管如此，由于应然问题的出现就使得休谟在书中的讨论发生了重大的变化，道德问题已不再是一个科学上的事实问题，而变成一个应该与否的价值问题，由此一来，基于理性的对于道德行为的科学推理就显得理据不足了，那种基于自然因果关系上的道德探讨无法说明应然层面的道德义务，"道德并不成立于作为科学的对象的任何关系，而且在经过仔细观察以后还将同样确实地证明，道德也不在于知性所能发现的任何事实"。② 人在怎样的义务下去从事道德行为，这才是道德哲学所探讨的不同于自然科学的关键问题，从休谟的论述来看，道德上的好坏善恶，不是基于理性，而是基于情感，

────────────

① 参见 A.J. Ayer, Language, Truth and Logic, London: Gollancz, 1936; Hume, oxford University Press 1980; J. Harrison, Hume's Moral Epistemology, Oxford: Clarendon Press 1976; Colin Howson, Hume's Problem, Induction and the Justification of Belief, Oxford: Clarendon Press 2000。
② 休谟：《人性论》，下，第 508 页。

这是休谟道德哲学的一个基本观点。在他看来，自然科学所处理的是一个事实问题，例如，数学解决的是纯粹的数量关系，物理学所解决的是自然世界的物质运动规律，它们的标准在于真伪或对错，即是否反映与符合客观事物的规律。但道德问题就不同了，它并不存在真伪对错，而是一个涉及善恶、好坏的价值选择与评价问题，究竟什么是善恶好坏并没有共同一致像自然科学那样能够得到事实验证的客观标准，而是一个主观性的评价问题，对于这样一个建立在苦乐、利益、义务与责任等方面的应然的社会来说，人究竟如何从事道德行为，就必然涉及个人利益与公共利益、个人价值与普遍价值的关系问题。

对于上述问题，休谟认为首先要从区分理性与情感的作用来加以解决，为此他抛弃了传统理性主义的观念，而把决定道德善恶的关键交给了情感，他指出凡是能够使得个人在情感上获得快乐的行为就是善的行为，痛苦的便是恶的行为。根据这个原则，他在《道德原则研究》一书中进一步提出了四种基本的决定道德善恶的标准，那就是凡是对自己有用的，对他人有用的，直接令自己愉快的，直接令他人愉快的行为、品质和德性便都是善的，好的，有价值的东西，而与此相反的，对自己有害，对他人有害，令自己痛苦和令他人痛苦的行为和品质便都是恶的，不具有价值的东西。赋予情感如此重要的地位与作用，这是休谟道德思想的突出特征，为此他在《人性论》中列出一个第二卷"论情感"。应该指出的是，在古典古代的哲学思想那里，尤其是在古希腊柏拉图、亚里士多德的主流的主智主义道德哲学中，情感并不占有独立的地位，而是从属于理性主义的德性伦理。休谟与古代的道德哲学有所不同，强调情感的主导作用，他的哲学并没有按照传统的三分法分为知识论、道德论和意志论，因为这类划分并没有确立情感的独立地位，他的哲学基本上是以二分法展开的，一方面是以知识为主的知性认识论，另一方面是以情感为主的道德心理学，传统哲学中占据重要位置的意志部分，被休谟包含在情感的内容之中。

按照米勒的分析，休谟对于道德判断完全基于理性提出了四点反对的理据，第一也是最重要的是，道德判断能够产生意动和行为，而理性却对此无能为力。第二，理性提供的只是真伪的判断，而道德评价的对象——感情与行为却不具有这样的属性。休谟反理性主义的第三和第四点论证采取的是论战的形式。他说如果道德判断基于理性，那么它们必然或者关系于观念联系，或者关系于事实事务，它们是理性能够表述的唯一对象，休谟对他的理性主义对手挑战说，不妨摆出道德评价赖以存在的观念联系或事实事务看看。通过上述一番论证，休谟在《人性论》中得出了道德判断来自道德情感的结论。但是，应该指出的是，休谟的道德情感主义并不是绝对的，他从来没有彻底否定理性的作用，他反对的只是理性的独断，不承认理性对于道德观念的支配性作用，"休谟所坚持的是理性并不能充分地产生善恶的判断，但他从没有认为这种判断可以无须理智的帮助而自发地产生"。① 对此，斯图亚特也有同样的论述，他把休谟对于理性作用的看法运用到社会政治领域：

> 休谟恢复情感的地位并不意味着理性在道德的建立与革新中毫无作为，在此所说的理性不是指演绎的推论方法，而是指

---

① Divid Miller, Philosophy and Ideology in Hume's Political Thought, Oxford University Press, 1981, p. 48.

经验的推论方法。休谟并不否认道德家与政治家们的作用，而是相反，他承认他们的重要性，一旦他们把人类本性上的目标视为他们努力奋斗的目的接受下来，那么，通过经验的推论方法，他们首先可以清除有害的陈旧观念，其次可以帮助寻找实现目的的更好的手段。审查我们有关事实与因果关系的信念的最有价值的领域是政治与经济，在那里错误轻易地就变成因袭的智慧，被草率地从一代遗留给下一代。[①]

哲学所探讨的认识论问题，是一个在事实中探究事物发生原理和因果关系的求真的问题，这个问题在古希腊哲学中被视为爱智，哲学就是爱智慧，就是求真，这是前苏格拉底时期的自然哲学的主要问题，以知性为主体的求知认识论构成了这个时期哲学的基本特色。直到苏格拉底提出了"我能够认识什么"的问题之后，希腊哲学才从外部自然转向内在自我，开始探讨人的知性能力的有限性和可能性问题，休谟在《人性论》的"论知性"所探讨的也是这一类的问题，只不过休谟对于这些问题的看法有别于传统的理性主义，采取的是一种情感主义的知识论和认识论。休谟难题的关键并不在于他指出了"是"与"应该"的分立，而在于"是"与"应该"的关系，即如何弥补事实与价值两者之间出现的巨大的分裂和空隙，如何从事实问题过渡到价值问题。

在此有一个问题值得特别注意，休谟之所以提出事实与价值的二分，实际上存在着一个方法论的深层原因，他的怀疑主义既不同

———————————

[①] Stewart, The Moral and Political Philosophy of David Hume, Princeton University Press 1992. p. 315.

于笛卡儿的哲学的怀疑主义，也不同于彻底虚无主义的怀疑主义，而是一种基于人的认知能力的有限而产生的那种怀疑主义。在休谟看来，人对世界的终极原因不可能达到最终的认知，无论这个终极的根源是某种实体还是上帝，人都不可能形成完全的知识。他一再指出：

> 我们不能超越经验，这一点仍然是确定的；凡自命为发现人性终极的原始性质的任何假设，一下子就应该被认为狂妄和虚幻，予以摒弃。[1]
>
> 任何事物的存在，只能以其原因或结果为论证，来加以证明，这些论证是完全建立在经验上的。我们如果先验地来推论，那任何事物都可以产生任何别的事物。石头的降落也许会把太阳消灭了，人的意志也许可以控制住行星的运转。只有经验可以把因果的本性和范围教给我们，使我们可以根据一件事物的存在，来推测另一件事物的存在。或然性的推论，其基础就是这样的，虽然这种推论形成了大部分人类知识，并且是一切人类行为的源泉。[2]
>
> 在哲学方面，我们必须从显然明白的原则开始，必须借小心而稳定的步骤往前进行，必须屡屡复检我们的结论，必须精确地考察它们的一切结果。这些方法，我们虽然只能借它们在自己的体系中徐徐前行、无大进步，可是只有借这些方法我们可以希望达到真理，并且使我们的结果勉强可以稳定和确立。[3]

---

[1] 休谟：《人性论》，上，第 9 页。
[2] 休谟：《人类理解研究》，第 144—145 页。
[3] 休谟：《人类理解研究》，第 133 页。

因此，休谟反对"过度的怀疑主义"（total scepticism），认为存在着一种"和缓的怀疑主义"（a mitigated scepticism），这种怀疑主义是合理的，对人类有益的，"它的用意在于用怀疑的眼光审视理性，为此，我们需要这种和缓的怀疑主义，它并非否定理性的作用，而是理解它的限度"。① 休谟的"和缓的怀疑主义"不同于相对主义，他并不因为人不可能达到绝对的真理就认为世间的一切都是没有标准的，都是可以依照个人的自然性情、主观态度的不同而随意地取舍，而是认为在一个有限度的经验范围内，根据或然性的推论仍然存在着共同一致的价值标准，仍然有一种基本的正义和德性，他所谓人的科学也正是因为有这样一种信念才得以存在。休谟在《人性论》的"引论"中开列了一个人性科学的清单，除了数学、自然哲学、自然宗教之外，还包括逻辑、道德学、批评学和政治学。在《人类理解研究》的结尾，他又再次指出这些学科是基于或然性推理的具有确定性的知识，他说："研究概括事实的科学，则有政治学、自然哲学、物理学、化学等等。"②

诺顿曾经指出，休谟在社会政治领域并非一个道德怀疑论者，而是一个常识道德主义者（commonsense moralist），"他试图表明，他那个时代的政治社会是可以很好地被理解和维持的，只要有这样一种信念，即正像他的科学所解释的，它们基于我们的本性，而不是像流行的理论那样付诸于理性主义"。③ 米勒对休谟的怀疑思想给予了具体分析，他指出：

---

① H. O. Mounce, Hume's Naturalism, Lond and New York 1999, p.49.
② 休谟：《人类理解研究》，第 145 页。
③ T. Penelhum, David Hume, An Introduction to His Philosophical System, Purdue University Press 1992. p.30；参见 David Norton, David Hume:Commonsense Moralist, Sceptical Metaphysician, Princeton University Press 1982.

和缓的怀疑主义包含了三个命题：第一，道德判断不能完全基于理性，因此也不能由理性的证明来辩护；第二，无论如何，我们不能得出这样的怀疑论的观点，即道德判断是完全任意主断的，因为它们在人性上有着稳固的基础；第三，道德判断是可以改正和改进的，但这种改进并非根源于提供给它们的充分的理性依据，而是由情感在这类判断中所扮演的重要角色来限定的，以及由理智的一般合宜性来限定的。正像在他的经验判断的论述中所表明的，我们看到，休谟试图在理性主义这〔例如像克拉克（Clark）和沃伦斯坦（Wollaston）的理性主义伦理学所代表的〕和彻头彻尾的怀疑主义（例如像曼德维尔之类的哲学家，据宣称他已经揭示了作为人为的和教育的结晶的所有道德之特性）之间开辟一条中间道路。[1]

回顾人类的思想史，我们不难发现，绝对的相对主义和过度的怀疑主义只会导致虚无，取消了任何的标准和价值，就像古希腊的智者学派那样，最终不过是通过怀疑一切而达到一种智力游戏的满足。这样一种态度在狄德罗的笔下被典型化为"拉摩的侄儿"，这位小拉摩是近代社会的智者，他在嘲弄世界和自我的过程中完全取消了任何的价值是非的判断和标准，[2] 最后从小拉摩转变为存在主义笔下的荒诞者，也就是顺理成章的事情了。休谟的怀疑主义却与此根本不同，他并没有走向虚无，走向荒诞，而是提出了一种事实与价

---

① Divid Miller, Philosophy and Ideology in Hume's Political Thought, Oxford University Press, 1981, pp. 41 – 42.
② 参见《狄德罗哲学选集》、黑格尔《精神现象学》、麦金太尔《追寻美德》的有关论述。

值的两分观念，并进而在价值层面上维护传统的习惯和美德，承认世俗社会的普遍标准，尊重人们习以为常的道德原则，承认普通法律的正当性，因此立法者在休谟眼中享有崇高的威望，他们是社会道德的维护者，传统价值的守护者。由此可见，休谟的政治哲学所维系的，是一个在和缓的怀疑主义的方法论基础上建立起来的讲责任、道义与价值的人类社会。凯尔克在"怀疑论的实在主义"谈到休谟对美国社会的广泛影响时曾经指出：

> 时至今日，我们美国人民一方面继续持守着他们在宗教上的忠诚，另一方面在政治上却坚持有节制的怀疑主义，这并不矛盾。怀疑主义并非不相信一切，它是对于简单趋从与狭隘冲动的否定。就休谟的政治识见对于美国的政治潮流依然产生如此的影响来说，他的怀疑主义不失为一种健康的酵母。①

按照休谟的分析，把数学、物理学、化学等从应然的世界区分出来是容易的，也是人们普遍都能接受的，困难的是对于生活经验中的道德事实，也存在着一个"是"与"应该"的两分，并且从知识之真并不能直接推导出德性之善。例如，一个人从理智上知道一件事情的对错好坏，并不等于他主动地愿意或该去做这件事情，一个对于道德原则有着深入研究的学者并不等于就是一个道德上十分完美的人，懂得道德学的一些知识并不等于他必然就能够做一些符合道德的事情，实际上很多道德行为往往并不是在理解了之后才去做的，做一件好事或一件坏事并不完全是理性思考的结果。在人们

---

① Russell Kirk, The Roots of American Order, Regnry Gateway 1991, p.368.

为什么要去做一件事情或应该做一件事情的问题上，理性和知识在很多时候是无力的，并非最终的依据，并不能够为人们的行为提供一个最终的说明。"道德上的善恶区别并不是理性的产物。理性是完全不活动的，永不能成为像良心或道德感那样，一个活动原则的源泉。"①

对此，休谟列举了一个淫乱是否被看到的例子来说明这个问题，在这个事例中呈现出事实与价值的两分所导致的不同评判，淫乱之所以是一件道德上的恶，如同偷盗行为一样，并不在于它们被他人透过窗户看见与否。此类行为作为一个事实就其自身并无所谓是非好坏，而在于它们与人的社会关系，具体地说它们之所以是恶，是因为这些行为既在人们的情感中产生了不愉快的感觉，也不符合社会传承延续的道德观念。无论与否被看见，无论发生在此时还是彼时，此地还是彼地，都是一样的。这种道德上的判断标准是一个应然的价值判断，而不是一个是然的真伪判断，所以科学意义上的真伪标准并不是决定这类行为道德与否的标准。②

休谟难题在思想史中的重要性是不用多说的，但对于这个问题的解读在西方思想史中却一直存在着严重的分歧，或至少有着两个层次的理解。首先，在一般的道德学家眼中，这个难题被归结为是一个道德难题，即"是"与"应该"提出了一个事实领域与道德领域的分离问题，道德上的应然涉及人的情感中的动机以及意志等因

---

① 休谟：《人性论》，下，第498页。
② 参见休谟：《人性论》，下，第501—503页，以及休谟的长篇注释。在休谟看来，假如在真伪上没有附着一种明显的功或罪的话，则真伪对于我们的行为就不会发生任何影响，没有人会因为怕别人可能由于某种行为得出错误的结论，而不去做那种行为，也不会为了别人得出正确的结论，才做出某种行为。所以，是非的判断并非道德行为的源泉，至多只是一种次生的原由，而非根本的理由。

素，它们与苦乐情感一起构成了道德哲学的一个基本内容。这种道德主义的解读看上去并没有什么不妥，它既符合休谟在书中的说法，也确实说明了道德领域中的一些基本情况。对此，休谟自己曾有过多次论述，他在《人性论》中也是把"应该"与动机、意志，进而与苦乐等情感问题联系在一起加以讨论的，并指出了它们与事实上的因果联系、知识与真理问题的区别。例如，休谟曾列举了弑父杀母这样的例子来说明意志、理性与情感等因素在决定这个罪恶行为的道德性质时所起的不同作用，他认为从观念的联系关系来看，杀害父母与一棵树苗茁壮成长最终长过了母株将其毁灭，并没有什么两样，但是在前者被视为滔天大罪，在后者则是物质运动的规律，之所以有如此大的差异，并非科学的原理发生了变化，而是它们属于两个不同的领域，在前者除了出现了意志与选择之外，还存在着作为人子的责任、义务等道德判断等决定性因素。在此，单纯理性的作用是不够的，还有内心的感觉，有利益以及人为正义等问题，"罪恶是独立于我们的理性之外的，它是这些判断的对象，而不是它们的结果"。①

应该承认，对于休谟难题的道德主义理解是西方伦理思想的主流观点，它首先在 19 世纪的康德哲学中得到了变相的阐释，康德通过实践理性的道德律令建立起他的反休谟主义的道德哲学。康德的纯粹理性与实践理性的二元分立，从某种意义上说就是由对休谟事实与价值二分思想的先验理性主义的改造而来的，他的先验道德主义对于后世的思想产生了重大的影响，20 世纪的新康德主义就是从实践理性的角度进一步发挥了康德的道德哲学，认为哲学问题就

① 参见休谟：《人性论》，下，第 506—508 页。

是价值问题，它解决的是有关事实与价值的统一关系中的意义问题，例如巴登学派的文德尔班和李凯尔特就把康德哲学中的作为应然的"道德律令"推广到整个伦理学、美学、文化和历史领域。与此相应，20世纪以来的分析哲学和语言哲学，对于休谟思想中的是然与应然的二元划分给予了高度的重视，他们从语言的能指和所指，从语言所具有的事实与喻意等，对休谟难题展开了一系列深刻的论述，如爱耶尔等人的相关研究就具有一定的代表性。① 关于这个层面或维度的研究，基本上是一种语言哲学的方法，并且把原先属于道德哲学的内容置入语意学的框架之内，通过分析道德语言与自然语言的不同揭示人的道德生活中的独特性。从这个维度对于休谟"是然"与"应然"问题的研究无疑具有开创性的意义，为20世纪的语言分析哲学开辟了一个新的天地，成为英美哲学中的一个主流问题。

不过，如果换一个视角，我们又可以说上述对于休谟难题的道德主义研究的路径只是对于休谟难题的一种理解，并不意味着休谟难题的全部内容，甚至还存在着某种程度的偏差，至少并不完全符合休谟提出这个问题时所包含的另外一个层面的意义。应该指出，对于休谟难题的道德主义解读是有局限性的，它们只是就休谟道德哲学中的狭义道德层面加以理解，而忽略了"道德"在休谟思想中的多方面意义，特别是《人性论》第三卷"论道德"所包含的核心内容乃是一种政治哲学以及一整套社会政治理论。因此，对于休谟难题的解读，还有一种从政治哲学，从法律制度和社会共同体

---

① 参见 A. J. Ayer, Language, Truth and Logic, London: Gollancz, 1936; Hume, oxford University Press 1980。

角度的解读，这样一来，事实与价值的分立与关联性问题，就不再单纯是一个涉及情感、动机与意志等因素的善恶好坏问题，更进一步地说还是一个有关公共政治的正义问题。其实，正像我们已经言明的，休谟的道德哲学，特别是他的《人性论》第三卷"论道德"，从根本上说是一部政治哲学，因此，从政治正义而不是从道德善恶的角度来理解休谟难题，可以说开启了休谟难题的一个新的研究维度。

休谟的道德学、斯密的道德情操论乃至整个英国 17、18 世纪思想中的道德哲学，迥异于 19 世纪以来经过康德哲学的分解而形成的那种以动机和良知为主要内容的狭义道德学，休谟意义上的道德学与现代意义上的道德学是根本不同的另外一种道德学，它集中地表现为与斯密的道德情操论相一致的德性论或者说政治德性论。这种政治德性论原本也就是所谓的亚里士多德主义，只不过英国思想中的这个基于事实与价值两分前提下的政治德性论与亚里士多德的理性主义有所不同，是一种情感主义的或自然主义的德性论或公共政治论。因此，休谟对于道德学的理解不同于后来的康德哲学的理解，在英国思想中道德学包含着丰富的政治哲学的内容，在此休谟与斯密的看法是完全一致的，他们所建立的道德学或道德情操论，并非为个人的动机、意志、情感等提供一个远离社会公共事务的象牙之塔，一个道德上独善其身的修炼场所，而是一个能够开辟出公共政治事务并为其提供规则和制度及正义美德的道德学，因此，又可以称之为是一种政治的德性论，一种正义规则论和政治经济学论。从这个意义上来看事实与价值的两分并审视休谟难题，就不再局限于前述的那种狭义道德领域中的是与应该之间的差别，动机与行为之间的差别，而是一个包含着广阔社会政治内容的重大问题，可以说休谟难题既是道德难题，但更根本的是一个社会难题，一个政治正义论的难题。

对于休谟难题中的这个社会政治哲学方面的意义，近来也有一些理论家给予了充分的重视，哈贝马斯的著名著作《在事实与规范之间》所探讨的实际上正是休谟难题所展开的政治和法律层面上的问题，尽管哈贝马斯直接汲取的思想资源并非休谟，而是康德，但是康德伦理思想的基本前提是休谟的，休谟事实与价值的两分思想导致了康德两种理性的划分。我们看到，哈贝马斯有关事实与规范的区分，可以上溯到休谟，他的 Fakzitität 等同于 facts，与休谟的"是"的事实领域直接相关，他的 Geltung（有效性）含义，不仅含有 norm（规范）的意义，而且也有 value（价值）的意义，因此，哈贝马斯的事实与规范的关系从某种意义上说与休谟的事实与价值的关系是大体一致的。当然，哈贝马斯更多地吸收了康德之后的德语世界的思想资源和现代英美学界以弗莱格和皮尔斯为代表的语用学和符号学的学术成果，编织了他的庞大的有关法律和民主法治国的商谈理论，相对说来他忽视了 17、18 世纪英国的古典政治哲学，这或许是哈贝马斯的一个缺陷。[①] 但他的理论毕竟为我们审视休谟的事实与价值两分及其内在关联性问题提供了一个现代政治哲学的新的视角，休谟难题并不单纯是一个道德学的问题，而是一个有关事实与规范的政治正义问题。固然道德学也包含着规范问题，但狭义道德学意义的规范还只是一个涉及个体行为的善恶问题，而非正义问题，就休谟社会政治思想的真正蕴涵，特别是就他所提出的私有

---

① 关于哈贝马斯这方面的思想，参见哈贝马斯：《在事实与规范之间》，童世骏译，生活·读书·新知三联书店 2003 年版。

财产权的确立与稳定、同意的转让和许诺的履行等三个基本的正义规则，对于建构一个社会共同体，对于建构一个政治的社会制度及其所具有的正义德性的意义来说，单纯的道德动机与善恶观念显然已不足以说明相关问题。与此相应，斯密随后开辟出来的那种旁观者的正义和"看不见的手"的市场机制以及国民经济所赖以建立的法律制度等等，也都不是一个狭义的道德学问题，它们都超出了道德学而进入到了社会政治、经济和法律制度的领域，或者说它们虽然都属于古典思想中"道德学"，但实际上是一个触及政治正义的法律规则论、经济制度论以及政治德性论。

在近代思想史的研究中，人们大多把康德哲学视为社会政治理论和正义学说的一个转折点，实际上在康德的背后还有休谟，是休谟首先提出了事实与价值两分的观点，并且不仅在道德善恶领域，而且在公共政治和法律制度领域，寻求一种正当性的关联。对于休谟来说，应然问题既是一个善恶问题，更是一个正义问题，为此他在《人性论》等一系列著作中多次指出，道德善恶问题从属于正义问题，唯有正义特别是人为的正义，才有可能解决事实与价值的分离。当然，休谟的正义观是情感主义的，与现代哈贝马斯、罗尔斯等人的理性主义正义理论有所不同，它既不是建立在交往理性上，也不是建立在交叉共识上，而是建立在共同的利益感觉这样一个情感主义的基点之上。我们看到，休谟的上述观点早在康德哲学之前就涉及西方政治哲学中有关正义问题的一个根本性的转向，涉及一个休谟对于人性论的完全不同于古希腊政治理论的预设，当然，这个预设也同样是不同于大陆理性主义的政治哲学的。

## 三、人性论的预设

### 1. 是否有恒长的人性？

前面我们曾经指出，古希腊的主流政治思想是一个以至善的目的论为核心的公共政治理论或政治的有机体主义，在那里正义问题与至善问题是完全等同的，这一点是古希腊主流政治思想的一个基本特性，因此在希腊的思想中并不存在事实与价值的两分，也不存在真与善的分离。麦金太尔在论述西方的德性传统时之所以指责休谟，也正是由于他看到了休谟难题对于古希腊至善主义目的论的政治美德传统所具有的颠覆作用。尽管麦金太尔对休谟的批判是极其片面的，但应该看到，他抓住了问题的要害，分析也是非常准确的。诚如麦金太尔所言，在古希腊的社会政治思想中，由于有机体主义和目的论，所以并没有"是然"与"应然"的根本性分离，特别是在亚里士多德的社会政治理论中，存在着一个从事实出发的求真的认识论到至善的价值目的论的自然的发展演化过程，这个过程在哲学上又表现为一种从潜能到现实的实现，亚里士多德称之为"伊德莱西"。亚里士多德通过生命有机体特别是政治有机体，把知识理念与实践智慧、事实问题与价值问题和谐地联系在一起。这种理性的有机体主义在近代西方哲学，特别是黑格尔的伦理世界或绝对精神那里开出了新的成果，可以说黑格尔主义是现代的亚里士多德主义，黑格尔的哲学中也同样不存在事实与价值的分离，黑格尔把亚里士多德的从潜能到现实的至善的政治路径和伦理路径发展为一整套历史哲学和政治正义论，并最终在国家那里得到完成，国家的伦理精神是绝对精神在地上人间的全面实现。

如是观之，休谟难题确实颠覆了西方主流思想中的这个理性主义的目的论和至善主义传统。休谟通过事实与价值的分离提出了一个新的问题，即如何能够在现实的社会政治层面上形成与发展出一个具有着正义性的德性世界或政治共同体。这确实是一个必须面对的新问题，困难在于休谟难题呈现着一个完全新的政治哲学路径，它首先打破了主流思想传统的目的论逻辑，揭示出人类社会或休谟所谓的政治社会，存在着事实与价值的两分及其对立状况，自然目的论和理性实体论显然无法弥补其中的裂痕。但是，休谟与斯密的贡献在于，他们并没有像古代的伊壁鸠鲁或怀疑主义等非主流理论那样，通过一番个人心灵的休整，或宁静或沉醉，或独善其身或随波逐流，总之对社会公共政治生活，对于政治正义予以排斥和逃避，而是相反，他们企图在自然主义的道德情感的基础上建立起一个从是然到应然、从事实到价值的人性学转换，并进而建立起一整套面向社会秩序、参与公共生活、共同构筑社会政治共同体的政治哲学和社会政治理论。休谟和斯密的政治哲学是独创性的，他们首先撕开了古典政治理论的那种理性主义的目的论关联，在事实和价值之间树立起一道两分的屏障，然后，他们又用自然主义的情感论和人性论替代古典的至善的目的论和理性主义，建立起一个在气质与观点上完全与古典的政治理论相反的新的弥合这种分裂的社会政治理论和政治哲学。

从至善目的论的角度推出一套社会政治理论，在古希腊的哲学逻辑上是自成一体的，既然在事实的层面上万事万物一开始就具有着向善的潜在本性，在个人的认识和行为中就潜在地具有着德性的价值和卓越，那么它们在逐渐展开和发展的过程中，让这个种子生长出来，这是自然而然的事情，虽然其中需要一种实践的智慧，一种在量化技艺上的中道的把握，但相对来说从自然到社会，从知识到意义，从事实到至善，这是一条预先就设定好了的目的论路线。然而，休谟的理论却斩断了自然与至善之间的目的性联系，斩断了从自然知识到社会正义的相互关联。但问题在于休谟等人并不是遗世独立不要社会，而是致力于政治社会的建设，于是如何从他们揭示的事实与价值两分的经验主义或自然主义的怀疑哲学中开辟出一条政治社会的理论路径，并进而实现所谓的政治正义这一人为美德，这显然是一个重大的理论困难，这个困难摆在了休谟和斯密的面前，可以说这是他们的社会政治理论所必须面对和处理的一个至关重要的问题，也是他们的出发点和基本前提。我们看到，休谟的人性论，实质上是在为他的政治哲学提供一个人性学的预设，他企图通过一种人性学的预设而解决事实与价值两分的难题，至于斯密虽然没有像休谟那样建立一整套系统的人性哲学，但他的政治哲学可以说也是以休谟的人性哲学为前提的，斯密的道德情操论从某种意义上来说也是休谟意义上的人性论，它为斯密的政治经济学和法学奠定了人性论的基础。

休谟早在写作《人性论》之初，就清楚地意识到他要建立的哲学实际是一种人性的哲学，或者说他只有在提出了一个新的人性原理之后，才有可能建立所谓的哲学体系。"人性研究是关于人的惟一科学，可是一向却最被人忽视。我如果能使这门科学稍微流行一些，就心满意足了。"① 休谟认为一切科学对于人性总是或多或少地有些

① 休谟：《人性论》，下，第304页。

关系，例如，逻辑的惟一目的在于说明人类推理能力的原理和作用以及人类观念的性质，道德学和批评学研究人类的鉴别力和情绪，政治学研究结合在社会里并且互相依存的人类。不过，他在《人性论》中采取的方法抛开了过去的"迂回曲折的老办法，不再在边界上一会儿攻取一个城堡，一会儿占领一个村落，而是直捣这些科学的首都或心脏，即人性本身"。[1]

究竟什么是休谟所理解的人性呢？研究者们大多引用休谟在《人类理解研究》中的一段话，他这样写道：

> 人类在一切时间和地方都是十分相仿的，所以历史在这个特殊的地方并不能告诉我们以什么新奇的事情。历史的主要功用只在于给我们发现出人性中恒常的普遍的原则来，它指示出人类在各种环境和情节下是什么样的，并且供给我们以材料，使我们从事观察，并且使我们熟悉人类动作和行为的有规则的动机。战争、密谋、党羽和革命的种种记载，在政治家和道德哲学家手里，只是一大堆实验，他们正可借此来确定他们那种科学的原则。这个正如物理学家或自然哲学者借各种实验熟悉了植物、动物和别的事物的本性一样。[2]

休谟在此的论述显然涉及所谓的永恒人性的问题。抽象地就上述休谟的论述来看，似乎他是一个偏重原理的理性主义者，其实我们知道，休谟对于人性的理解是有别于理性主义的，他所说的有关人的

---

[1] 休谟：《人性论》，上，第 7 页。
[2] 休谟：《人类理解研究》，第 76 页。

恒长本性并不是一种实在性的概念，而是一种主观的意见。按照传统理性主义的解释，所谓的普遍人性往往是指那种实体性的永恒本质或宇宙精神，如黑格尔的观点就是一个代表。而休谟虽然在反对契约论方面与黑格尔有着共同之处，但他们之间仍然存在着巨大的鸿沟，"休谟与黑格尔之间的鸿沟是由于他们对于人性理解的一个变化所引起的"。[①]

　　休谟对于人性的理解不同于黑格尔，他并不认为人性是一种铁的规律，体现着绝对的普遍意志。正如柯林伍德所指出的，休谟与启蒙时代的其他思想家一样，认为不变的人性是蕴涵在变化的历史过程之中的。[②] 休谟在《英国史》中曾这样说："每个世纪都有其促进商业的特殊方式，人们更多的是受习惯引导，而不是受理性引导，不经探讨地就遵循着在他们各自时代普遍流行的生活形态。"[③] 米勒曾分析说，对照上述休谟的两段论述，人们往往认为他的观点是矛盾的，几乎在同一页书中，休谟的主张就有如此的变化，其实，"这里并不存在矛盾"。[④] 因为，休谟相信在人类事务方面存在着共同的人性原则，他所以追随牛顿，其原因便是他想象牛顿一样建立一种人的科学：

---

① Robert McRae, Hume as a Political Philosopher, Hume as Philosopher of Society, Politics and History, Edited by D. Livingston, University of Rochester Press, 1991, p. 8.

② 参见 R. G. Collingwood, The Idea of History, Oxford: Clarendon Press, 1946, pp. 76 - 82。

③ History of England from the inrasion of Julius Cabar to The Revolution in 1688, vol. II, p. 83.

④ 参见 Divid Miller, Philosophy and Ideology in Hume's Political Thought, Oxford University Press, 1981, p. 102.

人们普遍承认，在各国各代人类的行动都有很大的一律性，而且人性的原则和作用乃是没有变化的。同样的动机产生同样的行为来，同样的事情常常跟着同一的原因而来。野心、贪心、自爱、虚荣、友谊、慷慨、为公的精神，这些情感从世界开辟以来，就是，而且现在仍是，我们所见到的人类一切行为和企图的源泉；这些情感混合的程度虽有不同，却都是遍布于社会中的。[1]

但是，人的这种一般本性却是与具体的历史状况、个人习性、性格特征等结合在一切的，是通过它们表现出来的。普遍的东西存在于具体的东西之中，一般本质不在抽象的实体身上，而只是人们的对于观念联系的一种信念，这是休谟所信奉的唯名论哲学在人性思想的体现。对此，休谟这样写道：

我们也不能设想，人类行为的这种一律性是不容例外的，我们也不能说，一切人类在同一环境下总会精确地照同样方式来行事，我们必须承认性格、偏见和意见，在各人都有差异的地方。这种在各个方面都很一律的性质，是不能在自然中任何一部分找得出的。正相反，我们在观察了各个人的不同的行为以后，还正可以由此来构成较多数的通则。不过这些通则仍然以前设某种程度的一律性和规则性为其条件。[2]

---

[1] 休谟：《人类理解研究》，第75页。
[2] 休谟：《人类理解研究》，第77—78页。

由此看来，休谟有关恒长人性的看法基于他的信念，按照他的哲学，事物之间的关系，特别是因果关系并非一种必然性的实体关系，而只是我们对于事物间关系的一种意见和信念，但正是这些意见和信念建立起我们对于世界的认识，成为我们判断事物的标准。在自然世界，这种意见和信念表现为理性的真伪问题，而在人类社会，在道德和政治领域，它们便不再是真伪问题，而成为好坏、是非、美丑等问题，并最终转化为利益与正义问题。休谟所谓的人性问题，显然不是真伪上的自然科学问题，而是社会问题，是基于公共的意见与信念而形成的对于人的社会本性的识见。① 这样，实际上休谟对于人性的解释包含着两个层次的意义，一方面人性是具体的，因人而异的，随着时代和环境的变化而随时变化的，它们构成了人性的丰富内容；另一方面，人性又具有一定的稳固性和规律性，在历史和现实中又遵循着一定的规则，具有人格的同一性特征。

休谟在《人性论》的第一卷"论知性"以及《人类理解研究》中特别考察了这个关系问题，首先，休谟并不反对"人格同一性"，他的人性论从一般哲学的角度来看实际上就是一个人格同一性问题，对此，休谟并不像理性主义那样把这种同一性视为实在的存在，而认为它只是一种观念上的共同性，属于想象力的产物。但是，这种人格的同一性又不是完全无用的，它对于人来说仍然是必要的，因为人需要这个凝聚信念的符号或载体，否则人的所作所为、所思所

---

① 休谟在后来撰写的"论政府的首要原则"一文中，对于公共信念有过精辟的论述，他认为任何政府的稳固统治，都必须基于公共意见之上，而公共意见或"公共信念有两类：关于利益的看法和关于权利的看法。关于利益的看法，据我理解，主要即公众意识到可以普遍从政府获得好处，并相信现在建立的政府和其他任何易于稳定的政府一样优越，有利于众。……权利也有两类：权力之权和财产之权。"见休谟：《休谟政治论文选》，张若衡译，商务印书馆1993年版，第19页。

想就变成了凌乱不堪的碎片，成为偶然任性的玩偶了，而这与人的现实生活经验是不一致的。我们看到，人类社会是一个有序的社会，每个人都有一个完整的人生经验，因此，由信念支撑的为比较、同情、想象、因果等因素所联系起来的人格同一性是存在的，它是主观想象力的产物，是历史习惯的产物，是社会传统的产物。休谟指出：

> 经验是以对象的过去种种的结合来教导我的一个原则。习惯是决定我预期将来有同样现象发生的另一个原则；这两个原则联合起来作用于想象，并使某些观念比其他没有这种优势的观念能在较强烈而较生动的方式下被我所形成。[①]

所以，休谟的人性论在社会政治领域中体现并不存在二元对立的矛盾：他一方面承认人类社会需要一种持久稳固的政治与法律制度，另一方面他又认为这种社会机制的发生并非理性的先验产物，而是在历史的变迁中逐渐形成的；一方面他认为人的情感因环境因素的不同而时常发生变化，甚至是剧烈的变异，但另一方面他又指出了人的情感活动所要遵循的一些基本的规律，并不否认一种恒长的人类本性。这些观点看上去固然是多少有些矛盾的，但它们仍然符合休谟对于人性的基本看法，体现了他人性观念的丰富性。哈康森在他编辑的《休谟政治论文集》的"导论"中这样写道：

> 休谟对于政治的易变本性的理解，不仅来自他对英国和欧

---

① 休谟：《人性论》，上，第295—296页。

洲现状的敏锐观察和他的恒常不变的历史感，而且基于一种复杂的政治哲学，基于那种公共意见是一切政治权威的基础的根本性观点。政治观察、历史识见和哲学理论的融会贯通构成了休谟的政治意见与信念。①

### 2. 自然资源的匮乏

关于休谟的哲学究竟是经验主义的还是自然主义的，我们在前述中有所提示，但并没有展开，因为相对于古代主流的理性主义传统来说，它们是同大于异，共同构成了与理性主义相对立的另外一条思想路径。但是，当我们具体考察休谟的人性论思想时，休谟哲学是经验主义还是自然主义就变得较为重要了。按照斯密斯的观点，休谟的哲学是自然主义的，并由此把他与英国传统的经验主义哲学，如洛克、贝克莱等做了区分，斯密斯的看法具有突破性的意义，但他毕竟有些走过了头，其实休谟的思想很复杂，并非单纯的经验主义或自然主义所能概括。对此，瑙瑟曾经指出：

> 斯密斯所揭示的自然主义在休谟的哲学中确实是存在的，并且构成了他的思想的最深刻的方面，但经验主义在休谟的哲学中也同样存在，并且与他的自然主义是不一致的。结果，就使得《人性论》显示出两种不同的哲学倾向之间的尖锐冲突。②

① Edited by Knud Haakonssen, David Hume Political Essays, Introduction, Cambridge university Press 1994.
② H. O. Mounce, Hume's Naturalism, Lond and New York 1999, p. 7.

因此，瑙瑟赞同与休谟同时代的苏格兰自然主义哲学家瑞德（Reid）的观点，认为休谟在认识论上是经验主义的，在道德学上是自然主义的。[①]确实，休谟在认识论方面，以印象和观念，特别是以感知的印象为哲学的出发点，对此他在《人性论》第一卷做了充分论述，但是应该指出，这一出发点并不是休谟政治哲学的出发点，如果简单地把休谟的哲学认识论的前提等同于他的政治哲学的前提，就会误读他的政治哲学，不了解他的社会政治理论的真正内涵以及所具有的重大意义。[②]因为无论是从感知的强度和广度，从观念与感知的关系以及因果联系的真实性来说，它们都属于是然的认识论范围，并不存在事实与价值的两分，在此只有一个真伪问题，没有价值问题，没有与社会共同体利益相关的正义问题，所以也就不存在政治哲学。那么，什么是休谟政治哲学的前提预设呢？显然它们不是感知印象，也不是因果观念，而是一种自然主义的人性依据，说它是自然主义的而非经验主义的，这一点是有区别的，瑙瑟指出它们两者之间的区别，在于后者主张人性事实的主观依据，像贝克莱那样最终只能导致彻底的怀疑主义；而前者则认为人性的本性具有较为客观的现实性，并不完全是主观心灵的产物，而是主观心灵与对象世界共生的产物，因此是具有自然确定性的。

---

① Thomas Reid（1710—1796）的主要著作：An Inquiry into the Human Mind on the Principles of Common Sense, Essays on the Intellectual Powers of Man and Essays on the Active Powers of Man

② 例如，罗素对于休谟哲学的看法就存在着误读，他没有认识到休谟政治哲学的本质意义，混淆了两种性质不同的怀疑主义。他写道："实际上，在《人性论》后面一些部分，休谟把他的根本怀疑全忘到九霄云外，写出的笔调和当时任何其他开明的道德家会写出的笔调几乎一样。他把他推赏的救治方剂即'不关心和不留意'用到了他的怀疑上。从某种意义上讲，他的怀疑主义是不真诚的，因为他在实践中不能坚持它。可是，它倒有这样的尴尬后果：让企图证明一种行为方针优于另一种行为方针的一切努力化为泡影。"参见罗素：《西方哲学史》，下，第 211 页。

当然，自然主义的最终根源是不可知的，这种怀疑主义属于休谟所赞成的和缓的怀疑主义，它为自然主义的实在性划定了一个有限度的界线。

具体地说，休谟的人性学预设又包含着外部预设与内部预设两个方面。让我们先看休谟人性论的外部预设，即一个自然资源相对匮乏的人类环境问题。休谟政治哲学的第一个出发点或前提是人类社会所处的自然环境，在休谟看来，人之所以异于自然动物而形成一个群体，组合政治社会，建立规则与制度，其中一个主要原因在于外部自然资源的相对匮乏。他写道：

> 在栖息于地球上的一切动物之中，初看起来，最被自然所虐待的似乎是无过于人类，自然赋予人类以无数的欲望和需要，而对于缓和这些需要，却给了他以薄弱的手段。在其他动物方面，这两个方面一般是互相补偿的。我们如果单纯地考虑狮子是贪食的食肉兽，我们将容易发现它的生活是很困难的；可是我们如果着眼于狮子的身体结构、性情、敏捷、勇武，雄壮的肢体、猛力等等，那末我们就将发现，狮子的这些有利条件和它的欲望恰好是成比例的。羊和牛缺乏这些有利条件，不过牛羊的食欲不是太大，而它们的食物也容易取得。只有在人一方面，软弱和需要的这种不自然的结合显然达到了最高的程度。不但人类所需要的维持生活的食物不易为人类所寻觅和接近，或者至少是要他花了劳动才能生产出来，而且人类还必须备有衣服和房屋，以免为风雨所侵袭；虽然单就他本身而论，他既然没有雄壮的肢体，也没有猛力，也没有其他自然的才能，可

以在任何程度上适应那么多的需要。①

　　按照休谟的看法，大自然所提供给人的满足需要的物品，相对于人的欲望来说总是惯乏的，如果自然能够提供给人充足的食物以及其他各种各样的满足人的所有需要的什物，人们可以在美好的自然乐园中幸福地生活下去，那么人们就无须结成社会，也就不存在所谓正义等问题了。我们看到，休谟的有关外部资源的预设，是有着思想史上面的理论来源的，在他之前，霍布斯第一个把外部资源问题纳入他的思想体系，并置于重要的地位。霍布斯假设了一个物质资源极度匮乏的人类外部环境，并命名为自然状态，在该状态下大自然所能给予人的满足需要的物品是极其微弱的，因此为了争得食物等各种生活的必需品，人们相互之间势必会引起一场争斗，所谓人与人是狼，其一个现实的基础便是物质资料的极度匮乏。与霍布斯相反，洛克对于自然状态的描写却是乐观主义的，他提出了一个自然资源相对充裕的人类外部环境，在该状态下人的各种欲望均能够获得较妥当的满足，人与人和平相处，只是为了保障更持久的自由和抵御外敌的侵犯，才组成了政府与社会。休谟的观点可以说是处于霍布斯与洛克的中道，他有关自然状态的预设，既不是像霍布斯所说的那样极度匮乏，也非洛克笔下那样的富足充裕，而是一种相对匮乏的状态。在休谟看来，极度匮乏将会使得人们之间为获得财物而引发的斗争无止无休，很难维持一个稳固的社会秩序，过度富裕则消磨了人的进取心，使得一个正义社会的形成理据不足。

　　关键的是，事实上相对于人的生存需要和无止境的欲望来说，

_____

① 休谟:《人性论》，下，第 525 页。

如果存在一个自然状态的话，或许相对匮乏的状态最为妥当与可信，它揭示了一个政治社会形成的外部原因。休谟写道：

> 人只有信赖社会，才能弥补他的缺陷，才可以和其他动物势均力敌，甚至对其他动物取得优势。社会使个人的这些弱点都得到了补偿；在社会状态中，他的欲望虽然时刻在增多，可是他的才能却也更加增长，使他在各个方面都比他在野蛮和孤立状态中所能达到的境地更加满意，更加幸福。当各个人单独地，并且只为了自己而劳动时，他的力量过于单薄，不能完成任何重大的工作；他的劳动因为用于满足他的各种不同的需要，所以在任何特殊技艺方面都不可能达到出色的成就；由于他的力量和成功并不是在一切时候都相等的，所以不论哪一方面遭到挫折，都不可避免地要招来毁灭和苦难。社会给这三种不利情形提供了补救。借着协作，我们的能力提高了；借着分工，我们的才能增长了；借着互助，我们就较少遭到意外和偶然事件的袭击。社会就借这种附加的力量、能力和安全，才对人类成为有利的。①

我们知道，在17、18世纪的欧洲思想中，有关自然状态的理论预设是思想家们的一个基本想法，尽管各派观点有所不同，但把各自假设的自然状态视为理论的出发点却是共同的，这一流风余韵直到今天仍未终结，罗尔斯的无知之幕下的原初状态就是一个例证。不过相比之下，休谟的相对匮乏的外部预设比罗尔斯的那个复杂精

---

① 休谟：《人性论》，下，第525—526页。

致的原初状态或许更符合实际的情况，罗尔斯的那种通过无知之幕所设定出来的原初状态是一个高度抽象和理性化的假设，与休谟直接的基于自然主义的预设相比，实在是并不高明，因为在他那里问题还没有展开，理性的独断论就暴露无遗了。休谟的外部预设并没有理性独断的色彩，也无须通过无知之幕去删除所有的内容，它只不过是非常实际的对于生活经验的一种描绘而已。而且对于休谟来说，这样一个预设只是一个外部的预设，并不是他的人性论预设的核心内容，也不是他的政治哲学关键所在，外部预设的意义只在于为政治社会的形成及其制度设施的建立提供了一个外部的自然主义的前提。

### 3. 自私与有限的慷慨

自然资源的匮乏固然提供了使人结成社会的外部条件，但并不等于充要的条件，相比之下，休谟更为强调的是另外两个内部的预设，它们是有关人性的两个最为真实也是最为深刻的假定，即人性的自私和有限的慷慨，在休谟看来正是这两个内部的预设，才是人性论的真正出发点，才构成了政治社会的内在的人性基础。休谟认为，即便外部资源的匮乏使人迫于生存需要的压力而结合在一起，但究竟怎样结合才具有现实的可能性，并产生一个正当的政治社会秩序，这就需要预设两个内在的前提，那就是人性的自私与有限的慷慨。在一个自然环境相对匮乏的状况下，正是上述人的本性使人们结合在一起，组成了社会群体，并在合作中产生个人与个人、个人与公共社会之间的利益分化、关联以及协调，进而形成一定的规则与制度，最终构成一个社会的政治共同体，实现人为的正义的美德。休谟指出：

> 尽管关于人的自私性是普遍性的还是部分性的这个问题，
> 也许并不像通常所想象的对道德和实践那么重要，然而它在关
> 于人类本性的思辨科学中确定无疑地有着重要的意义，是一个
> 令人好奇和值得探究的适当对象。①

在休谟看来，人在本性上是自私的，"在自然性情方面，我们应
当认为自私是其中最重大的"。② 关于人的这个自私的本性，休谟在
《人性论》中多有论述，例如他说："家中摔破一面镜子，比千百里
外一所房子着火，更能引起我们的关切。"③ 在《道德原则研究》一
书中，休谟又将自私的本性称之为自爱，他认为：

> 不论一个人可能感受到或者想象自己同情到什么感情，没
> 有一种激情是或能够是无私的；最慷慨的友谊，不论多么真诚，
> 都是自爱的一种变体；甚至我们自己也不知道，当我们看来全
> 心全意从事为人类谋划自由和幸福时，我们只是在寻求我们自
> 己的满足。④

关于人的自私本性在思想史上多有论述，古代的昔勒尼学派、
伊壁鸠鲁主义、怀疑主义等都属于感性的自我主义，它们认为人是

① 休谟：《道德原则研究》，曾晓平译，商务印书馆 2001 年版，第 149—150 页。
② 休谟：《人性论》，下，第 527 页。
③ 休谟：《人性论》，下，第 467 页。
④ 休谟：《道德原则研究》，第 148 页。

一个自私的存在物，趋乐避苦是人的本性，人的行为是以苦乐感为依据的，自私自利是人的基本准则。休谟吸取了它们的观点，首先承认私利是人的一项基本追求，但不同的是，休谟不像古代的唯我主义那样逃避社会，而是把自私之我置于社会之中，认为自私是人的一种社会本性，人的苦乐感是在社会中形成的。例如，休谟在分析骄傲时就认为它是人的一种社会性情感，不同于古代隐士躲避社会的孤傲，休谟意义上的骄傲感是一种建立在物质财富基础上的情感，"我们的国家、家庭、儿女、亲戚、财富、房屋、花园、犬马、衣服，任何一样都可以成为骄傲或谦卑的原因"。① 在休谟看来，人并不因为组成了社会就不考虑自我了，而是相反，任何一个公正的社会群体都会把个人私利视为优先考虑的对象，可以说没有自私之心也就根本形成不了社会。人组成社会并不是为了他人的福利，也不是为了这个社会本身的所谓至善目的，人组成社会实际上是为了自己的利益，因为他看到只有形成了社会，人的一些自私的需要和欲望才能获得满足。这从最初的作为两性结合的家庭这个小社会就是如此，进而扩展到与他人广泛合作的大社会，乃至一个国家的政治共同体，同样也是如此。人在社会这个共同体中追求个人的利益，生产，劳动，交往，交换，进行商业活动，从事经济合作，实现自己私人利益的最大化，它们构成了一个市民社会的基本内容。

正是由于把自私视为一种人的社会性的本性，休谟发现对于这种自私本性不能极端化，他并不认为自私是人的唯一的本性，他写道：

———————————

① 休谟：《人性论》，下，第313页。

一般地说，自私这个性质被渲染得太过火了，而且有些哲学家们所乐于尽情描写的人类的自私，就像我们在童话和小说中所遇到的任何有关妖怪的记载一样荒诞不经，与自然离得太远了。①

我们看到，休谟有别于古代感觉主义的有关自私的观点，受到了霍布斯的启发。霍布斯固然强调人的自私本性，把生命的安全视为头等的大事，但与古代思想家们的苟活于乱世的反社会态度不同，霍布斯认为这种自保的自私本性反而使人组成社会，期望由社会提供稳固的安全保障，也就是说，自私的本能并没有使人脱离社会，反而使人强化了社会的合作。如此看来，霍布斯远比古代的思想家们深刻，他认识到人是脱离不开社会的，即便是你自己想脱离那也不可能实现，你不侵犯别人，别人也会侵犯你。所以，躲到一个远离社会的象牙之塔是根本不可能的，还不如承认现实，为了各自的私利而主动地结成一个社会，让公共权力来保护每个人的私利，特别是保护每个人的生命安全。当然对于霍布斯来说，寻求社会保护并不是无代价的，每个人为此必须交出自己的权利，把它转让给统治者，这是一种政治的契约，统治者根据这个契约，一方面获得了统治的合法性，另一方面承担了保护的政治义务。

　　休谟与霍布斯一样，认为自私的社会性本质对于人来说是至关重要的，人的自私使人结成社会，但他们的区别在于，休谟不像霍布斯那样把人性的自私理性化，即人通过理性的作用把自私的欲望转化为一种建立社会契约的理性计算，而认为在人的本性之中就存

---

① 休谟：《人性论》，下，第527页。

在着另外一种情感，人在自私自利的同时并不排除他还有同情他人的情感，还有有限的慷慨与仁慈。也就是说，人的自私毕竟不是绝对的、极端的，而是有限的、相对的，在一个更大的社会范围内伴随着自私的还有另外一种人的本性，那就是有限的慷慨，这样一来，休谟的政治哲学又出现了另外一个有关人性的预设。正是自私与慷慨的人性情感的协调与平衡，即休谟所谓的"共同的利益感"，而不是理性的计算，构成了政治社会的产生机制，这才是休谟与霍布斯有关人性自私观点的本质差异。

什么是人性中的慷慨呢？如果说自私、自爱具有着希腊非主流思想的品质，是古希腊人性观念的一种产物，那么，慷慨则源于基督教的美德。麦金太尔曾经指出，近代英国的思想观念有两个思想渊源，一个是古希腊罗马的权利观念以及德性传统，如正义、勇敢、智慧、中庸、恢宏大度等，另外一种思想来源是基督教的德性传统，如慷慨、仁慈、仁爱等。"在亚里士多德时代的希腊，没有一个词能够正确地翻译'罪'、'忏悔'或'慈爱（慈悲）'。"[1] 休谟的"有限的慷慨"观念与基督教道德传统中的仁慈不无关系，当然，休谟并没有完全照搬，而是赋予了新的解释。他认为此类慷慨、仁慈等情感并非渊源于上帝的神圣之爱，而是来自于人间，是从社会群体中，从人的共同利益感觉中升华出来的，而且它们并不是绝对的和无条件的，而是一种"有限的慷慨"。因为人毕竟不是天使而是人，有着自己的利益，从某种意义上来说，人爱自己胜于爱他人。所以，休谟一方面指出了人性中的慷慨美德，另一方面又清醒地感受到它与人的自私本性所形成的张力，他写道：

———

① 参见麦金太尔：《追寻德性》，宋继杰译，译林出版社 2003 年版，第 219 页。

我们虽然必须承认人性中具有慷慨这样一种美德，可是我们同时仍然可以说，那样一种高贵的感情，不但使人不能适合于广大的社会，反而和最狭隘的自然一样，使他们几乎与社会互相抵触。因为每个人既然爱自己甚于爱其他任何一个人，而且在他对其他人的爱中间，对于自己的亲戚和相识又有最大的爱，所以这就必然要产生各种情感的对立，因而也就产生了各种行为的对立；这对于新建立起来的结合不能不是有危险的。①

在休谟的思想中，他在《人性论》时期有关"自私"与"有限的慷慨"的人性论预设，与他在《道德原则研究》时期有关"自爱"与"仁爱"的论述，尽管并不存在根本性的区别，但仍然是有一些不同的，在倾向性上发生了某种值得注意的变化。在后来的论述中，休谟强调的重心从原先的自私的方面转向仁爱的方面，他尽管仍然反对完全的利他主义，但仁爱情感中的无私部分成为他的道德情感的主要内容。他说：

> 一个主张与自爱截然不同的无私的仁爱的假设，较之于一个妄图把友谊和人道全部分解成自爱的假设，其实包含更大的简单性，也更合乎自然的类比。②
>
> 没有什么比卓越程度的仁爱情感赋予任何一个人类被造物以更多的价值，仁爱情感的价值至少一部分来自其促进人类利

---

① 休谟：《人性论》，下，第 528 页。
② 休谟：《道德原则研究》，第 153 页。

益和造福人类社会的趋向。①

　　相比之下，休谟在《人性论》一书中所强调的重心却不是慷慨或仁爱，而是人性的自私，正如上述引文中所显示的，休谟认为完全的慷慨或仁慈对于建立一个政治社会是不利的，它将导致市民社会的解体。因此，休谟所主张的只是一种十分有限的慷慨与仁爱，是附属于人的自私本性之上的情感，并与人的同情相联系，或者说它是这样一种同情的美德，"同情的观念通过把我们与他人的'内在性'联系起来，似乎提供了一个沟通两者之间鸿沟的桥梁"。② 关于同情，这是休谟乃至斯密思想中的一个关键点，在下面的章节中我将专门论述，在此我们只是指出休谟考察人性的一个基本思路，即在有限度的范围内，自私与仁爱是互通的。休谟认为人的自私本性并不是狭隘的绝对自我中心，人还有着对于他人处境的感同身受的同情感（sympathy），这样的一种共通的情感，在《人性论》写作时的休谟看来，并不等同于他后来所说的仁爱之心（benevolence）或人道的本性（humanity），而是一种有限的在自己的利益得到了确认和保障的时候，在自己的生活和生命得到维系的时候，而产生的对他人情况的一种同情的感受，一种共通的情感。所以，这种同情或慷慨不同于完全的毫不利己专门利他的博爱的精神，它不是绝对的，而是有限度的，它仍然是基于私利之上的。

　　不过，由同情或有限的慷慨所沟通的自私人性，已不是狭隘的自私，而提升为社会化的自私原则。因为人们发现，通过同情他人，

---

① 休谟：《道德原则研究》，第 34 页。
② J. A. Herdt, Religion and Faction in Hume's Moral Philosophy, Cambridge university Press 1997, p. 29.

自己也会被他人所同情，这样对于自己的利益反而会得到更持久的维持和更大的保障。由于外部资源的相对匮乏，人们不得不组成社会，小到家庭大到整个政治社会，这些形态各异的群体实际上都是基于自私和同情而形成的各种利益共同体，在其中既有自己的利益也有他人的利益。在这些利益共同体中，每个人在追求自己利益的时候也或多或少地与他人的利益发生关联，有时促进他人的利益，有时损害他人的利益。不过，现实的生活经验告诉人们，损人利己在某些特殊的情况下是有益于自己的，但在一个通常的正当社会共同体中，最终对于每个人都是有害的，因此，在人们各自寻求私利的活动中，一个不同于个人私利的公共利益也就出现了。公共利益的主要特征在于保障不损害他人利益的个人利益的公正实现，从这个意义来说，公共利益并不以与个人相对立的国家利益为主体，而是一种服务于个人利益的工具，从根本上说是一种能够使个人利益得到保障的规则与制度。对此，哈耶克有关"方法论的个人主义"的论述，颇能说明问题，他说：

> 真个人主义有哪些本质特征呢？就此而言，我们应当即刻指出的是，真个人主义首先是一种社会理论，亦即一种旨在理解各种决定着人类社会生活的力量的努力；其次，它才是一套从这种社会观念中衍生出来的政治准则。……它认为，我们惟有通过理解那些指向其他人并受其预期行为所指导的个人行动，方能达致对社会现象的理解。这一论辩的首要目的就在于反对那些不折不扣的集体主义的社会理论，因为那些社会理论谎称它们有能力直接把类似于社会这样的社会整体理解成自成一类的实体；这就是说，这类实体乃是独立于构成它们的个人而存

在的。①

　　这样一来，从休谟的有关自私与有限的慷慨的人性论预设中所产生的，既不是古代非主流的反社会的自我享乐主义，也不是超越了利益之争的博爱的共产主义，而是一个基于共同利益感的近代市民社会。对于这样一个政治社会来说，至关重要的并不是道德上的善恶之辩，或古代的基于目的论的至善原则，而是基本的正义规则，在休谟看来，政治正义优先于道德至善，因此他才把《人性论》中以私人财产权的确立为核心所支撑起来的法律规则与社会制度称为正义的法则或制度正义。对于休谟来说，从自然到社会的演变所要弥合的"是"与"应该"的分裂，乃是一个政治正义和法律正义的问题，而不是道德良知和善良动机的问题，所以，他的道德学不是康德意义上的道德学，而是一种政治哲学。

　　麦金太尔曾经指出，在 16、17 世纪的英国道德思想中一直存在着两个伟大的传统，一个是以亚里士多德主义为主的古希腊的德性传统，另一个是以中世纪的基督教神学为主的德性传统。自启蒙运动以来，英国主流的道德思想随着市民社会的商业化进程而逐步失去了固有的社会基础，西方古典伦理的精神已经不复存在。在他看来，导致这一可悲结果的关键是由于休谟和斯密等人用功利主义的近代市民阶级的道德观念取代了古希腊和中世纪的美德传统，为了克服这种对丁古典思想的颠覆，麦金太尔提出了重塑传统伦理精神的理论。尽管我们不能同意麦金太尔所谓休谟和斯密所代表的道德

---

① 哈耶克：《个人主义与经济秩序》，贾湛等译，北京经济学院出版社 1991 年版，第 11—12 页。

哲学是一种对于传统美德伦理的颠覆这样一种观点，但应该看到，休谟和斯密所建立起来的道德哲学确实是以新的市民精神整合了英国社会当时的两种思想传统，把古希腊的道德思想与基督教的伦理调和在一个以市民社会为理论基础的思想源流之中，通过财产权的维护、经济自由的保障，并以同情、习俗、惯例与共同的利益感为纽结，把古代的德性传统与近代社会的利益原则、法治精神和正义标准结合在一起，确实是进行了一场政治哲学的实质性的改造。但是这种改造不是破坏，不是抛弃古代的传统，相反他们是在一个新的市民社会的基础上重新整合古代的伦理精神，认为由于社会现实的变化，传统的道德原则也应该随之调整。

在休谟看来，人性并不是固定不变的，而是在社会的演变中逐渐地由人"设计"出来的，人性基于政治制度和法律制度，正义基于法律规则，但是这种重建并没有破坏传统的优良品质，反而使得传统在新的市民社会得到延续、转型和尊重，使人们感到传统的现实力量。在这一点上英国的古典自由主义与法国的启蒙思想大不相同，如果说麦金太尔的指责和批判在针对法国的启蒙思想家时，针对英国后来的边沁、穆勒等人的功利主义伦理学时，还是颇有道理的话，那么针对休谟和斯密则是找错了对象，他忽视了休谟和斯密思想中被后来的自由主义所严重遗忘了的另外一层深刻的思想，那就是有关同情、仁爱的道德理论，应该看到这种建立在共同利益感之上的道德情操和仁爱思想是休谟和斯密哲学中与英国传统思想中的两大渊源共同一致的地方。在希腊城邦社会已成历史陈迹，中世纪的神权社会崩溃瓦解之后，休谟把古典古代的德性理论和基督教的传统仁爱思想巧妙地嫁接到近代市民社会的道德生活之中，这不但不是他的失误，反而是他的最伟大贡献之所在。

前面我们具体分析了休谟政治哲学的三个人性论预设，即自然资源的匮乏、人的自私和有限的慷慨，休谟认为正是基于上述三个前提，才使得人类社会在共同的生活中形成了基本的正义规则及其道德原则与政治制度，它们不但能够有效地促进每个人自己的利益，同时也能够促进他人的利益，并且使得共同的利益对每个人都同样是必不可少的，也同样是有益的，因此，这样一个正义的政治社会才是一个个人利益与公共利益、自利与仁爱共同协调一致的社会。我们看到，休谟在三个人性论预设的前提下，试图通过对于事实与价值之分离的弥合而建立起一种新的社会政治理论，这套理论之所以对于古代的政治思想是似是而非的，其关键在于看上去它把亚里士多德的古典城邦政治论或美德政治论在英国的思想中再一次表述出来，然而就其真正的实质来说，它是完全不同于亚里士多德主义的社会政治理论，而是属于近代市民阶级的产物，是以近代英国为代表的市民社会的政治哲学。正像凯尔克所指出的：

> 如果 18 世纪的精神与特性可以由一个伟大的人物来代表的话，那么这个人就是大卫·休谟。[1]

---

① Russell Kirk, The Roots of American Order, Regnry Gateway 1991, p. 359.

# 第二章　政治德性论

　　西方古典传统中的德性论在 17、18 世纪的英国社会政治思想，特别是在以哈奇逊、休谟、斯密等人为代表的苏格兰启蒙思想中得到了进一步的延续和发展。不过，需要指出的是，英国的德性论与古希腊的主流德性思想相比呈现出很大的不同，表现出英国近代市民社会特有的本质特性。具体地来看，休谟的德性理论并非简单地属于古希腊伦理思想的主流形态，它是近代思想的产物，但却继承了浓厚的古典传统，并且在情感主义的基础之上建立起一个市民阶级的政治德性论，从某种意义上来说，它以其古典自由主义的理念（idea），开辟了 19 世纪以来的自由主义政治思想之先河。麦金太尔在论述西方德性观念的进程时，曾经提出了一个著名的观点，他认为 17 世纪的苏格兰社会文化虽然掺和了某些加尔文主义的因素，但依然保留了亚里士多德主义的传统，以哈奇逊为代表的苏格兰思想家坚持人类追求善生活的德性品格，主张道德生活基于亚里士多德意义上的人的内在目的与实践理性的完美结合，但休谟和斯密却通过一种英国化的颠覆而改变了这一进程。休谟，这位虽出生于苏格兰却竭力想使自己成为英格兰人的哲学家，虽然从苏格兰传统中汲取了许多资源，但却竭力挣脱自己所属的传统，以独特的方式解释道德，他用人类情感代替了理性，对于古典传统的理性主义德性观念给予了全盘的改造，提出了前所未有的休谟难题，以事实与价值的两分撕开了古典伦理学的和谐，以一种极端的形式阻止人类对美德、目的和实践合理性的持续追寻。究竟休谟的德性思想是怎样的？它与亚里士多德主义有怎样的关联？是否存在所谓"英国化的颠覆"呢？这些问题都有待于我们深入考察。

## 一、休谟的情感论

休谟作为英国思想的一个代表人物，他的理论无疑具有多方面的意义，在讨论他的德性论之前，有必要回到他的哲学起点上。我们知道，休谟的政治哲学基于一种他所谓的新的人性科学，这种人性论的方法论来自英国的经验主义，并且在中世纪的唯名论哲学，乃至古希腊的感觉主义那里有着深厚的历史渊源。因此，研究休谟的德性理论首先需要探讨他的经验主义的人性论，[1] 特别是他对于人的情感经验的分析。

休谟的《人性论》旨在探讨"人类心灵的本性与原则"，[2] 在他看来，心灵的全部知觉不过分为两类，即印象与观念，而就其最终来源看，心灵的知觉只能是印象，因为观念不过是在强烈程度和生动程度上不同的印象而已。所以，休谟又按照印象程度的不同把印

---

[1] 关于休谟哲学究竟是经验主义的抑或自然主义的，以及两者之关系，一直是一个颇有争议的问题，对此我在第一章曾作过简单梳理，基本认同休谟在认识论上是经验主义在道德哲学上是自然主义的观点，不过，两者在哲学层面上的关系仍然有待于辨析。因此，在本书的有关章节谈到休谟的相关问题时，为了简明起见，我大致仍沿用一般的说法，诸如"经验主义的人性论"或"经验主义的或自然主义的"等，但这并不等于我们完全同意这一说法，只是表明这个问题在此不再深入辨析而已。

[2] 休谟：《人性论》上，第20页。

象分为直接的印象和间接的印象，原始的印象和次生的印象。

> 所谓原始印象或感觉印象，就是不经任何先前的知觉，而由身体的组织、精力、或由对象接触外部感官而发生于灵魂中的那些印象。次生印象或反省印象，是直接地或由原始印象的观念作为媒介，而由某些原始印象发生的那些印象。第一类印象包括全部感官印象和人体的一切苦乐感觉；第二类印象包括情感和类似情感的其他情绪。①

休谟的上述观点在思想史上具有重大的意义，它表明休谟哲学的出发点是人的基本经验事实，"除了心灵的知觉或印象和观念以外，没有任何东西实际上存在于心中，外界对象只是借着它们所引起的那些知觉才被我们认识。恨、爱、思维、触、视：这一切都只是知觉"。②按照休谟《人性论》的结构，人的知觉意识在起点有两个维度：一个是认识论的，它表现为印象与观念的事实性的联系，由此产生了第一卷"论知性"所探讨的知识问题，另一个是情感论的，它涉及人的内在情感以及相互之间的关系，由此构成了第二卷"论情感"所探讨的自然善恶问题。无论就经验意义上的知性知识还是就情感意义上的道德判断来说，感性印象都是先于理性而存在的，理性在观念起源上并不具有优先性。

在休谟看来，人类知觉在原始起点上虽然并不明确，但却蕴涵了现实展开的两个不同的维度，即作为原始印象的感官印象和原初

---

① 休谟：《人性论》下，第309页。
② 休谟：《人性论》上，第83页。

的苦乐感。康德后来提出的外直观与内直观理论，显然就受到了休谟这一思想的影响。[①] 休谟是这样论述这个原始的苦乐感觉的，他说：

> 身体的苦乐是心灵所感觉和考虑的许多情感的来源；但是这些苦乐是不经先前的思想或知觉而原始发生于灵魂中或身体中的。一阵痛风症产生一长系列的情感，如悲伤、希望、恐惧；但痛风症并不是直接由任何感情或观念发生的。[②]

由此可见，原始苦乐感属于自然生物学意义上的痛苦或愉快的直接感觉，其中没有经过任何的反省的心灵作用，也不包含任何社会的内容，如痛风症之类的疼痛感觉，它们是"自然给予身体以某些欲望和倾向，并依照（身体上）各种液体和固体的情况而增减或改变这些欲望和倾向"。[③] 如何看待原始苦乐感觉呢？休谟认为它们表明人首先是一种自然生命的存在，本于身体器官的苦乐感是随时随地的，即便是再伟大的人物，也要患病，也有来自于疾病方面的痛苦，也有饮食男女的要求等等。休谟说：

> 对它们进行考察，就会使我远远离开题，进入解剖学和自然哲学中。因为这个缘故，我在这里将只限于讨论我所称为次生的和反省的那些其他的印象，这些印象或是发生于原始的印

---

① 参见康德：《纯粹理性批判》，蓝公武译，商务印书馆 1982 年版，"先验原理论"第一部"先验感性论"。
② 休谟：《人性论》下，第 309—310 页。
③ 休谟：《人性论》下，第 405 页。

象，或是发生于原始印象的观念。①

从某种意义上说，直接情感是休谟情感主义道德学的起点，也是其政治哲学的出发点。

在此把休谟的看法与霍布斯等人的观点对比一下也许颇有意味。在霍布斯看来，恐惧问题是一个根本性的问题，对死亡的恐惧构成了霍布斯的政治哲学和国家理论的实质。霍布斯谈到了人本性中的恐惧感与焦灼感，认为对命运的关切导致了人的恐惧，这种恐惧就像在黑暗中一样是始终伴随着人类的。② 恐怖显然属于休谟所说的直接情感，不过，它对于以休谟和斯密为代表的苏格兰道德哲学却不重要，休谟强调的是间接情感，他的政治哲学和政府理论是建立在间接情感之上的。相比之下，17、18 世纪欧洲大陆的社会政治思想状况与英国有所不同，整个大陆哲学实际上呈现出两个相反相成的极端化扩展，一方面是强化理性的作用，唯理性主义的倾向日渐突出，另一方面是强调直接情感，内在主观心灵世界的隐匿本质被一层层剥开。黑格尔在《精神现象学》中有关欲望一般以及主奴意识的精彩分析，不过是把大陆思想中的理性与欲望的深层张力关系给予了德国式的淋漓尽致的揭示，它在绝对理性的框架内包含着绝对

---

① 休谟：《人性论》下，第 309 页。
② 参见霍布斯：《利维坦》，黎思复译，商务印书馆 1985 年版，第 80 页。此外，霍布斯写道：旧道德哲学家所说的那种极终的目的和最高的善根本不存在。欲望终止的人，和感觉与映象停顿的人同样无法生活下去。幸福就是欲望从一个目标到另一个目标不断地发展，达到前一个目标不过是为后一个目标铺平道路。所以如此的原因在于，人类欲望的目的不是在一项到享受一次就完了，而是要永远确保到达未来欲望的道路。因此，所有的人的自愿行为和倾向便不但是要求得满意的生活，而且要保证这种生活，所不同者只是方式有别而已。"第 72 页。

情感的滚滚岩浆，并迟早会爆发得不可收拾。① 我们看到，19 世纪以来，欧洲大陆的理性主义倾向逐渐式微，生命哲学、意志论、存在主义等反理性主义的思想潮流甚嚣尘上，究其原因，与它们强调欲望、恐惧、怨恨等休谟意义上的直接情感不无密切的关系。

休谟在《人性论》第二卷一开始分别从不同的角度讨论了情感问题。首先，他把情感区分为直接情感和间接情感，这样写道：

> 当我们观察各种情感时，又发现了直接情感和间接情感的那种划分。我所谓直接情感，是指直接起于善、恶、苦、乐的那些情感。所谓间接情感是指由同样的一些原则所发生、但是有其他性质与之结合的那些情感。②

前者包括了欲望、厌恶、悲伤、喜悦、希望、恐惧、绝望、安心，后者包括骄傲、谦卑、野心、虚荣、爱、恨、妒忌、怜悯、恶意、慷慨和它们的附属情感。其次，休谟又提出了另外一种划分，即通过一定强度和活跃性来考察情感，这样又可以分为平静的情感与猛烈的情感，前者包括对于行为、著作或外界对象的美和丑所有的感觉，后者包括"爱和恨，悲伤和喜悦，骄傲与谦卑等情感"。③ 这样

---

① 我们知道，黑格尔的这种建立在欲望之上的主奴意识理论又被现代的法国思想家们挖掘出来，并且赋予了新的解读，参见 Kojeve, Introduction to the reading of Hegel, University of Kornell, 1958。按照黑格尔的分析，欲望一般是人的自我意识的起点，它具有根本性的意义，从这个起点上既可以产生理性意识，也可以产生苦恼意识，理性的绝对性和非理性的绝对性都是从这个欲望的根本点迪过死亡的恐惧而导致出来的。参见里格尔：《精神现象学》贺麟、王玖兴译，商务印书馆 1981 年版，"自我意识"一章。休谟似乎早在他们之前就已经意识到了这一点，他在《人性论》中曾这样写道："除了希望与恐惧以外，直接感情中没有什么值得我们特别注意。"果不其然，19 世纪末、20 世纪以来，"希望"、"恐惧"等强烈的直接性情感被诸多非理性主义思潮奉为圭臬。
② 休谟：《人性论》下，第 310 页。
③ 休谟：《人性论》下，第 310 页。

一来，休谟对于情感就有了直接的、间接的与平静的、猛烈的四种区分。值得特别说明的是，上述两类四种区分并不是相互对应的，也就是说平静的情感并不等于直接的情感，猛烈的情感也不等于间接的情感。四种区分属于两个层面的分类，直接与间接的区分是从情感的来源上的，而平静与猛烈的区分是从情感的程度上说的，前者涉及情感的性质，后者涉及情感的数量。所以，直接的情感也有平静与猛烈两种程度，间接的情感同样也有平静与猛烈两种程度，反过来，平静的情感有些是直接的，有些是间接的，猛烈的情感也是如此。不过总的来说，休谟情感论的要点是情感的性质，程度问题虽然也很重要，但并不构成主要的问题。①

之在休谟看来，直接情感固然来自于人的苦乐感受性，但它们还包含另外一个因素，即影响着人的行为的意志。意志指的是我们自觉地发动自己身体的任何一种新的运动、或自己心灵的任何一个新的知觉时所感觉到和所意识到的那个内在印象，有时又被视为一种行为的动机，它决定了情感的直接感受性质。在此休谟实际上已经涉及哲学中一个艰深的意志自由问题，他写道：

> 现在我们来说明直接情感或直接由祸、福、苦、乐所发生的印象。属于这一类的欲望和厌恶，悲伤和喜悦，希望和恐惧。在苦乐的一切直接结果中最为显著的就是意志（will）；严格地

① 关于休谟情感理论的分类解释，新近出版的罗尔斯的"休谟讲座"有较为简单明确的说明，罗尔斯把休谟的情感分为两类，即原始的与派生的，并在派生的之下又分出了直接与间接两种情感，此外，在上述的每一类情感中，又根据程度分为强烈的与平静的。罗尔斯的上述分类解释抽象地看很是符合休谟的看法，把休谟的零散观点系统化了，但最大的一个问题在于罗尔斯并没有指出休谟情感论的重心是有关间接情感，特别是骄傲与谦卑、爱与恨等情感乃至道德情感的论述，而对于本能性的原始情感等休谟并不感兴趣。参见罗尔斯：《道德哲学史讲义》，张国清译，上海三联书店 2003 年版。

说，意志虽然并不包括在情感之列，可是为了说明这些情感起
见，必须对意志的本性和特性要有充分的理解。①

所以，休谟是把直接情感与意志联系在一起考察的，尽管依照他的
看法，意志与其他情感，诸如他下面将要分析的骄傲、谦卑、爱和
恨等间接情感一样，最终是不可知的，既不可能下定义也无须进一
步描述，但它仍然是分析直接情感不可回避的一个问题。

　　相对说来，意志与直接情感在休谟的情感理论中所占据的地位
并不十分重要，这从他的结构安排中就可以知晓。《人性论》第二卷
"论情感"的具体论述首先是从间接情感开始的，第一章讨论骄傲与
谦卑，第二章讨论爱与恨，最后在第三章才讨论意志与直接情感问
题。休谟之所以这样安排，是有他的考虑的，或者说是基于他的道
德哲学的内在结构的。我们知道，休谟打破了传统主流伦理思想有关
人类本性的知、情、意的三分法，而代之以知、情的二元结构，并把
原先构成了一个重要内容的意志部分划归到情感，特别是划归到他所
进一步分出的直接情感之中。这样一来，休谟有关人性的看法就发生
了有别于传统三分法的深刻变化，意志以及相关的直接情感变得相对
不十分重要了，而休谟意义上的间接情感成为他的情感论的中心内容，
并且对于第三卷的"道德学"，特别是人为正义产生了重大的影响。

　　什么是间接情感？按照休谟的定义，它"是指由同样的一些原
则所发生、但是有其他性质与之结合的那些情感"。所谓"同样的一
些原则"指的是有关苦乐情感的道德评价原则，对此我们将在下面
专门讨论，现在我们先讨论那些其他因素与直接情感相结合的方式。

---

① 休谟：《人性论》下，第 437 页。

休谟认为结合的方式有四种，它们分别是类似关系、因果关系、相近关系和程度关系。在休谟看来，间接情感固然有很多，但主要的有两组四种，第一组是骄傲与谦卑，另一组是爱与恨，它们的区别在于，后者有一个指向的对象，爱与恨总是对于一个外在对象的爱和恨，而前者的对象不再是外人而是自身，骄傲和谦卑是立足于自己的一种情感。休谟在《人性论》中分两章重点讨论了上述四种间接情感。

我们先看第一组情感。休谟认为，对于人的身心产生最主要影响的情感是骄傲，它是一种肯定性的印象或感受，一个人之所以活得有意义，一个重要的因素是因为他感受到一种骄傲。他写道："凡与我们自己关联着的一切愉快的对象都借观念和印象的联结而产生骄傲，而凡不愉快的对象则都产生谦卑。"① 值得注意的是，休谟在此提出了一个问题，即究竟是什么引起人的骄傲或谦卑。为此，他开列了一个清单，逐一列出了引起骄傲与谦卑的对象。在他看来，心灵的每一种有价值的性质，不论其属于想象，属于判断，属于记忆，或属于性情，如机智、见识、学问、勇敢、正义、正直，所有这些都是骄傲的原因，而其反面则是谦卑的原因。这些情感并不限于发生在心灵方面，根据上述所说的类似、因果、关系和程度四种结合方式，它们可以扩展到其他方面。一个人也可以由于美貌、体力、敏捷、体态，或熟练的舞术、骑术、剑术以及他在任何体力劳动和技艺方面的灵巧而感到骄傲，此外往远处看，还包括了一些看上去与我们仅有些许联系或关系的任何对象，如我们的国家、家庭、儿女、亲戚、财富、房屋、花园、犬马、衣服，它们任何一样都可

---

① 休谟：《人性论》，下，第325页。

以成为骄傲或谦卑的原因。关于第二组爱和恨，休谟认为：

> 骄傲和谦卑的直接对象是自我，或是我们亲切地意识到它的思想、行为和感觉的那个同一的人格；而爱和恨的对象则是我们意识不到他的思想、行为和感觉的某一个其他的人。这一点在经验中就表现得充分和明显。我们的爱和恨永远指向我们以外的某一个有情的存在者。当我们谈及自爱时，那不是就爱的本义而言，而且自爱所产生的感觉和一个朋友或情人所刺激起的柔情也并无共同之点。憎恨也是如此。我们可以因为我们自己的过失和愚蠢而感到耻愧；但是只有由于他人所加的侵害才会感到愤怒或憎恨。①

我们看到，休谟的间接情感实际上是一种情感主义的道德心理学，它提供了一个有关道德学的心理发生机制的系统描述，包含着大量的社会性内容，因此，它不是认知心理学，也不是情绪心理学，而是社会心理学。具体地说，它又分为两个方面，即以骄傲和谦卑为主构成的一组心理学和以爱和恨为主构成的一组心理学。在前一组内容中，休谟讨论了一些有利的和不利的限制性条件，并进而分析了恶与德、美与丑、财富、名誉等一系列相关的问题。在后一组内容中，休谟讨论了爱和恨的对象和原因，以及相关的慈善、愤怒、怜悯、恶意、妒忌、尊敬和鄙视等情感内容。

综合分析休谟的情感理论，可以发现它具有如下几个方面的重要特征。

---

① 休谟：《人性论》下，第 365 页。

第一，休谟提出了一种新的道德原则，即凡是产生快乐的，都是好的、善的、值得肯定的，因此也都是一种德；与之相反，凡是导致痛苦的，都是恶的、不好的、应该舍弃的东西。休谟写道：

> 一切道德如果都是建立在痛苦或快乐之上，而痛苦或快乐的发生，又都是由于我们预料到我们自己的或别人的性格所可能带来的任何损失或利益，那么道德的全部效果必然都是由这种痛苦或快乐得来的，其中骄傲和谦卑的情感也是由此而来的。依据这个假设来说，德的本质就在于产生快乐，而恶的本质就在于给人痛苦。[1]

休谟的这一原则，显示了他的情感主义的基本倾向，是与古希腊以来的理性主义主流道德传统相违背的。[2] 由于他的理论重心不在理性，而在情感，特别是在情感的苦乐标准上，这样一来，主流传统的那种以理性来区分善恶的标准就被休谟"颠覆"了，休谟认为理性只能区分真假，而不能区分善恶，"道德准则刺激情感，产生或制止行为。理性自身在这一点上是完全无力的，因此道德规则并不是我们理性的结论"。[3]

第二，休谟的情感理论是一种反目的论的自然主义情感理论，即他不同意亚里士多德主义的目的论的情感学说，并不认为万事万

---

[1] 休谟：《人性论》下，第330页。
[2] 斯图亚特指出："理性主义道德学家关注于观念，休谟与之相反，他追随哈奇逊，强调印象。对于知识和道德评价两方面来说，感觉印象都是基本的：我们的信念属于感性的观念，我们关于善恶的区别是我们的情感反映外部世界特征的结果。因此，自我是感性经验的，感性自我是休谟整个哲学体系的中心。"见 Stewart, The Moral and Political Philosophy of David Hume, Princeton University Press 1992, p.115。
[3] 休谟：《人性论》下，第487页。

物都有一种内在的目的，更不认为自然向人的演变是一种目的论的实现过程。在休谟看来，直接和间接情感都属于心灵的一种自然的情感，人作为自然的生命，并不存在先在的目的，目的论在休谟的道德论中是没有地位的。休谟认为直接情感来自对于原始苦乐感觉的直接感受，间接情感则是通过诸如类似、远近、程度、因果关系等方式，而产生了由一个对象到另一个对象的观念上的推移和联系。例如，由悲伤和失望产生愤怒，愤怒产生了妒忌，妒忌产生恶意，恶意又产生了悲伤，这个情感的循环便是通过类似关系联系起来的，一个印象一发生，其余的印象便会随之而来。再如，当我们的性情被喜悦鼓舞时，它自然而然地就进入爱情、慷慨、怜悯、勇敢、骄傲和其他类似的感情。总之，尽管不同的情感之间联系的方式有所不同，但任何事物必须和我们有某种关系，才能触动我们的感情。由此可见，这种情感的推移所依据的并不是理性的逻辑，而是休谟一再强调的想象力和同情，他说：

> 人性中任何性质在它的本身和它的结果两方面都最为引人注目的，就是我们所有的同情别人的那种倾向，这种倾向使我们经过传达而接受他们的心理倾向和情绪，不论这些倾向和情绪同我们的是怎样不同，或者甚至相反。①

显然，休谟虽然反对目的论，但他并不排斥人与人之间的内在心灵的联系，只不过他用一种共通的情感联系取代了理性论的目的联系。正像斯图亚特所指出的：

---

① 休谟：《人性论》下，第352页。

没有同情的感觉，我们将是孤立的，孤独的，躁乱的。正是通过同情的感觉，我们得以从自我封闭的藩篱中逃脱出来，并使客观的评价成为可能。按照休谟的观点，同情为道德判断提供了感觉的基础。①

第三，休谟通过上述的同情原则，提出了一种社会性联系的思想，在他看来，同情与人的社会性密切相关，如果脱离了社会生活，那么同情也就不存在，只有在同情的作用下，才能理解人的间接情感。

人类是宇宙间具有最热烈的社会结合的欲望的动物，并且有最多的有利条件适合于社会的结合。我们每有一个愿望，总不能不着眼于社会。完全孤独的状态，或许是我们所能遭到的最大的惩罚。每一种快乐，在离群独享的时候，便会衰落下去，而每一种痛苦也应变得更加残忍而不可忍受。不论我们可以被其他任何情感所推动，如骄傲、野心、贪婪、好奇心、复仇心或性欲等，这些情感的灵魂或鼓动原则，都只是同情作用；如果我们完全除去了别人的思想和情绪，这些情感便都毫无力量。②

我们看到，同情的这种社会性特征在他后来的《道德原则研究》

---

① Stewart, The Moral and Political Philosophy of David Hume, Princeton University Press 1992, p.117.
② 休谟：《人性论》下，第 400 页。

中得到进一步加强。休谟写道：

> 对公共利益的趋向，和对促进社会和平、和谐和秩序的趋
> 向，总是通过影响我们本性结构中的仁爱原则而使我们站在社
> 会性的德性一边。看来，作为一个额外的确证，这些人道和同
> 情的原则如此深刻地进入我们所有的情感中，并具有如此强大
> 的影响力，以至于可以使它们有能力激起最强烈的责难和
> 赞许。[①]

总之，休谟的情感理论虽是感觉主义的，但与希腊非主流思想
的反社会倾向相反，实际上涉及一个广泛的社会内容，属于社会性
的情感，其中有对于财富、幸福、权力、优雅、音乐、体育等人生
内容的追求与享受，也有同情和仁爱之心。秉有如此情感的人，他
们虽不无自私，但也乐于助人，承担责任，追求美德。因此，我们
考察休谟以及斯密的情感理论，就会发现他们把希腊传统思想中的
德性论问题导入了感觉主义情感论。本来在希腊的非主流思想那里，
情感论是排斥德性论的，或者说情感的非社会化乃至反社会化是其
重要的特征，这一特征在中世纪的基督教神学那里又以一种新的面
目出现，并表现为心灵的救赎问题。休谟和斯密的情感论却相反，

---

① 休谟：《道德原则研究》，第 82 页。按照哈康森的研究，休谟的同情理论，被斯密进一
步发展，特别是在旁观者的位置上，斯密的"同情"作为"一种试图达到人们之间相
互理解的中性的情感"，"提供了一个感觉他人情感的有距离的视角"。这对于生活于社
会中的人来说是十分重要的。参见 K. Haakonssen, The Science of a Legislator,
Cambridge University 1981, pp. 45 - 82。

它们基于情感主义却开辟出一个公共社会的道德哲学。① 在斯密那里，这个道德哲学被表述为"道德情操"，并与国民财富的性质与原因发生着内在的关联，所谓的"斯密问题"实际上是一个伪问题。而在休谟那里，他的情感理论在路径上与斯密完全一致，展开的也是一种政治德性论与政治经济学，它们分别在人性论中的第三卷和后来有关论述道德、政治、经济与历史的著作中得到了进一步的深化和丰富。

## 二、休谟的德性论

我们知道，休谟《人性论》的核心内容是与人为德性相关联的正义规则问题，他的情感论旨在为他的政治哲学提供了一种情感主义的心理学基础，就休谟思想的真正含义来讲，他企图建立的是一种基于情感主义的社会政治理论，因此，《人性论》从第二卷"论情感"进入第三卷"道德学"是顺理成章的。不过，在具体论述休谟的德性理论之前，有必要考察一下德性的历史背景，特别是古典古代的传统德性理论。

---

① 赫特指出："与加尔文主义相对，休谟想表明在道德与人类繁荣之间存在着一种可知的联系，伦理学并非武断的法规或神秘的本性之类的东西，并非那些要求窒息我们的欲望、背离我们的生命的远离人性之物，而是那些能够更加丰富与充沛地实现我们的自然生命的东西。没有必要祈求立法者的上帝或仁慈创造者的上帝来促成人类对于美德的推崇与追求，这样的祈求只会导致人类道德的损害。他坚信，道德必须与人类社会的生息劳作密切相关，而不是抛弃这个世界以求所谓的另一个世界。"Jennifer A. Herdt, Religion and Faction in Hume's Moral Philosophy, Cambridge University Press 1997, p.27.

1. 古典古代的德性问题

德性问题是西方古典政治哲学的一个基本问题，早在古希腊罗马的思想中它就是一个十分重要的概念，如果考察德性（Virtue）在西方语境中的意义，我们会发现它是一个十分复杂而又包含着多种含义的词汇。黑格尔的《精神现象学》对于德性曾有过深刻的论述，在黑格尔看来，德性是一种与客观精神相互联系的伦理德性，用今天的话说就是一种政治德性，德性所展开的是伦理世界的进程，涉及风俗礼仪、伦理制度乃至国家问题。黑格尔准确地把握到了古希腊罗马社会的思想意识状况，并把它概括为一个伦理世界，实际上揭示了古典社会的时代政治特征。黑格尔的伦理社会很类似于现代政治哲学中所说的公共政治。我们知道，公共政治是希腊罗马社会政治的中心，也是当时思想家们最为关注的一个问题，它触及一个社会共同体在形成与存续过程中产生出来的有关规则与秩序以及成员的品德问题。在古代社会，个人主体意识尚没有经历近代以来的启蒙运动而突显，因此，古希腊罗马的社会政治思想基本上是在一个城邦国家的层面上，解决个人与个人、个人与社会相互之间的关系问题，其围绕着的中心则是有关城邦社会的秩序、安全与稳定等政制问题。

问题在于古典政治思想毕竟超越了前苏格拉底的自然哲学，苏格拉底之死表明了希腊思想从自然哲学向政治哲学的转型，在城邦共同体中，个人与公共政治的关系仍然是一个值得考量的问题。尽管古代政治偏重于城邦，但其中并非没有个体与群体的冲突，没有两者之间的张力，一旦有了社会，就必然存在着个人与个人，个人与群体利益之间的利益冲突，关键的问题在于这种利益关系应该纳入一定的规则来调整，只有基于规则制度的社会共同体才能有持续的稳定权威，才具有普遍的合法性与正当性，这也正是政治哲学所要探讨的中心问题，而德性问题不过是以伦理的方式把抽象的规则与制度转化为一种人们所认同和遵奉的生活品质和理想样态。因此，古代思想家们特别注重德性在公共社会的关键作用，突出政治德性和公民美德，这是希腊政治思想的一个突出特征。麦金太尔曾经敏锐地观察到古希腊"德性概念仍然是一个政治概念，因为对于柏拉图来说，有德的人的是与有德的公民分不开的"，"亚里士多德的两个主张值得注意：德性不仅在个人的生活之中，而且在城邦生活中也有它的位置，个人只有作为政治动物才是真正可理解的"。[①]

就词源学来看，后来才被译成"美德（Virtue）"的 *aretê* 一词在荷马史诗中用来表示任何种类的优秀或卓越；快跑选手展现了他双脚的 *aretê*，儿子可以因为任何种类的 *aretê*——如作为运动员、作为士兵以及心智能力——而胜过其父亲。一般说来，德性在希腊思想中的第一层含义是源于生物学意义上的好（Good），好意味着一种功能上的优秀或卓越。但是，功能上的好，马上面临着一个关键的问题，即德性与善（Good）的关系，或者说一种功能上的优秀如何具有一种道德上的善价值呢？显然，好与善两者之间并不是完全等同的，可它们又有着内在的联系，希腊的主流思想一直是把德性与善联系在一起的，认为好的东西肯定是善的东西。随便举一个例子，一棵树或一把椅子，所谓好是指它们在功能上达到了一种优

---

① 参见麦金太尔：《追寻美德》，第十一章"雅典的德性"和第十二章"亚里士多德的德性论"中的有关论述。

秀，但功能卓越的树或椅子本身并不意味着就是善，它们与善并没有直接的关系。由此可见，优秀之德性问题并不本然地就是伦理学或道德学的问题，因为后者以人的内在良知以及人与社会的有用性关系为轴心，而一些与人并不发生关系的东西，如纯粹的自然物，它们具有着各自的德性之好，但并不意味着就是善。当然，很多德性之物确实与人发生了关系，或者说它们的一些卓越功能是在与人的关系中展现出来的，因此，德性又极为可能与善发生关联，甚至等同于善，这也是确实存在的。而且就古代思想来说，尽管德性具有多个种类，但真正有价值的德性往往是与人相关联的，因此又与善恶问题密切相关，从这个意义上来说，德性等同于善也是成立的。①

其次，德性的另一层面意义涉及机制问题。德性首先是一种功能之好，实际上这就必然牵扯到另一个问题，即所谓好或卓越肯定是某种东西或某个存在物的好或卓越，所谓的功能，显然是某种机体的功能。我们看到，这就牵扯到一个更为关键的问题，即德性主体的问题，这一点就使得我们对古代的社会政治思想有了一个新的认识。一般说来，任何事物都有自己的功能，古希腊的自然哲学所涉及的主要是有关宇宙的构成、自然本体的始基、结构与功能等方面的问题，诸如四大元素也各有自己的德性，不过，苏格拉底之后的希腊政治哲学所着重考虑的已不是那些自然始基的德性，而是公共事务的德性，或者说是一个城邦作为一个政治共同体所具有的德

---

① 康德也曾抱怨过拉丁语中对"善"的道德意义与非道德意义不作区分，造成了理解上的混乱。他写道："幸而德文里面有几个语辞，不允许人们把这种差异忽略过去。对于拉丁文用 bonum（善）一字所指称的那种东西，德文却有两个十分悬殊的概念，并且还有同样悬殊的语辞：das Gute（善）和 das Wohl（福）两字与 bonum 一字相当。"参见《实践理性批判》，韩水法译，商务印书馆 1960 年版，第 60 页。

性或公共德性，因此又可以说是一种政治德性。

德性在西方有着悠久的历史传统，荷马史诗中就有关于英雄品德的描绘，苏格拉底之后的雅典时代，希腊社会的德性传统进入了一个更高的阶段，即公共政治的阶段，当时所谓勇敢、节制、智慧、正义四大德性成为主流思想家考察公共政治问题的首要对象。柏拉图《理想国》（希腊文的含义是共和政制）的基本结构显然是以德性为骨架编制起来的，它依据当时希腊社会流行的四个主要德性，并通过给予以一番新的阐释，从而提出了一套社会政治理论。我们看到，《理想国》的德性论完全是一种政治论，四大德性所建立起来的并不是心性学而是城邦学，城邦德性是柏拉图未来理想国家得以存在的基础。具体地说，理想国的政治德性具有两个层面的意义。首先，德性在那里是一种与等级对应的品德，柏拉图认为不同的等级持有不同的德性，或者说不同的等级在功能上的品德是不一样。如国家领导者的功能是思考，德性是智慧，军人的功能是战斗，德性是勇敢，生产阶层的功能是欲望和获取，德性是自制。柏拉图德性思想的关键在于第二层含义，即整体主义的政治德性论，并把它提升到正义论的高度。在柏拉图看来，只有当一个社会的制度建构与各个等级所具备的诸德性完美地结合在一起的时候，这个制度所具有的整体功能才具有美德的意义，这种美德就是正义，因此，正义的城邦实际上便是一个国家政体有效地实现了自己的最佳功能的好的体制。从这个意义上来说，柏拉图是一个至善主义者，在他那里美德等同于至善，或者说功能上的好与善是联系在一起的，这种好与善的结合也正是柏拉图所谓的理想国的本性所在。然而，柏拉图在美德与善的问题上存在着一个重大的裂痕，他忽视了制度的正义德性是如何从这个制度的机体内部，特别是从这个机体内部的各个不同的等级中的个人自然地产生出来的问题，因此，他的理想国在制度上的正义就显得有些外在的强制性，对此，智者学派曾尖锐地提出过批判。

亚里士多德对于希腊的传统德性理论，给予了精致的分析和全面的发展，在《政治学》和《尼各马可伦理学》等著作中，他通过引入目的论从而解决了柏拉图德性理论的一个难题，实现了希腊德性思想的综合完成。本来在希腊思想中目的论并不是主导性的，亚里士多德之前的希腊宇宙观基本上是自然哲学的元素论和数论，亚里士多德把生物学引进了他的哲学，通过"隐德莱西"这个概念从而使得德性所依据的机体具有了目的论的意义。依照亚氏的观点，整个宇宙是一个生命有机体的逐渐演化过程，从自然界到生物界，再到动物界，直至人类社会，有一个活的生命目的贯穿其中。因此，每个阶段中的不同机体，它们的功能虽然是不同的，但却围绕着一个共同的目的。把生命的目的实现出来，这是德性的关键所在，因此，作为功能的德性，它的所谓好或卓越便不是外在于机体的，而是内在于机体之中的，是机体的"隐德莱西"。这样亚里士多德就把柏拉图的问题解决了，柏拉图理想国中的三个等级德性之结合之所以是一种整体正义，恰恰在于它源于机体自身的目的，不同的等级因为其不同的目的而秉有不同的德性，等级与德性的匹配是一种内在的正义，而非外在的强制。因此，把德性视为一种源于生命内在目的的好或卓越，这是亚里士多德德性论的新贡献。这样一来，德性之好作为内在的目的，就与善发生了实质性的关联，因此，德性在亚里士多德那里又等同于善，德性既是好更是善。

除了通过目的论而把德性论与至善论融会于一体之外，亚里士多德还在程度的量性取舍方面建立起一个中道的德性体系，这是亚里士多德德性理论的又一个贡献。亚里士多德在考察希腊当时流行的大量德性时发现，虽然德性基于机体的内在目的，但每个机体实现自己的功能目的并非任何时候都是最佳的，往往失之于极端。经过细致的比较研究，他认为德性之好在于两个极端的中道，只有中道才是美德之所在。在此中道具有量与质两个方面的意义，首先：从量上来说，中道是指在无限可分的数量中选取相对于我们的最恰到好处的适中量，如勇敢便是一种中道的状态，过头了就是鲁莽，不及则是胆小。其次，中间的适中量并不是无原则的折中，而是包含着质的规定，如通奸、偷盗、谋杀等行为本身就是不具有道德性质的，因此也就不存在所谓的中道。所以，亚里士多德指出：

> 如果在应当的时间，涉及应当的对象，对应当的人，根据应当的情况，为应当的目的，以应当的方式来感受这些情感，那就既是中道又是最好，这也就是美德的特征。[①]

如此看来，亚里士多德的德性论就呈现了巨大的丰富性，他不再像当时的理论家们那样只是单一地为某个机体设定一种德性，而是认为任何机体展示其功能的状态与方式是多种多样的，有优劣好坏的差别，有等级程度的不同，因此必须给予量上的折中取舍。为此，亚里士多德在他的著作中对于当时的诸多德性给予了全面细致的分析，并开列出一个内容广泛的德目表。

总的来说，尽管亚里士多德对于德性给予了新的论述，但他继

---

① 转引自包利民：《生命与逻各斯——希腊伦理思想史论》，东方出版社 1996 年版，第237 页。

承开辟的希腊主流的德性观，仍然是围绕着当时的公共政治或城邦国家而展开的，可以说是一种政治德性论。离开了城邦，德性也就不复存在了，城邦国家在亚里士多德那里又表现为两个层面，一个是公共社会的政治制度层面，另一个是一般的社会日用层面。亚里士多德在《政治学》和《雅典政制》中分析与研究了不同的城邦国家及其德性，在他看来，希腊当时存在着各种政体，如君主政体、贵族政体、共和政体、民主政体等，它们各自具有着不同的功能德性。尤其是贵族政体，其主要特征便是以善德为主的政体。亚里士多德基本上是把柏拉图《理想国》的政治德性论纳入到了自己的政制理论之中，不过由于他注意到政体的制度功能存在着一个程度上的变异，因此他对于政体问题更关注于量性的分析，区分了正宗政体与变态政体，并由此提出了一种中道的政体论。他认为"最适合于一般城邦而又易于实行的政体"是那种以中产阶级为基础的共和政体，它是一种优良的处于最良好的贵族政体与最恶劣的僭主政体之中道的政体。①  其次，在《尼各马可伦理学》等著作中，亚里士多德着重分析了德性在日用社会层面上的体现，涉及当时希腊社会生活的方方面面，如婚姻关系、财产问题、司法纠纷、商贸往来等等。在此，亚里士多德分析考察了数十种不同的德性，并对它们的性质一一给予了细致的分析，指出哪些是所谓美德，哪些则是恶德，用今天的眼光来看这种考察大多属于社会伦理学的范畴。

德性与政治是亚里士多德主义的一个基本特征，而主智主义则是其另外一个基本特征。希腊思想自苏格拉底之后，基本上是一种强调理性的主智主义哲学占主导地位。如果说在柏拉图那里，理性

---

① 参见亚里士多德：《政治学》，第 179 页。

与德性还是一种直接的关系，德性之善建立于理性对于感性欲望的宰制，奴隶、工匠等最低等级的劳动者，其欲望要受理性的节制，那么在亚里士多德那里，理性虽说仍是主导性的，但已偏重于调节作用。[①] 按照亚里士多德从自然向社会的目的论演进路径，公共政治制度乃至日用生活，德性之善的要义已转化为调整理性与感性的冲突，理性在社会建构和美德实现中仍发挥着主导性的作用，但社会成员的感性欲望并没有被排斥掉，个人幸福在德性中仍然获得了应有的位置，至善包含着幸福。对此，亚里士多德说道："我们所研讨的初意既在寻找最优良的政体，就显然必须阐明幸福的性质。只有具备了最优良的政体的城邦，才能有最优良的治理；而治理最为优良的城邦，才有获致最大幸福的希望。"麦金太尔对此曾有很好的解释，在谈到《尼各马可伦理学》和《政治学》之间的关系时，他认为："两者都属于关于人的幸福的实践科学，研究什么是幸福，幸福由何种作为组成，如何才能幸福。《伦理学》告诉我们何种生活形式对幸福是必要的，《政治学》告诉我们何种宪制、何种政体，能产生护卫这种生活形式。"[②]

苏格拉底之后的希腊思想史有主副两条线索，一条是主流的主智主义，以柏拉图和亚里士多德为代表，另外一条则是以智者学派、

---

① 黑格尔在《哲学史讲演录》中这样阐述亚里士多德的德性理论，他写道："在善里面，应该有一种非理性的冲动，而理性则另外出来判断和规定这个冲动。当美德的行为有一个开端之后，热情并不一定协同一致地跟随在后面，情形却常常与此相反。因此，在美德中，因为它的目的是实现，并且它是属于个人的，所以善并不是唯一的原理，灵魂的非理性的一面也是一个环节。冲动、意向乃是推动者、特殊者，在主体的实践行为方面，它乃是向实现迈进者；主体在其活动性中乃是特殊化了的，同时它在活动中也必须与共相一致。这个理性在其中占统治地位的统一性，就是美德；这是一个正确的定义。"见黑格尔：《哲学史讲演录》，贺麟等译，商务印书馆1981年版，第二卷，第360页。
② 参见包利民：《生命与逻各斯——希腊伦理思想史论》第四章"亚里士多德"中的有关论述。

怀疑主义为代表的非主流思潮，后者虽然一直没有占据希腊的主导思想，但势力仍然是十分强大的，而且也一直没有中断。两条线索都有各自的理论基础，非主流思潮并不是空穴来风，它们构成了希腊思想传统中的一条十分重要的副线，它们虽然派别繁多，但哲学基础大体是一致的，即不是目的论的，而是自然主义的，不是理性主义的，而是感觉主义的。在德性问题上，它们并不承认由德性可以支撑起一个社会的道德秩序，而是转向关注个人幸福，因此用现代话语来说，它们是一种反主智主义的对当时盛行的德性政治传统起着消解意义的思想意识。智者学派认为柏拉图和苏格拉底所建构的那种德性正义的城邦制度，其正当性是值得怀疑的，作为政治机体的美德，说到底是一种建立在权力和暴力基础上的话语，并没有得到每一位参与者的认同，也没有实现他们的个人目的。德性正义并不具有亚里士多德所说的那种目的论的性质，政治制度也不能实现一个机体的整体目的，不过是一种权力的强制结合。如《理想国》中记载的特拉西马库斯就把道德还原为"强者的利益"，认为公正即国家治权的利益，而国家即有权力者。牧养人为的不是羊，是自己！不公正只要规模大，就比公正有力量和权势，所谓窃国者侯，是也。如果有所谓德性存在，非主流伦理学也认为它们不过是一些纯粹个人主观上的品德，服务于个人眼前的幸福和快乐，因此，个人感觉上的喜好和苦乐才是德性的尺度。在非主流的伦理学看来，情感、激情、欲望是人的本性，人不可能脱离冲动、贪欲、愤怒、烦恼、痛苦等感性本质，而单独作为一个抽象的理性存在物存在。

在亚里士多德之后由于城邦政治的解体，希腊的德性政治论逐渐衰落，代之而起的是一种以感觉享乐为支撑的人生哲学，怀疑主义、相对主义、昔勒尼主义、尹壁鸠鲁主义等先后出现，严格说来它们已不再是政治哲学，它们逃避社会，不再关心"好城邦中的幸福公民"、人际关系中的荣誉、财产等利益（goods）的公平分配以及勇敢保卫祖国等积极意义上的道德问题，在政治上沦落为一种避世的犬儒主义。如是观之，智者学派、怀疑主义实际上已经颠覆了希腊主流思想的政治德性论，这种颠覆尤其表现在当时的喜剧艺术形态上，希腊戏剧从悲剧到喜剧的演变，在某种意义上来说反映了希腊社会的思想进程。

2. 休谟的两种德性观

从某种意义上说，休谟的德性理论是从古典古代的非主流思想发展而来的，他有关德性的一个基本原则即把苦乐感与德性联系在一起，便属于古代的感觉主义哲学，休谟认为：

> 道德上的区别完全依靠于某些特殊的苦乐感，而且不论我们的或其他人的什么心理性质，只要在考察起来或反省起来的时候给予我们以一种快乐，这种性质自然是善良的，正如凡给我们以不快的任何这种性质是恶劣的一样。①

当然，需要特别指出的是，休谟的德性思想远不是简单地重复古代的感觉主义道德哲学，他所建立的并非反社会的道德逃避，而是一种面向公共社会的政治德性论，这不能不说是以休谟为代表的英国政治哲学对于思想史的一个创造性贡献。任何理论的形成与发

---

① 休谟：《人性论》下，第616页。

展，都有内在的理路，休谟之所以能够突破传统感觉主义的反社会政治的瓶颈，与他对于情感的深刻认识有着密切的关系，可以说，他有关两种情感的分类直接导致了他的两种德性的划分，并且为他通过人为德性而转向政治社会开启了一条道路。休谟从苦乐感中首先推出了有关道德的两个基本的分类，他发现"我们的某些道德感是人为的，而另外一些的道德感则是自然的"。① 由此，休谟提出了两种德性的观点，他认为自然的情感所产生的是一种自然德性，人为情感所产生的是人为德性。仔细考察休谟的《人性论》一书，我们会发现在其中并列存在着两条有关德性正义的逻辑线索：一条是隐含的线索，直接感情——自然善恶——自然法——自然正义；另外一条是明显的线索，从间接情感——社会善恶——基本规则——人为正义。在《人性论》中休谟强调的是基于人为德性的政治正义，着重论述的是一个基于正义规则的社会政治理论，涉及政治德性论、正义规则论、政治经济学和政体论等多个领域，它们是休谟思想的重点。但是，也应该承认，上述这样一个双重的理论逻辑一直贯穿在休谟的思想之中，其内在的关系是复杂的，到底自然正义和人为正义是怎样的一种关系，休谟自己也并没有说清楚，但他确实认为存在着两种不同的情感、德行与正义。休谟所着重分析的是后者，而把前者作为一个独立的问题单独在有关章节中加以讨论，如在《人性论》第三卷的第三章"论其他的德和恶"所探讨的便是自然善恶问题，不过这种处理并没有有效地解决自然正义与人为正义之间的关系，反而使两条线索的内在张力更加隐秘地存在着。

---

① 休谟：《人性论》下，第515页。

其实，早在古希腊的伦理与政治学中，自然（physei）与人为（thesei）、[1] 地下精神与地上精神、[2] 外邦人与城邦公民[3]在苏格拉底之后的思想中一直存在着张力性的关系，后来它们经过亚里士多德的目的论的调整而得到缓和。但到了伊壁鸠鲁和斯多亚时期，目的论思想解体，公共德性消弭，自然本性与政治社会的矛盾又一次表现出来，只不过社会政治相对说来被弱化了，这种弱化的二元关系在基督教的政治神学和伦理学那里并未消除，经院哲学中的唯名论与唯实论或许是上述两种思想的另一种表现形式。到了近代以来，这种隐含在传统思想形式中的两种逻辑线索便更加明显地表现了出来，而且集中地体现在对自然法的理解上。古代的自然法于是采取了两种形态，一种是唯实论的自然法观念，它在大陆的思想中得到了进一步的发挥，并且随着法国的启蒙运动、德国的政治哲学而与目的论和历史主义结合在一起而演变为一种国家理论，可以说在黑格尔的哲学那里达到了最精致的表现。而另外一条线索则是唯名论的自然法观念，它的最大特征是排斥目的论和国家理性的实体主义，坚持主张自然德性及其抽象形式化的本质，这样一来，在近代英国的传统思想中，基于自然的自然正义与在政治社会中形成的政治正义，便一直处于两分的矛盾状态。

苏格兰历史学派的思想之所以会出现这样的情况，在我看来，

---

[1] 参见哈耶克：《法律、立法与自由》，邓正来等译，中国大百科全书出版社 2000 年版，第一卷第一章，以及"人类行为的结果，但不是人类设计的结果"一文，载《哈耶克论文集》，邓正来译，首都经济贸易大学出版社 2001 年版。

[2] 参见黑格尔在《精神现象学》"伦理世界"一章中有关希腊精神的论述。

[3] 外邦人被希腊人视为天然的化外之民，因此似乎不配享有希腊公民所享有的一系列公民权利，直到希腊化时期的斯多亚主义才开始出现人性平等的思想意识，至于到了古罗马的西塞罗等思想家那里，古代的自然法观念则发育成熟。参见亚里士多德的《政治学》（第一、二章）、西塞罗《论共和国论法律》中的有关论述。

关键在于他们所继承的传统是唯名论的传统，由于排斥了实体性的存在，否定文明制度作为一种实体的存在本质，而只是作为一种抽象的形式，这样就不可能出现黑格尔意义上的具体真理，从而达到所谓的自然与社会的历史的辩证统一。休谟的《人性论》无疑受到了这种强大的思想背景的影响，如果认真研究他的这部著作乃至休谟的整个思想，我们就可以发现他的理论一直有一个隐秘的关系，那就是他的思想体现着一种双重的既关联又对立的线索，表现出了一种双重的主题，一个主题是在那里贯穿着一种基于自然正义的自然学说，另外一种是基于人为正义的社会政治学说，两种关系虽然不是绝对割裂的，但也并没有达到具体的统一，而是抽象的对立。显然，有关自然与人为的二元矛盾一直是英国思想，特别是苏格兰历史学派的一个突出特征，休谟的思想是如此，在斯密的思想中这种张力与矛盾也是存在的，只不过斯密更偏重于自然的正义，因此他提出了自然的正义制度的社会政治理论，由于他对于自然采取了新的理解，从而一方面解决了休谟的问题，但另一方面也同时产生了新的问题，那就是这种自然的正义制度如何会成为社会的政治制度。因此在斯密那里，自然与社会的关系究竟是怎样的，仍然并不明朗。①

　　我们先来分析一下休谟的自然德性问题。应该指出，休谟的自然德性有着深厚而强大的思想渊源，即来自源远流长的自然法传统。自然法的早期观念在斯多亚主义那里就有充分的表述，西塞罗是这种思想的一个重要的代表人物，他认为早在人之前就存在着一种普通的宇宙法则，即古已有之的自然法。不过，近代欧洲自然法的复兴，是由荷兰思想家格劳秀斯首先系统地提出来的，格劳秀斯、普

---

① 参见列奥·施特劳斯主编：《政治哲学史》，下卷，"亚当·斯密"一章有关论述。

芬道夫等人的自然法观点对于英国 17、18 世纪的思想家，如霍布斯、洛克、休谟、斯密等人产生了重大的影响。斯图亚特指出：

> 我从格劳秀斯开始论述，首先是因为他把自然法思想导入新教欧洲，其次，他的著作，特别是他的《战争与和平法》，在西欧的政治与道德思想领域产生了强有力的影响，而且持续久远。可以说是格劳秀斯树立起了织机，休谟的前辈和休谟自己在其上开始工作。[①]

不过，英国的自然法所继承的是唯名论的自然法传统，强调的是情感主义的主导作用，因此，从自然的原始情感中揭示道德、权利与正义，乃至国家制度，就成为英国自然法思想的基本路径。例如，霍布斯的自然法与求生欲望、死的恐惧等情感就有密切的关系，休谟的自然德性的思想一方面接受了霍布斯从情感到正义的逻辑路径，但另一方面他又改造了霍布斯的自然法理论，认为不是恐惧，而是苦乐感，构成了自然德性与自然正义的基本内容，并且提出了原始苦乐与自然善恶相对应的德性原则。

休谟与大陆自然法的理性原则不同，对于自然给予了新的理解，在《人性论》中，他提出了关于"自然"（natural）的三层含义：第

---

① Stewart, The Moral and Political Philosophy of David Hume, Princeton University Press 1992. p.15.哈康森分析说："早在 18 世纪初期，自然法作为大学道德哲学的最重要的课程，在几乎所有的新教欧洲国家就被教授，先是德意志、尼德兰、瑞士、斯堪的纳维亚，很快传入苏格兰，然后是在英格兰理性主义不信国教的学院，最后是北美的大学。" K. Haakonssen, Natural law and moral philosophy, Cambridge University Press 1996, p.61.关于这方面的研究，参见 D. Forbes, Hume's Philosophical Politics, Cambridge, 1975. J. A. Herdt, Religion and Faction in Hume's Moral Philosophy, Cambridge University Press 1997.

一层含义是与神迹（miracles）相对的自然，其次是与非同寻常之事（the unusual）相对的自然，第三层是与人为（artifice）相对的自然。在他看来，自然的本性不在于上述前两种，而在于第三种意义，就这个层面上说，自然德性的关键不在于是否基于理性的普遍法则，而在于是否直接地由原始情感导出。而正是在这个意义上，他一再提出的那个基本的自然德性原则受到了强有力的挑战。他写道：

> 在"自然"一词与神迹对立的第一个意义下，恶和德是同样自然的；而在它与不常见的事物对立的第二个意义下，那么德或许会被发现是最不自然的。至少我们必须承认，勇德和最野蛮的暴行一样，因为是不常见的，所以同样是不自然的。至于自然的第三个意义，那么恶与德确实同样是人为的，同样是不自然的。因为人们无论怎样争辩、某些行为的功或过的概念是自然的还是人为的，那些行为自身显然是人为的，是根据某种意图和意向而作出的；否则那些行为便不可能归在这些名称中的任何一个之下。因此，"自然的"和"不自然的"这些性质不论在任何意义下都不能标志出恶和德的界限。①

为什么会出现这样的情况呢？在休谟看来，从直接情感到自然德性所遵循的那个德性原则，所依据的是一种最直接的道德感，其中不需要任何制度性的中介环节，但是，这种自然的德性相对来说是十分狭窄的，涉及的内容只能是一些在时间和空间上十分有限，并不具有任何社会内容的那些情感，即它是以满足直接情感的苦乐

---

① 休谟：《人性论》，下，第515页。

为道德原则的，所以这个原则只是涉及个人的十分有限的情感范围，一旦进入到社会之中，一旦面对间接情感，就会发生变化，就会面临困难，就会出现自然德性与正义的尖锐对立。休谟敏锐地发现了这样一个令人困惑的社会现实，即自然德性与自然正义并非完全等同：

> 自然的德与正义的惟一判别只在于这一点，就是：由前者所得来的福利，是每一单独的行为发生的，并且是某种自然情感的对象；至于单独一个的正义行为，如果就其本身来考虑，则往往可以是违反公益的；只有人们在一个总的行为体系或制度中的协作才是有利的。①

例如，法官们把穷人的财物送给富人；把勤劳者的劳动收获交给浪荡子；把伤人害己的手段教于恶劣的人的手中。这些有利于社会的法律和正义与针对于单独个人的自然意义上的德性之间的矛盾，使得休谟对于自然德性与自然正义的一致性产生了怀疑，并进而导致了他对于正义的看法，在他看来，所谓的自然正义的观念是有问题的，也许原始意义上的符合自然德性原则的自然正义根本就不存在，存在的只是人为的正义，或者是在人类通过自愿的协议建立了制度以后所产生的道德感。

这样一来，休谟的自然德性观点就出现了一个重要的问题需要解决，即直接情感导致自然德性的机制是什么？这里又涉及两个复杂的层面：第一，直接情感是以人的个人利益和个人喜好为前提的，

① 休谟：《人性论》，下，第 621 页。

自然德性的内在动机是一个自私的苦乐本性，即便通过想象力的心理推移而推及他人，但这种想象力的同情机制是不牢靠的，由于每个人对于快乐和利益有不同的感受，所以很难形成一个共同一致的标准，这样就决定了自然德性的有限性和狭隘性。因此，自然德性所依据的德性原则只是一种人性论的前提预设，并不具有现实的真实意义，因为真实存在着的总是处在社会中的人，是一个在公共生活中与他人发生利益关系的人，所以在这个社会关系中不可能脱离他人的利益以及共同的利益。第二，在自然德性中，理性的作用如何呢？我们知道，传统的德性理论也看到了自然的直接情感的个人狭隘，它们因此转向理性，通过付诸理性的普遍指导，甚或理性的绝对命令，从而改变情感主义的偏颇，达到道德的普遍有效性。亚里士多德是如此，康德更是如此。但休谟却不认同理性主义的道德律，否定理性在情感活动中的推动作用，认为：

> 道德上的善恶确实是被我们的情绪，而不是被我们的理性所区别出来的；不过这些情绪可以发生于性格和情感的单纯的影响或现象，或是发生于我们反省它们促进人类或某些个人幸福的倾向。[①]

由于排除了理性在情感发生机制的关键作用，那么，当个人在社会中遵循着原始的德性原则来决定行为的道德善恶时，实际上就必然会面对一个有关自然德性的最大困难，即我的基于自己个人苦乐感之上的善恶判断，无法得到他人的认同。我认为是善的、好的，未必他人就同样认为，甚至相反，由于自然资源的相当匮乏，对于

---

① 休谟：《人性论》，下，第 632 页。

我是好的，满足了我的欲望的东西，反而由于未能满足他人而变成了令他们憎恨的东西，于是，原始的基于个人快乐感之上的德性原则，以及由此建立的自然德性就被推翻了，在一个社会共同体之中，人们需要的是另外一个更为重要的德性原则，即人为的德性原则或人为正义。休谟写道：

> 每个特殊个人的快乐和利益既然是不同的，那么人们若不选择一个共同的观点，据以观察他们的对象，并使那个对象在他们全体看来都显得是一样的，那末人们的情绪和判断便不可能一致。在判断性格的时候，各个观察者所视为同一的惟一利益或快乐，就是被考察的那个人自己的利益或快乐，或是与他交往的人们的利益和快乐。这一类利益和快乐触动我们的程度，虽然比我们自己的利益和快乐要较为微弱，可是因为它们是恒常的、普遍的，所以它们甚至在实践中也抵消了后者，而且在思辨中我们也只承认它们是德性和道德的唯一标准。只是它们，才产生了道德的区别所依据的那种特殊的感觉或情绪。①

## 3. 政治社会与正义德性

前面我们曾指出，休谟的道德哲学实际上是一种政治哲学，他的德性论就其实质来说是一种政治德性论，他的《人性论》第三卷第三章"道德学"、《道德原则研究》和《道德、政治与文学论文集》

---

① 休谟：《人性论》，下，第634页。

所着重探讨的便是一个政治社会的道德原则问题。那么究竟什么是休谟哲学中的"政治"（politics）呢？这是一个值得注意的问题，休谟在不同的著作中均有所论述，例如在《道德原则研究》一书中，他较为明确地提出了"政治社会"（political society）的概念，并作为第四章的题目，把它与"政府"（government）等同起来，认为"当众多的政治社会建立起来，并一起保持广泛的交往时，一套新的规则就立即被发现是在那种特定的境况中有用的，于是相应地便以国际法之名而出现"。① 不过《道德原则研究》对于"政治社会"的论述主要是放在当时的国际政治的背景下展开的，相比之下，我认为，休谟对于"政治社会"的深入论述，并构成了他的政治哲学和社会政治理论之经典性研究的著作，不仅有《道德原则研究》，而且还包括《人性论》第三卷和《道德、政治与文学论文集》，特别是后两部书分别从不同的维度，即前者从政治哲学（休谟称为道德哲学），后者从政治学两个广阔的方面，论证了"政治社会"的本性、基本内容及其具有的重要意义。

休谟在"论政府的起源"一文中对于人的社会论曾有一番虽然简短但十分深刻的论述，他写道：

---

① 休谟：《道德原则研究》，第5页。一般说来，"政治社会"是16世纪以来欧洲社会政治思想中普遍使用的一个概念，且不说古希腊亚里士多德的《政治学》一开篇讨论的城邦共同体就是最早的"政治社会"，近代以来格劳秀斯、霍布斯、洛克等思想家都频繁地在他们的著作中使用这一概念，有时该词又译为"政治社团"。至于从国际法的角度谈论"政治社会"，这也是欧洲政治理论的传统，早在古希腊，诸城邦国家之间的关系就具有国际政治的意义，古罗马"万民法"探讨的是在当时世界各民族普遍适用的法律。近代以来，国际法成为理论家们研究各国政治法律状况的基本背景，格劳秀斯的伟大著作《战争与和平法》无疑是一部论述世界政治与法律的著作，后来英国的霍布斯、洛克、休谟、斯密、弗格森都关注于国际法的问题，而德国的思想家，如康德的世界和平、黑格尔的世界精神等观念，也与国际法有着密切的关系。

人诞生于家庭，但须结成社会，这是由于环境必需，由于天性所致，也是习惯使然。人类这种生物，在其进一步发展时，又从事于建立政治社团，这是为了实施正义。[①]

列维斯顿认为这段话在休谟的政治思想中十分重要，他写道：

休谟道德和政治哲学的全部内容，可以视为是对这句话的一种沉思。道德生活的源泉首先来自人在家庭和共同体中所亲历着的那些依赖、关怀、权威和忠诚的情感，尽管这些情感被稀释了，但它们在一个较大范围的政治社会中仍然存在着。正义和利益需要一个更大的政治空间，但这并不必然地变得庞大和抽象，以至于颠覆道德生活。[②]

我们知道，休谟和斯密的道德学属于古典政治哲学的传统，沿袭的是希腊传统的政治德性论的路径，他们对于道德的看法与康德以降的现代道德学是大不相同的，当然，正像我前面所指出的，17、18世纪的英国道德哲学又是十分独特的，它们继承的虽不是亚里士多德理性主义目的论的主流思想，而是情感主义的非主流道德原则，但是，就其关注于政治社会与强调政治的德性原则这个方面来看，又与希腊的主流政治哲学完全一致。也就是说，英国的道德哲学是以一种情感主义的政治德性论取代了理性主义的政治德性论，但就政治德性这个触及传统政治共同体的关键问题来看，17、18世纪英

--------

① 休谟：《休谟政治论文选》，第 23 页。
② Donald W. Livingston, Philosophical Melancholy and Delirium, Hume's Pathology of Philosophy, Chicago University Press, 1998. p.208.

国（包括苏格兰）思想中的亚里士多德主义之复兴又呈现出内在的必然性。对于休谟来说，其道德学中的德性问题所指向的并不是让人退守到个人情感的内心感受中去，而是旨在建立一种公共的社会政治秩序，也就是说，这种道德学是一种通过美德的社会塑造功能，从而建立起一种公共的正义的政治社会。所以，休谟在《人性论》导论才这样写道："政治学研究结合在社会里并且互相依存的人类"。①

政治是什么？在休谟看来，形成一个社会就是政治，所谓政治学就是研究社会是如何形成的，这一点实际上是与古希腊的主流思想相关联的。在亚里士多德等古代思想家眼中，人是脱离不了群体的，离开群体的个人是没有意义的，也是不可能存在的，群体构成了所谓的社会，形成一定的社会共同体。有共同体便有一定的规则与秩序，即共同体成员所遵守的基本制度，这些问题也就构成了政治问题。在英国思想家们看来：

> 对于那些以哲学家的眼光考察人类事务的人来说，没有什么比下列事实更为令人惊讶了：多数人居然轻易地为少数人所治理，而且人们竟能抑压自己的情绪和爱好，顺从统治者的喜爱。我们如果探索这种奇迹是如何实现的，就会发现：由于力量总是在被统治者的一边，统治者除了公众信念的支持，别无依靠。因此政府是完全建基在公众信念之上的。②

① 休谟：《人性论》，上，第7页。
② 休谟：《休谟政治论文选》，第18页。

基于公共的意见实际上就涉及共同的利益问题，而如何保障共同的利益并使得每个人的个人利益不被侵犯，就涉及法律制度问题，所以，立法者以及制定正义的法律便成为政治的一个重要问题，这又涉及法律制度与政治德性问题。因此，休谟在"政治如何解析为一门科学"那篇重要的文章一开始，就探讨了有关政治的两个重要的问题，他写道：

> 有些人提出一个问题：这一政府体制与另一政府体制之间究竟有无任何本质区别？每种政府体制是否都可能由于管理的恰当与否而变好或变坏？假若人们一旦承认所有政府都是一样的，唯一差别在于治理者的性格和品德有所不同，那么一切政治争论大都可以终止了。[①]

一般说来，休谟的政治哲学包含有两个方面的内容，一方面是他的政治德性论，另一方面是他的正义规则论。从道德学的角度来说，他所说的正义问题实质上也包含着上述两个方面的内容，即正义是如何体现在德性之中的和正义是如何体现在规则之中的，前者可以称之为德性的正义，后者可以称之为制度的正义。关于制度的正义，以及政治社会与以财产权为主的正义规则的关系问题，我们将在本书第三章"正义规则论"中专门予以探讨，这一部分内容是休谟思想的一个重要方面，并且被后来的政治哲学，特别是自由主义的政治哲学所强调与发挥，例如哈耶克对于休谟政治哲学的研究就是抓住了休谟的这个方面，我们看到，哈耶克的整个自生秩序以

---

① 休谟：《休谟政治论文选》，第4页。

及正义规则理论与休谟的正义规则理论有着密切的关系。不过，在本章我所着重探讨则是另外一个问题，即德性正义问题，而恰恰是这一点往往被后来的政治哲学，特别是现代自由主义的政治理论所严重忽视，它们没有看到德性正义以及与此相关的政治德性论同样是休谟社会理论中的一个中心内容，可以说是与规则正义论平行的另外一个重要的方面，它与斯密的道德情操论一起构成了 17、18 世纪英国思想的另外一个核心的维度，对于我们现代的政治思想仍然具有开启性的意义。

　　谈到这个问题，有必要对西方的古典学科分类作一番简单的交代，按照传统的西方学科分类，古希腊基本上是自然哲学和道德哲学两分，道德哲学又包含着一般的伦理学和政治学两部分，至于经济学在古希腊只是一种家政学，并不具有今天的地位。到了中世纪西学大体有三大类，一类是神学，一类是医学，还有一类是法学，启蒙时代之后，西学虽发生了一些变化，但总的来说基本上是把中世纪与古希腊罗马时期的学科混合在一起而形成了一种新的分类，大致包含神学、哲学（含自然哲学，后来又从中衍生出数学、天文学、物理学等自然科学）、道德学、法学这几大块，政治学和经济学一般是包含在道德学之内的。因此，休谟的《人性论》所讨论的问题并非随意的，而是沿袭着传统的学科分类：第一卷属于哲学，后两卷属于道德学。这一情况在斯密那里表现得就更为明显了，斯密作为一位伦理学教授，他的名副其实的教职论文可以说是《道德情操论》，但他教授的道德学，却是既包括了法学也包括经济学，例如，他的《国民财富论》的相当一部分内容是放在"警察"名目下论述的，"因为按当时的见解，政府管理物价和创造货币都属于警

务的范畴".①

因此，休谟的"道德学"包含着一个广阔的社会政治内容，从间接情感产生的并不是单纯的德性问题，更重要的是一个正义问题。我们看到，休谟在他的《人性论》第三卷和《道德、政治与文学论文集》中所集中讨论的与其说是人为德性问题，不如说是正义问题，用他的话来说，与其他的各种人为德性相比，正义是最重要的一种人为的德性，对于文明社会具有至关重要的核心意义。按照康德以降的道德学来讲，善恶问题而不是正义问题才是其首要的问题，而休谟之所以突出正义之德性，并使善恶问题最终从属于正义问题，这实际上遵循的是一条政治德性论的古典传统路线。休谟在《人性论》第三卷的第一章首先谈的是善恶问题，他称为"善恶总论"，我们看到，这一个"总论"实际上是颇有用意的，因为在第二卷"论情感"的第一章他也谈到善恶问题，但那时的善恶，如同美丑一样，只是一种建立在道德心理学意义上的善恶观念，揭示的是一个涉及避苦趋乐的自然情感的善恶原则问题，即凡是导致快乐的就是善，导致痛苦的就是恶。这一道德原则后来在他的《道德原则研究》中被进一步发挥，休谟一方面加上了很多功用的内容，另一方面加上了很多仁爱的内容，但尽管如此，这本书与他的《人性论》相比并没有多少提高。现在回过头来研究《人性论》第三卷就会发现，其真实的主题与它的标题并不是完全一致的，这里存在着表层和深层两个层面：从表层来看休谟是从善恶论进入到正义论，通过总论把第二卷第一章和第三卷第三章"论其他的德和恶"衔接起来；而就

---

① 参见《亚当·斯密关于法律、警察、岁入及军备的演讲》中"原编者引论"，坎南编，商务印书馆1997年版。

深层来说，他的正义论高于善恶论，就休谟的《人性论》来看，他的道德哲学作为一种政治哲学，其正义问题高于善恶问题。

当然，休谟并没有把正义与善恶问题对立起来，他遵循的仍然还是古典道德哲学的传统，把政治学（政治哲学）包含在伦理学（道德哲学）之中，不过，古典主流思想中的至善与正义的目的论同一性被打破了，休谟发现由于人的社会性介入，已经不可能从自然情感的德性原则中推导出一个正义的社会政治德性。那么在一个政治社会中，人们所必须遵循的道德善恶究竟是怎样的，其中什么是最根本性的德性，它们产生的机制是什么呢？正像哈康森指出的：

> 假如正义作为一种精神上的德性并不是借助于自然动机建立起来的，那么，休谟就必须证明，第一，正义作为一种社会的实践或制度是如何存在的，第二，我们为了持守它们，又是怎样获得恰当的情感以及道德责任的。①

这一系列问题摆在了休谟的面前，为此他提出了有关人为德性的观点，应该指出，这一思想具有划时代的理论意义，在 18 世纪英国思想史上起到承前启后的作用，它在克服古典理性主义的至善与正义的同一性的旧模式之际，开辟了独具英国特色的道德与正义相互关联的新途径。

休谟认为要维系一个复杂的社会群体，原先的那种基于自我苦乐感的自然德性原则是远远不够的，在社会中人们的合作、习惯、规则与制度等都是人为的创造。他写道：

---

① K. Haakonssen, The Science of a Legislator, Cambridge University 1981, p.12.

我们对于每一种德的感觉并不都是自然的；有些德之所以引起快乐和赞许，乃是由于应付人类的环境和需要所采用的人为措施或设计。我肯定正义就属于这一种；我将力求借一种简短和（我希望）有说服力的论证，来为这个意见进行辩护，然后再来考察那种德的感觉所由以发生的那种人为措施的本性。①

休谟在此所揭示的问题实际上已经超越狭义的道德学而进入到政治哲学中最为艰深的一个问题，即德性与正义的关系问题，它已不单纯是一个私人的苦乐乃至良知问题，而是涉及一个社会共同体的公共政治问题，即一个如何使个人的行为在社会群体中获得承认并共同形成社会的规则与秩序的问题。

　　休谟指出，从人的自然本性来看，我们无法证明人一开始就具有关怀他人的利他主义动机，我们很难直接地从人的自然情感中找到所谓的善良原则，人是一个本性上自私的存在物，因此从自然本身无法推出人的善良和对于德性的尊重以及其他各种普遍动机。问题在于人相互构成了一个社会，并要在社会中生活，所以就出现了一些社会化的德性原则，而且我们也实实在在地在人的心中发现了对于他人的关怀，对于公共事业的关心和对于规则的遵守，以及各种履行社会义务等方面的动机，那么，这里就出现了一个问题，即这些美好的动机和善良的德性到底是怎么产生的。休谟认为它们是通过人的设计和制作而产生的，是一种人为的努力结果，为此他曾经列举了一个按照协议借还款的例子加以说明。从借款人来说，他

_____

① 休谟：《人性论》，下，第517页。

并不是自然地就有按约还款这样一种动机，但他又在行为中遵守了这样一种协议，这并非出于他的自然情感，而是出于在社会中逐渐建立起责任感与义务感，他感到按约还款不但是应该的，更是有益于自己、他人，乃至公共社会的。休谟写道："我们可以概括地说，如果不考虑到个人的品质、服务或对自己的关系，人类心灵中没有像人类之爱那样的纯粹的情感。""正义和非义的感觉不是由自然得来的，而是人为地（虽然是必然地）由教育和人类的协议发生的。"① 由此可见，休谟所谓的人为德性实际上所指的是这样一些基本的美德，它们虽然是建立在苦乐感这一直接的心理感受原则之上的，但其真正的内容却是在社会中形成的，或者说是围绕着社会的公共利益和普遍幸福而由人设计出来的。这样一来，在休谟看来，人为德性就必然地与正义问题发生了关系，而正义在休谟的论述中又与规则和制度问题相关联。

正义之德是最重要的一种德性，它涉及公共秩序和社会共同体问题，因此以正义为核心的人为德性就不再是一般心理学上的道德情感了，而是具有了公共政治的意义，我们之所以把本章冠以"政治德性论"的题目，其原因也正在于此。在休谟看来，各种各样的人为德性，它们都脱离不开社会共同体，脱离不开社会共同体中的公共利益问题，脱离不开社会的规则与秩序问题，因此从这个意义上来说，这些德性便都是社会性的，或者说都是政治性的。当然，我们这里所说的政治并不是法国人革命之后所产生的那种意识形态化了的政治，而是一种古典哲学意义上的政治，即人们对于社会公共事务的共同参与。正像孟德斯鸠在《论法的精神》一书开篇中的

---

① 休谟：《人性论》，下，第521、523页。

"几点说明"所一再强调指出的，

> 我所谓品德，在共和国的场合，就是爱祖国，也就是说爱
> 平等。这不是道德上的品德，也不是基督教上的品德，而是政
> 治上的品德。它是推动共和政体的动力，正如荣誉是推动君主
> 政体的动力一样。因此，我把爱祖国、爱平等叫做政治的品德。
> 我有些新的思想，很需要找些新的词汇或是给旧的词汇一些新
> 的涵义。[1]

休谟有关政治德性的观点与孟德斯鸠是一致的，他也是在社会公益
和社会制度的前提下，考察了骄傲、自尊、庸平、勇敢、无畏、荣
誉心、仁善、慈善、慷慨、仁爱、怜悯、感恩、友谊、忠贞、热忱、
无私、好施等各种德性，并进一步划分了四种不同的种类。

我们知道，政治共同体的中心内容是政体或政府，所以，政治
德性论关键便是一个正义的政府以及与此相关的公民美德问题。其
实，上述问题一直是古典政治学的一个核心内容，柏拉图、亚里士
多德的政治理论便是围绕着它们展开的，如柏拉图在《理想国》中
孜孜以求的便是正义的城邦共和国以及不同等级的国家公民的理想
美德。近代以来直到法国大革命前的政治理论，所探求的一个首要
问题依然是有关政体与公民美德的传统政治学问题。霍布斯有关德
性的论述，特别是孟德斯鸠对于政治美德的分析，都与政体有着密
切的关系，在他们看来，固然不同政体的形式是各异的，但它们的
本性却是有许多共同一致之处，对于一个本性优良的政体来说，政

---

① 孟德斯鸠：《论法的精神》，上，张雁深译，商务印书馆1987年版，第4页。

治德性绝对是必不可少的。例如，孟德斯鸠在分析欧洲历史上的主要政体时，就把美德视为一个重要的标准，他指出：

> 维持或支撑君主政体或是专制政体并不需要很多的道义。前者有法律的力量，后者有经常举着的君主的手臂，可以去管理或支持一切。但是在一个平民政治的国家，便需要另一种动力，那就是品德。我所说的，所有历史家都已证实，而且是很符合于事物的性质的。因为一个君主国里执行法律的人，显然自己认为是超乎法律之上的，所以需要的品德少于平民政治的国家。平民政治的国家里执行法律的人觉得本身也要服从法律，并负担责任。①

休谟的德性论显然继承的也是古典政治学的传统，他也把德性与政体联系在一起加以考察，在他看来，一个有效的稳固的政府，必然是法治的而非人治的政府，其统治的合法性使其具有了必不可少的正当性，对于这样一种政府来说，其政体的德性就是责任，尤其是保障公民的财产权不受侵犯的责任，而臣民的美德就是忠顺，即对于一个合法政府的尊崇与服从。在《人性论》第三卷的第二章"论正义与非义"中，休谟着重考察了政府的起源，以及忠顺的起源、限度与对象等问题，其围绕的一个中心实际上便是德性与正义，即政府的正义美德与公民的忠顺美德，休谟的这一主题后来在《道德、政治与文学论文集》中得到了进一步的阐发。

现在的问题在于，休谟虽然继承了古典政治学的传统，把政治

---

① 孟德斯鸠：《论法的精神》，上，第 19—20 页。

社会与政治德性放在了一个重要的位置，并且以此克服了原先确立的情感主义的德性原则，但是，休谟并没有完全接受古典的理性主义，而是在间接情感的框架之内展开了一个政治社会的广泛内容。之所以休谟能够在经验主义的哲学基础之上，建立起一个与古希腊非主流的反政治社会思想相反的政治理论，在我看来，关键之处在于休谟虽然在形式上接受了古希腊主流思想对于公共政治的重视，并且置于首要的位置，但他对于政治社会的理解，对于政治共同体的把握，对于政府起源与本性的看法，对于公民德性的认识等，与古希腊罗马的政治理论，乃至近代以来的大陆政治思想有着本质性的区别，他所展示的政治社会早已不是古希腊的城邦国家，不是那种建立在奴隶制提供物质基础的古代国家制度，其公民也不是古代那种缺乏个人权利的国家公民，而是一个建立在近代商业社会基础之上的近代国家，无论是有限的自由君主制，还是民主共和制，在休谟看来，它们都是一种新型的与古代国家本质不同的政治社会或近代以来的市民社会。正是这种基于私人财产权之上的近代市民社会，才是休谟《人性论》的社会基础，才是他的政治德性论和正义规则论的现实背景，因此，理解休谟的政治哲学必须把握它的时代环境，他的情感主义之所以不同于古代的各种各样的非主流的社会思想，之所以不是逃避社会的，反文明的，而是拥抱社会的，开创文明新篇的，关键的一点在于，休谟思想中所谓的社会是一个近代市民阶级蓬勃发展的商业社会，它们所呼唤的政治乃是一种文明的新秩序。尽管休谟等18世纪的思想家是以保守的姿态接续着英国传统的政治形式和法治技艺，持守着积习久远的道德习惯、规则程序和礼仪制度等，但其实质上乃是革命性的，当然它们不是法国式的政治大革命，而是光荣革命，是旧瓶装新酒的真正富有成果的革命。

从上述角度来看休谟在《人性论》以及《道德、政治与文学论文集》中有关政治社会的论述，我们不难发现，他的政治社会论述不仅具有传统政治学的含义，而且包含了经济学、法学等多个方面的意义，是对近代市民社会的一种政治学意义上的揭示，概括起来呈现出如下几个方面的特征。

第一，休谟通过他的政治社会的理论，揭示了一个近代社会的形成机制，即他认为一个稳固的财产权的确立是政治社会赖以存续的基础，所以他的《人性论》的核心在于财产权，在他看来，财产权即正义，人为德性的最重要的一种就是正义的财产权制度，这个制度为市民社会或经济社会奠定了稳固的基础，可以说没有财产权也就没有政治社会，没有政治德性。应该指出，休谟的这一思想是极其关键的，在古典古代的政治理论中，亚里士多德等人虽也谈到了财富问题，虽也把利益视为城邦共同体实施正义分配的一项内容，但作为一种法律制度的私人财产权却是或缺的，思想家们从来没有把保护个人的财产权利视为城邦国家的首要职责。而休谟基于他的市民阶级立场，其《人性论》的核心便是确立稳固的财产权规则，并把它视为最根本的正义，认为只有在一个财产得以有效保障的社会，才能产生繁荣的商业贸易，才能导致国民财富的增长，才会促进文明社会的物质发达、精神昌明与政治自由。为此，他在后来的一系列论文中，详尽考察了欧洲历史，特别是英国、法国等近代文明国家的经济活动、政治状况和科学与艺术等方面的变迁，指出了政治社会与经济社会的密切关系，认为政治社会的成熟、公民德性的形成、自由权利的实现等是与经济社会的形成和发育、正义规则的制定与完善、财产原则、交换原则和诚信原则的建立与巩固相辅相成的。

第二，基于政治社会的新理解，休谟对于政府在政治社会中的作用、地位，以及它的起源与本性有了不同于古代思想家的认识，提出了一种新的市民政府的理论。在国家问题上休谟首先受到了霍布斯、洛克等先辈英格兰思想家的影响，例如，霍布斯曾经用"两种人"的比喻来论述他的国家理论，[1] 洛克则是通过一种社会契约理论阐述了他对于政府本性、职责与公民权利的看法。[2] 休谟一方面接受了霍布斯、洛克国家理论中的近代市民阶级的精神内涵，把政府统治与法治、保障私人财产权、政治自由、经济社会等联系在一起，强调公共意见的主导性作用，但另一方面他并不认为这种人为的国家制度是完全建立在理性的契约之上的，而认为它们是通过历史习惯、风俗和统治者在长时间的从野蛮社会到文明社会的统治过程中逐渐形成的。政府权威和规则制度是一个自然的演变过程，与财产权的稳固占有、转让、继承等正义的原则一样，国家的制度也因存在着通过长期占有、征服、继承、法律赋予等不同的形式，而确立起合法性与正当性的统治权威，因此，休谟对基于自然权利和国家

---

① 霍布斯认为，第一种人是自然状态下的人，遵循的是自然的法则，但这种人显然不足以使人得到安定而又安全乃至合法的生活，因此，他提出了一种更高意义上的人，即一种艺术的人，那就是国家。在他看来，国家是一种有别于自然人的新人，是上帝用于创造和治理世界的伟大艺术，他写道："由于生命只是肢体的一种运动，它的起源在于内部的某些主要部分，那么我们为什么不能说，一切像钟表一样用发条和齿轮运行的'自动机械结构'也具有人造的生命呢？是否可以说它们的'心脏'无非就是'发条'，'神经'只是一些'游丝'，而'关节'不过是一些齿轮，这些零件如创造者所意图的那样，使整体得到活动的呢？艺术则更高明一些：它还要模仿有理性的'大自然'最精美的艺术品——'人'。因为号称'国民的整体'或'国家'（拉丁语为 Civitas）的这个庞然大物'利维坦'是用艺术造成的，它只是一个'人造的人'；虽然它远比自然人身高力大，而是以保护自然人为其目的。"见《利维坦》"引言"。
② 洛克写道："人类天都是自由、平等和独立的，如不得本人的同意，不能把任何人置于这种状态之外，使受制于另一个人的政治权力。任何人放弃其自然自由并受制于公民社会的种种限制的唯一的方法，是同其他人协议联合组成为一个共同体，以谋他们彼此间的舒适、安全和和平的生活，以便安稳地享受他们的财产并且有更大的保障来防止共同体以外任何人的侵犯。"见洛克：《政府论》，下，叶启芳译，商务印书馆 1986年版，第 59 页。

理性的近代政治理论多有疑义，相反，他认为共同的利益感、政治传统、文明生活与文化昌盛等对于一个政府的正当统治是至关重要的。

第三，休谟对于政治社会的认识呈现出一个有限度的历史主义特征，通过《人性论》和一系列政治、经济论文，他勾勒了一个人类社会不同形态的历史发展过程。在休谟看来，政治社会自家庭衍生出来，在一切社会中都或多或少地有所展现，认为在世界各地以财产权为主的正义规则都程度不同地得到实现，其政府的治理形态也都程度不等地以法律为依据。但是，从历史的角度看，人类文明并不是一开始就达到了自由与正义的理想形态，而是存在着一个历史的演变过程，为此休谟提出了一个简略的社会发展阶段论。他认为人类社会经历了野蛮社会、农业社会、封建社会和商业社会等四个基本的形态。野蛮社会是一种前文明的部落社会形态，那里尚没有形成政治社会，缺乏政治权威，没有公共秩序和财产权等正义规则，如美洲的印第安人部落、波斯、埃及以及绝对专制的东方君主国等，都属于此类野蛮社会。农业社会主要是指古代的希腊、罗马社会，那里已经形成了十分成熟的政治社会，公共政治成为人民生活的重要内容，虽然商业贸易也很发达，但其主体仍然是农业生产，工业还没有产生，身份平等的农民是社会的主要成员，实行奴隶制，政府体制呈现出多样性特征。封建社会特指欧洲蛮族征服西罗马之后形成的农业社会，其政治社会与古代的城邦国家已有本质不同，社会分为农奴和庄园主两个阶级，政治统治集中国王和大贵族之手，公共空间日趋狭窄，广大人民在政治和经济两个方面遭受压迫，农业生产相对落后，文明程度十分低劣。商业社会是休谟着重考察的近代市民社会的基础，它构成了休谟所谓政治社会的主要内容，在休谟眼中，近代以来的商业经济、自由政府、中产阶级、科技进步、文化繁荣、法治统治与公民美德等等，都是商业社会的产物。[①]

所以，休谟的政治社会就其实质来说，既不是古希腊罗马时期的政治社会，更不是封建社会的政治社会，而是近代以来的政治制度日趋法治化、工业生产飞速发展、物质生活充裕丰富、道德情操持守中庸、高雅艺术流光溢彩的以商业社会为主体的政治社会。如此看来，古代的城邦政治社会虽然在政治史上具有重要的意义，但那毕竟是古典形态的，在休谟看来，这种政治社会存在着重大的缺陷，除了其理性主义的目的论理论预设之外，最为关键的还在于那是一个建立在奴隶制之上的虚假的政治社会，是以奴隶的无偿劳动所提供的物质生产为基础建立起来的，它从根本性上说缺乏正义的基础。因此，这种政治社会所产生的政治制度和政体形态以及政治德性也同样是有缺陷的，它们严重地忽视了物质性生产本身的政治、德性以及文明的意义。[②] 从人性上来说，这种古典的政治社会是以排斥人的基本情感，特别是人的私利原则为基本前提的，而恰恰是这种私利原则却构成了近代市民社会创造国民财富和建立政府制度的出发点和人性基础。所以，休谟和斯密的政治哲学还包含着政治经济学，包含着一个涉及国民财富的经济规则和商业制度问题，他们的政治德性论和正义规则论是在一个广阔的商业社会的背景之下展开的。

---

① 参见 Divid Miller, Philosophy and Ideology in Hume's Political Thought, Oxford University Press, 1981, pp. 121 - 126。
② 例如，亚里士多德就认为，技工、匠师、商人等阶层大体上是与政治生活无缘的，他写道："组成最优良政体的城邦诸分子便应是绝对公正的人们而不是仅和某些标准相符，就自称为公正的人们；这样的城邦就显然不能以从事贱业为生而行动有碍善德的工匠和商贩为公民。忙于田畴的人们也不能作为理想城邦的公民；（因为他们没有闲暇，而）培育善德从事政治活动，却必须有充分的闲暇。"见亚里士多德：《政治学》，第 367 页。

### 三、苏格兰思想中的德性论

#### 1. 苏格兰道德哲学

17、18 世纪的英国思想大致包含两个方面的内容，一个是以霍布斯、洛克为代表的英格兰思想，另一个是以哈奇逊、休谟、斯密为代表的苏格兰思想。

前者属于英格兰本土产生的一种政治哲学，两位思想家都是英格兰人，对于英国社会政治的认识与他们的英格兰特性有关，体现为英国的主流政治理论。尽管两个人在有些主张上是不同的，甚至是对立的，例如霍布斯和洛克有关王权的观点就是截然对立的，但他们对于权力、安全、自由、义务、个人与国家的关系等方面的认识却有着很大的一致性，国家问题、王权问题、教会问题、个人权利问题、生命安全问题、公民自由问题等构成了他们共同关心的主题。上述问题渊源于他们本土的历史与现实，与他们所处的社会环境密切相关。或许霍布斯有感于 30 年内战的惨烈和无序，因此才强调个人生命安全的重要，并由此提出了一个国家专制主义的政治理论；而洛克作为光荣革命的见证人，有感于宽容和自由的可贵，才提出了自然正义的社会契约论。总之，英格兰政治哲学或者说英格兰政治哲学中的自由主义，集中体现了 17 世纪英国社会的本质特征。

后者以哈奇逊、休谟和斯密为代表的苏格兰思想，虽然并非源自英国本土，但它们不是外在于英国思想的，从某种意义上说，它们接续着霍布斯、洛克等人的英格兰主流政治思想，体现了 18 世纪英国光荣革命之后的时代精神。尽管它们所形成的苏格兰启蒙思想或苏格兰历史学派在许多方面与 17 世纪英格兰的思想呈现出很大的差别，但仍然可以融入 17、18 世纪英国思想的潮流之中，构成了英国道德哲学的一个新的历史阶段。通观 17、18 世纪的欧洲思想潮流，在英格兰随着光荣革命的完成，在革命中应运而生的霍布斯、洛克等天才思想的迸发趋于平静，欧洲启蒙运动的中心转移到了法国。但值得注意的是，在苏格兰一场声势浩大的文化启蒙运动却刚刚开始，并在 18 世纪中期达到了高潮，其影响一直延续到 19 世纪初叶，波及的范围达到了法、德、美等国，可以说 18 世纪英国的文化繁荣是以苏格兰为代表的，苏格兰的文化中心爱丁堡因此被称作"大不列颠的雅典"。在苏格兰启蒙运动中，产生出一大批杰出的思想家，如休谟、斯密、弗格森等，他们共同完成了苏格兰思想向英国思想的转型。

我们知道，休谟有关情感和德性的论述基本上是在情感心理学和公共政治学两个层面上展开的，他的德性论既是一种道德情操论，又是一种政治德性论。休谟虽然使用的是道德情感，或者更偏重于间接情感，实际上隐含的是与斯密的道德情操非常相似的意义，可以说斯密的《道德情操论》[1] 是休谟思想的进一步完善，特别是斯密有关同情的论述，以及由此产生的正义的旁观者的思想，都广泛地吸取了休谟的观点。所以我认为，研究休谟的道德哲学或政治德性论最好结合斯密的思想一起探讨，尽管两人之间在理论上也有很多

---

[1] 斯密的《道德情操论》（The Theory of Moral Sentiments）的"情操"（sentiments）其含义就是"情感"，准确的翻译应该是"道德情感论"。

的差别和不同，但他们在基本理论、思想气质和价值旨趣等方面却有根本性的一致之处，因此才由他们共同构成了苏格兰启蒙思想的中坚。苏格兰的思想家在涉及道德哲学和政治德性论方面有一个共同的特征，那就是他们都非常关注道德情感，特别是以同情心为凝聚点的道德共通感。有关这个问题，我们可以追溯到在当时颇有影响的哈奇逊的道德理论。说起来首先提出并大力倡导道德情感的同情机制的，并不是休谟或斯密，而是哈奇逊以及更早一些的并对哈奇逊产生了重大影响的英格兰思想家沙弗茨伯里。哈奇逊与休谟甚有瓜葛，他还是斯密的老师，从历史上来看，在英国的古典政治思想中，哈奇逊是最具有代表性地提出了道德情感的思想家之一，他对于道德情感特别是同情问题的研究先于休谟和斯密，并且对他们产生了重大的影响。在他看来，道德哲学根本问题并不是理性判断和理性推理，而是来源于心理的内在情感的问题，情感是道德行为的最内在动因，是人的行为的主要动机。

哈奇逊通过强调道德情感的核心地位，有效地抵御了大陆理性主义在道德学中的主导倾向。不过，哈奇逊主要的贡献或者说最具有特色的地方并不在于他突出了道德情感的重要性，而是在于他对于道德情感给予了一种新的解释，即提出了第六感官的理论。这一理论认为，正像人通过手、眼、耳、舌、身体等官能而具有感觉、视觉、听觉、味觉、触觉等五种原始的感觉一样，道德感也是一种基本的感觉，是与上述五种感觉并列的第六种感觉，人的道德观念并不是来源于理性，而是来源于这种第六感觉，可以说第六感觉直接地产生了人的道德观念和善恶是非判断。哈奇逊这一理论的提出是有理论背景的，因为大陆理性主义在道德问题上也不是不要情感，而是认为情感从属于理性，这一点笛卡儿和斯宾诺莎都有过论述，他们认为情感与人的本能相关，从自然情感中不可能产生出道德，在他们看来，自然本性是一匹野马，只有理性才能将其引入正道。哈奇逊通过对人类行为的观察，发现理性只能判断真假，不能决定善恶，人的行为动机中有相当一部分内容是由情感构成的，情感因素对于道德观念的形成起着决定性的作用。但是，哈奇逊同时也发现，人的自然本性确实是盲目的，完全听从需要和欲望的指导，这些动物性的本能无法发动道德情感，产生道德行为。这样一来，道德情感既不是理性的，也不是本能的，那它们究竟从何产生呢？为了解决这个难题，哈奇逊才提出了第六感的理论，他认为存在着一种既有别于人的本能又有别于理性的纯粹的道德感情，这种道德感情首先是一种情感，不是理性，但它又不是本能的，而是超越了低级欲望而为人所独有的一种高贵的情感，它们便是同情、仁慈、博爱、怜悯等情感，正是这类感情才是道德的本源，决定着善恶德性。

> 哈奇逊追随沙弗茨伯里认为，对他人的爱、追求公共利益的情感是德性的基础。先于任何道德责任感，先于任何法规知识，我们油然激起去促进他人的幸福。由这种感情，即仁慈情感，所导致的行为赢得了我们的赞同。[1]

显然，哈奇逊的观点对于休谟和斯密都产生了重要的影响，他们两人基本上接受了哈奇逊所提出的情感主义的道德观，但需要指出的是，他们并不是原封不动地照搬哈奇逊的理论，两人又都对哈

---

[1] Stewart, The Moral and Political Philosophy of David Hume, Princeton University Press 1992, p. 78.

奇逊给予了尖锐的批评，从如下两个方面对哈奇逊的道德情感理论给予新的改造，从而建立起新的苏格兰道德哲学，并融入英国 18 世纪政治哲学的主流思想之中。

第一，休谟和斯密都不赞同哈奇逊把道德感情纯粹抽取出来而视为一种完全抽象的第六感的观点，在他们看来，哈奇逊所说的这种既与理性又与本能无关的道德感情是不存在的。对此，斯密在《道德情操论》中专门开列一章评论哈奇逊的这个观点，他写道：

> 哈奇逊博士作了极大的努力来证明赞同本能并非建立在自爱的基础上。他也论证了这个原则不可能产生于任何理性的作用。他认为，因而只能把它想象成一种特殊官能，造物主赋予了人心以这种官能，用以产生这种特殊而又重要的作用。如果自爱和理性都被排除，他想不出还有什么别的已知的内心官能能起这种作用。他把这一新的感觉能力称为道德情感，并且认为它同外在感官有几分相似。

然而，斯密认为这种奇怪的情感是站不住脚的，"这种情感，即肯定想使它成为人性指导原则的情愿，迄今为止如同没有以任何专门用语给它命名那样很少受人注意，是奇怪的。道德感这个词是最近创造的，并且还不能看作英国语言的构成部分"。①

不过，他们两人都认为，哈奇逊强调道德感情，指出道德感情与理性的差别，以及理性服从于情感而不是情感从属于理性的基本原则也是正确的，如休谟提出的著名论断"理性是情感的奴隶"的

---

① 斯密：《道德情操论》，蒋自强等译，商务印书馆 1999 年版，第 425、426、431 页。

观点，就与哈奇逊的看法不无关系。但关键的问题在于，哈奇逊把道德感情抽象化了，切断了这种感情与人的自然情感的联系，把它视为一种完全与自然情感没有任何关联的纯粹的道德感情，一种实际上并不存在的由所谓第六感官产生的情感，这种有关道德感情起源的论述显然是荒谬的。其实在他们两人看来，完全没有必要把自然情感与道德情感、自私本能与仁爱之心相互隔绝，绝对地对立起来，应该看到，尽管道德感情是道德行为的基本动机，是美德的心理依据，是社会政治共同体所维系的人性基础，但它并不与人的本能相对立。所以从这个意义上来说，哈奇逊道德思想的相当一部分内容是可以接受的，他们两人所做的工作就是克服这种抽象的分离，揭示人的道德感情与自然情感的内在联系，指出道德感情、同情、仁爱等也是人性中的基本内容，是与自爱、自私、自然本能相关联的一种基本的情感，有些是包含在人的自然情感之中的，有些是在社会生活中人为地产生出来的。这一点是休谟和斯密对于哈奇逊道德感情理论的一种改造。

第二，哈奇逊的道德感情理论基本上还只是在一个纯粹的心理层面上来论述的，更多涉及的是心理动机，以及这个动机与道德行为的直接关联，而没有纳入社会公共政治的层面，没有考察社会共同体中的德性问题，因此，作为一种狭义的道德心理学是可以的，但作为一种广泛的社会道德理论和政治哲学就显得十分单薄。尽管哈奇逊道德理论也涉及社会、政治、历史、法律等多方面的内容，但它们与他的道德情感缺乏深刻的内在关联，从某种意义来说，它们是建立在亚里士多德主义之上的道德哲学，因此，可以说他的道德情感论与他的社会政治论依据的是两个不同的理论来源，相互之间是分裂的。哈康森指出：

对于哈奇逊来说，由他的自然法理学所描述的有关法律、权利与责任的整个理论，是基于他的共同福利的观念与人性的集体主义的观点之上的，这样就导致了它们与他的道德感的个人主义道德学的分离。不过，上述两者是通过哈奇逊的自然目的论的理论整合在一起的。一旦休谟摧毁了后者，那么个人的道德要求就无须哪怕是最终的一种相互之间的承诺，而不无忧虑地和谐如初。这就是休谟和斯密在格劳秀斯的主观权利说学中所慨然看到的那种作为可能性而出现的观念。①

不管怎样，哈奇逊显然没有找到一条通过利益和同情机制所建立起来的制度框架，并产生出一种基于人为正义的法律政治理论和市民社会的经济规则理论，而这两点，恰恰是休谟和斯密理论的基本内容和主要贡献。

总之，休谟和斯密都不满足于哈奇逊的狭义道德学，而是把道德问题或道德情感问题放到了一个社会与政治的广阔领域中加以研究和考察，并且他们都共同地提出了一整套相关的立足于自私、同情和仁爱等几个基本原则之上的社会政治理论。

### 2. 所谓的"英国化颠覆"

我们认为，苏格兰思想从哈奇逊到休谟、斯密的转变是一个自

---

① Knud Haakonssen, Natural Law and moral philosophy: From Grotius to the Scottish Enlightenment, Cambridge University Press 1996, p.85.

然的思想发展过程，从更广阔的角度看，它也属于 18 世纪英国思想的一个重要的组成部分，共同形成了有别于大陆思想的英国经验主义的主流社会政治思想。但是，如何看待苏格兰启蒙思想的变化发展，乃至苏格兰思想的本质以及与英国思想的关系，在学术界却存在着很大的争议，出现了两个著名的问题：一个是麦金太尔提出的所谓"英国化颠覆"问题，一个是德国人提出的"斯密问题"。我认为，对这两个问题的回应，不但有助于我们全面理解休谟的政治德性论乃至斯密的道德情操论，而且会使我们对于苏格兰思想乃至 18 世纪英国的政治哲学有一个深刻的认识。

我们先看第一个问题，即麦金太尔所说的"休谟对于苏格兰思想的英国化颠覆"。麦金太尔在《追寻美德》和《谁之正义？何种合理性？》等几本重要的著作中提出了一个著名的观点，即休谟颠覆了苏格兰思想的基本传统。按照麦金太尔的考察，亚里士多德在《尼各马可伦理学》中所提出的德性观，经过了中世纪奥古斯丁主义的改造之后，在 17、18 世纪的苏格兰思想启蒙运动中由哈奇逊赋予了新的内容，哈奇逊通过情感主义来论证道德的合理性，从而复活了古代的亚里士多德主义。在麦金太尔看来，哈奇逊是苏格兰思想的主要代表，他的道德哲学贯穿着一种亚里士多德与加尔文融合在一起的古典德性理论，并且符合苏格兰当时的语境，反映了苏格兰历史文化的风貌。而休谟却背离了这种历史语境，把自己出卖给了英格兰的异质社会，并且通过对英格兰市民社会的政治规则的认同而转变了苏格兰的基本思想状态，特别是休谟提出的事实与价值的区分，颠覆了亚里士多德以来的西方德性思想的传统。他写道：

休谟也不得不反驳源自 17 世纪苏格兰神学和法律的那种社会

秩序概念及其各种潜在的概念。因此,《人性论》一书便是一部政治文献,而不仅仅是在该书那些明确讨论政府问题和忠诚问题的部分具有这种政治文献的性质。假如该书真的在苏格兰范围内得到广泛传播和接受——它并未如此——的话,就会颠覆这个国家受教育者阶层的根本忠诚,而这些忠诚对于维护一种独特的苏格兰文化认同来说又是根本性的。而且它可能会凭借一种不仅与苏格兰 17 世纪的加尔文主义者的亚里士多德式解释有着深刻冲突、而且与亚里士多德本人的解释更具冲突的、关于正义和推理在行动发生中的地位之解释,来达到这种颠覆。[①]

在麦金太尔眼中,休谟根本就不是一个苏格兰的思想家,而是英格兰异质思想的代表人物。他曾这样描述道:休谟虽是一个苏格兰人,但他却在离开爱丁堡去英格兰时努力把自己打扮成英国人,认为伦敦才是他自己祖国的首都,并且把自己的名字荷姆(Home)改为休谟(Hume),以为这样英国人便可正确地读准他的发音了;休谟在写作中努力靠近英格兰的语言使用风格,在《英国史》一书中尽可能地排除每一个具有鲜明苏格兰色彩的短评和表达方式,并在给朋友的信中称苏格兰习语为十分堕落的方言;总之,休谟一直刻意把自己打扮成英国人,在很大程度上按照英格兰的生活方式设计自己,似乎已经完全认同了英格兰对于苏格兰的合并。上述种种,可以看出麦金太尔对于休谟的厌恶,有些已经近似人身攻击了。不单休谟,在麦金太尔看来,追随休谟并一起构成了颠覆苏格兰思想的还有斯密,他气愤地写道:

---

① 麦金太尔:《谁之正义?何种合理性?》,第 395 页。

休谟几乎代表了这一冲突的所有重要方面，而实际上亚当·斯密也代表这些方面。尽管他是哈奇逊最尊贵和最受青睐的学生，却偏偏要抛弃奇特的苏格兰思维模式，而去赞成鲜明不同的英国式和英国化的那种理解社会生活及其道德结构的方式。①

　　这一思想颠覆所导致的不幸结果，就是苏格兰传统的丧失和全面的英国化，"要英国化，甚至是彻底英国化，并不必须到英国去。典型的英国生活方式在苏格兰的政治、商业和社会领域正日益普及，不断深入"。②

　　那么，究竟什么是麦金太尔所谓的英国货色，为什么他要对休谟和斯密两人导致的这一思想转变大加指责呢？仔细辨析，我们就会发现，麦金太尔对于17、18世纪英国思想的分析存在着一个重要的问题，他是把亚里士多德主义的实践智慧这样一种目的论的德性传统视为衡量英国社会政治思想的唯一标准，并站在社群主义的观点上对近代以来的以英国为代表的市民社会以及道德哲学大加讨伐。在他看来，希腊古典的亚里士多德主义才是道德哲学的核心所在，相比之下，

　　自由主义的主张是提供一种政治、法律和经济的构架，在这一构架中，对同一套合理正当的合理性原则的认同，使那些

---

① 麦金太尔：《谁之正义？何种合理性？》，第371页。
② 麦金太尔：《谁之正义？何种合理性？》，第301页。

信奉各种广泛不同的和不相容的人类善生活概念的人们能够和平地共同生活在同一社会里，分享着相同的政治地位，介入相同的经济。每一个体都平等自由地提倡他或她所高兴的任何善概念并据之而生活，不管它来自他或她信奉的何种理论或传统，除非那种善概念牵涉到重新按其塑造该共同体的其他人的生活。①

问题在于，当亚里士多德把正义视为政治生活的首要德性时，他实际上预设了一个重要的社会基础，即存在着一个对于正义概念抱有一致看法的政治共同体，然而这样一个基于城邦国家的政治共同体自近代一来却早就不存在了。如果说在合并前的苏格兰，还残存着一些古代政治共同体的些许遗迹，因此表现为苏格兰思想中的德性传统观念，那在英格兰那里则湮灭无存。且看苏格兰启蒙思想之前的英格兰思想家霍布斯、洛克等人，他们所考虑的早已不是重铸古典城邦正义的问题，而是一种建立在国家制度框架之内的道德秩序问题，古代传统的德性原则已经失去了整合社会共同体的力量。18 世纪苏格兰与英格兰以及爱尔兰的合并形成了新的英国社会，是一种新型的政治社会，它与古代的政治共同体相去甚远，而是一种新兴的以资产阶级为主体的市民社会，在其中所凸显的是市民阶级对于经济利益和法治秩序的寻求，而非古代亚里士多德主义的正义德性。我们看到，使麦金太尔恼怒的是休谟和斯密等人，他们不但没有延续哈奇逊的德性传统，保持和发展苏格兰本土已有的道德哲学，反而把它断送了，将其推向一个更加英国化的社会语境之中，

---

① 麦金太尔：《谁之正义？何种合理性？》，第 440 页。

从而展开了一个自由主义的道德哲学和政治经济学。这样一来，所谓的正义规则所实现的不过是基于个人利益和权利而进行的讨价还价的政治博弈与法律程序，在经济领域建立起来的是一个以经济人和个人偏好为假设的经济秩序，这种以个人主义、法治秩序加市场经济为主要内容的政治哲学，显然与传统的追求美好生活的政治德性是大不相同的，所以，麦金太尔不无理由地批判了休谟和斯密对于传统苏格兰思想的歪曲与颠倒。

由此可见，麦金太尔所谓英国或英格兰的东西，无外乎自由主义所推崇的个人主义、功利主义、权利至上主义和法律主义等等，它们是与社群主义所推崇的共同体的公民美德相对立的，"英国化颠覆"的实质其实涉及一个自由主义与社群主义的根本性分歧。麦金太尔认为休谟在德性问题上区分自然德性与人为德性的观点，其背后隐藏着对于亚里士多德主义的目的论人性观点的排斥，休谟通过付诸法律制度化的自由主义意识形态并且把复数的德性转变为单数的德性，从而排斥了个人追求美好生活的古典德性，这种结果在麦金太尔看来是对德性传统的一种歪曲。在他看来，德性（virtue）与各种德性（virtues）的区别在于：前者指这个时代的思想家尤其是共和主义者所强调的与公共利益相关的公民德性（civil virtue）或公共德性（public virtue），后者是从古代和中世纪继承下来的德性，这些德性仅与个人生活相关。他写道："休谟认定为普遍人性的观点，结果事实上是汉诺威统治精英的偏见。休谟的道德哲学，如同亚里士多德的道德哲学，是以效忠一个特定的社会结构为先决条件的，不过是效忠于一种高度意识形态化的社会结构罢了。"[1] 按照麦

---

[1] 麦金太尔：《追寻美德》，第 291 页。

金太尔的理解，重回古典德性传统意味着超越了各派争论，在有关德性的问题上，自由主义与保守主义争论是没有意义的，它们共同的基础都是对于市民社会上的一种制度上的认同。他说：

> 现代系统的政治观，不论是自由主义的，还是保守主义的；不论是激进主义的，还是社会主义的，都不得不拒斥属于真正维护德性的传统的观点：因为现代政治观本身在它的制度形式中体现了对传统的系统的摈斥。①

如何看待麦金太尔的上述观点呢？我认为他的分析确实具有着某种道理，以休谟、斯密为代表的英格兰启蒙思想确实包含着自由主义与保守主义的两重因素，或者说确实从他们那里产生出了一种自由主义的抑或保守主义的政治理论。但是，问题的关键并不在此，而是在于：有关德性的看法是与近代市民社会的政治经济状况相关联的，可以说麦金太尔所向往的美好的古典社会，并不是一个市民社会，其建立在奴隶劳动所创造的物质财富基础之上的各种优良的公民德性，其政治性是反动的，尽管亚里士多德的目的论为这种德性原则提供了理论的依据，但是它在现代社会不可能存在，因此只能是一种虚假的理想。而建立在近代商业社会基础之上的休谟德性论，它通过个人利益与公共利益的经济与法律的协调，从而为个人实现美德生活提供了一种可能性，尽管这种美德的生活是有限度的，但却是现实的。当然，麦金太尔所反对的现代自由主义的绝对自私的个人或理性的经济人，具有着切中要害的意义，但是他们却不是

---

① 麦金太尔：《追寻美德》，第 321 页。

休谟意义上的德性之人，因为在休谟那里，人为德性还有着共同的道德情感，有着同情心、仁爱与互助精神，因此，这样一种由同情之心所联系起来的德性是比现代自由主义远为丰富的、更符合古典意义上的德性，也就是说，休谟和斯密用同情原则取代了目的原则，借着同情仍然可以建立起一个美好的德性生活，而这一点恰恰是麦金太尔等人所没有看到的，也是现代自由主义所忽略的。

除了麦金太尔对于古典政治社会的误读之外，他提出的"英国化颠覆"还有另外一个对于苏格兰社会政治状况的错误理解，他的观点不仅涉及休谟和斯密等人的理论在英国思想史中的地位，而且还涉及对于英国历史的这个特殊时期的政治判断，也就是说到底如何看待英国在 1707 年通过苏格兰与英格兰的合并（包括在此之间英格兰与爱尔兰的合并）而共同组成大不列颠联合王国这一英国历史上的重大事件。① 总的来说，麦金太尔对于这段历史是持否定态度的，认为这次合并打破了苏格兰已有的社会状况，而将一个发展成熟的市民社会或一个资本主义化了的国家体制强行移植到一个尚未

---

① 在英国资本主义的早期发展中，苏格兰大大落后于英格兰，英国的经济发达地区主要集中在伦敦周围和英国的东南部，在工场手工业的发展、资本的原始积累、殖民地挤压、海内外贸易等活动中，苏格兰都无法同英格兰相比，在政治上，苏格兰、英格兰是两个互相独立的国家，一条传统的分界线将两国隔开。1603 年，英格兰女王伊丽莎白死后无嗣，苏格兰国王詹姆斯六世入主英格兰，身兼两个国王，开始了斯图亚特王朝的统治，但此时英格兰和苏格兰并未合并。在英国资产阶级革命的共和国和护国政府时期，苏格兰和英格兰曾两次合并，但都随着共和国和护国政府的垮台而瓦解了。英国资产阶级革命胜利后，1707 年，经过英格兰和苏格兰两国议会的分别讨论同意，两国决定正式合并，并于同年 5 月 1 日生效。此后，英格兰和苏格兰不再是独立的国家，而成为"大不列颠联合王国"的组成部分。1707 年的合并是苏格兰历史上一次具有深远意义的事件，通过合并，苏格兰的经济确实得到了长足的发展，人民生活得到了改善，国民财富日益增长，商业发达，经济繁荣，文明昌盛，并逐渐建立起了一个新的适应于商业原则的法律制度和政治制度。正是在这种情况下，大多数苏格兰人对未来充满了自信和乐观的情绪，表现出强烈的进取心和创造精神，一场轰轰烈烈的文化启蒙运动在苏格兰出现了。

形成市民社会的苏格兰传统国家，对于苏格兰的传统文化是毁灭性的。不过，亲身经历了这场变革的休谟和斯密却不作如是观，他们思想的价值恰恰是在这样一个伟大的历史变革中显示出来了。我们看到，上述两位受过良好教育的苏格兰低地的知识分子，他们本能地接受了这个社会变革的现实，欢呼苏格兰并入英国，支持由此所导致的在苏格兰全面而缓慢实施的资本主义化的改造，① 这个改造不仅体现在经济领域，而且体现在政治、文化、道德乃至生活习惯等多个领域，这就是所谓的英国化颠覆的历史背景。②

以休谟和斯密为代表的欢迎并入英国的思想家，他们并没有一味地接受英格兰的本土思想，并没有毫无原则地在政治思想和道德哲学

---

① 当时苏格兰社会也曾出现过各种各样的反对与抗议的活动，其中亚各拜特党 (Jacobite) 1746 年发起的起义就是著名的一次反抗英格兰的暴动。但休谟和斯密对这场运动的反对态度是非常明确的，他们都不支持，认为它是对于苏格兰变革的一次破坏，有损于苏格兰社会的健康发展，据悉休谟的上述观点曾得罪了不少朋友，但休谟仍不为之所动。参见 E. C. Mossner and J. V. price(eds), A Letter from a Gentleman to his Friend in Edinburgh, Edinburgh, The University Edinburgh Press, 1992。

② 赫特分析道："关于《英国史》的一个首要问题在于：为什么一个苏格兰思想家要写一部苏格兰在其中只扮演了边缘性角色的英国史呢？难道休谟是一个自蔑的狂热亲英分子？英国史确实实是为英国读者写的，而不是为苏格兰读者写的，休谟从未想成为英国的反苏格兰情绪的对象。但是，休谟对于英国事务的迷恋反映出深厚的苏格兰爱国主义，当然不是沉迷于苏格兰本土的爱国情感。休谟与 18 世纪苏格兰其他的精英知识分子（包括亚当·斯密、Allan Ramsay 以及'卓社'〔Select Society〕的其他成员）共同分享了对于苏格兰全面理解和推进社会和平与繁荣的关切。在这些思想家们眼里，较之于邻近商业国家的繁荣来说，苏格兰是一个贫穷、落后的民族。他们把与现代制度、生活方式和价值密切相关的经济独立与繁荣，视为苏格兰在世界文明民族之林欲求得正当地位的唯一途径。社会和平与安全在他们看来，不仅对于幸福，而且对于德性都是必不可少的激养。因此，斯密既写作了《国民财富的性质与原因的研究》又写作了《道德情操论》是不奇怪的，两者都是同一事业的一部分。在世纪转折之际，苏格兰的领导者们坚信，如果苏格兰能够创造出一个自我充足的经济实力，并首先实施于国际贸易领域，那将发育和激发出苏格兰独特的民族认同感。如果苏格兰要摆脱它的不堪忍受的贫困和经济依赖，那么与英国和美国殖民地的自由贸易就是绝对必须的，因此，为了这个目的，苏格兰最终在 1707 年放弃了自主议会的特权，政治上接受了与英格兰的合并。"Jennifer A. Herdt, Religion and Faction in Hume's Moral Philosophy, Cambridge University Press 1997, pp. 10 - 11.

领域完全从属于英国的传统，特别是从属于英国市民社会的基本观念，相反，这批思想家在两个方面进行了一种全新的思想整合的理论建设。[①] 一方面他们看到了英格兰传统中的有益的东西，看到了这个国家长期以来形成的良好的政治传统和公民德性，看到了法治、政体和议会在英国社会发展中具有的积极意义，看到了在那个社会中已经形成并为人们普遍接受的经济原则和法律制度的重要性，并且把它们作为优良的传统接受下来，变成了自己思想的一个重要资源。这也正是他们思想中所体现的英国古典自由主义精神的重要组成部分，而且他们也自觉地认同这种对于英国传统精神的认同，自觉地把自己视为英国精神的继承者。但是，他们又并没有完全陶醉在这样一种接受和洗礼的过程之中，作为苏格兰的思想家，他们的更重要的贡献在于为英国的古典思想贡献了苏格兰的精神特征，特别是贡献了苏格兰传统中已经形成的有关道德原则的很多重要内容，也就是说苏格兰的启蒙思想家们在接受英国传统思想的同时，在另外一个方面，进一步推进和发展了苏格兰已有的精神价值，特别是苏格兰民族特有的道德精神和历史主义观点，这些方面也恰恰构成了苏格兰启蒙思想中的不同于英格兰思想的独特本质。

我们看到，休谟和斯密都有一整套有关道德哲学和政治哲学的基本理论，都强调正义的普遍价值，强调道德情操的调节机能，强调同情、仁爱和合作的基本精神，强调用一种德性原则来改造僵硬的市场理论和自私的利益原则，改造理性经济人的片面性，这样一种道德哲

---

① 斯图亚特指出："休谟与在他之后的斯密一样，不是被未来可能出现的工业革命，而是被苏格兰与它的繁荣、富足的同伴的合并，被苏格兰正在经历的飞速的现代化过程迫使着成为一位社会学家，即一位学习经济、政治和社会发展的学生。"见 Stewart, The Moral and Political Philosophy of David Hume, Princeton University Press 1992, p. 229。

学和政治哲学的理论建设是苏格兰思想家贡献给英国古典思想的最有价值的东西。他们不同于霍布斯、洛克等英格兰思想家，由于背负着苏格兰的历史传统，所以能够站在一个融会两种思想渊源的高度之上对于17、18世纪英国的社会理论进行新的整合，从而建立起一个较为完备的苏格兰思想流派，这一点恰恰是他们的最伟大的理论贡献，也是他们既不同于英格兰的思想家，也不同于欧洲大陆的法国或德国的思想家的独特性之所在。麦金太尔虽然揭示了这样一种苏格兰思想的特性，但他对于休谟和斯密理论贡献的认识却是片面的，他只看到了哈奇逊等人固守苏格兰传统的价值，而没有看到思想应该适应历史的现实，没有看到苏格兰思想只有与英格兰思想融合在一起，通过新的创造性整合，才不但能够保持下来，而且呈现出更高的理论价值。所以从这个方面来看，麦金太尔缺乏真正的历史智慧，他没有看到休谟和斯密等人的最大贡献在于通过英格兰和苏格兰两种思想传统的融合，从而建立起了一个新的理论，这个理论对于整个19世纪乃至直到今天的西方社会政治理论仍具有着强大的影响力，并且保持着持久的生命力。而且在我看来，针对现代自由主义的理论困境，他们两人的思想更为现代问题提供了一个历史的有待重新开发的宝藏，这比麦金太尔追溯的古希腊亚里士多德主义更具有现实的意义。

3. "斯密问题"

前面我们论述了所谓的"英国化颠覆"问题，这个问题的实质是休谟和斯密两人以独特的方式实现了英国古典思想的重新创造，他们把古希腊的政治传统与英格兰特别是苏格兰的道德哲学结合在一起，并且独创性地把规则正义和经济秩序以及个人自由、利益原则等自由主义的基本内容综合在一起，从而形成了一个全面的市民阶级社会理论。这个理论包括政治理论、经济理论和道德理论三个相互联系而又相互支持的形态，不过，三者之间究竟是如何关联的呢？这就出现了德国人提出的所谓的"斯密问题"，其实这个问题同样存在于休谟理论中，只不过在斯密理论中表现得更加突出。所以，从麦金太尔的"英国化颠覆"这个新问题追溯到19世纪中叶德国人提出的"斯密问题"这个老问题，是有着一种内在的问题逻辑的，虽然从时间上来看是倒过来的，而逻辑的展示恰恰是反向的，下面我们就来探讨这个问题。

按照德国历史学派的某些经济学家的看法，斯密的两本主要的著作《道德情操论》和《国民财富论》是建立在两个完全不同的矛盾支点上的，作为经济学家的斯密在《国民财富论》中所依据的基本原则是一种经济人（homo oeconomicus）——理性人——人的自私自利的假设，根据这个假设斯密创建了英国的古典政治经济学。与此相对，斯密在《道德情操论》中却又提出了另外一个有关道德情操的基本原则，即有关人性的同情与仁爱的假设，这样一来，《道德情操论》中的同情的利他主义原则就与《国民财富论》中相反的利己主义原则构成了尖锐的矛盾，如何理解和解决斯密在道德哲学和政治经济学中的两个基本原则的冲突和对立，也就是所谓的"斯密问题"的由来。①

这个由德国历史学派经济学家率先提出的问题，曾经在理论界引起过热烈的讨论，经过有关学者的深入研究，后来学术界基本上达成了一个共识，那就是这个问题实际上是一个伪问题，它是建立在对于

---

① 参见 Glen R. Morrow, The Ethical and Economic Theories of Adam Smith, new York, 1923, PP. 1 - 11; D. D. Raphael and A. L. macfie, 'Introduction' to The Theory of Moral Sentiments, pp. 20 - 25, Journal of British Studies, 20, 1981; Richard F. Teichgraeber, 'Free Trade' and Moral Philosophy, Durham, 1986, p. Ⅷ; T. D. Campbell, Adam Smith's Science of Moral, London, 1971.

斯密思想的错误理解之上的。① 错误理解首先表现在把自私视为《国民财富论》的基本原则，把同情视为《道德情操论》的基本原则，这本身就是对于斯密思想的片面性理解，因为从整体上来看，斯密并没有分别建立起两个基本原则，虽然他在两部著作中对于同一个原则的论述有所偏重，但它们并不是完全对立的。《国民财富论》既不以绝对的自私为立论的基础，《道德情操论》也不以完全的利他为原则，在《国民财富论》中同样有同情的内在含义，而在《道德情操论》中也不排除人的自私因素。大河内一男正确地指出：

在经济学的历史学派看来，亚当·斯密不仅切断了他为其统

---

① 德国历史学派的经济学家曾经指出，在斯密的思想存在着一种内在的矛盾，即作为经济学家的斯密与作为社会学家的斯密的对立。例如，Hildebrand 在 1863 年发表的论文《经济科学的现代任务》中就谈到，斯密受当时的"唯物主义的道德哲学"影响，把"利己心"视为人类活动的唯一的动机，而在 17 年前出版的《道德情操论》中，斯密则把同情视为人类活动的一个重要的标准，因此在斯密的两部著作中存在着尖锐的冲突。Y. Buckle 在他的《英国文明史》中则认为斯密的两部书并不矛盾，他认为被称为道德的东西无非是隐蔽着的利己主义者的狡诈的处世术，这与斯密的经济观点正好吻合。新历史学派的经济学家，如 Lujo Brentano 则分析说，斯密思想从《道德情操论》到《国民财富的性质与原因的研究》的转变受到了法国启蒙思想的影响，斯密写作两部书的间隔期间有一段时间在法国度过，其间他与爱尔维修等唯物主义的理论家们过从甚密，"在《国民财富的性质与原因的研究》的研究方面，他完全立足于爱尔维修有关人性论的见解，把利己心视为人类行为的唯一动机"。针对经济学的历史学派对于斯密的批判，边际效用学派的经济学家则从另外一个方面，即围绕着社会改良问题发挥了斯密的道德情操的观点，他们认为斯密是一个伟大的社会改良家，他的《国民财富的性质与原因的研究》同样采取了社会良心的道德观点，因此该书的观点与《道德情操论》的观点是一致的。无论如何，上述的"斯密问题"实际上涉及一个重要的人性问题，"斯密给他的两部著作，即伦理学著作和经济学著作分别预定了什么样的人性，以及它们相互之间的关系如何，也就是说，于《道德情操论》和《国民财富的性质与原因的研究》的关系开始以人性论为基础进行考察。对这个问题的考察，就是它作为在斯密的思想体系——'道德哲学'中具体化的伦理和经济的关系问题，成为以斯密为线索而又超出斯密之外的问题。"参见大河内一男：《过渡时期的经济思想——亚当·斯密与弗·李斯特》，胡企林、沈佩林译，中国人民大学出版社 2000 年版。

一而煞费苦心的伦理和经济的联系，而且使这两者对立起来，因而与其本来意图相反，造成了削弱伦理的实践力量的结果。重新考虑斯密所说的伦理与经济的关系现在是颇有意义的工作，这与如下一点有关，即，它既要将伦理问题与经济问题正确地结合起来，又要保持实现营利经济这个最终的限制。每个人为了实现营利经济的理念而竭尽全力，对斯密来说是优越的伦理行为，他认为，致富之路同时也是致德之路，但在与这个营利经济的理念相结合这一点上，却存在着这个伦理的界限。[1]

所以，这里存在着一个对于斯密整体思想的基本原则的误解，德国人并没有看到在两部著作的背后隐藏着一个完整而又非常一致的斯密政治哲学，而这个政治哲学的基本原则同样是一个人性论的原则，虽然斯密的这个人性论哲学并没有像休谟那样专门写出一本哲学著作来，但它确实是隐含在两部著作之中的。

这个基本原则显然是在人的有限的自私本性中所贯穿着的那种共通的同情感，在这一点上斯密与休谟是完全一致的，他们都认为这种共通的同情感并不排斥人的自私或自爱，但又不完全等同于自私或自爱，当人在社会中活动的时候他的一切行为都取决于这个既包含了自私又同时包含了同情的人性原则。这个人性原则可以说是国民经济学中的基本原则，它构成了人们追求财富与物质利益的出发点，形成了每个人在经济活动中计算利益得失的支点，有关市场经济的规则和秩序都是基于它而产生的。与此同时，这个人性原则

---

① 大河内一男：《过渡时期的经济思想——亚当·斯密与弗·李斯特》，胡企林、沈佩林译，中国人民大学出版社 2000 年版，第 7 页。

也是人的道德行为的基本原则，人们在社会化的生活中如何恰切合宜地处理与他人的关系，实现互助友爱的共同体，求得内心的快乐与喜悦，也是依赖于这个原则，有关道德善恶的判断也是源自这个原则。总之，在自私与仁爱之间保持恰切合宜的同情，是斯密的道德情操理论和政治经济学所共同遵循的基本的人性原则。斯密写道：

> 无论人们会认为某人怎样自私，这个人的天赋中总是明显地存在着这样一些本性，这些本性使他关心别人的命运，把别人的幸福看成是自己的事情，虽然他除了看到别人幸福而感到高兴以外，一无所得。这种本性就是怜悯或同情，就是当我们看到或逼真地想象到他人的不幸遭遇时所产生的感情。我们常为他人而感伤，这是显而易见的事实，不需要用什么实例来证明。这种情感同人性中所有其它的原始感情一样，决不只是品行高尚的人才具备，虽然他们在这方面的感受可能最敏锐。最大的恶棍，极其严重地违犯社会法律的人，也不会全然丧失同情心。①

此外，从细节上来说，德国的某些学者之所以提出这个斯密问题，还因为他们对于"同情"这个概念有着错误的理解，他们把同情等同于对于弱者的一种怜悯，其实休谟和斯密所说的同情是一个含义更加广泛的词汇，不等同于对于一个处在不幸状态中的人所产生的那种同情的情感，而是一种设身处地地考虑自己与他人在同一种状况下的那样一种同情的感情，或者说他是一种由己推人的共通

---

① 斯密：《道德情操论》，蒋自强等译，商务印书馆1999年版，第1页。

的情感。① 关于这个同情的本性问题，还要从休谟谈起，休谟所说的同情很类似于中国传统思想中的等差之爱，它是一个由己推人的逐渐扩展的量化过程，也就是说，同情以人的自私或自爱（self-love）为出发点，然后由己推人，从个人推到家庭再到朋友，乃至到整个社会。正像休谟所说的：

> 人类的慷慨是很有限的，很少超出他们的朋友和家庭以外，最多也超不出本国以外。在这样熟悉了人性以后，我们就不以任何不可能的事情期望于他，而是把我们的观点限于一个人的活动的狭窄范围以内，以便判断他的道德品格。当他的感情的自然倾向使他在他的范围内成为有益的、有用的人时，我们就通过同情那些与他有比较特殊联系的人的情绪，而赞许他的品格，并且爱他这个人。②

在休谟看来，同情是人性中一个强有力的原则，对于我们的美感有一种巨大的影响。虽然同情是建立在人的自私本性上的，并且它的延伸是有限度的，但仍不能排除它在人的道德行为中的关键性作用，与法国大革命前后所鼓吹的那种绝对的博爱原则相比，休谟的同情或许称不上是伟大的，但却是现实存在的。

斯密的同情理论进一步深化了休谟的思想，他把蕴涵于同情之

---

① Terence Penelhum 在"休谟的道德心理学"一文中指出："同情原则不可与怜悯的情感混淆在一起，后者仅仅是前者的一个结果。同情是这样一种情感，它有助于我们参与他人的快乐与痛苦的感情生活。"参见 The Cambridge Companion to Hume, Edited by David Fate Norton, Terence Penelhum, Hume's moral psychology, Cambridge University Press, 1992, p.134。
② 休谟：《人性论》，下，第 645 页。

中的合宜性（propriety）视为道德情操的中心内容。斯密的道德情操论实际上也是一种政治德性论，在有关政治德性的本质认识上，他与休谟是非常一致的，只不过相比之下，斯密对于德性问题的论述更加充分，在他看来，同情的关键在于如何调整人的自私情感与利他情感之间的关系，这种关系的恰当合适，他称之为合宜性，也就是说只有达到了合宜性的情感才是他所谓的道德情操。正像休谟在谈到同情时认为其中存在的一个数量上的比例原则一样，合宜性实际上也是一种比例原则，它通过对于人的自私本性的有效限制，把利己和仁慈这两种激情调整到一个适宜的程度，从而产生了一种不同于自私与仁慈但又把它们沟通起来的情感，这种情感就是道德情操或同情。① 斯密写道："按照另一些人的看法，美德存在于对我们的个人利益和幸福的审慎追求之中，或者说，存在于对作为唯一追求目标的那些自私情感的合宜的控制和支配之中。"② 显然，对于这个观点，斯密与休谟基本上是赞同的。

斯密认为，人的本性无论是自私还是仁慈，如果走向极端都是非常可怕的，而事实上也都是无法持久存在的。抽象地说，一个人可以把他的情感的两个极端发挥到尽头，既可以自私自利到无以复加的地步，也可以利他到像神子那样无辜受死，但在斯密和休谟他们两人看来，对于一个生活在政治社会中的成员来说，寻求一种在自私与慷慨之间的恰当比例，即合宜性的程度，却是至关重要的。

---

① Petsoulas 指出："仔细研究《道德情操论》会发现，仁慈是人类动机的纯化，而不是通常的源泉，这个源泉是自爱。同情是一种籍此道德差别得以产生的机制，它单独地并不会与怜悯的情感混淆为一。"参见 Christina Petsoulas, Hayek's Liberalism and its Origins: His idea of spontaneous order and the Scottish Enlightenment, Lond and new York 2001, p.149.

② 斯密：《道德情操论》，第 351 页。

休谟的人性论，斯密的道德情操论，他们思想的关键点都是立足在一个社会上面，也就是说他们所关注的并不是纯粹的道德感情如何如何，而是一个社会中的道德感情如何可能的，这种道德感情对于这个社会共同体的形成与确立究竟起到了怎样的作用，反过来社会又是在怎样的范围和限度内能够容纳和接受这种道德感情，因此，所谓合宜性实际上是以社会共同体的相关纽带而将不同的各色人等联系在一起的人性。从这个意义上来说，休谟和斯密的道德学又是一种政治论，他们的德性观也是一种政治性的德性观，对此，斯密和休谟都有明确的论述，他们把道德问题，把同情、自私、自爱、仁慈、仁爱等一些基本的原则，适用于公共政治领域或政治社会，而不像狭义的道德学限于内在良知以及私人领域，其原因也正在于此。这样一来，在休谟和斯密的道德哲学中，根本性的问题就不再是传统的道德善恶问题，而是正义问题。

前面我们论述休谟的道德情感和政治德性时曾经指出，正义德性所涉及的不是一个人的私人之德，而是一个社会的公共之德，善恶从某种意义上来说可以存在于个人的心性之中，一个人的行为可以从他的动机来考察其善恶的本性，但是如果一旦进入社会政治领域，那么善恶问题就被正义问题所取代了。斯密对于正义的看法与休谟是完全一致的，他写道：

> 与其说仁慈是社会存在的基础，还不如说正义是这种基础。虽然没有仁慈之心，社会也可以存在于一种不很令人愉快的状态之中，但是不义行为的盛行却肯定会彻底毁掉它。……行善犹如美化建筑物的装饰品，而不是支撑建筑物的地基，因此作出劝戒已经足够，没有必要强加于人。相反，正义犹如支撑整

个大厦的主要支柱。如果这根柱子松动的话，那么人类社会这个雄伟而巨大的建筑必然会在顷刻之间土崩瓦解，在这个世界上，如果我可以这样说的话，建造和维护这一大厦似乎受到造物主特别而富足的关注。所以，为了强迫人们尊奉正义，造物主在人们心中培植起那种恶有恶报的意识以及害怕违反正义就会受到处罚的心理，它们就像人类联合的伟大卫士一样，保护弱者，抑制强暴和惩罚罪犯。虽然人天生是富有同情心的，但是同自己相比，他们对同自己没有特殊关系的人几乎不抱有同情；一个只是作为其同胞的人的不幸同他们自己的、哪怕是微小的便利相比，也竟不重要；他们很想恃强伤害一个人，并且也许有很多东西诱惑他们这样做，因而，如果在被害者自卫的过程中没有在他们中间确立这一正义的原则，并且没有使他们慑服从而对被害者的清白无辜感到某种敬畏的话，他们就会像野兽一样随时准备向他发起攻击；一个人参加人们的集会犹如进入狮子的洞穴。①

由此可见，正是由于正义问题的导入使得 17、18 世纪英国哲学中的道德学而变成了一种政治哲学，在其中德性原则作为道德学中的一个基本原则与正义原则发生了本质性的关联，或者说正义的德性上升为最重要的一种德性，因此这种德性论也就自然而然地成为了政治德性论。政治哲学意义上的正义德性对于一个社会秩序的形成，对于个人与他人以及不同利益群体之间的利益调整，特别是对于建立一种政府治理的方式和政体形态，对于统治者的政治品德和

---

① 斯密：《道德情操论》，第 106—107 页。

公民美德的塑造等诸多方面，都具有着十分重要的意义。我们看到，休谟、斯密等英国思想家通过他们的努力，在道德哲学、政治学、法学和政治经济学等不同的领域，为人类文明的发展提供了卓有成效的理论说明。

# 第三章　正义规则论

　　休谟的正义规则理论是其社会政治理论的中心内容，也是他的政治哲学的一个极其重要的方面，构成了他的整个人性学说的制度性的支撑，而在其中财产权问题又是正义规则论的核心。对此，休谟自己曾多次明确指出："没有人能够怀疑，划定财产、稳定财物占有的协议，是确立人类社会的一切条件中最必要的条件"，[①] "关于稳定财物占有的规则的确立对人类社会不但是有用的，而且甚至于是绝对必需的"。[②] 哈耶克在他的"大卫·休谟的法哲学与政治哲学"一文中认为："休谟在《人性论》有关'论正义与财产权的起源'的那个章节中，对'人为设立正义规则的方式'的论述，是他在这个领域中所做的最重要的贡献。"[③] 财产权所触及的实质是利益问题，不过，休谟对于利益有着不同于以洛克为代表的自然权利论的理解，他建立了一种基于正义规则论的利益学说。可以说休谟政治哲学的法律规则论最重要的便是有关确立稳定占有的财产权理论，它构成了休谟三个基本正义规则中的第一个层次，其他两个规则，即依据

---

① 休谟：《人性论》，下，第 532 页。

② 休谟：《人性论》，下，第 542 页。

③ Studies in Philosophy, Politics and Economics, Routledge and Kegan 1967, pp. 106 - 121.

同意的财产转移和许诺的履行，则是在第一个层次"财产权"的基础上形成的第二个层次的规则，它们补充和丰富了稳定占有的财产权规则。

# 一、关于财产权的一般理论

## 1. 财物占有问题

休谟在《人性论》中指出：

> 人类所有的福利共有三种：一是我们内心的满意；二是我们身体的外表的优点；三是对我们凭勤劳和幸运而获得的所有物的享用。对于第一种福利的享受，我们是绝对安全无虑的。第二种可以从我们身上夺去，但是对于剥夺了我们这些优点的人们却没有任何利益，只有最后的一种，既可以被其他人的暴力所获取，又可以经过转移而不至于遭受任何损失或变化；同时这种财富又没有足够的数量可以供给每个人的欲望和需要。因此，正如这些财物的增益是社会的主要有利条件一样，它们的占有的不稳定和它们的稀少却是主要的障碍所在。[1]

休谟说得很清楚，前两种福利不值得过多讨论，因为它们与他

---

[1] 休谟：《人性论》，下，第528页。

人和社会没有关系，只有第三种对于人来说却是至关重要的，它的增益或减损，直接关系着每个人的切身利益，是人们与他人和社会发生实质性关系的一个主要的"条件"。

这里休谟实际上提出了一个重要的有关财产的占有，即财产权问题。财产权问题，是英国 17、18 世纪政治思想的一个重大的理论问题，而且也是与英国市民社会的兴起与发展密切相关的一个现实问题。从著名的圈地运动开始，英国的社会结构已经发生了重大的变化，特别是商业和贸易的发展，使得一个新兴的市民阶级逐渐强大起来。因此，对于财产的稳定性占有，取得合法性保障，乃至寻求正当性支撑，变成了市民阶级的普遍要求和内在呼声。相比之下，过去的有关财产权的传统理论，已经不适应以这个阶级为代表的英国社会的需要。一般说来，这个时期的英国社会政治理论围绕着财产权问题，相继出现了两条理论的路径，一个是以洛克为代表的权利论的财产权理论，一个便是以休谟为代表的规则论的财产权理论。虽然这两种理论路径在回应英国社会的内在需要，反映市民阶级的社会政治诉求，主张建立一个市民社会的法律、经济与政治秩序等方面是完全一致的，但在论述有关财产权的起源、本性以及相关的政治意义等方面，却有所不同，而且它们内涵的区别又在某种意义上对于近代以来的社会政治思想产生了重大的影响。

休谟与洛克一样，也是从财物的占有（possession）开始他的财产权理论的，不过他所遵循的理论路径却与之不同。与占有相关的第一个问题便是首先探讨占有的对象是什么，或者说作为被占有物与占有是怎样的一种关系，在何等情况下成为被占有的物。一般说来，占有的对象作为一种物品，就其自然属性来说与世界中的万事万物没有什么本质的区别，自身具有着自然的属性。但是问题在于，这样一个自然物并不因此就成为一种被占有的物品（object），或者更准确地说成为一种财物（goods），独立的物品本身在财产占有关系中并不是根本的属性，为此休谟首先指出了这样一个基本的关系，那就是物品之所以能够成为被占有的对象，是因为它与人发生了关系，"一个人的财产（property）是与他有关系的某种物品"。① 在休谟看来，这种物与人的关系最基本的是一种满足人的需要、欲望的关系，因此，在财物占有问题上作为被占有的物，它的首要特性在于能够满足人的需要，从这个意义上来说，被占有物是一种可以满足人的欲望的自然物品。

休谟上述在财产关系上对于物品的理解具有英国经验主义哲学的明显特征，存在就是被感知，对象的存在依赖于人的感觉、经验和观念，财物的本性不在于自身，而在满足于人的需要，这种对于物品的界定是休谟财产权理论的一个出发点。当自然物品以其属性能够满足人的需要，并由此成为被占有的财物，另一个问题就出现了，即在物与人的关系中的这个人究竟是怎样的人，他的需要又是怎样的。物品之所以成为财物是因为人具有一种通过占有它而满足自身需要的欲望，但人的需要包含哪些内容，本性如何呢？这实际上又回到了休谟的人性论上来，而人性恰恰是休谟政治哲学的更为深层的出发点。休谟写道："人性由两个主要的部分组成，这两个部分是它的一切活动所必需的，那就是情感和知性；的确，情感的盲目活动，如果没有知性的指导，就会使人类不适于社会的生活。"② 就人类中的情感方面来说，休谟认为，"自然赋予人类以无数

① 休谟：《人性论》，下，第531页。
② 休谟：《人性论》，下，第533—534页。

的欲望和需要",① "我们虽然承认人性中具有慷慨这样一种美德",但仍不得不说"自私是其中最重大的",② 特别是处于"野蛮和孤立状态下"的人们,"天性中的贪欲和自私"是建立社会合作的"主要障碍"。③ 这样一来,休谟在财产权问题上首先就摆出了三个基本的因素:一是能够满足人的各种需要的物品;二是人的满足的多样性,特别是人性的自私与贪欲;三是人与物的关系,即通过什么方式能够使自然物品成为满足人的需要的对象,为人所享用和拥有,这就出现了占有问题。休谟指出:

> 财产权必然成立于对象的某种关系。不过这种关系不是对其他外界物体和无生物的关系。因为这些关系是成立于对象与有理智、有理性的存在者的关系。但是构成财产权的本质的不是外在的、有形的关系。因为那种关系在无生物之间,或在畜类方面也可以同样存在,可是在那些情形下它并不构成财产权。因此,财产权是成立于某种内在的关系,也就是说成立于对象的外在关系对心灵和行为所加的某种影响。④

不过,上述三个因素所构成的财物占有关系,如果不仅是一种有关财产权理论的抽象逻辑,而真的成为一种现实的占有关系,在休谟看来,还需要一个重要的补充条件,即自然资源的相对匮乏的环境状态。我们知道,在 17、18 世纪的英国乃至欧洲大陆的思想

① 休谟:《人性论》,下,第 525 页。
② 休谟:《人性论》,下,第 527 页。
③ 休谟:《人性论》,下,第 543 页。
④ 休谟:《人性论》,下,第 567 页。

界，普遍存在着有关自然状态的假设。例如，霍布斯把他的哲学建立在一种自然资源的绝对匮乏之上，他认为在所谓的原始状态下，自然能够提供给人的资源是极其有限的，因此，人们为了满足自己的欲望，特别是满足最基本的生存和安全的需要，势必将发生为了争夺物品而进行的斗争，这是极其残酷的人与人为狼的状况，也正是基于此，人的理性促使人们相互间建立契约，组成一个政治社会。相比之下，洛克的观点与之不同，他提出了一个自然资源较为充裕的假设，他认为在前社会的自然状态下，各种各样的自然物品基本上是充足的，可以满足人的各种需要，人们有关建立政治社会的契约更多的是基于人的天赋权利。与霍布斯和洛克相比，休谟认为所谓的自然状态既不像霍布斯所说的极度匮乏，但也没有达到洛克笔下的那种十分充裕的程度，而是一种自然资源相对匮乏的状态。[①]

由于人的贪欲是无限的，而自然能够满足人的贪欲的物品又是相对有限的，因此，人为了满足自己的各种各样的贪欲和需要，就势必要采取某种方式来占有相对匮乏的物品，使其成为自己可以支配、处分、享用的物品，这样的物品总的来说也就是所谓的财物。[②] 当然，正像可以对人的需要划分一样，财物又可以做细致的划

---

[①] 休谟：《人性论》，下，第525页："在栖息于地球上的一切动物之中，初看起来，最被自然所虐待的似乎是无过于人类，自然赋予人类以无数的欲望和需要，而对于缓和这些需要，却给了他以薄弱的手段……不但人类所需要的维持生活的食物不易为人类所寻觅和接近，或者至少是要他花了劳动才能生产出来，而且人类还必须备有衣服和房屋，以免为风雨所侵袭；虽然单就他本身而论，他既没有雄壮的肢体，也没有猛力，也没有其他自然的才能，可以在任何程度上适应那么多的需要。"

[②] A. M. Honore 在他的"所有权"一文中论述到有关构成所有权的十一种"标准要件"时曾把"占有权"视为第一种，他写道："占有权，即对特定物具有在物理上的排他控制，或者在该物的性质允许的前提下具有的这种控制，是整个所有权上层建筑的基础。它可分为两个方面：对特定物开始排他控制的权利（要求权），以及维持这种控制的权利，即要求他人未经允许不得干涉的权利。除非特定法律制度为实现这些目 （转下页）

分，它们可以是一些直接满足人的生存需要的食物、衣服，也可以是工具、房舍乃至土地，甚至金银、奢侈品、艺术品等等。关于这些东西，休谟并没有像后来的黑格尔那样提供一个"需要的体系"，[①] 他关注的并不是这些具体的内容，而是占有的方式。我们看到，如何占有以及占有的合法性与正当性，这个问题是英国古典思想们所考虑的核心问题，也是财产权理论以及正义规则的最重要内容。

这个问题早在洛克那里就受到了高度的重视。洛克的财产权理论是一种基于权利论的财产占有理论，在他看来，无论是"就自然理性"，还是"就上帝的启示来说"，"人类一出生即享有生存权利，因而可以享用肉食和饮料以及自然所供应的以维持他们的生存的其他物品"。[②] 依据这种理论，土地以及其中的一切，归人类所共同拥有，这是人的普遍的自然权利，除此之外，每个人又都对于"自己的人身享用一种所有权，除他之外任何人都没有这种权利。他的身体所从事的劳动和他的双手所进行的工作，我们可以说，是正当地属于他的"。[③] 但是，洛克神学前提下的为人们共有的土地等一切自然物品，如何成为我的排他性私人财产呢？这就触及一个关键性的问题，即普遍权利与特殊权利之间的转换关系，在此，洛克是通过"劳动掺入"的理论加以解决的，他认为每个人生来就对于自己

---

（接上页）标，提供了一些规则和程序，我们就不能说这种制度是保护所有权的。"参见 A. M. Honore, "Oweership", in A. G. Guest, Oxford Essays in Jurisprudence, London University Press, 1996, p. 114.

① 参见《法哲学原理》，范扬、张企泰译，商务印书馆 1982 年版，第 204 页："通过个人的劳动以及通过其他一切人的劳动与需要的满足，使需要得到中介，个人得到满足——即需要的体系。"

② 洛克：《政府论》，下，第 18 页。

③ 洛克：《政府论》，下，第 19 页。

的人身及其活动拥有一种自然权利，

> 只要他使任何东西脱离自然所提供的和那个东西所处的状
> 态，他就已经掺进他的劳动，在这上面参加他自己所有的某些
> 东西，因而使它成为他的财产。既然是由他来使这件东西脱离
> 自然所安排给它的一般状态，那么在这上面就由他的劳动加上
> 了一些东西，从而排斥了其他人的共同权利。因为，既然劳动
> 是劳动者的无可争议的所有物，那么对于这一有所增益的东西，
> 除他以外就没有人能够享有权利，至少在还留有足够的同样好
> 的东西给其他人所共有的情况下，事情就是如此。①

按照怀德恩的理解，在洛克那里，经由个体自己的劳动和活动，由
此掺入到自然对象中去，从而使得自然物品划归为个人所有，成为
私人的财产。所以，财产权是一种基于人的普遍自然权利的特殊性
权利，人通过劳动而把自己的权利转移到物品中来，从而使得物品
成为他的占有物，成为他的财物，因此，财产权最根本的意义上在
他看来，就是一种通过掺进劳动而对物品的特殊占有。②

---

① 洛克：《政府论》，下，第 19 页。
② 怀德恩认为："洛克理论的核心，是一个以特别权利为基础的财产权的论证。通过对自然状态中的资源进行劳动，一个人就对它们获取了利益；从道德的观点看，该利益非常重要，足以支持下述命题：即他人（包括政府）未经他的同意，有不得从他处取走这些资源的义务。但是，洛克的人没有获取此种利益的普遍权利。他所拥有的唯一普遍权利是：生存受到保障的权利，如果他不能自谋生存的话。基于此普遍权利，在极端情形下，他甚至可以取走他人剩余的物品，以满足自己的使用。但是，从整体上讲，洛克相信（或许太乐观），自下而上的普遍权利，和通过拨归私有而实现的特别权利，指向同一个目的：一个繁荣的社会，在这里，尽管有大量的不平等，但是，每个人都较好地被提供了一个机会（通过拨归私有和就业）以赢得体面的生活。"J. Waldron, The Right to Private Property, Oxford University Press 1988, pp. 251–253.

休谟的观点与洛克不同，他考虑的财物占有方式并不是基于人的自然权利，在他看来，所谓自然权利之类的东西，虽然并不能说完全不存在，但它们对于解决财产权问题并不具有现实的根本意义，人并不是通过自然权利的延伸，甚至通过劳动就能够获得财物的占有权。关键的问题不在人是否先天就具有占有物品的自然权利，而在于如何达到"稳定的占有"或持续的占有，要获得这样一种稳定性的占有，就不能基于所谓的自然权利，而要寻求新的基础，休谟认为这个基础是规则或法律规则。为什么休谟如此看重稳定性的占有呢？这还是涉及财物的性质。由于自然资源的相对匮乏，一些自然物品甚至一些通过人的掺进劳动而获得的物品，并不因某个人的先占或劳动掺入就成为稳定的，这是因为任何一种财物，谁取得了就可以为自己带来福惠、利益和好处，而别人得到了就会减少自己的好处，甚至使自己遭受损失。这样一来，财物就成为了人们之间相互争取的对象，由于自然界提供这类财物的数量总是非常有限的，而人的贪欲却是无限的，所以，在未开化的野蛮世界，人对财物的任何一种占有都很难是稳定的，都处于变化之中，每个人都可以凭着自己的力量劫取他人的财物。因此，为了克服这种不稳定，人们只能采取补救的办法，休谟写道：

> 当他们注意到，社会上主要的乱源起于我们所谓的外物，起于那些外物可以在人们之间随意转移而不稳定时：这时他们就一定要去找寻一种补救办法，设法尽可能地把那些外物置于和身心所有的那些固定的、恒常的优点相等的地位。[1]

---

[1] 休谟：《人性论》，下，第529—530页。参见霍布斯的《利维坦》，第96页：（转下页）

从占有财物到稳定地占有财物，这是理论上的一个重大的推进，它意味着政治社会的形成。在休谟看来，稳定占有财物并不是靠人的自然权利就能保证的，洛克所谓的神学假设，甚至通过人的掺入劳动等理论，它们只是把占有限定在人的独立自主性，认为人能够凭着自己的先天权利而获得占有的持续性和稳定性，并由此证成其合法性，[①] 这在休谟看来是不足取的。休谟认为单凭人本身，仅仅根据自然权利是不可能达到稳定占有的，即使一个自主的个人具有自然的正当性，但仍无法保障他人对于自己财产的劫取，因此，要获得稳定性的占有，必须人为地设计出一种补救的办法，用人为措施来消除和防范自然状态下的这种可能性。这样一来，实际上已经意味着人超越了自然状态，而进入到一个文明的社会，或者说进入到休谟所说的政治社会。

谈论财产权，谈论稳定占有财产的方式及其正当性与合法性，就必须以一个人类的政治社会为前提，以这个政治社会所确立的规则为前提。因此，所谓财产权不可能是一种自然权利的权利理论，而只能是一种政治社会的规则理论，因为稳定占有只有通过规则，通过人为设计的措施才能得到保障。如此一来，休谟实际上也就推

---

（接上页）"这样一种状况还是下面情况产生的结果，那便是没有财产，没有统治权，没有'你的'、'我的'之分；每一个人能得到手的东西，在他能保住的时期内便是他的。以上所说的就是单纯的天性使人实际处在的恶劣状况，然而这种状况却有可能超脱。这一方面要靠人们的激情，另一方面则要靠人们的理性。"

① 洛克：《政府论》，下，第 20 页："我们在以合约保持的共有关系中看到，那是从共有的东西中取出任何一部分并使它脱离自然所安置的状态，才开始有财产权的；若不是这样，共有的东西就毫无用处了。而取出这一或那一部分，并不取决于一切共有人的明白同意。因此我的马所吃的草、我的仆人所割的草皮以及我在同他人共同享有开采权的地方挖掘的矿石，都成为我的财产，毋需任何人的让与或同意。我的劳动使它们脱离原来所处的共同状态，确定了我对于它们的财产权。"

翻了所谓的自然状态的现实存在，在他看来，自然状态只是一种理论的假设，从来就不曾现实地存在过，洛克等人据此提出的社会契约论是有问题的，他们假定了一个占有财产的自然正当理由，其实这种正当理由并不足以支撑现实的政治社会。真实的财产权必须依靠人为的设计，人们通过相互之间的利益协调而设计出一套规则，特别是法律规则，并且把它们转化为生活的习惯，并通过教育进一步予以制度化。

## 2. 财产权与政治社会

前面我们已经指出，财物的稳定占有对于一个政治社会是至关重要的，或者说任何一个政治社会都是建立在财产的稳定占有这样一个规则之上的，关于稳定占有财物与政治社会的关系，休谟并不是一个思辨性的哲学家，也无意深入探讨两者之间究竟哪一个是逻辑在先的问题，[①] 他关注的只是确立稳定占有的财产权规则对于一个政治社会的关键性意义。他写道：

---

① 例如，康德的学说便是一种典型的先占理论，在他看来，实践理性的绝对超验性是构成文明社会的基础，具有优先性的地位。他写道："在文明社会组织中的自然权利，是指这样一些权利的形式：它们可以从一些先验的原则扮演出来，作为这种（文明）社会组织的诸条件……因此，在文明社会组织之前——或把它排除在外——一个外在的'我的和你的'必须被认为是可能的，并且还假设有一种权利去强迫所有可能与我们发生任何来往的人，一起进入一个社会组织，在其中'我的和你的'能够得到保证。这也许正是一种人们盼望的占有，或者为这样一种安全状态作准备，这种占有只能建立在公共意志的法律之上。因此，在文明社会之前的占有，要和这种状态的可能性相一致，它构成一种暂时的或临时的法律占有；而这种占有在文明社会状态中将成为实际存在的、绝对的或有保证的占有。"见康德：《法的形而上学原理》，沈叔平译，商务印书馆 1991 年版，第 69 页。

没有人能够怀疑，划定财产、稳定财物占有的协议，是确立人类社会的一切条件中最必要的条件，而且在确定和遵守这个规则的合同成立之后，对于建立一种完善的和谐与协作来说，便没有多少事情要做的了。[1]

单就财产权和关于财产的占有问题来看，这是一个早而又早的老问题，且不说各个民族的初民时代就都有界定财产占有的各种习俗、惯例、戒令等，即便是在罗马的民法大全，乃至更早的十二表法中，有关财产的占有、转让、继承、赔付等就有详尽的规定。休谟的有关论述从法学家的专业角度来看，仿佛并没有什么新东西。但是，应该指出，休谟意义上的财产权，乃至整个 17、18 世纪政治思想家们所探讨的财产权问题，并非一个单纯的民法学的民事规则问题，而是一个政治哲学的重要问题，它与人类政治社会的起源和本性有着密切的关系，甚至从某种意义来说，它是政治社会赖以建立的一个稳固的基础。例如，以萨维尼为代表的历史法学派就曾深入地探讨过财产占有或财产权与文明社会，特别是民族精神之间的关系问题。[2] 休谟所揭示的财产权理论，同样是在政治社会这样一个层面上发挥着它的关键性意义。[3]

———————

① 休谟：《人性论》，下，第 532 页。
② 哈耶克写道："萨维尼的阐述（在反对把民法条文时）有必要在这里做大段的引用：'在这些交往中，若想使自由的人生活在一起，让他们在各自的发展中相互支持而不是相互妨碍，就必须承认一道无形的界线，保证在此界线之内每个人的生活和劳作享有一定的自由空间。划定这一界线和每个人自由范围的规则，就是法律。'"见哈耶克：《致命的自负》，第 35 页。
③ 哈耶克《致命的自负》："在大卫·休谟及 18 世纪的另一些苏格兰道德学家和学者看来，分立的财产得到承认，显然标志着文明的开始；规范产权的规则似乎是一切道德的关键之所在，这使休谟把他阐述道德的《人性论》大部分篇幅用来讨论这个问题。后来他又在自己《英国史》（第五卷）中，把国家的强盛归功于政府干涉财产的权力受到了限制。"

关于"政治社会"（political society），实际上又有古典的和近代的两种形态。早在古希腊、罗马的城邦社会，政制的含义就是一个政治共同体或政治团体、政治社会，亚里士多德的《政治学》探讨的便是有关古代城邦意义上的政治社会，为此他在一开篇就写道：

> 我们见到每一个城邦（城市）各是某一种类的社会团体，一切社会团体的建立，其目的总是为了完成某些善业——所有人类的每一种作为，在他们自己看来，其本意总是在求取某一善果。既然一切社会团体都以善业为目的，那么我们也可说社会团体中最高而包含最广的一种，它所求的善业也一定是最高而最广的：这种至高而广涵的社会团体就是所谓'城邦'，即政治社团（城市社团）。①

近代以来，随着民族国家的兴起和市民社会的产生，政治社会作为一种有别于古代城邦国家的新的社会共同体，也就必然地成为思想家们考察与研究的中心问题。例如，霍布斯在他的著作中就明确地提出了政治社会的概念，并且认为它是由臣民构成的在国家之下的社会形态。② 洛克的政府理论推翻了霍布斯的国家绝对主权的主张，认为"政治社会"是由公民基于相互之间的契约所组成的社会共同

---

① 亚里士多德：《政治学》，第1页。
② 霍布斯：《利维坦》，第174页。"政治团体也称法人，是根据国家的主权者的权力建立的。私人团体则是臣民在自己之间组织的，或是根据外国人的权力建立的。"

体，在这个社会之上并不存在所谓的更高的国家实体。① 休谟基本上延续了前辈思想家的政治观点，在他的著作中多次展开了对于政治社会的论述，例如，《人性论》所考察的政府起源问题实际上也就是一个政治社会的基本制度框架，而在《道德原则研究》一书中，他又把"政治社会"列为一个章节专门讨论。在他看来，所谓政治社会便是一种人类的文明社会或道德社会，是通过人为设计的规则而塑造出来的一个不同于自然世界的政治共同体。②

必须强调指出的是，尽管古代的与近代的思想家们共同关注于政治社会，但两者之间却存在着一个根本性的不同。古代的政治社会理论基本上缺乏有关财产权问题的考察，特别是有关个人财产权问题在思想家们眼中的地位是极其次要的。尽管古代的城邦国家出现了各种各样的政体形态，但由于它们几乎都是建立在奴隶制的物资供给的基础之上的，古代城邦国家的政治社会中的经济关系，尤

---

① 洛克：《政府论》，下，第 59 页。"人类天生就是自由、平等和独立的，如不得本人的同意，不能把任何人置于这种状态之外，使受制于另一个人的政治权力。任何人放弃其自然自由并受制于公民社会的种种限制的唯一的方法，是同其他人协议联合组成为一个共同体，以谋他们彼此间的舒适、安全和平的生活，以便安稳地享受他们的财产并且有更大的保障来防止共同体以外任何人的侵犯。"

② 关于社会的组成及其意义，休谟曾有过深入的论述，基本思想与斯密大致是一致的，他写道："人只有信赖社会，才能弥补他的缺陷，才可以和其他动物势均力敌，甚至对其他动物取得优势。社会使个人的这些弱点都得到了补偿；在社会状态中，他的欲望虽然时刻在增多，可是他的才能却也更加增长，使他在各个方面都比他在野蛮和孤立状态中所能达到的境地更加满意，更加幸福。当各个人单独地、并且只为了自己而劳动时，（1）他的力量过于单薄，不能完成任何重大的工作；（2）他的劳动因为用于满足他的各种不同的需要，所以在任何特殊技艺方面都不可能达到出色的成就；（3）由于他的力量和成功并不是在一切时候都相等的，所以不论哪一方面遭到挫折，都不可避免地要招来毁灭和苦难。社会给这三种不利情形提供了补救。借着协作，我们的能力提高了；借着分工，我们的才能增长了；借着互助，我们就较少遭到意外和偶然事件的袭击。社会就借这种附加的力量、能力和安全，才对人类成为有利的"。见休谟：《人性论》，下，第 526 页。

其是个人财产权关系还被奴隶的劳动掩盖着，尚没有引起政治理论家们的高度重视。近代以来的政治社会与古代相比，发生了天翻地覆的变化，其中最核心的一点便是财产权问题成为政治社会的中枢，思想家们普遍认为，任何一个政治社会的出现，它的整个制度框架必须有一个经济秩序的前提，一个保障物质财富供给的法律机制，因此，个人财产权问题就不再是独立于政制之外的单纯民事规则问题，而是一个具有着政治意义的社会问题，是一个支撑整个政治社会文明大厦的支柱问题。如果没有财产权，没有对财产的稳定性的占有，近代的政治社会是不可能建立起来的。我们看到，有关财产权问题的近代转型，实际上隐含着一个重大的社会背景，由于古代的奴隶制已不复存在，近代以来的社会逐渐演化为一个市民阶级占据主导的市民社会，① 因此他们力图把财产权问题上升为一种国家政制层面上的诉求。作为市民阶级的思想家，休谟与洛克、康德、黑格尔等人一样，他们的社会政治理论毫无疑义地都把确立财产权规则视为政治社会的首要问题。②

　　财产权与休谟的政治哲学和社会理论有着密切的关联。个人只有拥有财产，才有能力组建社会，如果个人不拥有财产，政治社会是难以建立起来的。共产主义的公有制虽然排斥私有财产，但并没

────────────

① 斯图亚特指出："无论如何，休谟发展了他的个人主义的普遍性原则：经济活动不应该受到社团的、民族的、宗教的、种族的限制。假定他的'个体性'概念适用于所有的个人，他必定反对那个作为古代共和制经济基础的奴隶制。""亚里士多德与休谟两个人都赞成共和制，他们的不同在于，亚里士多德主张小的、生活简朴的农业共和国，休谟则倾向于大的商业共和国，那里的市民从事于手工业、科学的农业与贸易。"参见 Stewart, The Moral and Political Philosophy of David Hume, pp. 297 - 301.
② 哈耶克曾经论述道："从古希腊直到现在，这种财产、自由和秩序得以存在的前提是一样的，即抽象规则这个意义上的法律。它使任何个人在任何时间都可以就谁对任何具体物品享有支配权，得出明确的看法。"见哈耶克：《致命的自负》，第 29 页。

有放弃作为一个政治国家的共同体，马克思所说的国家消亡，不过是一个由统治阶级所治理的国家的消亡，而不是人类社会作为一个共同体的消亡，国家不存在，但共同体却依然存在。但是问题在于这个共同体显然是被认为能够依靠个人的美好德性而不需要规则和制度来加以调整，这样一来，这个共同体实际上只能是由天使们所组成的，只能存在于天国，可马克思又从来都主张这个未来的共产主义是科学的共产主义，而这就面临着如何治理的问题。从这个意义上来说，马克思实际上是一个政治浪漫派，他的理论假设是通过把阶级社会的作为魔鬼的人改造为未来社会的作为天使的人，这种假设根本不具有现实的意义，以往阶级社会的旧人并不像他所批判的都是些魔鬼，未来的共产主义的新人也不可能是天使，马克思自以为是历史唯物主义，实际上是最大的政治浪漫主义。以乌托邦为纽带将个人联系在一个政治共同体中的公有制社会只能是一个虚假的"封闭社会"，① 这个社会显然不是休谟意义上的政治社会，一个符合人性的自由社会，一个由法律规则调整的市民社会。休谟认为，市民社会的正义基础首先在于确立个人对于财产的稳定占有，财产权可以说是正义的一个最重要的源头，只有确立了个人的财产权，才能够在社会划分你与我的区别，你的东西与我的东西的区别。休谟指出："由于我们的所有物比起我们的需要来显得稀少，这才刺激起自私；为了限制这种自私，人类才被迫把自己和社会分开，把他们自己的和他人的财物加以区别。"②

如此看来，英国古典政治思想家休谟等人对于财产权问题的高

① 参见波普尔：《开放的社会及其敌人》，陆衡等译，中国社会科学出版社 1999 年版。
② 休谟：《人性论》，下，第 535 页。

度重视，并不是单纯从法律理论的角度来考虑的，他们不是职业法学家，他们所探讨的财产权问题，并没有局限于民法，更不是一个法律条文问题，而是一个政治问题，一个政治哲学必须从根本上加以解决的问题。在这样一个背景下，我们来重新思考霍布斯、洛克、休谟乃至康德和黑格尔所探讨的财产权问题，就会发现它们所具有的重大意义。洛克的《政府论》首先确立了财产权问题的核心地位，这在思想史上是划时代的，他认为政府的建立，政治社会的形成，乃至国家的职责，都是根据财产权而建立起来的，并最终服务于财产权。正像我们前面所指出的，洛克的财产权是一种权利论的财产权理论，他从自然权利推衍出法律权利，这样，权利论的财产权理论就面临着一个难题，即如何解决稳定占有的规则问题，如果只是从公民个人的自主性出发建立起一种财产权的个人占有理论，那么在独立的个人与社会之间便缺乏内在的联系。怀德恩认为，"我们看到，在洛克的理论中，无国家的自然状态与公民社会之间存在着一个裂痕，其中，社会契约是一个关键性的转折点"。① 洛克企图通过个人自主的契约论，通过一种理性的立法机制，来解决上述两个问题，并由此开辟出了近代政治哲学的一个重大的路径。我们看到，休谟虽然在强调财产权的重要地位，强调财产权对于一个政治社会和政府体制所具有关键性作用等方面，与洛克是大体一致的，但他们也有不同，最大的不同在于，休谟并不认为能够通过自然权利的

---

① 怀德恩进而分析说：在洛克的思想中有着很大的混乱，一方面他认为人类政治化和政治上自我意识的增长是一个渐进的过程，是长期地慢慢地甚至不为人知地从家庭中衍生出来的；但同时另一方面，在他的理论中我们又看到了在无国家的自然状态和公民社会之间存在着一个明显的裂痕，所以当我们去追问，在父权制的发展中，社会契约是何时发生的？或者自然状态到底是何时结束的？我们很难在洛克的书中找到答案。参见 J. Waldron, The Right to Private Property, Oxford University Press 1988. pp. 137–253。

推衍，通过理性的契约而沟通人与社会的内在联系。在他看来，洛克的那种抽象的独立自主的个人与一个同样抽象的政府制度是很难有效地联系在一起的，理性在其中扮演的作用是有限的，它难以完成这样一种沟通和联系的中介，[①] 因此，休谟重新开辟出了另外一种联系的中介机制，那就是一种有关财产权的规则理论以及作为这个正义规则论的同情理论。

### 3. 三个基本的规则

在休谟看来，占有财产与财产权是两个不同层次的问题，占有财物乃至稳定地占有财物，这只是一种经验上的事实，而就人类政治社会来说，关键的是这种事实要转化为法律形式，要成为一种法律的规则，财产权实际上是对于这样一种持续占有的法律上的认同，按照大陆罗马法的理论来说，是一种法律上的占有财产的资格权利。[②] 所以，休谟在《人性论》中是以"论确立财产权的规则"为篇名来讨论这个问题的，他的财产权理论受到了大陆罗马法的影响，具体地说受到了他的家乡苏格兰市民法的影响，与纯粹的英格兰的普通法是有区别的。但是，尽管休谟在他的理论中吸收了大陆罗马法的部分内容，可他并没有像大陆法学家们那样沉湎于实体法的演绎，他感兴趣的是具体的财产占有问题，而不是抽象的权利资格问

---

① "道德准则既然对行为和感情有一种影响，所以当然的结果就是，这些准则不能由理性得来；这是因为单有理性永不能有任何那类的影响，这一点我们前面已经证明过了。道德准则刺激情感，产生或制止行为。理性自身在这一点上是完全无力的，因此道德规则并不是我们理性的结论。"休谟：《人性论》，下，第497页。
② 麦克弗森对于个人财产权曾有过经典性定义，认为："这是一项可以处分、转让以及使用的权利，这是一项不以所有者履行任何社会义务（social function）为条件的权利。"Macpherson, Democratic Theory, p.126.

题，而这又与他的经验主义哲学有关，与他所受的英国判例法的影响有关。① 休谟指出：

> 人类不愿意使财产权（即便在最短的时间内）悬空，或者给暴力和纷乱打开一点点的门路。此外，我们还可以说，最初的占有总是最能引起人们的注意；如果我们原来忽略了这一点，我们就没有丝毫理由把财产权归于任何一种继续的占有了。②

休谟提出的这个问题，主要是针对洛克的权利理论的，他发现了洛克财产权理论的一个漏洞，即他把劳动本身视为一种财产，"每个人对于自己的劳动都有一种财产权"，实际上就把占有问题"悬空"了，这样一来就会导向大陆法的概念演绎。休谟显然是一贯地反对抽象概念的自主性，他指出："恰当地说，我们只是借自己的劳动把那个对象作了某种改变。这就形成我们与对象之间的一种关系，由此就（根据前面的原则）发生了财产权。"③ 因此，休谟继承了英

---

① 米勒指出："法律无论如何不能代替传统因袭而来的财产权规则，因为它们需要人们的自愿接受，它们仅仅是更加细致地使用了这些规则。休谟的五个财产权规则（占有、先占、时效、添附和继承）并非原创出来的，而是遵循着罗马法的规格框架，并且又融合了他那个时代的苏格兰市民法。" Divid Miller, Philosophy and Ideology in Hume's Political Thought, Oxford University Press, 1981, pp. 67 - 68. 我们看到，斯密的法律理论与休谟一样，也呈现了这一特征，他们都受到了大陆法的影响。关于这方面的论述，参见 Hutcheson, A System of Moral Philosophy, Glasgow, 1755, P. Stein, 'Law and Society in Eighteenth Century Scottish Thought' in N. T. Phillipson and R. Mitchison, Scotland in the Age of Improvement, Edinburgh, 1970。

② 休谟：《人性论》，下，第 546 页。

③ 休谟：《人性论》，下，第 546 页。休谟进而在注释中指出人性中有一种性质，即当两个对象出现在一种密切的关系中时，心灵就容易给予它们以一种附加的关系，以便补足这种结合，在很多情况下，这种附加的关系是通过类比推断并借着想象力而形成的。从某种意义上来说，财产权规则主要是由这种想象力所确定的。

国思想史中的唯名论传统，他认为要确立财产权的规则，必须具体地、精确地分析占有的含义，从而避免洛克在这个问题上的客观性的、理性化的唯实论倾向所导致的一系列困难。这样一来，休谟关于财产占有的财产权理论，就进入到另外一个层面即具体、精确的时空占有，特别是时间占有层面。休谟指出："虽然关于稳定财物占有的规则的确立对人类社会不但是有用的，而且甚至于是绝对必需的，但是这个规则如果仅仅停留于这种笼统的说法，它就绝不能达到任何目的"。① 所以，他认为仅仅局限于有关财产权的占有机制的一般说明上，那还是不够的，需要"精确地决定'占有'的含义；这并不如我们初看时所想象的那样容易"。② 休谟认为，确立财产权的规则要避免"笼统"的弊端，关键在于区分财产占有在时间上的不同形态，因为，所谓稳定性的占有财物，实际上就涉及一个时间性问题。正是这个时间尺度，构成了休谟所谓的必须找到的"某种方法，使我们借此可以划定某些特殊的财物应当归某个特殊的人所有，而其余人类则被排除于其占有和享用之外"。③ 为此，休谟提出了四种以时间为标准划分出来的财物占有的方式，即占领、时效、添附和继承。④

---

① 休谟：《人性论》，下，第 542 页。
② 休谟：《人性论》，下，第 546 页。尽管对于休谟来说，这是一项"枯燥的、精确的考究"。见《人性论》，下，第 568 页。
③ 休谟：《人性论》，下，第 542 页。
④ 关于这个问题，斯密与休谟的观点是大体一致的，他认为"财产是用五种方法取得的。第一，通过占有，即占有从前不属于任何人的东西。第二，通过添附，即一个人对甲物有权利，因而对乙物也有权利，例如，有马就有马蹄铁。第三，通过时效；即由于长时间不断的占有而对一件属于另一个人的东西享有权利。第四，通过继承我们的祖先或任何别人，不管是根据遗嘱或是根本没有遗嘱。第五，通过自动让与，即一个人把自己的权利让给另一个人。"见《亚当·斯密关于法律、警察、岁入及军备的演讲》，第 126 页。不过，按照哈康森的理解，休谟的一些观点又加入了自然法与普（转下页）

在休谟看来，关于排他性的财产占有问题，其正当性的标准不能是所谓纯粹的公益或社会效益，在一个政治社会，

> 显而易见，在这种情况下，当确立社会和稳定财物占有的一般协议缔结以后，他们遇到的第一个困难就是：如何分配他们的所有物，并分给每个人以他在将来必然可以永远不变地享有的特殊部分。这个困难不会阻挡他们很久，他们立刻会看到，最自然的办法就是，每个人继续享有其现时所占有的东西，而将财产权或永久所有权加在现前的所有物上面。[①]

> 财产权既然形成一个人和一个对象间的关系，所以就很自然地要把它建立在某种先前的关系上，而且财产权既然只是社会法律所确保的一种永久权，所以就很自然地要把它加在现实占有上，由于现实占有是与永久占有类似的一种关系。因为，这种关系也有它的影响。如果结合一切种类的关系是自然的，那么把那些类似的关系和关联的关系结合起来，就更是自然的了。[②]

休谟基于实际的考虑，把现时占有放在了占有的时间标准的优先性地位，他的这个观点是有针对性的。

在有关财产权的占有理论中，先占问题一直是一个理论家们争

---

（接上页）通法的因素，所以，远不是清楚的，而"斯密把它们作为一个部分融入了他的法学体系之中。斯密通过把休谟的想象纳入旁观者的解释从而发展了休谟的基本思想，使其成为社会的支柱，并且更加明确地作为一个必不可少的因素而进入历史的发展过程"。K. Haakonssen, The Science of a Legislator, Cambridge University 1981, p. 28.

① 休谟：《人性论》，下，第543—544页。
② 休谟：《人性论》，下，第545页。

论不休的难点，对此罗马法中就曾确立了先占的万民法的取得方式。① 洛克似乎也不反对先占的重要性，按照这种说法，谁抢先占有了无主的物品，谁就拥有了这个物品的权利，后来的人要想占有就必须通过诸如掺入劳动等其他的方式。② 对于这个问题，休谟也没有什么疑义，但他似乎更深一步地看到了其中的难点。休谟为此列举了几个著名的例子，如希腊的两个殖民团关于谁先拥有一座城池的所有权，在休谟看来都是一个令人困惑的问题，他自己也认为在理论上不可能得到最终满意的答案。③ 关于占有问题，洛克的掺入劳动的占有学说似乎提供了一种有效的解决方法，但休谟仍然存有疑义，劳动自身是否就是一种财产，就值得商议，至于排他性的劳动行为在多大程度上使得被掺入的劳动对象成为"我的"财产，就更是一个难以厘清

---

① 参见周枏：《罗马法原论》，商务印书馆 1996 年版，第 339 页。
② 怀德恩分析说：按照洛克的理论，人类对自然资源自始就没有要求权，但是他们能够通过劳动、第一次使用（first use）或者占有（occupation）获取这样的权利，这就是以特别权利为基础的所有权理论。洛克的这个划归私有的劳动理论（Labour Theory of Appropriation）有些时候常和"先取"或"先占"理论放在一块比较，但是对洛克使用的早期例子而言，这种比较并没有太大的意义。在地上收集松果，从树上采摘苹果，捕杀了一头鹿，这些既可以视为对资源的占取，也可以视为对它们的劳动。鉴于此，洛克的理论实际上是"先劳动（First Labour）"的理论，只有第一个对资源占有或劳动的人才能成为它的所有者，后来的劳动者只能依据所有者定下的条件进行劳动。所以，所有的财产权利都是特殊权利，对资源拥有的能课征于其他人义务的权利，是由实际发生的事实确立的，它们并不是由上帝馈赠所确立的普遍权利。不过，问题似乎并没有彻底解决，休谟和康德等批评者发现了洛克的论述有一个小小的缺口。在一个人能够开垦一片土地之前，他首先必须获取并占有它，排除其他人的使用；否则，共有权利的行使将使他的开垦不能实现。在这个基础上，休谟和康德发现洛克处于两难境地。或者，未来的拨归私用者被赋予了为开垦的目的而把其他人排除到这片土地之外的权利，或者没有被赋予此种权利。如果被赋予此种权利，那么给予他排他权利的就是某种别的东西而不是开垦。如果没有被赋予此种权利，那么他的开垦将确立在掠夺之上，从而不能确立任何权利。如此一来，劳动的理论，要么是多余的，要么就是不充分的。J. Waldron, The Right to Private Property, Oxford University Press 1988. pp. 137－253.
③ 参见休谟：《人性论》（第 547 页）注释中的详尽讨论。

的问题，所以，后来也正是在这个问题上遭到了诺齐克的指责。[①]

基于上述原因，休谟认为：

> 最初占有权往往因为时间长久而成为暧昧不明，而且财产权所可能发生的许多争执，也就无法解决。在这种情况下，长期占有或时效（prescription）就自然地发生了作用，并且使一个人对于他所享有的任何东西获得充分的财产权。人类社会的本性不允许有任何很大程度的精确性；我们也不能永远追溯事物的最初起源，以便判定它们的现状。[②]

因此，休谟强调长期的现实的占有原则的重要意义，他认为由于时期的长久，现实占有的关系就增强了，而最初占有的关系却因时间久远而减弱了，关系方面的这种变化，结果在财产方面也就会产生相应的变化。

添附从某种意义上说，是一种对于占有的空间上的划分，主要涉及被占有物品的量上的关系，"当某些对象和已经成为我们财产的对象密切联系着、而同时又比后者较为微小的时候，于是我们就借着添附关系（accession）而对前者获得财产权"。[③] 但是，在休谟看来，添附也存在着一些问题需要解决，例如，有关混合物如金属杯

---

① 参见诺齐克·《无政府、国家与乌托邦》，何怀宏等译，中国社会科学出版社1991年版，第179页："为什么使一个人的劳动与某物联结，就使这个人成为这一物品的所有者呢？也许是因为一个人对他的劳动有所有权，所以他也就对地上原先无主的、但现在渗透了他的劳动的某物有所有权，所有权扩大到了其他东西。……如果我有一罐番茄汁，我把它倒入大海以使其分子均匀地溶于整个大海，我就因此而拥有这个大海吗？"
② 休谟：《人性论》，下，第548—549页。
③ 休谟：《人性论》，下，第549页。

或木船的分割问题，关于海洋、河流的归属权问题，等等，都是添附问题上的难题。关于继承，休谟指出："继承权（succession）是一种很自然的权利，这是由于一般所假设的父母或近亲的同意，并由于人类的公益都要求人们的财物传给他们最亲近的人，借以使他们成为更加勤奋和节俭。"① 当然，继承也有一个时间问题，即必须有一个被继承人与继承人之间的时间关系，但此时它已不是关键问题，休谟指出被继承的财产属于谁才是关键。

在人类政治社会，财产的稳定占有固然是十分必要的，但一味地确保人类财产的稳定是不可能的，也是没有必要的，因为人类社会的财产总是处在变化之中的，是流动的，并非一开始的拥有，就意味着永远的稳定不变。实际上，人类的财产占有从来就是变化的，时效、添附和继承就是对于先占或现时占有的某种转化。在社会生活中由于分工不同，由于经济往来，由于各种各样的关系，广泛存在着财产的变化和转移，有的人原先占有的财产后来不占有了，有的人把他人的财产转变为自己的东西。在休谟看来，一切财产的转移对于社会生活来说都是必要的，必然的，也是允许的，但有一个关键的问题，即转移的条件是什么，或依据什么进行财产的转移？这个问题可以说是正义制度的一个根本问题。休谟认为，财产转移不能是出于暴力的剥夺，也不能通过欺骗等手段而获得，必须是基于一种同意，经财产所有者同意的财产转移才是公正的，也才是为法律所允许的。

正义的规则就要在僵硬的稳定性和这种变化不定的调整办

---

① 休谟：《人性论》，下，第553页。

法之间、找寻一种中介。但是最合适的中介就是那个明显的方法，即：除了所有主同意所有物和财产给予另外一个人之外，财物和财产永远应当是稳定的。[①]

休谟提出的第三个正义规则是许诺的履行，他写道：

> 有一种特殊的心灵活动伴随着许诺；随着心灵的这种活动又发生了不同于义务感的一种践约的倾向。我可以断定，这两点中不论哪一点都是无法证明的；因此我大胆地断言，许诺是以社会的需要和利益为基础的人类的发明。[②]

这一规则涉及许诺的约束力，休谟认为许诺必须得到履行，这是一条基本的法律规则，如果人们的许诺不被履行，人与人之间就丧失了信誉，财产的转移也就无法完成，财产的稳定占有最终也将无法得到保障。在休谟看来，人在道德上并没有什么履行诺言的良好动机，甚至在很多时候人们往往不愿意履行自己的诺言，这没有什么奇怪的，它们本于人性的自私，"许诺是以社会的需要和利益为基础的人类的发明"。[③]

应该指出，休谟的上述观点具有着广阔的社会内涵，它试图为当时英国市民社会的经济发展，为英帝国的国内外自由贸易，为新兴资本主义的商品经济，提供强有力的法律依据，可以说，休谟所揭示的三个正义规则是近代市民社会形成与发育的关键之所在。

---

① 休谟：《人性论》，下，第 554 页。
② 休谟：《人性论》，下，第 559 页。
③ 休谟：《人性论》，下，第 556 页。

人类社会的和平与安全完全依靠于那三条法则的严格遵守，而且在这些法则遭到忽视的地方，人们也不可能建立良好的交往关系。社会是人类的幸福所绝对必需的；而这些法则对于维持社会也是同样必需的。不论这些法则对人的情感可以加上什么约束，它们总是那些情感的真正产物，并且只是满足情感的一种更为巧妙、更为精细的方法。[①]

## 二、财产权的产生机制

### 1. 共同利益感

　　在休谟看来，要达到稳定地占有财物，实际上已经超出了人与物的自然关系，在此他提出了一个重要的观点，即稳定性的占有财物不是自然关系，而是一种人与物的道德关系。

　　我们的财产只是被社会法律、也就是被正义的法则所确认为可以恒常占有的那些财物。因此，有些人不先说明正义的起源，就来使用财产权、权利或义务等名词，或者甚至在那种说明中就应用这些名词，他们都犯了极大的谬误，而永不能在任

---

① 休谟：《人性论》，下，第 566 页。

何坚实的基础上进行推理。一个人的财产是与他有关系的某种物品。这种关系不是自然的，而是道德的，是建立在正义上面的。因此，我们如果不先充分地了解正义的本性，不先指出正义的起源在于人为的措施和设计，而就想象我们能有任何财产观念，那就很荒谬了。①

如此看来，洛克等人的一个主要的缺陷就在于把这种关系视为一种单纯的自然正当关系，以为能够从自然权利中引伸出来。休谟则相反，他认为财产关系是一种人为的道德关系，是需要人通过一种有意的设计和制作而人为地产生出来的，哪怕最简单的物品，如树上的果子、地上的产品以及兔子、麋鹿等肉食，要想持续地、稳定地占有它们，那也不是与这些被占有物发生关系，而是与他人、与社会发生关系。至于通过掺进劳动而得的对劳动产品的财物占有，就更是需要确立一种占有的规则，需要相关的制度来保障。②

　　这样一来，我们有关财产权问题的理论就进入到一个新的层次，那就是道德层次。关于道德，需要在此做一个交代，17、18 世纪的

---

① 休谟：《人性论》，下，第 531 页。
② 关于这个问题，怀德恩与塔利就洛克的财产权理论曾有一场争论，按照怀德恩的理解，洛克认为私人财产权在自然状态下是可能的，而且他所确立的首要基础不是人的同意，而是个体所有者的单方拨归私有行为，这是他所谓有的特殊权利。而在塔利看来，这种私人财产权不是过渡性或暂时的，而是普遍的和必然的，并且在进入公民社会之前就已经确切地存在了，政府只不过是对于已经确立的私人财产权利加以重新分配而已。参见 J. Waldron, The Right to Private Property, pp. 137–253 和 J. Tully, A Discourse on Property:John Locke and his Adversaries, p. 110–120。不过，对于休谟来说，上述的争论似乎是无意义的，因为，他认为在政府成立之前的财产权并没有成熟到普遍性的程度，而政府的行为也不仅仅是对于私人的财产权利加以重新分配，他写道："政府还不满足于保护人们实行他们所缔结的互利的协议，而且还往往促使他们订立那些协议，并强使他们同心合意地促进某种公共目的，借以求得他们自己的利益。"参见休谟：《人性论》，下，第 578 页。

英国古典道德学是一个蕴涵很广的学科，不同于 20 世纪以来的狭义道德学，道德学在当时包含有社会政治、法律乃至经济在内的诸多内容。例如，斯密作为格拉斯科的伦理学教授，他讲授的伦理学就包含了道德哲学、自然哲学、法学、经济学等诸多部分。[1] 至于斯密的《道德情操论》、休谟的《人性论》第三卷"道德学"等，它们所含括的内容显然已非今日的道德学可比。那么，17、18 世纪的英国道德哲学，或更具体地说，休谟所谓的道德学，其核心究竟是什么呢？休谟认为，是正义问题，或更准确地说是正义的规则问题，而不是善恶问题，或更确切地说，不是与动机相关的道德善恶问题。正是基于这样的认识，休谟在《人性论》第三卷的第二章"论正义与非义"首先考察了动机问题。

休谟指出，善良动机固然是一个文明社会所必不可少的一种美德，但是如果从动机推断人的行为，进而得出一条结论说，"人性中如果没有独立于道德感的某种产生善良行为的动机，任何行为都不能是善良的或在道德上是善的"，[2] 这实际上存在着很大的问题。为此，休谟举了一个借钱还钱的例子。一个人借给我一笔钱，条件是我必须在几天以内归还他这笔钱，但是假如在到了约定的期限之后，他索要那一笔钱，我就会产生这样一个问题：我有什么理由或动机要还这笔钱呢？当然，我们可以从我所应该具有的责任感和义务感，从对于正义的尊重以及对于无赖行为的憎恨，来说明我必须还钱的理由。但应该指出的是，上述这些感情都是一个在文明状态中经过

---

[1] 在 17、18，乃至 19 世纪的英国思想中，伦理学与道德学的含义大体是等同的，没有德国古典哲学那种"伦理"（sittlichkeit）与"道德"（moralität）的本质性区别。另参见《亚当·斯密关于法律、警察、岁人及军备的演讲》编者坎南的"原编者引论"。
[2] 休谟：《人性论》，下，第 519 页。

训练和教育而培养出来的人才具备的，而在未开化的、较自然的状态下，你却很难找到这样一个应该还钱的诚实动机。休谟指出，人就其本性来说并不是天然地就具有上述的情感，所以从动机上来推出还钱的理由是不充分的，日常的经验告诉我们，人们还债、践约、戒偷、戒盗等行为并不是源于一些高尚的动机，而是源于人们感觉到这样做能够保证自己的长远的利益，是为了他人也能够如此对待我，所以，是一种共同的利益感觉导致了人们借债还钱的行为。

> 我们并没有遵守公道法则的任何起初的或普遍的动机，除了那种遵守的公道和功德自身以外；但是因为任何行为如不能起于某种独立的动机，就不能成为公道的或有功的，所以这里就有一种明显的诡辩和循环推理。因此，我们除非承认，自然确立了一种诡辩，并使诡辩成为必然的和不可避免的，那么我们就必须承认，正义和非义的感觉不是由自然得来的，而是人为地由教育和人类的协议发生的。①

在休谟看来，人与物的道德关系不是一个动机上的善恶问题，善恶问题是一个次生的问题，而不是原生的问题，通过善良动机来解释财产占有权的道德关系，显然没有揭示其产生机制的本质。既然自然权利学说无法解释财产权的产生机制，而善良动机的道德学也无法解释财产权的产生机制，那么，对于休谟来说就出现了一个重大的问题：究竟是什么导致了人对物的稳定性占有的道德关系，并且把它转化为一种财产权的法律规则呢？这是休谟财产权理论乃

———————

① 休谟：《人性论》，下，第523页。

至他的正义规则论的一个要点，也是他所说的第一个问题，即"关于正义规则在什么方式下被人为措施所确立的问题"。① 休谟的财产权理论既不同于洛克等人的自然权利论，也不同于哈奇逊等人的道德主义，他提出了一种有关财产权的产生机制的新的说明，那就是"共同的利益感"，休谟认为，这种共同利益感是致使财产权这样一种人为的设计和措施成为可能的最主要原因，也是财产权的合法性与正当性的最终根源，也是他所谓的正义规则的根本基础。必须指出，休谟的这一有关共同利益感的理论在思想史中具有重大的意义，它开辟出了一个新的政治哲学路径，是规则论的财产权理论乃至社会政治理论的理论基石。

在进一步讨论这个问题之前，休谟提出了一个前提性的观点，那就是正义的优先性问题。什么是正义的优先性呢？在他看来，财产权乃至规则的衡量标准既不在先天的权利上，也不在主观的善良动机上，而在于正义上。休谟写道：

> 在人们缔结了戒取他人所有物的协议，并且每个人都获得了所有物的稳定以后，这时立刻就发生了正义和非义的观念，也发生了财产权、权利和义务的观念。不先理解前者，就无法理解后者。……正义的起源说明了财产的起源。同一人为措施产生了这两者。我们最初的、最自然的道德感既然建立在我们情感的本性上，并且使我们先照顾自己和亲友，然后顾到生人；因此，不可能自然而然地有像固定的权利或财产权那样一回事，因为人类的种种对立的情感驱使他们趋向种种相反的方向，并

---

① 休谟：《人性论》，下，第 525 页。

且不受任何协议或合同的约束。①

显然，休谟对于道德学有不同于传统的基于善恶的理解，以他之见，正义优先于善良，是一个社会得以存续的基础。政治社会之所以能够存续，并不是因为那里的每个人都是善良之辈，也非上帝先天地就为每个人分配好了各自的权利，而在于通过一种正义的人为设计，特别是通过一整套正义的法律规则和制度框架的措施，使得这个社会的存在成为现实。在这样一个政治社会中，即便每个人都可能是恶人，但也并不影响这个政治社会的存续，并不影响正义所支撑起来的文明社会是一个较之自然社会来说对人更为有益的社会或一个最不坏的社会。由此可见，休谟在此所说的正义，是一种消极性的规则正义，而不是权利正义，② 正是通过这种规则正义对于道德良

---

① 休谟：《人性论》，下，第532—533页。

② 哈康森指出，休谟在他的道德和政治哲学中很少使用传统的权利概念，他之所以如此，并不是反对权利，而是为了避免当时人们对于权利概念的误解，把自然法的权利观念导入目的论和神正论的框架之中。"休谟本质上是赞同一般的自然法的道德体系的，但他不愿用权利概念去论证他的论述。只是在当他偶尔地涉及财产权和契约，或与权威——统治的权利时，他才谈及权利。休谟不愿使用权利概念，是因为传统意义上的两种权利概念都不符合他的口味。"一种观点认为，权利是作为道德主体的人的本质，它们是所有的道德、所有的道德机制（诸如财产权规则和主权体制）的首要特征。另一种观点认为，权利并非是人的首要道德特征，而是从归属于个人的责任与权利的自然法推衍出来的。参见 K. Haakonssen, The structure of Hume's political theory, Edited by D. F. Norton, The Cambridge Companion to Hume, Cambridge University Press, 1992, pp.182–221。就休谟来说，他更愿意使用规则来表述他的观点，休谟的这个思想为哈耶克等人所继承与发挥，哈耶克就认为："所谓正义，始终意味着某个人或某些人应当或不应当采取某种行动；而这种所谓的'应当'反过来又预设了对某些规则的承认：这些规则界定了一系列情势，而在这些情势中，某种特定的行为是被禁止的，或者是被要求采取的。"见《法律、立法与自由》，第二、三卷，第52页。另参见高全喜：《法律秩序与自由正义——哈耶克的法律与宪政思想》第一章"正当行为规则"的有关论述："如此看来，评判人的行为之正当性与否，关键在于抽象规则，是否遵循抽象规则对于人的行为具有至关重要的分界作用，这一点是其他的动机论和结果论无法达到的。道德学上良善动机或许可以将小团体或部落社会凝聚在一起，（转下页）

善的优先性，就打破了那种动机论的循环推理，也打破了权利论的先天假设，从而为人类的政治社会提供了一个现实的依据。

问题在于，这样一种正义究竟是如何产生的呢？休谟在此提出了他的共同利益感的学说，他认为正义就是这样一种共同利益感的表达，只有建立在共同的利益感上，这种正义才成为可能，才成为影响着人类社会的最根本的因素，从而塑造出一个文明社会的规则与秩序。关于共同利益感，休谟是这样看待的，他说人由于本性上的自私、贪欲，以及有限的慷慨，所以在与他人的社会关系中，就会不自觉地达到一种利益上的协调与平衡，既然财产的稳定性占有对于人来说是十分必要的，那么人们在比较中会逐渐认识到，与其相互之间为了眼前的利益争斗不休，导致所有人的财物占有的不稳定和不安全，还不如大家共同地创造出一种人为的措施，确立一种人们共同遵守的协议和规则，这样岂不对所有的人来说更为有益？因为每个人从自己的利益角度出发，都会不自觉地感到有一个近期

---

（接上页）而抽象规则却是开放社会成为可能的关键，在这个社会如果依照动机和结果来界定人的行为，那么最终将会使人封闭在一个狭小的空间中，从而不能切实保障个人的自由。尽管人们的预期、目的是千差万别的，其结果也是各异的，不但每个人之间是不同的，即便是同一个人在不同的时空中也是不同的，但正是这种多样性构成了整体社会秩序之特征，这样的一个社会显然是一个多元化的社会，一个抽象规则调适的社会。这样，我们就面临着一个问题，这个问题对于众多人来说，可谓一个挥之不去的死结，那就是在这样一个多元化的整体社会，如果每个人都遵循着抽象规则进行自己的活动，追求预期的最大化实现，而这个抽象规则所给予人的调适功能只是划定界线，每个人的实际结果却又非规则所能够独自决定的，而是由能力、机遇、才能、技艺及其他各种因素综合起来所决定的，或者说是由一双无形的手所决定的，那么，这样一种抽象规则又何正义之有呢？抽象规则带给人的究竟是怎样的正义？或者说在这个整体秩序中是否存在着真正的行为规则之正当性？对于这些问题，哈耶克不是不清楚，而是恰恰要反其道而行之，在他看来，正义并不意味着具体的结果，而是一种抽象规则的分界，也就是说，如果自生秩序存在着一种正义的话，那么这种正义不可能是结果的正义，只能是规则的正义，特别是抽象规则的正义。"高全喜：《法律秩序与自由正义——哈耶克的法律与宪政思想》，北京大学出版社 2002 年版，第 58 页。

利益与远期利益的比较，虽然人们总是贪图眼前的利益，总是企图掠夺他人的财物为自己享用，但是这样的结果，同时也会带来对自己的更大的伤害，因为其他人也会同样如此去做，而如果人们能够暂时放弃眼前的利益，选择一种更为长远的利益，他们就会相互达成协议，共同地创造出一种大家共同遵守的规则，并以这种规则来保证长远的更大的利益。

休谟写道：

> 我们只有通过这种方法才能维持社会，而社会对于他们的福利和存在也和对于我们自己的福利和存在一样，都是那样必要的。这种协议就其性质而论，并不是一种许诺（promise），因为甚至许诺本身也是起源于人类协议，这点我们后来将会看到。协议只是一般的共同利益感觉；这种感觉是社会全体成员互相表示出来的，并且诱导他们以某些规则来调整他们的行为。我观察到，让别人占有他的财物，对我是有利的，假如他也同样地对待我。他感觉到，调整他的行为对他也同样有利。当这种共同的利益感觉互相表示出来、并为双方所了解时，它就产生了一种适当的决心和行为。这可以恰当地称为我们之间的协议或合同，虽然中间并没有插入一个许诺；因为我们双方各自的行为都参照对方的行为，而且在作那些行为时，也假定对方要作某种行为。两个人在船上划桨时，是依据一种合同或协议而行事的，虽然他们彼此从未互相作出任何许诺。关于财物占有的稳定的规则虽然是逐渐发生的，并且是通过缓慢的进程，通过一再经验到破坏这个规则而产生的不便，才获得效力，可是这个规则并不因此就不是由人类协议得来的。正相反，这种

经验还更使我们确信，利益的感觉已成为我们全体社会成员所共有的，并且使我们对他们行为的未来的规则性发生一种信心；我们的节制与戒禁只是建立在这种期待上的。①

休谟所谓的共同利益感，实际上是一种个人利益与公共利益的平衡，在休谟看来，这种平衡并不是一种理性的分析或计算，而是一种内在的感觉，虽然人们对此并没有清晰的理性观念，但凭着一种内在的感觉，指导着各自的行为，达到一种对大家均有利的可以预期结果。不可否认，休谟的财产权的产生机制摆脱不了与利益问题的密切关系，休谟认为：

> 如果我们考察用以指导正义和规定所有权的特定的法律，我们仍将得出同一结论。增进人类的利益是所有这些法律和规章的惟一目的。为了社会的和平和利益，所不可或缺的不单是人们的财产应当被划分，而且是我们作出这种划分所遵循的规则应当是那些最能被发明来进一步为社会的利益服务的规则。②

由此可见，休谟并不讳言他的学说涉及利益问题，甚至把它视为重要的标准。不过，休谟强调的是共同利益感中所形成的规则，因此，不是一种内容的功利主义，而是一种规则的功利主义。③

---

① 休谟：《人性论》，下，第 530—531 页。
② 休谟：《道德原则研究》，第 44 页。
③ 哈耶克认为功利主义有两种形式，一种是实质性的功利主义或内容功利主义，另外一种则是形式性的功利主义或规则功利主义。在他看来，"如果一个人不把所有现行的价值都视作是不可置疑的东西，而是随时准备对它们为什么应当被人们所信奉这个问题进行追问，那么他就可以被视作一个功利主义者。据此，亚里士多德、托马 （转下页）

当然，有关个人利益与公共利益的复杂关系，并不是休谟最先阐述的，根据哈耶克的研究，早在文艺复兴时期伊拉斯谟和蒙田等人的思想中就不乏一种特殊的智慧，即他们竟然在人们自私的动机中看到了料想不到的有益于社会公益的结果，不过，对于这个问题最具有精辟认识的当推 17 世纪的曼德维尔，相比之下，上述诸人的观点只是朦胧地感受到了私利与公益之间的隐秘的令人难以接受的关联，但近代思想中是曼德维尔第一次完全站在一个全新的高度，对于所谓私利与公益之间的内在联系提出了不同于道德主义的看法，例如，曼德维尔在那篇有名的《蜜蜂的寓言》一书中提出："人性之中的普遍动机——自爱，可以获得这样一种取向，它追求个人利益的努力，也会促进公众的利益。"此番论述足以令当时的欧洲思想界感到震惊。曼德维尔的观点可以说是斯密、休谟等苏格兰启蒙学派的先声："曼德维尔的直接继承者是休谟……如果我的解释是正确

---

（接上页）斯·阿奎那和大为·休谟，都可以被认为是功利主义者，而本书对行为规则的功能所做的讨论也完全可以被称为一个功利主义的观点。"见《法律、立法与自由》，第二、三卷，第 24 页，参见 Roland Kley, Hayek`s Scial and Political Though, pp. 216 - 220。所谓规则功利主义，指的是法律、制度、正义、价值等，它们之于人的意义，并非不包含利益的内容，并非是那种康德意义上的纯粹道德律令，也并非像罗尔斯所论证的那样是一种无知之幕之下的理性预设。它们对于人的关系最终仍是一种功利的关系，一种能够促进每个人实现其个人最大预期的助益性关系，只不过这种客观价值与每个人的这种功利关系，在休谟、哈耶克等人看来，并不是以理性算计的特定目的表现出来的，而是以一种抽象的规则系统表现出来的。理性的算计看上去直接服务于具体的目的，其结果往往恰恰不能给人带来真正的益处，反而会导致整体秩序的失灵。例如，一个市场的偶合秩序便是这样一个复杂的系统，在这个系统中如果每个人都遵循着抽象的游戏规则行为，那么他们便可以根据自己的才能、个性、努力与机遇而达致不同的结果。虽然抽象规则看上去在内容上没有特别施惠于某些人或某个人，但它却使每个人都处于自由的状态，而这种自由状态可以说是它施惠于这个系统的最大益处，如果政府等组织通过一些指令性政策强制干预这个复杂的偶合系统，那么它所导致的结果只能是将这个系统中的最大自由扼杀掉，从而使得每个人的利益都受到损害。参见高全喜：《法律秩序与自由正义——哈耶克的法律与宪政思想》第三章"法律、自由与正义"。

的，休谟的发展起点就是曼德维尔的作品。"① 休谟写道：

> 正义法则乃是在一种较为间接而人为的方式下由自然原则
> 发生的。利己心才是正义法则的真正根源；而一个人的利己心
> 和其他人的利己心既是自然地相反的，所以这些各自的计较利
> 害的情感就不得不调整得符合于某种行为体系。因此，这个包
> 含着各个人利益的体系，对公众自然是有利的；虽然原来的发
> 明人并不是为了这个目的。②

如果说曼德维尔对社会自生秩序之抽象规则的揭示还是或明或
隐的，那么，这种作为个人自私行为副产品的抽象规则和制度模式，
在斯密的经济学理论中却得到了更为丰富的论证，斯密有关市场经
济活动中的"看不见的手"的隐喻，不过是自由市场秩序中的抽象
规则之形象化的表述。以斯密之见，每个人看似都在追求着自己的
经济目的，都在为着自己利润与财富的最大化而奔波，从事生产和
交换，但是，在人们的经济活动中，一个抽象的市场秩序却出现了，
这个构成市场秩序的规则体系虽产生于人们的经济活动，但却并不
是他们在经济活动中有意识的主动设计，而是无意中创造出来的，
或者说是作为个人追求利益最大化的经济实践中的副产品而出现的。
不过，这个规则体系却并非德国思想中的那种实体性的规律，而是
一种抽象的普遍适用于社会任何个人的规则系统，每个人只有遵循
着这套规则，才能够在社会中得到预期的最大化满足，无论是有意

---

① Simon, Patten, The Development of English Thougth, New York, ,1910, pp. 212 - 213.
② 休谟：《人性论》，下，第 569 页。

识的还是无意识的，谁遵循了这套规则就能够获益，不遵循这套规则就将受损，规则在此犹如冥冥中的无形之手在调配和指导着复杂社会经济事务中的各种关系，从而实现各种利益间的调配，既可以导致某个人收益的最大化，也无形中促进了社会的整体繁荣与进化。对此，斯密曾这样写道：

> 由于他管理产业的方式目的在于使其生产物的价值能够达到最大程度，他所盘算的也只是他自己的利益，在这种场合，像在其它许多场合一样，他受着一只看不见的手的指导，去努力达到一个并非他本意要达到的目的。这并不因为事非出于本意，就对社会有害。他追求自己的利益，往往使他能比他真正出于本意的情况下更有效地促进社会的利益。[1]

从这个意义上来说，抽象规则显然是一种社会公益，它对于每个人都是有益处的。

由此可见，抽象规则与制度模式这个市场活动的副产品，却在人类社会生活中扮演着极其重要的作用，它甚至取代了个人私利行为的地位，成为社会运行与文明进化的核心内容。休谟从一个历史学家的角度，将斯密所揭示的那种市场秩序中的"看不见的手"所扮演的规则功能，进一步归结为一套法律规则和法律制度，特别是集中落实为个人的财产权制度上面。在休谟看来，人们的追求尽管在社会生活中是多种多样的，其中不乏自私自利的成分，甚至我们

---

[1] 参见哈耶克：《个人主义与经济秩序》，贾湛等译，北京经济学院出版社 1991 年版，第 7 页。

可以假定每个人都追求着自己的私利目的，但是，在人们追求个人利益的社会活动中，一种法律规则的体系不期而然地出现了，这种法律形态的突出标志是私人的财产权制度。在休谟的理论中，财产权显然是一种来自个人私利但又超越了个人具体目的的公共的产权规则和制度，正是这种抽象的财产权制度对个人的合法权利提供了强有力的法律保护，并由此构成了一个公正的社会秩序。

所以，休谟指出：

> 单独的正义行为，单就其本身来考虑，对私利也并不比对公益更有助益；我们很容易设想，一个人如何可以由于一个非常的正直行为而陷于究困，并可以有理由地愿望，正义的法则对那个单独的行为在宇宙间暂时停止作用。不过单独的正义行为虽然可以违反公益或私利，而整个计划或设计确是大有助于维持社会和个人的幸福的，或者甚至于对这两者是绝对必需的。……因为如果没有正义，社会必然立即解体，而每一个人必然会陷于野蛮和孤立的状态，那种状态比起我们所能设想到的社会中最坏的情况来，要坏过万倍。[1]
>
> 但是法律和正义的整个制度是有利于社会的；正是着眼于这种利益，人类才通过自愿的协议建立了这个制度。当这个制度一旦被这些协议建立起来以后，就有一种强烈的道德感自然地随之发生。这种道德感只能由我们对社会利益的同情而发生。对于有促进公益倾向的某些自然的德人们所有的一种尊重心理，

---

[1] 休谟：《人性论》，下，第538页。

我们就无须再找其他方法来加以说明了。[①]

2. 财产权的心理发生机制

综观休谟的财产权理论，我们发现，休谟是在两个层面上探讨财产权乃至正义规则的内在产生机制问题。首先是第一个层面上的一般的产生机制，通过休谟散见在《人性论》各处的有关财产权的论述，我们可以隐约看到，他实际上已经基于他的道德哲学提出了一个有关财产权产生机制的内在原理。他提出的共同利益感、协议以及人为正义的措施等，构成了他的财产权理论乃至社会政治理论的中心内容，在这个方面，他的观点既不同于自然权利学说也不同于道德动机学说，而是一种规则论的正义学说，他通过共同利益感的转化机制，把人对财物的稳定性占有提升到一种正义的法律规则这样一个层面上，进而在他的政府论中又把这样一种正义规则纳入到政治社会的组织建构上来，成为一个政治社会的制度或国家赖以存在的内在基础。在此，他提出了以财产权的确立为核心的包含着通过同意的财产转移以及许诺的履行等两个补充规则在内的所谓三个基本的正义规则，从而为文明社会奠定了规则论的法律基础。

如果进一步沿着共同的利益感追溯下去，我们发现，在休谟的道德或正义哲学的背后，特别是在涉及有关财产占有的现实分析方面，休谟又提出了一个基于想象力的财产权的主观心理机制问题。在此休谟所着重探讨的，并不是职业法学家们聚讼纷纭的有关占有

---

① 休谟：《人性论》，下，第622页。休谟进而指出："自私是建立正义的原始动机；而对于公益的同情是那种德所引起的道德赞许的来源。"第540页。

物的数量上的以及形态上的区分与厘定，而是探讨占有的主观机制，在他看来，大陆法学家们之所以陷入诸如前述的例子中所表明的那些永远也说不清楚的占有难题，关键在于他们犯了一个致命的错误，那就是把占有视为一个客观的实体性的事实，这可以说是大陆罗马法的一个痼疾。休谟认为，确立现实的财产占有的规则存在着一个与想象力相关联的主观心理机制，其中的时间问题是与基于想象力的类比原则相关联的，而不是与一个所谓的时间实体相关联的，他不承认有一个实在性的时间实体，并以此客观地划分不同的占有方式。例如，休谟在谈到长期占有问题时，就认为时间上的确定性是难以最终保持的，"一切东西虽然都是在时间中产生的，可是时间所产生的一切东西确是没有一件是实在的；由此而得的结论就是：财产权既然是被时间所产生的，所以它并不是对象中存在着的任何实在的东西，而是唯一可以受时间影响的情绪的产物"。①

休谟提出的协议即共同利益感的财产权理论，与权利论的契约有着重大的差异，人们相互之间经相互同意而制定的契约，是一种基于理性的考虑，理性在其中扮演着重要的作用，而休谟的协议却不是理性的结果，并不具有必然性，而是一种感觉的协调。为了证明这一点，休谟在哲学上给出了一种新的论证，在他看来，人们相互之间有关情感的联系并不是一种客观的必然性的联系，而是一种建立在记忆、想象力等主观感受上的联系，为此，他提出了三个基

---

① 休谟：《人性论》，下，第549页。米勒分析说："想象力是如何把财产权规则提示给我们的呢？它是通过促使我们把财产权的习惯联系与个人和对象之间的自然联系联结在一起而完成的。假设我们寻求一种指定对象 A···M 与个人 N···Z 派对的方式，如果其中 A 和 N 之间，B 和 O 之间是一种自然的关系，其他的也是如此，那么，在没有反对理由的情况下，明显的分派方式也将会是 A 对 N，B 对 O，如此等等。"参见 Divid Miller, Philosophy and Ideology in Hume's Political Thought, pp.68 - 69。

本的联系方式，即类似关系、接近关系与因果关系，① 显然这些关系原则不同于理性主义的实体原则、必然性原则等，而是一种感觉主义的联系方式，是一种建立在类比推理上的主观联系方式。在一个政治社会，人们凭着一种共同的利益感觉，就能意识到合作的必要性，特别是遵循规则的必要性，因为这里有一个心理的预期问题，人们感到只要是遵循着共同的规则，就能够实现预期的结果。休谟写道：

> 财富的本质就在于获得生活中的快乐和舒适的能力。这种能力的本质在于它的发挥的概然性，在于它使我们借一种真的或假的推理去预期那种快乐的真正存在。这种快乐的预期本身就是一种很大的快乐；这种快乐的原因既然是我们所享有的，并因而是与我们有关系的某种所有物或财产。②

正是共同的利益感觉这一心理的发生机制，以及由此产生的协议和规则，为财物的稳定性占有提供了"道德"的基础，休谟认为，正义恰恰是在这样的机制中产生的，因此正义并不是正义的理性逻辑，而是一种正义的感觉。正义感不是由理性的逻辑提供的，而是由共同的利益感提供的，在遵循规则的心理预期中，个人利

---

① 休谟：《人性论》，下，第 317 页。"心灵不可能在长时间内始终固定在一个观念上，而且即便尽其最大努力，也永不能达到那样一种恒定程度。不过我们的思想不论如何容易改变，它们在变化中并不是完全没有任何规则和方法的。思想依之进行的规则，是由一个对象进到与之类似、接近、或为它所产生的对象。当一个观念呈现于想象中时，被这些关系结合起来的其他任何观念就自然地随之而来，并由于这种导引而比较顺利地进入心灵。"

② 休谟：《人性论》，下，第 351 页。

益与公共利益达到了平衡，从而产生了一种共同的利益感觉。这种共同利益感觉并不是实体性的公共利益，更不是霍布斯乃至后来的黑格尔所说的那种国家的主权利益，而只是一种利益感觉，这种感觉是没有实体依托的，它最终仍是服务于个人利益的，正是在这样一种共同利益感的前提下，人们才主动地进行设计，从而建立起一整套的法律规则体系，财产权便是其中最根本的一种法律规则。

使我们确立正义法则的乃是对于自己利益和公共利益的关切；而最确实的一点就是：使我们发生这种关切的并不是任何观念的关系，乃是我们的印象和情绪，离开了这些，自然中每样事物都是对我们漠然无关的，丝毫都不能影响我们。因此，正义感不是建立在我们的观念上面，而是建立在我们的印象上的。我们还可以进一步证实前面的命题，就是：产生这种正义感的那些印象不是人类心灵自然具有的，而是发生于人为措施和人类协议。因为性情和外界条件方面的任何重大变化既然同样地消灭正义和非义，而且这样一种变化所以有这种结果，只是由于改变了我们自己的和公共的利益；因此，必然的结果就是：正义规则的最初确立是依靠于这些不同的利益的。但是人们如果是自然地追求公益的，并且是热心地追求的，那么他们就不会梦想到要用这些规则来互相约束；同时，如果他们都追求他们自己的利益，丝毫没有任何预防手段，那么他们就会横冲直撞地陷于种种非义和暴行。因此，这些规则是人为的，是以曲折和间接的方式达到它们的目的，而且产生这些规则的那种利益，也不是人类的自然的、未经改造的情感原来所追求的那样一种利益。[①]

　　在此，为了更好地理解休谟的财产权理论，我们就有必要回到休谟的哲学上来。休谟在《人性论》的第一卷曾谈到有关以想象力为核心所形成的心灵问题，他认为所谓的因果必然性并不是两个对象之间必然的实体性的联系，而是一种借助于想象力的功能而产生的情感上的联系，因此是一个信念问题。"我们所谓的心灵只是被某些关系所结合着的一堆不同知觉或其集合体，并错误地被假设为赋有一种完全的单纯性和同一性。"[②] 在他看来，财产权从精确性的角度来看，涉及的仍然是这个主观心理问题，财产占有的含义包含着一种因果关系，因为一切外界财物的占有是变化的和不定的，因此，最初的占有总是具有优先性的意义，但是这个占有如何在精确的层面上或在时间的层面上加以证成，就涉及因果关系。他写道：

　　　　不但当我们直接接触任何东西时，我们可以说是占有了它，而且当我们对那种东西处于那样一种关系，以致有能力去使用

————————

① 休谟：《人性论》，下，第 536 页。

② 休谟：《人性论》，上，第 234 页。关于心灵同一性问题，休谟写道："我们所确实知道的唯一存在物就是知觉，由于这些知觉借着意识直接呈现于我们，所以它们获得了我们最强烈的同意，并且是我们一切结论的原始基础。我们由一个事物的存在能推断另一个事物的存在的那个惟一的结论，乃是凭借着因果关系，这个关系指出两者中间有一种关系，以及一个事物的存在是依靠着另一个事物的存在的。这个关系的观念是由过去的经验得来的，借着过去的经验我们发现，两种存在物恒常结合在一起，并且永远同时呈现于心中。但是除了知觉以外，既然从来没有其他存在物呈现于心中，所以结果就是，我们可以在一些差异的知觉之间观察到一种结合或因果关系，但是永远不能在知觉和对象之间观察到这种关系。因此，我们永不能由知觉的存在或其任何性质，形成关于对象的存在的任何结论，或者在这个问题上满足我们的理性。"第 239 页。

它，并可以随着自己现前的意愿或利益来移动它、改变它或消灭它的时候，也可以说是占有了那个东西。因此，这种关系是一种因果关系；财产权既然只是依据正义规则或人类协议而得来的一种稳定占有，所以也应当看作是同样的因果关系。但是在这里我们可以注意，随着我们所可能遇到的阻碍的概然性之或大或小，我们使用任何对象的能力的确定程度也就有大有小；而这种阻碍的概然性既然可以不知不觉地有所增加，所以我们在许多情形下就不可能决定占有是从何时开始，何时终止；我们也没有确定标准，可以根据它来决定这一类的争端。①

由此看来，在财产占有问题上之所以会导致一系列的难点，是因为洛克特别是黑格尔等人没有考虑到财产权实际上是一种特殊的因果关系，而不是实体性的关系，这种因果关系的关键在于人的心理因素。从心理的联系方面来说，占有的时间变化实际上是根据心理感受力的关系而逐渐增强或减弱的，为此休谟划分了有关财产占有的一些具体形式，如占领、时效、添附和继承等。我们看到，休谟的划分不是根据理性推衍出来的，而是建立在一种特殊的因果关系上的，而这种因果关系的紧密程度又是与心理上对于利益和自由的感受程度而有所区分的，因此这是一个触及第一个层次的共同利益感上的财产权划分，而不是一种客观时间形态上的划分，如果单纯地按照时间的客观形态来划分的话，将会导致前述的一系列细节问题的困惑，但是，如果依据主观心理的感受，这些难题就会根据

---

① 休谟：《人性论》，下，第 546 页。

共同利益感的调节而得到解决。[①]

### 3. 与洛克、黑格尔财产权理论之比较

前面我们曾经指出，财产权理论是近代思想的一个重要方面，特别是随着近代市民社会的产生和国民财富问题的凸显，有关私人财产权问题便一直是众多思想家们考察分析的一个要点。就思想渊源来说，近代的财产权理论可以上溯到古代的自然法观念，自然法是近代财产权理论的起点，不过从大的背景来看，英国与欧洲大陆的思想略显不同，英国思想家们对于自然法主要是唯名论的理解，而大陆的思想家们则主要是唯实论的理解。在有关自然法的理论中，财产权曾被视为一种与生命权和自由权相关联的自然权利，这种理论在 17 世纪以来的欧洲国家，特别是在法国的启蒙思想家那里得到了强调，并在 18 世纪英国的道德哲学中也找到了回应，到了 19 世纪的德国古典哲学则上升为一种绝对的国家精神。从线索上看，自然法的理论经过大陆的荷兰、法国到英国再到德国，这是一条主线，与这个主线相关联的是法律意义上的财产权理论，它又有两个谱系，一个是罗马法的谱系，主要是在大陆国家乃至苏格兰占据着主导地位，另外一个则是普通法，在英格兰以及英属殖民地占有主导地位。

---

① 对此休谟曾以"骄傲"为例加以证明，他写道："那个被认为是最密切而且在其他一切关系中最通常产生骄傲情感的关系，乃是财产权关系。……财产权可以被看作 种特殊的因果关系；不论我们是考虑它所给予所有主以任意处理物品的那种自由，或是考虑他由这个物品所获得的利益。……观念间的关系与印象间的关系结合起来，总是产生感情间的推移；因此，每当任何快乐或痛苦是从一个由于财产权与我们发生关系的对象发生起来的时候，我们就可以断定，由这两种关系的结合必然会发生骄傲或谦卑，如果前面的理论体系是确实而满意的话。究竟是否如此，我们只要粗略地观察一下人生，马上就可以得到满足。"见《人性论》，下，第 345—346 页。

就上述情况来看，有关财产权的理论背景与思想渊源是复杂的，例如在英国内部，尽管对于自然法的理解主要是一种唯名论的倾向，但也还产生了重大的区别，这种区别集中体现为洛克财产权理论与休谟财产权理论的不同。而就更广阔的范围来说，由洛克和休谟共同构成的英国的财产权理论又与大陆国家的财产权理论，特别是德国的康德和黑格尔的财产权理论，在另外一个层次上形成了不同。下面仅就休谟与洛克和黑格尔财产权理论做一比较分析，展示17、18、19世纪财产权理论的复杂性和深刻性，而这反过来有助于我们理解休谟的财产权理论。

关于洛克的财产权理论，我们在前面已多有论述，可以说休谟在财产权问题上受到了洛克的很大影响，他们都认为确立财产权不单独是一个狭义的法学问题，而是一个涉及国家制度的政治问题，把财产权视为政治理论和法律理论的出发点，这是他们两人共同一致的地方。他们的著作中都十分强调财产权的绝对重要性，认为如果不先确立个人财产权的法律地位，那一个社会的政治秩序也就无法存续。这些观点构成了17、18世纪英国财产权理论的基本特征，也构成了近代市民社会和自由主义政治理论的最主要的理论资源，它们实际上是在为近代市民社会的法律制度和政治制度，为新的市场经济和资本主义的自由商品贸易提供一种新的理论说明。但在这样一个相同的背景之下，我们又应该指出，他们两个人又呈现着巨大的差别，各自代表着17、18世纪英国古典思想中有关财产权的两种不同的理论路径。

洛克作为一个契约论政治理论家，他认为财产权与个人的自由有着直接的关系，是个人自主性的直接体现。洛克认为，人自身通过掺入劳动就可以具有财产权，财产权对于人来说是一种先验的存在，早在社会的国家制度产生之前，人通过劳动及其占有就已经具备了享有财产的权利，因此财产权是与人的孤立存在相关的一种自然权利，而政府和国家的建立不过是把这种个人本来具有的财产权转化为一种制度层面上的保障，变成基本的国家法律，所以，他的财产权理论是与他的社会契约论，与抽象个人的假定，与自然法的观念联系在一起的。休谟的财产权理论不同于洛克，他并不认为人在社会产生之前就具有财产权的自然权利，人也不是单独地通过自己的劳动就可以孤立地占有财产，财产权在休谟看来乃是一种社会关系的产物，依赖于社会的习惯，是在社会共同体中逐渐产生出来的。作为一种基本的权利，财产权是在个人对于财产的持续占有的过程中逐渐得到承认的一种社会权利，涉及人与人之间的利益关系，涉及社会的习惯、传统，用他的话来说，财产权不是一种物的关系，而是一种道德的关系，一种与因果关系相联系的涉及预期的稳定性的社会关系。因此，休谟对于财产权的强调在于，他把人对于财产的拥有与人在社会生活中建立起来的法律制度联系在一起，人并不是先天地就具有财产权，它是在调整个人利益与社会共同利益的关系中逐渐培育和稳定下来的，没有它们，政治社会的持续存在是不可能的，没有它们，人们在社会生活中的预期也是不可能的。①

实际上，洛克与休谟两人的财产权理论又涉及另外一个哲学问题，那就是他们对待理性及其作用问题的看法，特别是对待与此相

---

① 波瑞指出，"休谟在此攻击了洛克的财产权理论。洛克认为，个人拥有财产是因为他的人格和掺入了他的劳动，但它们没有一个符合休谟的关系理论。对于休谟来说，财产权关系依赖于别的理智人的存在，他们建立了影响稳定占有的协议。与此相反，洛克的理论是一个类似于卓越的人的个人主义的理论，因为它无法直接地改进其他人的地位，这样与此相关，按照休谟的假定，洛克仅仅是提供了占有的解说，而不是财产权的解说。"参见 J. Berry, *Hume, Hegel, and human nature*, Martinus Nijhoff Publishers, 1982, pp. 77 - 78。

关的法律规则的看法。尽管洛克也是一个哲学上的经验主义者，但与霍布斯一样，他们的经验主义哲学在转变为社会政治和法律的学说时，却体现出了一种强调理性作用的特征，在他们看来，自然法的普遍性是一种基于理性的普遍性，他们所理解的法律是以理性的本性为特征的法律观，强调的是一种国家立法的理性，而这显然与英国普通法的传统有所背离，与英国强调经验和技艺理性的法官造法的普通法传统有所不同。与此相反，休谟对于法律的认识一方面虽然也受到苏格兰市民法的影响，但是他更强调习惯、传统、惯例等在塑造社会中的作用，强调具体的法律实践在确立财产权关系中的作用，这实际上又具有普通法的特征。哈康森指出："休谟的理论明显与普通法传统，与柏克相一致，他发现与这些思想家们在强调正义的历史发展方面有着共同的基础。"① 休谟认为理性在法律中的作用是非常有限的，法律的关键在于感性，在于人的情感和利益感，共同的利益感和正义感以及道德情感、同情心等是法律规则的哲学基础，也同样是财产权理论的哲学基础。因此，休谟把财产权理论所涉及的利益问题放到了一个共同的利益感的基础上来加以论述，认为这样一种法律的正义是一种基于共同利益感的情感正义，而不是自然法的那种普遍的理性正义。

波瑞在论述休谟与洛克的区别时指出了休谟与黑格尔的一致之处，他们都不像洛克那样设定一个孤立自主的个人，而是强调社会的关系，认为财产权是一种社会性的权利规则。不过也应该指出，黑格尔与洛克又有着很多一致的方面，如他们都承认实体性的权利，认为通过劳动的对象化可以实现自主的人格，而在这些方面，黑格

---

① K. Haakonssen, The Science of a Legislator, p. 21.

尔与洛克的一致之处要大于他们的差异,① 相反,他们又都与休谟形成了重大的区别,可以说休谟与黑格尔的相同点要远远小于他们的差异点。波瑞指出:

> 超出因果关系的更为根本性的区别是富有代表性的休谟与黑格尔哲学之间的基本区别,这在他们对于洛克的财产权理论的相关反应中可见一斑。两个人都拒斥洛克的极端个人主义。在休谟那里,财产权关系是人为的依赖于先在的社会习惯,即依赖于道德情感和正义的存在,它们给予了我们一种戒除一个物体的"责任感"。在黑格尔那里,财产权关系内在地依赖于相互的承认。在休谟和黑格尔之间关于占有与财产权的区别是不言自明的,对于休谟来说,财产权是"稳定的占有",而稳定性是正义的结果,对于黑格尔来说,只有当占有赋予了我的意志,而且只有当我的意志在其中被他人承认的时候,才是财产权。②

我们知道,黑格尔的财产权理论的一个最突出的特征,是实体化的权利转移和人格实现,用他的话来说,人通过对财产的占有而

---

① Radin 在"财产权与人格"一文中曾讨论了洛克的理论和黑格尔的理论的区别,他认为:对于洛克来讲,劳动是权利之源,而对于黑格尔来讲,权利则来自于意志。洛克理论中的个人对财产享有自然权利。黑格尔的权利概念——积极的自治和自由——逻辑上与对外在物的权利有密切的联系。在消极自由和积极自由之间进行区分的历史意义在于,黑格尔理论的承继者倾向于把财产权利看作是以社会为基础的,而洛克理论的追随者则倾向于保持个人主义,参见 Beki, Political Freedom and Hegelian Metaphysics, 16 Pol. Stud. 365, 1968.

② J. Berry, Hume, Hegel, and human nature, Martinus Nijhoff Publishers, 1982, pp. 205 – 206. 关于这个问题的深入研究,另参见该书 pp. 113 – 124, 193 – 207. D. Forbes, Hume's Philosophical Politics, Cambridge, 1975. J. G. A. Pocock, Politics, Language and Time, New York, 1973.

把自己的力量、本质和自由意志对象化了，这种对象化的劳动使得客观的财产具有了属人的特性，从而为人所拥有。因此，这是一种客观的权利学说，在那里，对象化的劳动与自由意志的对象化和财产的人格化达到了统一，从而获得了一种有效的财产权的理论证成，这一点是黑格尔《法哲学》一书中有关抽象法的一个基本原则。黑格尔认为通过人的主体性的活动和对于外部事物的占有，就把自己的单个意志实现出来了，从而达到了一种自我意识的同一性。他写道：

> 这里抽象的同一性构成了这种规定性。因此，意志就成为单一的意志——人。
>
> 人格一般包含着权利能力，并且构成抽象的从而是形成的法的概念和这种法的其本身也是抽象的基础。所以法的命令是："成为一个人，并尊敬他人为人。"
>
> 法首先是自由以直接方式给予自己的直接定在，即占有，就是所有权。在这里自由是一般抽象意志的自由，或者，因而是仅仅对自己有关的单个人的自由。……惟有人格才能给予对物的权利，所以人格权本质上就是物权。这里所谓物是指其一般意义的，即一般对自由来说是外在的那些东西，甚至包括我的身体生命在内。这种物权就是人格本身的权利。[1]

由此可见，黑格尔虽然与洛克的理论有很大的区别，但是在承认权利的实在性方面，在从人格权到物权推衍的内在必然性方面，在劳

---

[1] 分别见黑格尔：《法哲学原理》，第44、46、48页。

动的物化以及自由意志的实现等方面，都存在着很多共同一致之处，而正是这些对于马克思的劳动价值学说产生了重大的影响。[1]

休谟与上述三人的观点有着重大的不同，他并不认为在人对物的占有以及财物的转移等方面，存在着客观的实在性权利；而只是一种主观的建立在想象力基础上的因果关系，是一种根据人对于自由和利益的感受而逐渐联系起来的相互关系，在这种相互关系中，人对于财物的时间性的占有以及体现在其中的自由与利益的关系并不是实体性的关系，而更多的是一种感受性的情感关系，是一种共同利益感的内在主观机制在起作用。从这个意义上来说，建立在财产权基础上的人的自由和幸福，并不是客观对象化的劳动结果，而只是主观的心理平衡。在此，劳动的外化以及自由意志的物化并不占有核心的意义，相反，对于物品占有的情感上的感受程度以及能力才是根本的，因此，财富没有客观的尺度，依据的是主观的感受，自由不是客观的自由，而是主观的自由，而能力也并不与自由意志的学说相关。[2]

---

[1] 可以说从洛克经黑格尔到马克思，展现的基本上是有关权利的客观主义的本质论这样一条逻辑线索。当然，在有关劳动价值的理论中，洛克与马克思两人之间也有区别，对此，怀德恩做了分析，他指出：首先，劳动在洛克的论述中是一令人苦恼的诅咒，根本找不到像马克思的著作中所说的劳动是自我实现的一种方式那样的浪漫奇想。对于洛克而言，劳动的重要性仅仅是工具性的，我们承认它重要，不在于我们觉得在劳动中实现了自己，而在于我们的常识：为了生存和繁衍，我们不得不（have to）劳动。其次，洛克理论中的价值是使用价值（use-Value），而马克思关心的主要是交换价值（exchange-Value），洛克对物品在市场上交换的相互比例，不曾有任何的设定。关于这个方面的进一步研究，可参见 Ryan, Porperty and political Theory, pp. 5 - 12, J. Waldron, The Right to Private Property, pp. 137 - 253。

[2] 休谟在《人性论》中曾经指出了"能力"与"能力的发挥"之间的区别，并认为并不单独存在抽象的"能力"，只有后者才与人的占有财产的活动有关。按照休谟的这一分析，理性主义往往偏好上述区分，他们把普遍抽象的概念视为各自理论的支点，把劳动与劳动的行为等加以区分，进而抽取出所谓的抽象的劳动一般、欲望一般、价值一般，正像洛克、黑格尔、马克思所做的那样。参见休谟：《人性论》，下，第 347 页。

我们知道，黑格尔的财产权理论最终落实为一个"人格"，关于人格，休谟在他的哲学中也多有涉及，不过，他所说的人格问题，并不是实体性的人格同一性。休谟指出，我们经常虚构了一些灵魂、自我、实体的概念，混淆了同一性与关系性的不同，"同一性并非真正属于这些差异的知觉而加以结合的一种东西，而只是我们所归于知觉的一种性质，我们之所以如此，那是因为当我们反省这些知觉时，它们的观念就在想象中结合起来的缘故……因此，同一性是依靠于类似关系、接近关系和因果关系三种关系中的某几种关系的。"① 所以，休谟认为，财产权并不体现那种虚构的人格同一性，也不体现绝对的自由意志，而只是一种建立在类似关系、接近关系和因果关系上的唯名论的人格关系。

在休谟看来，人就其本性来说总是舍远求近，贪图眼前的利益，忽视长远的利益，因此，为了保障人获得充足的利益，必须建立起一种人为的措施，通过这些措施来改变人的自私人性，使他们能够在眼前利益和长远利益之间达到一种平衡，这样一来，财产权理论以及其他的与此相关的法律规则与人类制度也就出现了。在此，也就触及一个政治社会问题，也正是在这个方面，休谟和黑格尔的财产权理论显示着某种一致之处。他们两人都认为，有关财产和利益问题不是孤立的，而是与市民社会相关联的，是一个社会中的财产权问题。黑格尔在《法哲学》中把财产权视为市民社会赖以建立的法律基础，他认为财产权涉及个人利益与公共利益的关系，个人利益只有在社会利益中才能得到调整，财产所关联的并不是绝对的个人利益，必须与社会的普遍利益联系在一起来考察。

---

① 休谟：《人性论》，下，第290—291页。

但是，应该指出，休谟与黑格尔思想中的一致性只是相对的，这种相对性主要体现为在休谟看来并不存在一个高于市民社会之上的伦理国家，恰恰相反，市民社会所构成的政治社会是以市民社会为基础的，并且是存在于市民社会的框架内的。休谟认为，政府也起源于正义，只不过作为更大范围内的更具有制度性的整体设计，政府的职能是在更高的政治层面上实施以财产权原则为核心的正义规则，因为正像休谟所指出的，人的本性总是自私的、贪欲的，因此，为了维护一个正义的社会，就需要一种公共权力机构。但是，需要特别指出的是，政府本身并不具有实体性的目的，这一点是他与黑格尔政治理论最根本性的差别，因为在他那里并没有一个高于市民社会之上的伦理国家，因此，国家的最终目的不过是通过一种公共的权威来实施以财产权规则为核心的法律规则，从而保障个人利益与社会利益的平衡，实现一个政治社会的有效运转。

与此相反，黑格尔在承认了市民社会的相对地位之后，又提出了一个更高的伦理国家的政治实体，认为国家政权的基础并不是基于个人财产权，而是基于更高的国家利益，或基于一种绝对的国家精神。依照他的理论，财产权只是在抽象的市民社会作为抽象法的一个核心内容而支撑着社会的正当秩序，但对于市民社会之上的国家，财产权就失效了。他写道：

> 国家，即表现为特殊意志的自由独立性的那种自由，既是普遍的又是客观的自由。这一现实的和有机的精神，（甲）其关于一个民族的，（乙）通过特殊民族精神的相互关系，（丙）在世界历史中实现自己并显示为普遍世界精神。这一普遍精神的

法乃是最高的法。①

斯提欧曼指出，黑格尔的政治哲学是建立在财产权的基础之上的，但这仅仅是因为这样可以使之能够超越财产权，用黑格尔的话来说财产权必须被"扬弃"，即同时得到保留和超越。在通过持有某物而赋予自己意志以具体定在的抽象法的层次上，黑格尔似乎主张财产权，但他到了家庭这个环节时，财产本质上变成了共同拥有的财产，而到了国家这个地上的伦理实体，则财产权就转变为国家的财产权，虽然黑格尔并没有明确地提出"国家财产权"这个概念，但对他来说高于市民社会之上的国家，乃是个人的一切权利（当然也包括个人财产权）应该被纳入进去的绝对共同体。② 黑格尔认为，国家的真正责任与职能乃是实现一个高于个人财产权的更高的国家目的，而且为了这个国家目的，可以牺牲个人的基本权利，当然也包括财产权。因此，黑格尔的有关财产权的理论是一种以国家为主体的积极正义的理论，他希望通过国家的自身目的来建立一个最高的正义的完美社会。显然，黑格尔的政治哲学与18世纪英国的社会政治思想最终是有着根本区别的，由于休谟、斯密，甚至包括洛克，他们都不承认一个伦理国家的存在，都认为财产权是一个社会的最核心的支柱，因此，基于财产权的正义只能是消极的正义，③ 它体现为国家或政府只能是通过自己的权力职能来保障个人的财产等权利不被侵犯，这样一种消极的正义，或许可以防止国家主义的实体性

---

① 黑格尔：《法哲学原理》，第41页。
② Peter G. Stillman, Hegel's Analysis of Property in the Philosophy of Right, Property Law Ⅰ, pp.76-116.
③ 斯密写道："正义只是一种消极性的美德，它仅仅阻止我们去伤害周围的邻人。"斯密：《道德情操论》，第100页。

扩张，从而建立起一个自由的以个人财产权的保障为最终目的的自由制度。①


## 三、人为正义问题

　　17、18 世纪的英国古典社会思想有别于古希腊，② 它从情感的道德学开启出来的乃是一个关于政治社会的公共领域，所以，善恶问题让位于正义问题。正义问题实际上一直是西方乃至人类思想史上的一个最关键的问题。到底什么是正义？什么是非正义？这是一个让思想家们绞尽脑汁的千古难题，休谟的以财产权为核心的正义规则理论同样是基于这个问题的考量。仔细研读休谟的思想，我们发现，正义问题在他的理论中一直存在着主副两条线索，主线是他所创建的人为正义的政治理论，作为主导思想支撑着他的整个理论体系，副线是自然正义的传统政治理论，它作为休谟思想的一部分，

---

① 波瑞很正确地指出了休谟与黑格尔的基本区别，他写道："总之，一句话，休谟的人性和社会理论牢固地植根于自然世界，而黑格尔的人性和社会理论则植根于超越于自然的精神王国。"参见 J. Berry, Hume, Hegel, and human nature, p. 207。
② 古希腊的主流社会政治思想乃是一种主智主义的哲学，它由苏格拉底的智识观开启，尤以柏拉图、亚里士多德为代表，另外一种非主流的情感主义，则以智者学派、怀疑主义和享乐主义等为代表。17、18 世纪的英国思想主要是继承了古希腊的非主流的哲学思想，集中体现为以情感主义占主导的道德哲学，但奇特的是，英国的思想并没有像古希腊的前辈们那样在社会政治领域采取反社会的观点，相反，却呈现出一个关注于社会公共政治的道德哲学，而这恰恰是古希腊的主流理性主义所大肆雕琢的领域，从非主智的情感主义却开启出一个面向公共之域的社会政治理论，这不能不说是英国思想的独创。这一理论路径对于我们中国的以实践的世俗智慧著称的思想传统来说，不无启发之意义。

总是或隐或显地出现在他的思想之中。两条线索有时是平行的，[①] 但有时又并非是平行的，而是隐含着巨大的张力，这是休谟思想中的一个难点，[②] 我们下面的分析将会触及这个问题，由此足见休谟的上述线索具有着深厚的思想背景，与西方源远流长的自然法传统有关，更与休谟的理论革新有关。[③]

## 1. 自然法问题

我们知道，自然法思想在西方有古代与近代两种形态，以斯多亚学派为代表的古代自然法观念，经历了中古基督教神学的洗礼之后，在 16 世纪以来随着近代民族国家和市民社会的兴起，得到了一次重大的复兴，从格劳秀斯、普芬道夫、霍布斯、洛克、哈奇逊等人有关自然法的思想理论中，可以看到它在当时欧洲的普遍影响。[④]

---

① 例如，休谟在谈到情感与德性时写道："我们对于每一种德的感觉并不都是自然的，有些德之所以引起快乐和赞许，乃是由于应付人类的环境和需要所采用的人为措施或设计。"休谟：《人性论》，下，第 517 页。

② 关于这方面的深入讨论，参见 C. E. Cottle, Justice as Artificial Virtue in Hume's Treatise, Hume as Philosopher of Society, Politics and History, Edited by D. Livingston, University of Rochester Press 1991, pp. 16 - 25. K. Haakonssen, The Science of a Legislator, Cambridge University 1981, pp. 4 - 39。

③ 对此，麦金太尔提出了著名的所谓"休谟的英国化颠覆"的观点，参见麦金太尔：《谁之正义？何种合理性？》、《追寻美德》，对于麦金太尔上述观点的分析与回应，参见本书有关章节。

④ 斯图亚特指出："我从格劳秀斯开始论述，首先是因为他把自然法思想导入新教欧洲，其次，他的著作，特别是他的《论战争与和平法》，在西欧的政治与道德思想领域产生了强有力的影响，而且持续久远。可以说是格劳秀斯树立起了织机，休谟的前辈和休谟自己在其上开始工作。"Stewart, The Moral and Political Philo-sophy of David Hume, Princeton University Press 1992, p.15.哈康森分析说："早在 18 世纪初期，自然法作为大学道德哲学的最重要的课程，几乎在所有的新教欧洲国家被教授，先是德意志、尼德兰、瑞士、斯堪的那维亚，很快就传入苏格兰，然后是在英格兰理性主义不信教的学院，最后是北美的大学。"K. Haakonssen, Natural law and moral （转下页）

尽管对于自然法存在着不同的理解，但思想家们对于自然法主要原则的认识仍然是大致相同的。第一，自然法观念来源于西方古典思想中的理性主义传统，相信在宇宙之中存在着一个普遍的法则或逻各斯，斯多亚的思想家们认为这种自然法体现了宇宙中的理性的实在性。当然，经过了中古教父神学的改造，近代以来的自然法又有唯实论与唯名论两种形态，相比之下，英国一脉的自然法思想更多地受到了唯名论的影响。第二，自然法又体现为一种道德性的法则，或者说具有着一种正义的价值，由于它的先社会性，因此往往又被视为一种自然正义。自然正义并非不承认宇宙的差别和等级秩序，而是认为每个事物都依照自己的本性归属于这个圆满的秩序，对于人来说，自然正义就是自然权利，[①] 人按照自己的本性先天地就具有要求平等对待的权利，这些权利具体地表述为生命权、自由权、财产权等。[②]

问题在于人是一种生活在政治社会中的存在，因此，从自然法到实在法，从自然正义到法律正义，两者之间是如何过渡的，是否存在着不可跨越的裂痕？

---

（接上页）philosophy, Cambridge University Press 1996, p. 61. 关于这方面的研究，参见 D. Forbes, Hume's Philosophical Politics, Cambridge, 1975. J. A. Herdt, Religion and Faction in Hume's Moral Philosophy, Cambridge University Press 1997。

① 在西文中"Right"既指"权利"又指"正义"，关于它们的精微差别，参见施特劳斯：《自然权利与历史》，彭刚译，生活·读书·新知三联书店 2003 年版。

② 洛克的"财产权"在美国的《独立宣言》被改为"追求幸福"的权利，关于这个改动的原因，按照 W. M. Treanor 的说法是《独立宣言》的起草者杰斐逊在草拟《独立宣言》的不可剥夺的权利清单时，没有使用"生命、自由和财产"这一标准的洛克式自由主义的表达方式，转而采用"生命、自由和追求幸福"的短语，因为他认为财产不是一项不可剥夺的权利。他的这一思想是基于共和主义的一个基本的认识，那就是国家可以剥夺财产权以促进公益。参见《耶鲁法律评论》，第 94 卷，W. M. Treanor 的论文"美国宪法第五修正案公平补偿条款的起源与原意"。另，关于洛克的自然权利学说以及与共和主义的关系的详尽研究，参见 G. Wood, The Creation of the American Republic, 1776 - 1787, 1969 和 J. Pocock, The Machiavellian Moment, Florentine Political Thought and Atlautic Republican Tradition Princeton University Press, 2003。

英国的古典政治思想总的来说仍属于经验主义的大背景，但确实又内在地具有不同的路径。列维斯顿曾经指出："诚然，在他们那个时代的认识论争论中，洛克、贝克莱和休谟采取的立场是与笛卡尔、斯宾诺莎和莱布尼茨的思想相对立的，如果我们喜欢也可以称之为经验主义。但我们必须注意清除这个术语后来带有的意识形态的涵义，这项工作在休谟那里尤为困难。同时，我们也必须留心一个共同的'经验主义'是如何内在地显示为洛克的自然法的斯多亚主义、贝克莱的基督教的柏拉图主义和休谟的西塞罗的人道主义的。（尽管）上述所有的经验主义没有一个包含了实体性的内容，并且通常冠之以'休谟的经验主义'。"①

总的来说，17、18世纪英国的社会政治思想大致分为两个部分，一个是以英格兰思想为主体的强调理性作用的政治哲学，尤以霍布斯、洛克为代表，另外一个则是苏格兰的启蒙思想，他们强调情感、习惯和传统的重要作用，以休谟和斯密为其代表。前者认为自然法是一种理性的法则，从自然状态到自然法，到自然正义到政治社会，理性在其中发挥了主导性的作用，通过理性立法，自然状态与政治社会的裂痕就可以沟通和克服。我们看到，从自然状态到国家理由，这是霍布斯的理性推理的一种必然结果，这种国家理由（理性）可以上溯到马基雅维里，他认为一个国家的合法性是基于国家理性这样一个内在的基础之上的。因此为了确保国家的统治，国王有义务基于理性的考虑而设计出一套法律制度和政治设施，从而有效地治理国家，因此，国家理性是国家作为一个政治实体赖以存在的理由。

---

① Donald W. Livingston, Philosophical Melancholy and Delirium, Hume's Pathology of Philosophy, p.4. Chicago University Press, 1998.

上述思想后来对实证法学和分析法学产生了重要的影响，他们认为，国家具有正当的理由制定法律，实施对社会的统治，国家的意志经过立法程序的过程之后就变成了实在的法律，国家的成文法是比习惯法更为高级的真正的法律。① 在他们眼里，所谓的自然正义不过是属于神明的东西，在现实社会并不存在，一旦国家形成了，自然的正义也就消失了，所谓的正当性即在于理性，或更本质地说在于国家理性，其基础是建立在理性之上的社会契约，在此之外没有正义可言。② 由此一来，就导致了国家与道德的分离，政治无道德，这是上述理路的一个基本论点，这实际上就为后来的自由主义的理论与实践开辟了一条道路，现代自由主义的主流政制基本上延续了这一路径，它们之间争议不休的主要是分配领域的道德基础问题。③

从霍布斯的自然法、洛克的自然正义到现代自由主义的法律制度与价值无涉（value-free），这是自由主义政治哲学的一条曲折但又明显的路径，它的胜利与它的危机同步并行，直到今天依然如此。但需要指出的是，在英国的古典政治思想中，还有另外一条路径，那就是以休谟和斯密为代表的古典自由主义的理论思想，它们并不是简单地把政治与道德区分开来，而是探讨一种不同于自然法的政治社会的道德基础，它集中地体现在休谟有关人为正义的理论之中。休谟在《人性论》一书中提出了一个自然与人为德性两分的观点，他认为德性有两种，一种是自然的，一种是人为的。自然的德性系

---

① 参见霍布斯：《利维坦》，第 207 页："因为立法者就是制定法律的人，然而又唯有国家才能规定并命令遵守我们称为法律的法规；因之，国家便是立法者。但国家不是人，除开通过代表者以外也无法做出任何事情；而代表者就是主权者，所以主权者便是唯一的立法者。"

② 关于这个问题的具体论述，参见高全喜：《法律秩序与自由正义——哈耶克的法律与宪政思想》第一章"正当行为规则"。

③ 罗尔斯的《正义论》其实质仍然是一个分配的正义问题。

于直接对自己和他人有利并使自己和他人愉快，对于这类德性，休谟认为它们固然好，但并不重要，因为它们只能存在于一个自然的状态，而一旦进入社会就会失效。休谟并不赞同霍布斯或洛克等人提出的所谓自然状态，在休谟看来，自然状态不过是人的理性假设，在自然状态下生活的是动物，不是人，人必定要进入社会，人是政治社会的动物。为此，休谟提出了一个从自然向人为逐渐演进的观点，认为人为的德性将有助于政治社会的形成与完善，在诸多德性中正义是最重要的一种人为的而非自然的德性。

在休谟看来，在自然界里存在的只是人的避苦趋乐的基本趋向，从这个意义上来说，凡是符合这个基本的趋向就是符合自然的正义原则，这其中使人感到快乐的便是善，使人感到痛苦的便是恶，这是一种自然意义上的善恶观。但是，政治社会形成于一个公共的分工与合作领域，在此就出现了一个关键问题，那就是如何处理人在社会中依照苦乐原则追求各自利益时的关系问题。显然，自然正义在对于社会公共问题的解决上是无能为力的，所以，休谟并不是坚决反对自然法，也不是拥护自然法，他只是提出这样一个问题，即自然法或自然德性如何有助于政治社会。为此，休谟发现了另外一种东西，即社会的正义美德，那是与自然正义大不相同的人为设计和制作的产物。休谟是这样说的：

> 为了避免得罪人起见，我在这里必须声明：当我否认正义是自然的德性时，我所用自然的一词，是与人为的一词对立的。在这个词的另一个意义下来说，人类心灵中任何原则既然没有比道德感更为自然的，所以也没有一种德比正义更为自然的。人类是善于发明的；在一种发明是显著的和绝对必要的时候，

那么它也可以恰当地说是自然的，正如不经思想或反省的媒介而直接发生于原始的原则的任何事物一样。正义的规则虽然是人为的，但并不是任意的。称这些规则为自然法则，用语也并非不当，如果我们所谓"自然的"一词是指任何一个物类所共有的东西而言，或者甚至如果我们把这个词限于专指与那个物类所不能分享的事物而言。①

　　显然，休谟的"人为的"说法具有特定的含义，是指通过人的有意识的设计而建立起来的，但这种设计又并不是随意的，也不是任意的，而是有意识地主动围绕着一定的意图展开的。这里涉及有关自然的两种理解，一是有规则的持续稳定的自然，一是无规则的任意或偶然。休谟的"自然"对应着的第一种，而与第二种相异。我们看到，休谟在这里实际上是通过一种概念的巧妙偷换，绕开或回避了有关自然与人为的本质性的对立，因为传统自然法或自然正义的自然，关键并不是他所说的那种与偶然、无规则相对立的自然，休谟试图用一种修辞学的把戏化解这个人为与自然的本性上的对立，实际上是不可能的。好在他并不是一个乐于思辨的理论家，他感兴趣的不是穷追两者之间的逻辑关系，而是基于"经验"和"观察"② 发现了一种沟通自然与人为的现实途径，那就是习惯。他一再指出，人为的设计不是基于理性，而是基于人的情感和意愿，是在传统习惯中逐渐形成的。人的行为在很大程度上是可以预期的，在时间中呈现出一定的可遵循的规则，为此休谟强调教育的作用，认

① 休谟：《人性论》，下，第524页。
② 休谟：《人性论》，上，第8页。

为通过教育人类社会和人的习惯能够获得重大的改变，并形成持久性的制度。

针对休谟的上述观点，哈耶克给予了进一步的深化，他把休谟自然与人为的两分转化成三分，即自然的、人的理性设计的、人的行为但又非人的刻意设计的。我们看到，这种三分法通过划分出一种虽然出于"人的行为但又并非人的刻意设计的"类型，就使得本来在休谟两分思想中隐含着的一些困难得到了解决，排除了理性建构主义的弊端，把休谟理论中有关习惯、传统的作用强调了出来，从而揭示了一种人类社会制度产生的自生机制。① 从某种意义来说，在休谟自然与人为的两分之间确实隐藏着一种缝隙，他没有说清楚"人为的"又可以分为理性建构的与渐进理性的，而哈耶克通过导入人为的而又非理性建构的，从而把休谟尚未揭示的东西明确地表露出来。由此看来，休谟所谓的人为正义，之所以不同于霍布斯及至大陆理性主义的那种绝对化的实体理性，关键的一点在于休谟并不认为人能够事先就有一个完全清楚的意图和目的，并且为了这个意图和目的而系统地建构出一套正义的说辞，这也正是休谟反对理性目的论的一个要点。②

---

① 参见哈耶克《法律、立法与自由》的有关论述，另参见高全喜：《法律秩序与自由正义——哈耶克的法律与宪政思想》第二章"法律秩序"的有关论述。

② 不错，休谟是说过："理性是、而且也应该是情感的奴隶，除了服务和服从情感之外，再也不能有任何其他的职务。"（休谟：《人性论》，下，第 453 页）但斯图亚特指出："休谟从来没有说过理性是不必要的"（Stewart, The Moral and Political Philosophy of David Hume, p. 141.），休谟并不否认人的行为的另外一个方面，即承认"理性和哲学的进步"（休谟：《人性论》，上，第 8 页），只不过休谟认为人类理性存在着一个限度，"我们完全明白我们在大体上的无知，并且也看到，对于我们的最概括、最精微的原则，除了我们凭经验知其为实在以外，再也举不出其他的理由。"（休谟：《人性论》，上，第 9 页）由此看来，休谟的上述思想与哈耶克有关"理性不及"的思想具有很大的相关性。

在休谟看来，自然正义的范围是非常有限的，因为人不可能脱离政治社会，脱离与他人的现实利益关系而存在，只要人生活在社会之中，就必然涉及他人，就必然产生我与他的界限，甚至人的一系列快乐与痛苦的感觉①也是由这种社会性所导致的，这样一来，法律作为一种调整社会关系的规则，确立人我相互之间的界限的尺度，就成为必不可少的。就此而言，法律规则是维系一个政治社会的人为设计或制造的产物，因此，法律规则就与正义有着密切的关系，或者说法律规则又可以称之为正义规则。应该看到，休谟的这一人为的正义规则的观点在政治思想史上具有重大的转折意义。

英国的古典政治哲学在休谟、斯密，乃至他们之前的霍布斯、洛克那里，总的说来都属于经验主义的哲学谱系，并与大陆的唯理主义相对立。因此，他们的政治哲学中实际上都面临着这样一个问题，那就是如何从感性自然推演出政治社会的正义德性。由于古希腊的政治思想基本上是理性主义和目的论的，所以，由理性以及目的导出一个政治正义的实在性，在逻各斯上是自恰的。但由于英国的思想是非主智主义的，强调的是感性经验的印象、观念，是自然的苦乐、欲望、同情，因此如何从它们中推出一个政治正义，这确实是一个难点。从这个角度来看，霍布斯和洛克实际上都存在着一个哲学上的断裂，他们通过理性的强制之手，以契约或国家主权为理由进行了一番对于人的苦乐感和利益感的整合，从而建立起立法的法律规则。但是，他们的政治理论却留下了一个难题，那就是在他们的哲学认识论中处于次要地位的理性，为什么在他们的国家或政府理论中反而变成了主导性的呢？他们在从自然状态向社会状态

---

① 休谟把情感分为直接情感与间接情感，上述的来自社会的情感显然属于间接情感。

的推演中把理性放到了一个重要的位置，并且认为国家的正义基于这种理性的作为，所以他们的哲学实际上是分裂的，他们无法解决理性究竟如何产生的问题，更无法解决理性如何从属于情感的问题。而在这一点上恰恰是休谟与斯密完成了一种英国古典思想的正义论的经验主义论证。哈康森分析道：

> 休谟在《人性论》第三卷提出的人为正义的理论，试图为前述的两种哲学传统提供一种联系的中介。当然，休谟对于经院哲学的本质不感兴趣，他的自然主义排斥绝大多数新教自然法的神圣的唯意志论的作用。休谟的个人既不期望内在的构造，也不需要超验的指导。唯独霍布斯像休谟那样彻底地从形而上学和宗教上把人性分离出来了，不过，两位思想家关于人类的状况却得出了不同的结论，仅仅是休谟对于人性的慷慨给予了相当的信任。休谟对于人与人之间的社会关系给予了理论的阐释，在此他分享了霍布斯的个人主义的自然主义，然而在更广阔的意义上，休谟并不是一个霍布斯主义者。[1]

## 2. 正义规则

休谟认为，理性的作用在于发现真或伪，真或伪在于对观念与实在的关系或观念对实际存在和事实的符合或不符合。所以，以"应该"为主要关涉点的道德并不在于知性所能发现的任何事实，而

---

[1] K. Haakonssen, The structure of Hume's political theory, Edited by D. F. Norton, The Cambridge Companion to Hume, Cambridge University Press, 1992, p. 186.

在于正义。在他看来，正义不是别的，只能是一种基于法律规则的正义，所谓的正义规则，并不是先有正义而后产生规则，而是一种在规则中的正义，或规则的正义。[①] 从英国的政治传统来说，休谟强调法律规则的重要性，主要有两个方面的渊源。就休谟的生活环境以及他在《人性论》和其他著作中所采用的法律文献来看，他所说的法律规则有着明显的大陆法系的特征。这一点不奇怪，在苏格兰合并进英格兰之前乃至以后的相当长的一段时期，苏格兰市民法受到了法国法制的影响，基本上属于大陆的罗马法系，并不属于英格兰传统的普通法体系。上述情况对于斯密也同样如此，斯密在《关于法律、警察、岁入及军备的演讲》中所论述的法律理论，基本上也是以大陆法系为参照，按照公法、私法的分类体系而展开的。不过，也应该指出，休谟所理解的法律规则，又包含着很多英国普通法的内容或因素，他并不像职业法学家那样局限于不同法系的门户之见，他关心的乃是这些法律规则对于塑造一个市民社会所具有的规范意义，因此，他把苏格兰的市民法与英格兰的普通法结合在一起，直接提出了三个基本的正义规则，并且认为它们是一个政治社会的基石。哈康森指出：

> 休谟的稳定的政府行为的基本理想，隐含在正义规则的司法范畴之中，这些规则涵盖了自然法体系之中的私法部分的核心内容。它们包括那些对于自然的和获得的权利的保护，特别

---

① 例如，考特勒指出：对于休谟来说，避开正义规则去谈尊重财产的权利，肯定是不可能的，从语义学上说，正义规则与财产权是不可分离的。" C. E. Cottle, Justice as Artificial Virtue in Hume's Treatise, Hume as Philosopher of Society, Politics and History, Edited by D. Livingston, University of Rochester Press 1991, p. 19.

是诸如财产权、继承权、契约乃至不法行为的真实的人格权利的保护。①

我们知道，实证法学拒斥法律之外的正义对于法律的决定性影响，认为只有法律才可能导致正义，甚至否认法律自身的正义价值，在它们看来，法律不过是依据国家权力而制定的一系列行为规范，是由国家颁布出来的，法律的基础在于国家的权力或人民的同意。因此，如果说有所谓法律的正义的话，那也不外乎存在于两个方面：一是依据正当的法律程序而产生的程序正义，另一是在实施法律时所具有的合法律性（legality）的正义。近代以来实证法学一直受到挑战，特别是遭遇到以复兴自然法为目标的新自然法学派的强有力的反对，20 世纪持续了相当长时期的以富勒及罗尔斯等人为代表的新自然法主义，与凯尔森、哈特之分析法学的争论，实际上便是围绕着法律是否存在着正义、法律的正义究竟是否以道德为基础这样一些问题展开的。应该指出，休谟所代表的传统的英国古典政治思想并不是自然法学派的路径，新老自然法学强调道德与法律的内在关联的自然正义理论，并不为休谟所支持，当然，休谟也没有开辟出法律实证主义的一脉，边沁、凯尔森、哈特等人所主张的形式法学，也非休谟所能赞同。② 休谟与上述两种路径均有着很大区别，也

---

① K. Haakonssen, The structure of Hume's political theory, Edited by D. F. Norton, The Cambridge Companion to Hume, Cambridge University Press, 1992, p. 201.

② 考特勒指出："在休谟和边沁之间无疑存在着某种相似之处，但边沁很快就偏离了休谟而转向对于法典的强调，休谟则不同，他强调司法判决自身的本性。这是休谟超越自然法的衰落和边沁的奇想的对于法哲学的一个贡献。"不过，考特勒又认为休谟的法律思想开启了 20 世纪美国法律现实主义的先河，我以为这一看法有误。不可否认，休谟的法律思想有现实主义的成分，但休谟对于正义价值的强调却是美国的霍尔姆斯等人所忽视的。参见 C. E. Cottle, Justice as Artificial Virtue in Hume's Treatise,（转下页）

就是说在自然法学派和实证法学派之外，休谟开辟出来的正义规则的理论乃是一派有独创性的理论路径。这一派所具有的意义直到今天仍然为人们所忽视，这派理论中的主要内容曾被哈耶克冠之以古典自由主义而发挥，但需要指出的是，哈耶克等人的发挥是不全面的，甚至是片面的，因为他们丢弃了休谟和斯密思想中有关德性正义以及道德情操等问题的丰富论述。

正义的关键不是诸如现代法学中所争论的法律与道德的关系问题，而是古典政治哲学中的法律与正义问题。休谟认为法律的重要性并不在于理性的国家建构，而在于正义规则的自我生长，在这个问题上，哈耶克的发挥是有贡献的，他认为正义之法律指的是那些在社会演进过程中发挥作用的习俗、传统和惯例，当然也包括一些国家制定的法律，这些"阐明的"和"未阐明的"法律规则是在社会发展过程中逐渐演进产生的。[①] 从这个角度看，哈特与富勒之间的法律究竟是源于自然权利还是国家权力的争论，或许并不重要。把法律问题与道德问题，把正义与否的问题与道德善恶的问题联系在一起，结果只能是把主观动机这个有关善恶的标准问题和自然正义这个有关自然法的先验问题突显出来，如此只会导致法律的两难，因为本来法律是调整社会现实利益关系的，一旦进入动机或先验的

---

（接上页）Hume as Philosopher of Society, Politics and History, Edited by D. Livingston, University of Rochester Press 1991, pp. 16 - 25。

① 哈康森指出，尽管休谟在他的正义理论中认识到，社会秩序是一个自生的无须刻意建构的发展过程，但休谟在他的论文和《英国史》中是否或究竟在多大程度内解决了这个问题，却是可疑的。确实，我们很难在他的著作中读到彻底的有关社会进化的论述。所以，考察休谟的社会政治哲学务必小心谨慎。为此，哈康森提出了如下两个问题，并认为它们对于休谟来说是重要的：在休谟的理论中正义与历史进化是怎样的关系？正义与人们诉求的其他价值是怎样的关系，换句话说，在何种意义上正义对于人们来说是基础性的规则？参见 K. Haakonssen, The Science of a Legislator, Cambridge University 1981, pp. 36 - 39。

领域，就会出现法律失效的问题，它们的争论是永远无法解决的。但是，如果我们把它们不再视为法律与道德的问题，而视为法律与德性的问题，也就是说视为法律规则是如何具有着正义德性的，那么人为的正义德性就比善恶动机的道德更具有了政治社会的意义。尽管英国古典思想也强调道德情感和苦乐感觉，但是它们之所以通过德性的政治化来把这个问题纳入到社会理论之中，是由于法律规则所调整的乃是政治社会的问题，是一个社会利益问题。休谟提出的人为的正义规则，实际上恰恰是摆脱了后来的实证法学派的路径，而开辟出了一条通过法律规则运送正义的新路线，这样一来，休谟也就最终得出了正义实质上是一种制度正义的重要观点。

特别值得指出的是，休谟把有关财产权的论述与法律规则的抽象性联系起来，并由此揭示出财产权制度的正义本质。他认为财产权作为一种制度化的规则，其关键并不在于简单地确立对个人利益的维护，而是确立一种抽象性的法律制度，它维护的乃是社会中任何一个个人对自己财产的所有权，其突出特征乃是抽象性，抽象性的法律制度才是具有最大公益性的制度。他写道：

> 所有调整财产权的自然法和私法都是一般性的，它们只关注案件中的某些基本的情势，而不会考虑相关人士的声望、地位以及人际关系的问题，也不会考虑这些法律在任何特定案件中的适用所会导致的任何特定后果。如果一个人因过错而获得（亦即因没有充分的资格而获得）某些财产，那么，即便他是善意的，这些法律也会毫不犹豫地把他的这些财产全部剥夺掉；甚至还会把这些财产给予一个已经积累起巨额资产的自私自利的吝啬鬼。公共利益要求用一般且确定的规则对财产进行调整；

而且，尽管这些规则是作为最有助于公共利益这一共同的目的而被人们采纳的，但是它们却不可能消除所有特定的苦难，也不可能使每一个案件都产生有益的后果。如果整个计划或整个架构乃是支撑市民社会所不可或缺的基础，如果善也因此而在一般意义上大大压倒了恶，那就足够了。[1]

如此看来，正义既不存在于自然的苦乐原则之中，也不存在于抽象的理性观念之中，它只存在于制度之中，是人的社会制度中的正义性的价值，或者说是一个政治的美德。依据休谟的观点，马基雅维里特别是霍布斯的路径是不可取的，因为他们没有解决如何从人的自然本性转向国家制度的正义本性的问题，后来的实证法学派或者把正义问题视为一个法律之外的问题而不予以讨论，或者把正义简单地等同于法律的制定与实施，沦为法条主义，同样也把制度正义的价值抛弃了。而苏格兰的思想家们却力图在人为的法律规则中寻求一种制度的正义价值，这样一来，规则与制度及其价值问题也就发生了变化，他们笔下的政治社会已不是霍布斯意义上的"利维坦"或古代的城邦国家，而是一个社会的政治共同体，一个市民社会的制度体系。休谟指出："法律和正义的整个制度是有利于社会的；正是着眼于这种利益，人类才通过自愿的协议建立了这个制度。"[2] 为此休谟曾经使用了一个非常形象的比喻，他说正义的法律制度对于文明社会来说就犹如支撑着整个文明大厦的拱顶，只有这个支柱建立起来了，其他的德性作为一砖一瓦才具有意义，如果一

---

[1] 此段译文转引自哈耶克：《法律、立法与自由》（第二、三卷），第 103 页注释［18］。另可参见休谟：《道德原则研究》，第 167 页。

[2] 休谟：《人性论》，下，第 622 页。

旦拱顶倒塌了，那么其他的德性再多也是毫无意义的。

> 人类的幸福和繁荣起源于仁爱这一社会性的德性及其分支，就好比城垣筑成于众人之手，一砖一石的垒砌使它不断增高，增加的高度与各位工匠的勤奋和关怀成正比。人类的幸福建立于正义这一社会性的德性及其分支，就好比拱顶的建造，各个单个的石头都会自行掉落到地面，整体的结构惟有通过各个相应部分的相互援助和联合才支撑起来。①

### 3. 规则之治

无论是大陆法系的法律典籍还是普通法的司法实践，都存在着大量的具体的法律规则，尽管它们依据不同的分类标准可以划归不同的序列，分成若干不同的等级，但值得注意的是，休谟并没有选择其他的法律规则，惟独选择确立财产权的规则以及依据同意而进行的财产转移和许诺的履行这三个规则，把它们视为基本的正义规则，休谟的这一看法显然不是随意的，而是蕴意深刻的，值得我们深思。

休谟一再指出，对于一个政治社会来说，人为地设计一种法律制度的措施乃是十分必要的，可他并没有像霍布斯等理论家们那样选择国家法或公法中的一些法律规则作为政治社会的治理依据。例如，与休谟的思想十分接近的斯密，在他论述法律的演讲中就是从

---

① 休谟：《道德原则研究》，第 157 页。

公法开始的，并且认为公法的重要性高于私法。① 但是休谟的思想却与他们不同，虽然他并没有建立一个较为系统的法律理论，② 也没有对具体的法学问题给予专门化的研究，但是他的核心的法律理论却是十分明确而又十分突出的，就此来说，他的法律观直接与他的政治哲学密切相关，或者说本身就是他的政治哲学的一个重要部分。休谟强调的是法律的政治意义，因此，他才在众多的法律规则中优先选择确立了三个私法原则作为首要的、根本性的法律规则，并把它们视为整个人类文明社会的正义基础。为什么休谟要选择以财产权为主的三个属于私法内容的法律规则作为政治社会的法律基础呢？休谟在这个问题上采取了一种新的论证途径，在他看来，确立财产权既不是一种理性的命令，也不是天生的权利，而是符合人性的共同利益感的主动设计。也就是说，财产权并非只是意味着对于财物的占有，而是一种法律意义上的占有财产的权利，是一个有关经济

---

① 斯密写道："财产权和政府在很大程度上是相互依存的。财产权的保护和财产的不平均是最初建立政府的原因，而财产权的状态总是随着政权的形式而有所不同。民法家往往先讨论政府，然后说到财产权和其他权利。这一方面的其他作家先说财产权和其他权利，然后讨论家庭和政府。每一种方法都有它特有的一些优点，但总的来说，民法学家的方法似乎较胜一筹。"见《亚当·斯密关于法律、警察、岁入及军备的演讲》，第35页。

② 相比之下，斯密却提出了一个系统的法学体系的雏形，尽管只是作为演讲稿，还尚不完备，正像坎南所指出的，"在这个学科上，他采用了好像是孟德斯鸠所建议的计划。他力图探究公法和私法的逐渐发展过程，从最野蛮的时代到最文明的时代。他并指出那些有助于维持生活和促进财富积累的技艺是怎样使法律和政治发生相应的改善或变革。他也打算把他的这个重要部分的劳动果实贡献给公众。他的这一个意图，在《道德情感论》的末尾曾经提到，但他未能在生前实现。在他最后部分的讲授中，他讨论了那些不是基于法律原则而是基于权宜原则的旨在增进国家的财富、力量和繁荣的政治条例。在这个意图下，他讲述了与商业、财政、宗教以及军备有关的政治制度。他在这些问题上讲授的东西，包括后来他以《国民财富的性质和原因的研究》为标题出版的一本著作的内容。"见《亚当·斯密关于法律、警察、岁入及军备的演讲》编者坎南的"原编者引论"。不过，虽然斯密的很多思想都受到了休谟的重大影响，可在如何看待财产权等法律规则的重要性方面，特别是在如何看待公法与私法的地位等问题上，他的观点可能与休谟的思想有出入，甚至不如休谟深刻。

行为的法律上的确认，所以，财产权是一种法律上的规则。

哈耶克认为休谟的正义规则理论是他的思想理论的核心内容。

> 他在对决定着主要法律制度的环境进行分析时，揭示了为
> 何只有在某些类型的法律制度得到发展的地方，才能够生长出
> 复杂的文明，从而为法理学做出了一些他最重要的贡献。在讨
> 论这些问题时，他的经济学说、法学和政治学说是紧密联系在
> 一起的，休谟当然是少数这样的社会理论家之一，他们清楚地
> 意识到了人类所服从的规则与由此产生的秩序之间的关系。①

我们看到，从休谟到哈耶克有一条基本的线索，那就是他们在强调
私法，特别是财产权对于一个正义的市民社会或经济社会形成的认
识方面具有很大的一致性，他们都不赞成有关自然法的先天性观点，
都反对理性建构在法律形成中的主导地位，认为法律是人为的后天
的产物，人类社会的和平与安全所必须依靠的这三条基本法则并不
是自然的德性，也不是从人的情感中自发地推导出来的。就人的情
感来说，休谟并不认为人能够从自己的内心直接拥有上述的正义规
则，它们是后来的，是人类所发明的，是人在从自然向社会的演进
中逐渐积累起来，经教育、习俗、惯例等塑造而成的。

> 使最初的利益成立的，乃是人类的自愿的协议和人为措施；
> 因此，在这个范围内来说，那些正义法则应当被认为是人为的。

---

① 哈耶克：《经济、科学与政治——哈耶克思想精粹》，冯克利译，江苏人民出版社 2000
年版，第 558 页。

当那个利益一旦建立起来、并被人公认之后，则对于这些规则的遵守自然地并自动地发生了一种道德感。当然，这种道德感还被一种新的人为措施所增强，政治家们的公开教导，父母的私人教育，都有助于使我们在对他人的财产严格约束自己行为的时候，发生一种荣誉感和义务感。[①]

我们看到，在休谟的政治思想中还有一个重要的方面，那就是他在论述了财产权之后，随即展开了有关政府的政制理论，并认为"建立政府"是人的"一个新的发明"。[②] 如此看来，以财产权为主的三个法律规则是人的一个首要的"发明"，关于它的意义已如前述，但问题在于人并不能完全依靠自然的约束力服从、遵守这三个规则，如果那样的话，一个美好的社会也就指日可待了。所以，为了实施正义的规则，人才又一次发明了政府等制度性的政治措施，"我们的政治义务是和我们的自然义务联系着的；而前者的发明主要是为了后者；并且政府的主要目的也是在于强制人们遵守自然法则"。[③] 休谟认为，财产权需要尊重，而政府也需要服从，"尊重财产对自然社会固然是必要的；而服从对于政治社会或政府也是同样必要的。前

---

① 休谟：《人性论》，下，第 574 页。R. Mcrae 分析说："休谟看到，政府并不是像生产一件机器那样被制造出来，它们的作用是像语言和货币那样逐步地演进出来的，并没有蓄意设计的契约去直接建立一个政府，而是无意识的协议的结果。实际上人在政治中不再是主要的角色，而是习惯成为主要的角色，时间和习惯塑造了体制，它们决定效忠的对象，产生了那些作为所有的政治生活和行为之最终权威的意见和偏见。'政府恰恰是基于这些意见之上。'人，这个理性主义政治的创造者、英雄，被摘下了王冠，习惯变成为国王。"参见 R. Mcrae, Hume as Political Philosopher, Hume as Philosopher of Society, Politics and History, Edited by D. Livingston, University of Rochester Press 1991, p.31。

② 休谟：《人性论》，下，第 584 页。在休谟看来，一切政府"分明是人类的一种发明，而且大多数政府的起源是有历史可考的"。见休谟：《人性论》，下，第 583 页。

③ 休谟：《人性论》，下，第 584 页。

一种社会对人类的生存固属必要，而后一种社会对人类的福利和幸福也是同样必要的。"① 政府来源于人们的公共意见：

> 所有的政府以及少数人赖以统治多数人的权威都是建立在关于公共利益的看法、关于权利之权的看法和关于财产权的看法基础之上的。确实，还有些别的重要因素，诸如自我利益、恐惧和感情等等可以为上述几种信念增添力量，并可确定、限制或改变它们的作用。但可断言，如果没有上述公众信念，其他这些重要因素不能单独起作用，因此它们只能说是次要的而不是首要的政府建基原则。②

法治思想是休谟社会政治理论中的一个重要内容，现在的问题是，他的财产权理论与他的法治观有何关系呢？显然，这也是休谟要解决的一个关键问题，而正是在这个问题上休谟显示了思想的原创力，他提出了一个有别于传统理论的新的法治理论，即一个双层的法治理论的雏形。一如前述，休谟的财产权规则，是一种私法意义上的规则，在休谟看来，这是一个政治社会必不可少的人为的设计或发明，他有时称之为"首要的"发明，关于确立财产权规则的正义意义，以及它的共同利益感的主观发生机制等，在此不再赘述。按照休谟的理解，法治的第一层含义原本是这种私法意义上的规则之治，通过确立财产权规则等，人类的文明社会就形成了，它提供了一个正义的社会基础，虽然这个社会可能不是最美好的道德之邦，

---

① 休谟：《人性论》，下，第585页。
② 休谟：《休谟政治论文选》，第20页。此外，有关休谟政府理论的详尽讨论，参见本书第五章"政治学与政体论"。

但却可以是一个最不坏的正义之邦。可问题在于，人的自然本性并非如此理智，他们并不总是能够接受这个实际上对于他们大大有利的发明，休谟一再指出，人总是如此愚蠢、可笑与自私，总是只顾眼前利益，放弃长远利益，总是难以遵守财产权的规则。于是为了人的长远的更根本性的利益，为了维护一个政治社会的存续，所以，人类再一次发明了一个新的东西，那就是政府等国家制度。"再没有什么东西比这种发明对社会更为有利的；这种利益就足以使我们热忱而敏捷地采纳这个发明。"① 而国家这个庞然大物一旦出现，就使得社会问题复杂了，显然曾经存在的财产权等规则已经难以约束这种制度性的力量了。

政府拥有权力，这是不争的事实，它要求树立权威，要求人民的服从与尊敬，这也是必不可少的，休谟对此并无疑义，他在《人性论》中对此给予了充分的说明。然而，政府一旦产生，如何限制政府的权力使其不被滥用，就成为政治社会的一个头等重要的事情，在此休谟提出了法治的必要性。也就是说，必须重新人为地制定出相关的法律规则，使统治者的统治有法可依。在这一点上，休谟与霍布斯、洛克等人不同，他不特别强调国家法的重要意义，也不认为政府制定的实在法在法律制度方面占据首要的位置，而是把一个看上去与政治制度没有直接关系的私法，特别是涉及保护财产权的法律规则放在首位，认为政府实施的法律统治说到底乃是为了落实私法的执行，即提出了一个通过公法形式来实施私法的法治理论，这实际上恰恰是揭示了近代社会有别于古代社会的法治的实质所在。休谟对于法治的强调是由来已久的，他早在写《人性论》时就提出

———————————
① 休谟：《人性论》，下，第597页。

了财产的稳定占有、同意的转让以及许诺的履行三个基本的正义规则，这三个规则虽然来源于民法，但休谟在政治哲学的意义上已经把它们由民法规则提升到一种政治学的制度框架之内，构成了他所理解的自由政体的基本法律制度，具有了政治学的意义。在休谟看来，正义三规则是一个社会治理的合法性依据，也是其正当性的基础，统治者无论是国王、贵族或人民推选的执政官，他们都必须遵循法律规则，通过正当程序而加以统治。英国的政治制度之所以保持着文明、温和而又自由的特征，实乃因为在英国一直存在着一种尊重古老的法律制度的政治传统，并且根植于人民的德性之中。从13世纪的自由大宪章，乃至更远古的来自黑森林的法律制度，直到18世纪英国的社会现实，即便是经历了光荣革命的动荡，但其立足于社会内在精神的古老的法律传统却一直没有消逝，而且随着立宪君主制的建立，这种尊重古老传统的政治德性与社会习惯，又与自由的宪政制度结合在一起，从而使得英国的政体垂于久远。[①] 哈康森指出：

> 政府理念或"法治"在英国的政治辩论中往往与"自由政府"联系，无论是意大利的城市共和国或荷兰的联省自治那样的纯粹的共和国，还是英国的"混合政体"。在这场辩论中休谟最富有争议的贡献之一便是，他把政府的稳定性和本性的问题从政府行为的稳定性和本性的问题中部分地分离出来。他指出，第一，像法国那样的绝对君主制，在一定情况下是能够实施法

---

① 休谟一再强调："立法者不应将一个国家未来的政体完全寄托于机会，而应提供一种控制公共事物管理机构的法律体系，传之子孙万代。"休谟：《休谟政治论文选》，第14页。

治并且服务于公共利益的。第二，像英国那样的"自由"政体也包含着趋于无政府、进而导致专制并且损害公共利益的势力。①

　　细究起来，休谟的法治实际上是一个双层的法治理论，在他看来，由于人类进行了两次重大的发明，所以在政治社会便相应地出现了两种法律规则，一个是首要的以财产权规则为主的私法规则，另一个便是政府制定的国家法律，而法治显然也就不可能是单独一种法律的统治，只能是两种法律的混合之治，即通过政府的权威强制实施以保障财产权为主的私法之治。我们看到，休谟的这一法治思想在 20 世纪的政治思想家哈耶克那里得到了系统的发挥，哈耶克的所谓"普通法的法治国"理论显然是从休谟的思想中获得了灵感。在此，比较一下洛克与休谟对于哈耶克思想的影响是颇有意味的。显然，洛克对于哈耶克的影响是巨大的，这一点无可争议。在哈耶克的主要著作中，特别是在他的《自由秩序原理》一书中，哈耶克多次引用了洛克的著述，洛克有关"生命权、财产权和自由权"的论述在哈耶克的思想中留下了明显的印痕，洛克基于自然权利理论的《政府论》对于哈耶克一个时期的宪政思想无疑也是意义重大的。但是，值得注意的是，洛克的政治法律思想很难说是源于纯粹的英国普通法传统，他更多地表现出欧洲大陆启蒙思想的色彩，特别是他的有关天赋人权的观念虽然属于早期自然法的思想谱系，但与普

① K. Haakonssen, The structure of Hume's political theory, Edited by D. F. Norton, The Cambridge Companion to Hume, Cambridge University Press, 1992, p. 201.

通法的规则理论仍有区别。[1] 而休谟对于普通法的认识与洛克不同，哈耶克指出："早期自然法所代表的更为古老的传统，主要是在英国普通法学者，尤其是埃德华·考克和马修·黑尔这两位培根和霍布斯的反对者那里继承了下来，他们有能力把对制度之成长的理解传递给后人，而在其他地方，这种理解已经被竭力重建制度的主导欲望所取代。"[2] 休谟作为一位历史学家，同时也是法律和政治哲学家，他的思想传承了上述英国法的思想传统，他强调的是法律规则的抽象性、正当性，及其与经济活动的关系。例如，财产权在洛克那里主要是作为一种权利而被捍卫，而在休谟那里则主要是作为一种抽象的规则或私法制度在社会的自生演进过程中调适人与人、人与社会之间的关系，因此，休谟对于英国的政治制度和基本原则的阐释往往比洛克的著作更符合英国传统自由主义的本质。在哈耶克的后期理论中，当他逐渐形成了自己的以正当行为规则为核心的法律思想时，洛克和休谟在他思想中的位置就发生了很大的变化，如果说

---

① 参见哈耶克：《经济、科学与政治——哈耶克思想精粹》，第 552 页。当然，洛克的自然权利理论，以及美国联邦党人的天赋人权的思想，与后来的大陆以法国为代表的人权理论，特别是 20 世纪中叶的《人权宣言》理论，在哈耶克看来，是有着重大区别的，为此，他区分了早期与此后的自然法理论。显然，洛克的自然权利理论属于哈耶克所谓的早期自然法思想。其实早期的自然法思想对于英国的普通法也有普遍的影响，如科克、布来克斯通、休谟等人均赞同自然法的权利思想，英国的权利法案就是明证，休谟即便在分析普通法的三原则时，也冠之以"自然法的"三项原则。不过，尽管如此，普通法中的权利与罗马—大陆法的权利仍有区别，前者是基于规则的权利，后者是基于立法的权利。库卡塔斯分析道："休谟对于保护个人权利的辩解与其说是基于个人权利理论，不如说是基于一种对公权力扩张之危险的保守性的强调。更一般地说，他有关确保财物占有的稳定、根据同意的转让和允诺的践履三种正义规则的辩解，在于社会的继续依赖于对这些'自然法则'的观察。显然，在休谟的思想中，'所有的人都有一个涉及自然与公共正义的上述道德原则的基本观念'，它们'不过产生于人类的习俗，产生于那些我们在和平与秩序的维护中所获得的利益'。"见 Chandran Kukathas, Hayek and modern liberalism, pp. 30–31.

② 哈耶克：《经济、科学与政治——哈耶克思想精粹》，第 553 页。

在相当一段时间里，洛克对哈耶克思想的影响强于休谟，那么，在他的后期思想中，特别是在《法律、立法与自由》一书中，洛克的影响明显减弱，而休谟在哈耶克思想中的地位大幅度上升，休谟有关正义规则的观点，以及他对于私利与公益、法律与经济的关系看法，对于社会秩序自生状态的识见等，都对哈耶克理论的成熟与最终完成起到了十分关键的作用。①

我们看到，休谟的通过法治限制国家权力过分恣意的思想，在斯密的经济学中得到了落实，《亚当·斯密关于法律、警察、岁入及军备的演讲》曾明确规定了国家行为的权限，他指出：

> 按照自然自由的制度，君主只有三个应尽的义务——这三个义务虽很重要，但都是一般人所能理解的。第一，保护社会，使不受其他独立社会的侵犯。第二，尽可能保护社会上各个人，使不受社会上任何其他人的侵害或压迫，这就是说，要设立严正的司法机关。第三，建设并维持某些公共事业及某些公共设施（其建设与维持绝不是为着任何人或任何少数人的利益），这种事业与设施，在由大社会经营时，其利润常能补偿所费而有余，但若由个人或少数人经营，就绝不能补偿所费。②

应该承认，从休谟、斯密到哈耶克，存在着一个一脉相传的理论路

---

① 所以，难怪格雷认为："哈耶克不赞成任何种类的道德相对主义和进化论，一旦他考虑到人类变化的道德习惯事实上总有一些不变的核心与持久的内容，这些陈述总的来说是模糊的。为了考量最终的问题，并达到对于哈耶克道德观念的更普遍的理解，我们有必要考察他受惠于休谟的思想，后者对哈耶克的道德和政治哲学的影响是独一无二的和意义深远的。" Johy Gray, Hayek on liberty, 3$^{rd}$ ed, p.58.
② 《亚当·斯密关于法律、警察、岁入及军备的演讲》，第252页。

线，对此，哈耶克不无自豪地指出：

> 休谟不但在其哲学著作中奠定了自由主义法学的基础，他
> 还在《英格兰史》（1754—1762）一书中，把英格兰的历史解释
> 成一个法治逐渐出现的过程，并将这种思想传播到了英国之外。
> 亚当·斯密的决定性贡献，是对一个自发生成的秩序作出了说
> 明：如果个人只受恰当的法律规则的约束，这一秩序便会自发
> 地产生。他的《国民财富的性质和原因的研究》大概比任何其
> 他一本书都更好地标志着近代自由主义的发端。它使人们了解
> 到，基于对任何专横权力的彻底不信任而对权力采取限制措施，
> 是英国经济繁荣的主要原因。[①]

### 4. 公正的旁观者

前面我曾指出，休谟的政治哲学有一个重要的问题，即"自然的"
与"人为的"之间的矛盾或张力关系，这个问题休谟一直无法解决。
如果仔细追究休谟的论证，可以看出一种理论的不彻底性。一方面他
认为财产权等法律规则乃是人为的主动设计，是有别于自然的另外一
个文明形态，但另一方面他又并不否认存在着一些完全是自然的德性
正义，它们也是一种具有着道德性质的品行。固然，很多人为的间接
情感是通过法律规则及其秩序和制度的作用，经由教育、习俗、文化
的影响和塑造而逐渐产生出来的，但是，它们又是如何与自然情感加
以协调的呢？自然意义上的同情和共通感究竟与人为的正义感、道德

---

[①] 哈耶克：《经济、科学与政治——哈耶克思想精粹》，第 331 页。

情感是什么关系呢？如果说前者依据于后者，那么这类同情和共通感显然就无法为正义的制度提供人性上的心理依据，如果反过来后者以前者为基础，那么又何必需要一个规则和制度上的人为设计呢？从自然的同情心和共通感中不是也能够产生出正义的感觉吗？因此在休谟那里，作为中介的法律规则的正义实际上就面临着一个难题，它固然可以对直接的苦乐感加以调整，但它对于与苦乐感同时并存的同情却无法给予实质性的说明，从某种意义上来说，休谟只得把它归于某种不可知的领域，或用哈耶克后来的话来说，是人类理性不及的领域。

实际上，休谟也意识到这个问题的严重性，他似乎猜测到一种新的解决自然正义与人为正义之裂痕的中介，那就是设定一个旁观者的角色，通过他来调解上述两者之间的张力关系。例如，休谟在《人性论》论述同情的机制时就曾经举出了一个光线反射的例子，他写道：

> 人们的心灵是互相反映的镜子，这不但是因为心灵互相反映它们的情绪，而且因为情感、心情和意见的那些光线，可以互相反射，并可以不知不觉地消失。例如一个富人由于他的财产所得的快乐，在投射于旁观者心中时，就引起快乐和尊重；这种情绪在被知觉到并同情之后，又增加所有主的快乐；在再一度反射之后，又成为旁观者方面快乐和尊重的新的基础。财富有使人享受人生一切乐趣的能力，由于这种能力，人们对于财富确实有一种原始的快乐。这种能力就是财富的本性和本质，所以它必然是由财富发生的一切情感的最初来源，这些情感中最重要的一种就是别人的爱或尊重的情感，因此这种情感是因为对于所有主的快乐发生同情而发生的。[1]

---

① 休谟：《人性论》，下，第402页。

此外，在《道德原则研究》一书的附录三"对正义的进一步思考"中，休谟也曾谈到旁观者，"根据社会的法律，这件衣、这匹马是我的，应当永远为我所保有；我指望安然地享用它；你们将它从我这里夺走，就会使我的期望落空，就会加倍使我不快，就会触犯每一位旁观者。"① 不过，休谟虽然不止一次地谈到旁观者，认为"旁观者只有借着同情才能发生兴趣"，② 但总的来说，旁观者在他的理论中并不占有重要的地位，只是一种补充性的理论说明。

相比之下，旁观者在斯密那里却成为他分析正义问题的关键，斯密由此提出了一种旁观者的正义理论。斯密在对待正义问题时所采取的是与休谟不同的一种考察方式，他并不认同休谟的那种人为正义的观点，在他看来，人为正义无法摆脱前述的与自然正义的矛盾。与休谟不同，斯密对于自然有一种自己的独特理解，他笔下的"自然"显然不是生理学意义上的或动物学意义上的自然本性，斯密首先划清了道德哲学意义上的与自然科学意义上的自然之不同。在这一点上斯密比休谟清晰，休谟虽然也隐约认识到了，但他并没有明确地指出来，因此他的关于自然与人为的两种德性的划分，就容易导致一种语言上的混乱。哈康森指出：

> 一旦斯密消除了休谟关于功用观念的麻烦，并代之以他自己的恰当的合宜性观念作为道德判断的基本要素，那么他对于理性在人类活动中的作用和对于人的行为的理解就都有了更清

---

① 休谟：《道德原则研究》，第 162 页。
② 休谟：《人性论》，下，第 401 页。斯图亚特指出："由于排除了唯意志主义和理性主义，结果转向人的本性和审慎的旁观者，以寻求社会法则与标准的起源。"Stewart, The Moral and Political Philosophy of David Hume, p.314.

楚的认识。与此相关，我们在斯密的理论中就从没有发现在休谟的理论中所出现的那种理性创造的与自发产生的两者之间的张力关系。斯密从没有陷入有关自然的与人为的之差别的争辩，而这据悉是解释休谟难题的一个要点。究竟是斯密对此有清醒的认识，还是争辩的逻辑促使他进入无意识的清明，我们不得而知。[①]

我们看到，斯密与休谟一样也认为正义首先是一种法律方面的正义，与休谟提出的财产权的三个基本规则大体相同，斯密也写道："最神圣的正义法律就是那些保护我们邻居的生活和人身安全的法律；其次是那些保护个人财产和所有权的法律；最后是那些保护所谓个人权利或别人允诺归还他的东西的法律"。[②] 不过，值得注意的是，斯密进而提出了一个公正的旁观者的假设，这样一来，休谟的人为正义与自然感情之间的裂痕在斯密那里通过正义的旁观者这一视角而得到了克服。所谓公正的旁观者，指的是一种站在旁观的位置上通过共通感的同情机制而感受到其他人的行为，斯密写道：

> 对于人性中的那些自私而又原始的激情来说，我们自己的毫厘之得失会显得比另一个和我们没有特殊关系的人的最高利益重要得多，会激起某种更为激昂的高兴或悲伤，引出某种更为强烈的渴望和嫌恶。只要从这一立场出发，他的那些利益就

---

① K. Haakonssen, The Science of a Legislator, Cambridge University 1981, p.79.
②《亚当·斯密关于法律、警察、岁入及军备的演讲》，第 103 页。

决不会被看得同我们自己的一样重要，决不会限制我们去做任何有助于促进我们的利益而给他带来损害的事情。我们要能够对这两种相对立的利益作出公正的比较，必须先改变一下自己的地位。我们必须既不从自己所处的地位也不从他所处的地位、既不用自己的眼光也不用他的眼光，而是从第三者所处的地位和用第三者的眼光来看待它们。这个第三者同我们没有什么特殊的关系，他在我们之间没有偏向地作出判断。[①]

斯密通过提出"公正的旁观者"这样一个关键的概念，从而解决了个人的自私情感与法律规则的内在矛盾。按照斯密的观点，我们在社会中实际上扮演着两种角色：一种角色是我们是一个利害相关者，在社会生活中追求自己的私利和欲望的满足，与他人的关系是一种以自己的利益和利害关系为中心的涉他关系；但是，单纯这样一个关系层面还是不够的，人的另外一种角色是旁观者，他又可以超然事外地看待社会中的各种利益关系，包括自己的利益关系。

细究斯密提出的公正的旁观者的观点，就会发现其中又包含着制度和情感两个层面的内容。首先就制度层面上来看，法律在于划定界限，在于确定每个人应得利益的标准，限制人们仅仅为了自己的利益而去伤害他人。因此，一系列的法律规则的制定与实施为社会提供了一个正义的尺度和标准，法律不是为某一些人专门制定的，而是社会共同利益的承担者和载体，是服务于社会中的所有人的。这样，法律的这种普遍性也就使其具有了一种超越于个人利益和情感之上的地位。所以，从某种意义上来说，法律本身就是一种旁观

① 斯密：《道德情操论》，第164页。

者的体系，一套只在形式上对所有人都发生作用与影响的中立的规则。所谓公正的旁观者实际上也就是一种法律规则的中立性和形式性，英国普通法制度中的一系列体制，如陪审团、抗辩制等都可以说是采取了这种公正的旁观者的审判视角，以此调整人们之间的诉讼纠纷，从而达到一种正义的结果。与此同时，斯密的深刻之处还在于他又从另外一个层面上，即从情感的角度提出了一个公正的旁观者的作用，他通过让人设身处地地处于一个旁观者的位置来克服个人的自私和狭隘，从而打通休谟所面临的自然情感与人为正义之间的裂痕，为他所说的"自然的自由制度"提供了一个情感心理学的基础。

公正的旁观者是一个假想中的人物，他代表全人类观察并评判每个人的行为，从这一视角做出的评判意味着没有人能够毫无正当理由地偏爱自己，为了自己的利益而例外于一般准则。在斯密看来，政治社会的目的不是在道德上完善人类的本性，而是力求保障人们社会交往中的公正，为此他提出了一个道德卫生学的理论，认为一切道德行为只是尽可能地避免罪恶，但是人并没有能力通过理性而完全克服罪恶，在彩虹尽头没有天堂。因此，斯密写道：

> 毫无疑问，正义的实践中存在着一种合宜性，因此它应该得到应归于合宜性的全部赞同，但是因为它并非真正的和现实的善行，所以，它几乎不值得感激。在极大多数情况下，正义只是一种消极的美德，它仅仅阻止我们去伤害周围的邻人。一个仅仅不去侵犯邻居的人身、财产或名誉的人，确实只具有一丁点实际优点。然而，他却履行了特别称为正义的全部法规，并做到了地位同他相等的人们可能适当地强迫他去做，或者他

们因为他不去做而可能给予处罚的一切事情。我们经常可以通过静坐不动和无所事事的方法来遵守有关正义的全部法规。①

休谟曾经指出，人的德性有一部分是自然德性，另一部分是人为德性，他认为前一部分固然是现实的，但并不重要，从属于人为德性，特别是从属于人为正义，因此在休谟的思想中，人为正义是整个理论的基石。但休谟面临着一个困难没有解决，那就是他无法对从自然正义到人为正义的演变给出一个合理的说明。斯密或许正是看到了休谟的这个困难，他才从同情的机制中导出了一种旁观者的正义来，旁观者在斯密那里具有了超越自然与人为的特性，而成为一个纯客观的中立的角色。在斯密看来，基于旁观者的正义是一种自然的正义，但这种自然正义又不同于自然法意义上的自然，而是一种为人所特有的自然，因为在其中掺入了自由的因素。这样一来，斯密对于自然的理解实际上就与传统的自然观发生了偏离，他称为自然的东西，从某种意义上来说恰恰是休谟称为人为的东西，所以，从这个意义上来说，他们两人的差别并不具有根本性的意义，只不过把同一个东西赋予了不同的名称而已。所以我认为，对于休谟和斯密两人的正义理论以及他们由此建立起来的经济、法律与政治理论，应该放到共同的思想背景下来理解，否则就容易导致思想的混乱，以为在苏格兰启蒙思想中，在休谟和斯密两人之间有根本性的理论差别。实际上他们两人并没有实质的不同，他们都既反对把人的社会等同于自然的自然社会，也反对完全背离人的习惯与传统而建立一个纯粹的经济秩序和国家制度，他们政治理论的关键仍

① 斯密：《道德情操论》，第100—101页。

是在于一个共同的自由制度以及自由正义，只不过对于这个自由的政治制度，休谟更喜欢称之为人为的，而斯密则喜欢称之为自然的，因此也才有了休谟的人为的"政治社会"和斯密的"自然的自由制度"之差别。

# 第四章　政治经济学

政治经济学是英国社会政治思想的一个重要内容，它有别于古代家政学和现代经济学，其对于一个社会经济事务的分析具有着古典自由主义政治哲学的根基。因此，作为市民社会的政治经济学，在休谟和斯密看来乃是有关社会财富的性质与原因的研究，而这种研究只有在经验论的人性哲学和正义的规则与制度的前提之下才能进行，在这个方面休谟提供了一个研究古典经济学的人性的和制度的考察方式。通过对于个人利益与公共利益的关系、国民财富、商品贸易以及相关的各种经济现象与关系的分析，休谟深刻地揭示了现代市民社会作为一个经济社会的内在本性，从而使得他的一系列经济论文具有了经济学乃至经济哲学的意义，并构成了他的政治哲学的一个重要部分。

## 一、休谟与古典经济学

### 1. 英国古典经济学

我们知道，西方经济学经历了一个发展演变的过程，在古代希腊和罗马时期，"经济"（οικουρομοσ）系一种家政学，[1] 指的是家庭事务管理，希腊的思想家们把经济的范畴从家庭扩展到一个共同体的城邦时，西方的经济思想才开始出现，不过当时所涉及的经济内容是非常有限的。熊彼特曾这样评述道：

> 他们的经济学未能取得独立的地位，甚至没有与其他学科相区别的标签；他们的所谓经济，仅指管理家庭的实际智慧；亚里士多德派的所谓 Chrematistics 与经济学这个标签最为接近，主要系指商业活动的金钱方面。他们把经济推理与他们有关国家与社会的一般哲学思想揉在一起，很少为经济课题本身而研究经济课题。[2]

例如，色诺芬的《经济论》所讨论的经济问题就仍然没有超出家政学的范围，讨论的是有关奴隶主田庄的管理技艺问题。相对说来，柏拉图的《理想国》，特别是亚里士多德的《政治学》等著作，已经超越了家庭经济，进入分工、物物交换、货币、利息，乃至财富、税收和分配等"纯"经济学的领域，但是，虽然所有这些问题都被他们讨论过，可并没有从中产生出一门独立的学科。为什么呢？因为经济因素在希腊的思想家们眼里，并不构成独立的问题，而是从属于当时的唯一重要的城邦政治问题，有关一个城邦国家的经济

---

① 参见方维规："'经济'译名溯源考"，载《中国社会科学》2003 年第 3 期，他指出：西方语言中的经济一词源于古希腊语 οικουρομοσ，意为"持家"、"家庭管理"，亦可通解为"管理"。这个词基于名词 οικουρομοσ，指称在家做主的人。也就在古希腊时期，οικουρομοσ 除了"家政"之外，逐渐发展为一般意义上的"管理"、"领导"、"安排"。亚里士多德早在《政治学》中指出，经济是一种谋生术，现实中的政治无外乎谋取"收入"。

② 熊彼特：《经济分析史》，第 1 卷，朱泱等译，商务印书馆 2001 年版，第 87 页。

事务实际上是被并入到政治学的领域去考察的，"希腊哲学家实际上是政治哲学家；他是从城邦的角度来观察宇宙的，他认为反映在城邦中的就是整个宇宙（其中包括全部思想世界和其他一切与人类有关的事物）。"①

从某种意义上来说，经济学是在 17、18 世纪的英国思想家那里才真正形成，以苏格兰历史学派所代表的英国古典政治经济学可以说是西方经济学的一个伟大的起点，它标志着现代经济学作为一门独立的学科已经成形。当然，15、16 世纪的重商主义在经济思想史上的地位不可低估，它们提出了与古代思想家们截然不同的新的经济思想，特别是强调了商品流通过程中的货币的重要作用，但重商主义并没有能够建立一套分析社会财富的思想方法，它们对于近代商业社会的认识是相当局限的。可以说，经过威廉·配第、洛克和法国重农主义的过渡，近代经济学到了斯密手里，特别是在他的不朽著作《国民财富的性质与原因的研究》那里，才真正富有体系性地展现，所以，把斯密视为近代经济学的奠基者似乎无可争议。现在，关键的问题并不是经济学作为一门独立的学科在英国思想家那里得到卓有成效的阐释，而在于他们所创立的经济学究竟是怎样一种经济学。思想史家们一致认为，18 世纪的英国古典经济学从本质上说是一种政治经济学，或者说，真正独立的近代经济学从一开始就是作为一门政治经济学而出现的。② 这一点对于本书来说至关重

---

① 熊彼特：《经济分析史》，第 1 卷，第 88 页。
② "政治经济学"（political economy 或 économie politique）一词最先见于英国或法国，1615 年法国重商主义者蒙克莱田（Antoyne de Montchrétien）发表的《献给国王和太王后的政治经济学》是最早使用这一概念的，1767 年英国重商主义后期经济学家斯图尔特（James Steuart-Denham）的代表作《政治经济学原理研究》扩展了这一概念的内容，最后，亚当·斯密的《国民财富的性质和原因的研究》一书第四篇的标题使用了"论政治经济学体系"，从而奠定了这一概念的经典意义。

要，它为我们解读休谟的经济思想提供了一个恰当的切入点，打通了休谟的政治哲学与经济思想的内在联系，从而使得他的经济理论作为他的政治哲学的一个组成部分成为可能。

显然，英国的古典经济学既不同于希腊的家政学，也不同于 19 世纪末之后在西方流行的一般经济学，① 它是一种意义非常独特的经济体系，它们对于经济的看法超越了以前的就事论事的孤立方法，已经涉及社会的经济过程、生产、交换以及财富的本性等基本的经济学问题，特别是在苏格兰历史学派那里，"经济"被放到了一个社会政治的广阔背景下来加以分析和研究，"政治社会"成为了"经济学"的出发点，因此，它们又可以说是一种市民社会的政治经济学。把经济学置于政治学的统辖之下，或从一个广阔的政治社会的现实背景以及历史的动态演变中考察一个社会的经济过程和财富的本性，这是英国古典政治经济学的基本特征。这个特性早在英国古典经济学的第一位奠基者威廉·配第的著作中就明显地表现出来，他在《政治算术》、《赋税论》、《爱尔兰的政治解剖》等著作中所提出的研究方法，一方面贯彻了他的基于霍布斯学说之上的经验主义的政治哲学观点，另一方面又采取了"匀称、组织和比例"的数量分析方法，对于社会经济事务，特别是国家财政问题给予了深入的解剖，使得诸如爱尔兰这样的"政治动物"呈现出一种不同于传统政治学视野下的新的意义，这个新的社会政治观实际上就是政治经济学。②

---

① 马克思称之为"庸俗经济学"，参见《资本论》初版序。
② 例如，配第在他的《爱尔兰的政治解剖》"原序"中首先同意培根的把人体与国家作对比的看法，认为"解剖学"是分析后者那样的"政治动物"的基础。他写道："要搞政治工作而不了解国家各部分的匀称、组织和比例关系，那就和老太婆与经验主义的办法一样荒唐了。……我也要大胆地开始一项新的工作；这项工作如果由更能干的人们加以指正和补充，我相信它一定会有助于我国的安宁和富庶。而除了使我国安宁和富庶之外，我也没有其他目的。"配第：《爱尔兰的政治解剖》，周锦如译，商务印书馆 1964 年版。

至于休谟，我们知道，他有关经济学方面的研究从来就没有以"经济学"这样的名目出现，而是置于他的政治理论之中的，且不说他的《人性论》第三卷所包含的经济思想是在"道德学"之下展开的，并融会了法律规则的内容，即便是他的纯粹的经济论文，如"论商业"、"论货币"、"论利息"和"论贸易平衡"等，也是在《政治论丛》的书名之下出版的，而且在他在世出版的《道德与政治论文集》，乃至他去世后他人编辑的《道德、政治与文学论文集》中，他的所有经济论文也都并没有在经济学的名目下出现，而是归属于政治学的领域。这种情况并不是偶然的，它符合当时理论家们对于经济学的理解，休谟在《人性论》的"引论"中所列的有关人性学的四门学科没有经济学，显然，它是包含在"研究结合在社会里并且互相依存的人类"的"政治学"之内的。

这一情况在斯密那里也同样如此，正像我们在前面的章节中已经指出的，斯密的《国民财富论》与他对于政治学的理解有着密切的关系，他在《关于法律、警察、岁入及军备的演讲》的最后部分，讨论那些"不是基于法律原则而是基于权宜原则的旨在增进国家的财富、力量和繁荣的政治条例"，"这个意图下，他讲述了与商业、财政、宗教以及军备有关的政治制度。他在这些问题上讲授的东西，包括着后来他以《国民财富的性质和原因的研究》为标题出版的一本著作的内容"。① 从这个意义上说，斯密的这个在早年就孕育的政治思想体系在《国民财富论》中并没有彻底完成，它只是部分地实现了他的想法，所以，斯密在《道德情操论》的第四篇结尾和1790年刊行的第六版的"绪论"中反复指出，他的工作并没有完成：

———————————

① 《关于法律、警察、岁入及军备的演讲》"原编者引论"。

我将在另一篇论文中，不仅就有关正义的问题，而且就有关警察、国家岁入和军备以及其它成为法律对象的各种问题，努力阐明法律和政府的一般原理，以及它们在不同的年代和不同的社会时期经历过的各种剧烈变革。①

尽管斯密在他生前的两本主要著作《国民财富论》和《道德情操论》中并没有直接地论述这个有关法律制度或政治制度的问题，但是，我们发现他在写《国民财富论》之前的一个相当长的阶段中曾对于上述问题给予过深入的研究，坎南整理出版的《关于法律、警察、岁入及军备的演讲》一书展示出斯密有关法律制度研究的前期准备工作或一个雏形，所论述的问题实际上恰恰是他的《道德情操论》和《国民财富论》中提出的作为中介环节的法律制度的可能性，或者说他提供了一个在道德原理之下如何保障最大化实现国民财富的法律制度和政治制度。对此，"原编者引论"写道：在这本《演讲》中斯密"力图探究公法和私法的逐渐发展过程，从最野蛮的时代到最文明的时代。他并指出那些有助于维持

---

① 斯密：《道德情操论》"告读者"和第 452 页。斯密还写道："人们一直到很晚才想到要建立有关自然正义准则的一般体系，才开始单独讨论法律哲学，而不牵涉任何国家的具体法律制度。我们没有在古代的道德学家中看到有人试图对正义准则进行特别详细的论述。西塞罗在他的《论责任》中，亚里士多德在他的《伦理学》中，都像探讨所有其它美德那样探讨正义。在西塞罗和柏拉图的法学中，我们自然而然地期望看到他们详细论述应由每一个国家的成文法推行的那些天然平等准则，然而，却没有看到这类论述。他们的法学是警察的法学，而不是正义的法学。格劳秀斯似乎是第一个试图向世人提供某种这类体系的人，这种体系应该贯串所有国家的法律，并成为所有国家法律的基础；他那带有各种不足的关于战争和平法则的论文，或许是现今描述这一论题的最全面的著作。"据悉，在斯密的故乡卡柯尔迪市政府大厅的墙壁上，刻着这位伟大经济学家的名字，而在下面则刻有"伟大的社会哲学家和政治经济学家"的字样，因此，"政治经济学"可以说是准确地概括了斯密经济思想的特性。

生活和促进财富积累的技艺是怎样使法律和政治发生相应的改善和变革"。①

我们看到，斯密的上述考虑并非个人的奇想，而是有着深厚的理论背景。哈奇逊在《伦理哲学入门》"引言"中曾对当时的学科作了划分，他说前人把哲学分为论理哲学、自然哲学和伦理哲学三个部门，其中"关于自然法则的知识又分三部分：（1）私人权利理论或流行于无政府状态下的法律；（2）经济学或关于若干家庭成员的法律；（3）政治学，说明政府的各种计划和国与国之间的权利关系"。因此，哈奇逊的《伦理哲学入门》三篇分别名为"伦理学原理"、"自然法原理"和"经济学与政治学原理"。② 作为哈奇逊学生的斯密，显然接受了上述的学科分类，在伦理学之下发展出了他的《道德情操论》，并把经济学放在"警察"的部分来讨论。按照当时人们的理解，政府管理物价和创造货币都属于警务的范畴，在"警察"的第二部分，斯密讨论了人类的物质需要与分工，指出了分工是文明国家之所以比野蛮国家享受更加优裕生活的重大原因，并进而讨论了物价与货币这两个传统的经济学问题，这些均构成了《演讲》的相关内容，后来又都被斯密包括到他的《国民财富论》一书之中。

由上观之，配第、休谟、斯密等一系列英国思想家把有关社会的政治和法律制度视为他们理论中的核心内容，相比之下经济事务则处于相对次要的地位，这是否就意味着英国的古典经济学并没有真正地从政治学中独立出来呢？是否意味着英国的古典经济学在与

---

① 参见《关于法律、警察、岁入及军备的演讲》"原编者引论"。
② 参见《关于法律、警察、岁入及军备的演讲》"原编者引论"。

政治的关系问题上并没有比希腊的经济理论格局强多少呢？作为一门独立的经济学究竟它的独立不依的地位与价值在哪里呢？这些问题显然是我们面对英国古典经济学首先要回答的问题。

必须强调指出的是，英国的古典经济学不是一般的"纯"经济学，既不是古代那种限于家政经济事务的管理技艺，也不是现代经济学中的那种局部的商业经济学或"赚钱术"，而是一种政治经济学，在其中"政治"具有重要的意义，它意味着古典经济学家们对于社会财富的本性认识，对于诸如生产、交换、流通和消费等经济活动的认识，对于商品、价值、价格、货币等经济要素的认识，对于工资、利润和地租等收入的认识，对于赋税、财政、军备等公共收入与支出的认识，总之，对于整个经济社会的认识，是置于政治制度和社会结构之中来进行的。因此，古典经济学不可能是就事论事地谈论经济事务，谈国民财富的如何增长，谈利益的如何分配，谈货币的如何平衡，谈商业贸易的如何自由进行，而是要对于国家这个"政治动物"给予政治上的"解剖"，要探讨"政治学如何成为一门科学"，探讨政体与经济繁荣的关系，研究国民财富的性质和原因，要强调它是"政治家与立法家"所要解决的一门政治经济学。对此，斯密同时代的经济学家斯图尔特在论述斯密的《国民财富论》时这样写道：

> 在形成政治经济学体系的一系列最重要法律方面，指导各个国家的政策，是斯密研究的最大目的。斯密向世界提出了迄今为止关于任何立法学科的一般原理的最反复最完美的著作，这确实是他的功绩。
>
> 斯密思考的主要和重大的目的是要阐明：为了逐步地增加

国民财富，自然在人类精神和外部环境中作了一些什么样的规定；要证明：为了把人类推进到伟大的境界，最有效的办法是保持所指明的事物的正常秩序；让每一个人，只要他遵守正义的原则，就可以按照自己的方式追逐自己的利益，允许他把自己的勤劳和资本投到与同伴们的自由竞争中去。每一种政策体系，要么是以极大的鼓励，把一种特殊的勤劳在社会总资本中所享有的部分，提高得比它自然应有的部分更大；要么是以极大的限制，这种政策的作用恰恰是破坏它原来所要促进的伟大目标。①

所以，英国古典的政治经济学对于经济的考察与研究，存在着一个政治哲学的视野，这一点我在本书的第一章就已经论述过。实际上，休谟、斯密乃至洛克、霍布斯等人既是哲学家、思想家，也是经济学家，他们对于经济的认识是在一个政治社会的基本理论之下形成的，虽然他们各自的政治哲学是不同的，对于人性与社会的本质的看法也是各异的，但他们在经济观与政治哲学的关联性方面却是一致的。因此，我们探讨他们的政治哲学，必然要涉及政治经

---

① 参见杜格尔德·斯图尔特：《亚当·斯密的生平与著作》，商务印书馆1983年版，第48、52页。在此，斯图尔特多次提到了休谟，他认为休谟对于斯密思想的影响是不言而喻的，例如，他指出斯密在写完了《道德情操论》之后转向经济学研究时，"休谟1752年发表的《政治论丛》必然使他坚定了他在自己的探索过程中曾经看到的关于商业政策的自由见解。"（第37页）。另，埃里克·罗尔的《经济思想史》在论述斯密的经济理论时，首先他讨论的是斯密的政治哲学，认为表面上看《国民财富的性质与原因的研究》"除去在第一篇里的很短的第二章以外，没有花费大量篇幅专门讨论经济研究的范围与人类一般行为的研究的关系；也没有明确地提到过斯密的经济原理所从中派生的哲学体系。但是这个体系却是很明显的。它渗透在整个著述中，远比在重农主义者的著作中为甚。"见埃里克·罗尔：《经济思想史》，陆元诚译，商务印书馆1981年版，第144页。

济学的内容，或者说政治经济学在英国的古典思想家那里完全是作为他们的社会政治理论中的一个不可分割的重要部分。从这个意义上说，古典经济学之所以称之为政治经济学，而不是后来的狭义经济学，这并不单纯是词语上的变化，或局部内容的不同，而是涉及一个对于经济学的实质性认识的差异，古典经济学有一个内在的政治哲学基础。

在这个问题上，我认为应该排除两种极端的倾向：一种倾向是现代的以美国为主的经济学教授们的一个共同的观点，他们有意抹杀现代经济学与古典经济学的本质性区别，不承认英国古典政治经济学的独立价值，淡化古典经济学对于政治、法律和经济制度方面开创性研究的理论意义，把对于古典政治学意义上的经济研究与现代的部门经济学和微观经济学混同起来，这样一来，无疑否定了古典政治经济学的独特地位。① 另一种倾向则是德国的历史学派的经济学家们所表明的，他们过分强调了国家在经济关系中的决定性作用，认为所有的经济活动都是围绕着国家的集体利益而运行的，个人的私人利益、个人的自主经济行为等，都是取决于国家的，国家经济

---

① 例如，著名经济学家熊彼特在他的《经济分析史》论述"政治经济学"时曾这样认为，对于政治经济学不同的作者具有不同的意义，他反对把政治经济学等同于"国家的经济"、"经济性的公共政策"，那种德国的"国家科学"意义上的政治经济学当然是把经济学的范围看得过于狭窄了。熊彼特的上述反对固然有一定的道理，但熊彼特似乎又把政治经济学的范围看得过于广泛了，他认为把政治经济学与经济学或把经济学与所谓现今的商业经济学之间做出区分是没有意义的，"我们自己并不把这两方面截然分开；所有与个别厂商行为的分析有关的事实与工具，不管过去和现在，都属于我们所指的经济学范围之内，正像与政府行为的分析有关的事实与工具也属于这个范围一样，因此必须加在过去狭义的政治经济学内容里面。"见熊彼特：《经济分析史》，第 1 卷，第 42 页。

是所谓公民经济学的核心。[①]

　　显然，上述两种倾向所反映的都并非休谟、斯密的政治经济学，因为英国的古典经济学虽然基于一种政治哲学的基础，强调从政治、法律的和社会的制度层面上建立起有关经济学的理论，但这种经济学理论或政治经济学并不是后来马克思的那种以国家经济为主体的政治经济学，马克思的经济学以及后来的社会主义经济学是一种计划体制的经济学，它们按照国家的政治政策和经济计划来调整社会的经济关系，而这恰恰是与英国的古典经济学相反的。应该指出，英国的古典政治经济学毕竟是一门经济学，而不是政治学，它作为一门独立的经济学在英国的思想家们手上，已经完全从政治学中脱离出来，一个社会的经济活动已经成为经济学家研究的主要对象，也就是说，古典经济学对于经济社会的经济研究不但具有了自己的方法、对象和目的，而且形成了一系列不同的理论，特别是对于财富、价值、商品、利润等一些重要的经济学概念及其本性，有了充分的认识。

　　因此，可以说古典经济学与希腊经济思想的最大不同在于，整个社会的经济活动成为经济学研究的对象，而且古典经济学家们不

---

① 例如，李斯特这样写道："多亏国家，个人才有自己的文化、语言、工作机会和财产安全。最重要的是，在与其他国家人民的关系中他们依赖于国家。他们与国家荣辱与共；他们与国家一起缅怀过去、憧憬未来；他们与国家贫富与共；从国家那里，他们获得文明、教育、进步、社会和政治制度以及艺术和科学发展所带来的利益。"参见李斯特：《政治经济学的自然体系》，杨春学译，商务印书馆1997年版，第28页。值得注意的是，这种对于国家在经济事务中的强调，并非仅仅是德国历史学派一家独有，早在休谟、斯密同时代的法国思想家卢梭那里，对于经济的国家主义就曾出现，卢梭在他为"百科全书"撰写的"政治经济学"词条中，就表现出经济国家主义的思想。至于后来的以马克思的"科学的"政治经济学为代表的形形色色的共产主义经理理论，都把国家对于经济的绝对控制置于首要位置，对此，哈耶克指出："在这个意义上，社会主义意味着废除私有企业，废除生产资料私有制，创造一种'计划经济'体制，在这种体制中，中央的计划机构取代了为利润而工作的企业家。"见哈耶克：《通往奴役之路》，王明毅等译，中国社会科学出版社1997年版，第37页。

但建立了自己的方法，如经验主义的观察、分析、归纳等经济方法，更主要的是他们找到了一个社会财富增长的内在机制，发现了促使一个社会经济发展、社会繁荣、贸易兴旺的科学规律。这个规律在英国古典经济学那里说到底就是基于个人主义之上的自由经济，在经济学家们看来，社会的经济活力不在于政治共同体的道德感召、行政命令和经济计划，而在于人的追求私利、幸福和财富的本性，在于个人的自我主义哲学，市场活动中的经济人是古典经济学的一个基本预设，他们各自的追求私利的经济行为构成了一个社会经济活动的支点。也正是这一点，使得古典经济学与希腊的经济思想，乃至与后来的德国历史主义经济学、与马克思主义政治经济学形成了根本性的差别，在后者那里，个人从来没有成为一个社会经济活动的主体，个人的私利从来没有得到足够的重视，更没有成为经济学研究的一个基本原则。正是在这个关键点上，现代的西方经济学可以说是继承了古典经济学的原则，它们把个人利益视为经济活动的内在动力，并且把整个经济学大厦建立在自我主义的私利原则之上。与此相关的是，为了谋求个人（包括后来逐渐形成的各种经济利益团体的法人）利益的最大化，古典经济学从一开始就主张自由经济，建立一个自由的、法治的经济秩序，反对国家对于市场经济的管制、干预与垄断，这是古典经济学的又一个基本原则，这也是它与德国新旧历史学派、马克思主义经济学的重大区别所在，后来的现代经济学显然是继承了古典经济学的这一自由经济原则。

但是，现代经济学对于古典经济学的发展从某种意义上说，又偏离了古典经济学的方向，演变为它的支流，或把它庸俗化了。经济学在现代固然变得十分发达，门类繁多，技艺精微，专业分明，俨然有一种经济学帝国主义的气派，但从另一个方面来看，古典经济学的实质却被现代经济学抽空了，它们成为只见树木不见森林的专门技艺，在一些局部的经济行为，在某个狭窄的领域，相关的门类经济学可以得出最佳的结果，但对于整个现代社会的经济学研究，特别是古典经济学传统的政治维度上的考察，却被严重忽视了，或者说现代经济学缺乏一种经济的政治哲学，即古典经济学的政治经济学传统，从社会制度的角度分析和研究经济运行的政治和法律的基础。相比之下，现代经济学中的制度经济学从某种意义上说，是对于现代经济学的一种矫正，但与古典经济学相比，还远没有达到前者的深度，还缺乏古典政治哲学的深广视野。

从上述两个方面，我们再重新回到英国的古典经济学，就会发现 18 世纪的经济学家们所建立的这个全新的经济学，具有着十分独特的意义，它们是前无古人的，甚至是后无来者的，后来的现代经济学以及马克思的经济学，一方面说是发展了它们，另一方面也可以说是偏离了它们。古典经济学之所以如此，一个主要的原因在于它们当时所处的社会环境，我们知道，16 世纪以来的欧洲社会是一个近代资本主义蓬勃发展的黄金时代，市民社会的政治制度、法律规则与经济秩序在这个发展过程中逐渐形成，特别是在英国，在光荣革命之后，随着英伦三岛的合并，一个经济飞速发展、政治日趋巩固、法治逐渐完善的市民社会业已成熟。在这样一种社会背景之下，新兴的市民阶级迫切需要自己的经济理论，以此表达他们对于国民财富、商品贸易、自由经济和国家财政的观点与主张，这就要求经济学家们从狭隘的对于经济行为的抽象考察中提升出来，站在一个宏观的政治与法律的制度层面上，以一种新的政治哲学为基础，对于新的市民社会的经济活动给予一种全新的解释。正是在这样一个时代主题的指导之下，以洛克、休谟、斯密为代表的英国古典经济学展开了一种新的经济学路径，他们研究的是整个经济社会，除了各自建立了一整套政治哲学的基本原则之外，他们更关注对经济事务本身的分析，特别是斯密的经济学，他的《国民财富论》展示了古典经济学的精华，揭示了市民社会的经济活动的本性，对于经济学的根本性问题，即国民财富的性质与原因给予了富有成效的解释，使英国古典经济学达到了一个前所未有的高度。①

具体地说，英国古典经济学在市民社会的经济学研究上呈现出如下两个重要的特征。一个是有限度的历史主义，即它们从一个经济社会的演变过程中，考察人们之间的经济行为是如何一步步地从简单的物物交换演进到一个复杂的市场秩序，也就是说市民社会的经济制度并不是由国家强制实施的，而是从自发的经济关系中，从社会的私人经济活动中演化出来的，是社会进化的产物。② 另外一个则是为经济学寻找到一种人性论的内在基础，即揭示了个人的欲望、本能、偏好等追求私利的动机及其活动，是如何在社会的客观行为中不期而然地导致了有益于每个人的公共利益，并通过习惯、教育

---

① 普遍流行的观点认为李嘉图是斯密古典经济学的正宗传人，李嘉图把斯密所创始的工作发展到登峰造极的高度。其实不然，在斯密的理论中隐含着至少三种以上的路径，一条是经李嘉图到马克思的道路，此外还有两条，一条是通往制度经济学的路径，另一条是主观主义的通往边际效用学说的道路，说起来休谟也属于这一经济学的路径。

② Andrew S. Skinner 在"休谟：政治经济学的原则"一文中指出："休谟经济思想的一个最独特的重要特征在于，他揭示了历史和历史主义方法的作用，始终如一地寻求经济与环境和生活方式的密切关联。这一点在后来的德国历史学派和美国制度经济学家的著作中得到表现。值得注意的是，休谟的历史的方法不同于斯密后来采取的历史的方法，在休谟（原书文字写的是斯密，我从上下文意思来看可能是笔误，应指休谟）那里，市民社会的历史对于我们理解经济交易以及它产生的社会的和政治的环境，无疑是本质性的，但在斯密那里，历史与其说是他论述的整体对象，不如说是一个前言，实际上，正像有人所指出的，在对待经济学问题时，斯密并没有使用历史的方法。"Andrew S. Skinner, The Cambridge Companion to Hume, Cambrifge University Press 1992, p.248.

和规则等人为的作用而产生出共同的利益感、共通感、同情以及有限的仁慈等，上述这些自然的情感与后生的道德情感，通过相互之间的社会关联，为市民社会的经济活动提供了一种人性学或心理学的基础。通过历史主义的和人性心理学的综合分析，英国的古典经济学，特别是苏格兰历史学派，就建立起了一种有别于古代家政学和现代"赚钱术"的政治经济学。为此，斯密在《国民财富论》第四篇"论政治经济学体系"的"序论"一开篇就明确指出：

> 被看作政治家或立法家的一门科学的政治经济学，提出两个不同的目标：第一，给人民提供充足的收入或生计，或者更确切地说，使人民能给自己提供这样的收入或生计；第二，给国家或社会提供充分的收入，使公务得以进行。总之，其目的在于富国裕民。[①]

### 2. 作为经济学家的休谟

与斯密一样，休谟也是一位经济学家，但休谟是怎样一位经济学家呢？在论述了前面这样一个英国古典政治经济学的背景之后，我们再来看休谟就会发现一个很有趣的现象，与斯密相比，休谟作为一个经济学家，他在经济学中的地位显然是次要的，可以说他的经济学家的地位在历史上并不怎样重要和显赫。当然休谟是一个经济学家，而且是一个属于英格兰历史学派的经济学家，这无可争议，

---

[①] 斯密：《国民财富的性质与原因的研究》，下，郭大力、王亚南译，商务印书馆 1997 年版，第 1 页。

他的很多经济观点在当时很有影响，对此马克思曾说过一句很有代表性的评议，认为休谟虽然在经济思想史还不足以是个大人物，但他仍然是重要的，具有一定的地位。[①] 单纯从经济学的角度看，情况或许确实如此。休谟作为经济学家在当时提出的一些经济观点虽然也有着一定的理论意义，但毕竟现在看来很多已经过时了，例如，他的货币数量论尽管在当时对于重商主义的批判是有着现实意义的，促进了英国的经济贸易和自由经济政策，但从今天的货币理论来看无疑是一个过时的理论。所以，经济学家休谟的经济观点在经济思想史上的地位并不重要，没法与斯密相比。

下面我们所说的是另外一个层次的问题。如果简单地把休谟视为一个经济学家，上述所言是有道理的，但是，问题在于休谟作为一个经济学家，他的真正的作用和地位，他对于英国古典政治经济学的贡献与意义，远非他的一些具体的经济观点所能直接体现的。在我看来，重要的是他提出了一种考察经济事务的方法，或者说，休谟通过他的论述建立起一种分析市民社会的经济活动的政治哲学，因此，休谟是他那个时代的真正的政治经济学家，斯图尔特在《斯密的生平与著作》一书中所论述的一段话不仅适用于斯密，在我看来，也适用于休谟，他说："在斯密的著作中，不论是什么性质的题材，他很少错过纵情地从人性原则和社会环境去追溯他所描述的观点和制度的起源的机会。"[②] 如此观之，经济学家休谟的地位就不但

---

① Skinner 曾指出："波顿在休谟的第一部重要的传记中这样写道：'休谟的论文是经济学的发源地'。尽管这一说法不免有传记者的溢美之辞，但无疑的是，休谟的著述对于作为一种原则的经济学作出了重要的贡献，这种经济学对重商主义者的政府策论之类的观点给予了一种卓有成效的批判。"Andrew S. Skinner, The Cambridge Companion to Hume, Cambrifge University Press 1992, p. 222. 另参见 John Hill Burton, Life and Correspondence of David Hume, 2vols, Edinburgh, Ⅰ; p.354。

② 杜格尔德·斯图尔特：《亚当·斯密的生平与著作》，第 31 页。

不是次要的，而且可以说在英国的古典经济学中只有斯密能与之比肩，除此之外，其他的人都还没有提出过像休谟那样深刻的经济哲学或经济学的政治哲学观。① 正像 18 世纪末的英国经济学家英格瑞姆所指出的，休谟的重要贡献在于："（1）他把经济事实置入社会和政治的所有重大利益的关联之中；（2）他开启了将历史精神导入于这些事实的研究的路径。"②

　　休谟在他的《人性论》和其他的一系列有关经济方面的论述中，隐含着一个经济哲学的方法论，或者说提供了一种考察他所谓"经济社会"的政治哲学理论，这一点是他作为经济学家最重要的方面，但也是人们往往容易忽视的。对于休谟来说，"社会"具有着非常广泛的含义，人作为一个存在要和平地生活，实现自己的目标，就需要与他人发生联系，正是通过社会，人才能够达到他的各种目标：同伴、教育、安全和经济利益。在其他时代，社会意味着某种特定的关系，但若没有正义，社会就会解体，因此正义是一个社会基本的法律规则，在休谟的思想中，社会首先指的是我们所谓的"经济系统"或"经济秩序"。当经济获得了政府或国家的保护与支持时，经济秩序与政府结合在一起就构成了"市民社会"或"政治社

---

① 在此需要说明的是，所谓休谟的经济哲学与经济学的政治哲学观，其含义本来是一致的，两者之间没有区别，因为他的经济哲学中的这个哲学，实质上是一种政治哲学，即有关人性以及缓和的怀疑主义，特别是它们之与社会制度和规则秩序相关联的正义价值等等。但是，一般人所理解的休谟哲学往往偏重于认识论和知识论的内容，而忽视了他的哲学中的有关人性以及正义规则和政治制度等方面的内容，因此为了强调指出这一政治哲学的特性，所以在本章我有时使用了"经济学的政治哲学观"这一说法，其含义与"经济哲学"是相同的。

② Edited by James Rieser, Early Responses to Hume, Volume 2, Thoemmes Press 1999, p. 433. 选自 John Kells Ingram, A History of Political Economy.

乎全部属于经济学的内容，此外，他在 1741 年和 1742 年出版的
《道德与政治论文集》中也有一小部分文章涉及经济学，还有，休谟
的《英国史》中所涉及的一些内容，如有关英国历史中的权利法案、
财政税收以及军备等问题，也都体现了他的经济思想，又都可以划
入他的经济学范围。

　　总之，休谟的经济学思想体现在两个层面上，一个是他的以
《人性论》为代表的政治哲学或经济哲学这个层面，另外一个层面是
具体的有关商业、货币、利息、贸易平衡、赋税，乃至人口分布、
社会信用等方面的经济理论，可以说这两个层面的理论互相结合构
成了一个较为完整的休谟的政治经济学。


### 二、休谟经济哲学的两个维度


　　前面曾经指出，英国古典经济学的一个特征在于它们与政治学
的密切结合，或者说，它们是古典的政治经济学，具有着一个政治
哲学的前提或基础。应该指出，这种古典经济学与政治哲学的结合
实质上就是经济哲学，而在英国的古典经济学中，其经济哲学又表
现为它们对于国民经济的研究呈现着两个维度的展开，这种考察经
济的方法是由休谟和斯密开辟出来的，可以说在其他的经济学家那
里，经济学都没有上升到哲学的高度。休谟首先开启了考察经济事
务的哲学之维，明确地指出了研究经济学的两个维度，建立了自己
的经济哲学。休谟的经济哲学对于英国的古典政治经济学具有着十
分重要的意义，直接影响了斯密，正像熊彼特所说："《道德情操论》
是他的第一项伟大成就……正是在这本书中而不是在《国民财富论》

济研究的上述两个至关重要的维度。下面我们即具体分析这两个经济哲学的维度。

让我们先来看第一个维度，即休谟的经济哲学所开启的考察国民经济的法律与制度的维度。我们知道，古典经济学是一种有关市民社会的经济活动之本性的系统研究。古典经济学对于经济活动的研究，并不是把它们视为一种孤立的经济行为，而是置于经济社会的关系中加以分析考察的。因此，任何一种经济要素都体现了个人之间、群体与个人之间、群体与群体之间的社会关系，是社会经济关系中的产物，诸如财产权问题、生产资料问题、货币流通问题、商品贸易问题、财政税收问题等等，它们作为古典经济学的研究对象，都不是孤立的，而是在社会的政治、经济关系之中表现出来的。但是关键的地方在于，苏格兰历史学派所提出的一套政治经济学，其要点是：上述经济问题并不在于探讨国家作为一个主权实体对于社会财富的实际拥有，那是财政税收的问题，也不是探讨一个单纯的个人有关财富的生产与消费，那是家政学的范围，英国的古典政治经济学所研究的中心问题乃是一个国民财富问题。正像斯密所指出的，它包含着两个方面的内容，而其实质乃是归结到把上述两个方面内容给予一种更深入的综合，即社会中的个人财富的生产、增长与变化等是如何在国家所提供的政治制度的框架之内得以最大化实现的，因此所谓的"富国裕民"只能是一个政治学意义上的经济问题。

如此看来，"国民财富"在古典经济学那里是放在一个社会制度的框架之内展开的，作为经济社会中的追逐私利的个人首先必须是一个政治社会中的公民，这是古典经济学的一个不言自明的前提，斯密在《道德情操论》中将其称之为"制度人"。① 斯密与休谟一样有着建立一个类似于牛顿的自然科学那样的人性科学的宏大愿望，他显然认为经济问题不单纯是一个国民财富的增长问题，而是一个涉及政治学和法学的问题，因此只有在一个市民社会的政治与法律的框架之内来研究与分析国民财富的性质、原因及其意义，那才谈得上是真正的经济学，所以他在《道德情操论》和《国民财富论》两本书中，一直念念不忘地要抽出时间致力于有关法律和政治制度的研究，探讨政权的性质及其演变，揭示法律规则（包括私法与公法两部分）与政体制度在从自然状态向政治社会的演变过程中，它们与国民财富之间的内在关系，并进而说明财富的本质问题。

斯密的上述思想无疑受到了休谟的经济理论的影响，他在《道德情操论》和《国民财富论》两本书中大量使用了休谟的研究成果，休谟论述经济学的几篇著名论文，如"论货币"、"论商业"、"论贸易平衡"和"论贸易的猜忌"等，都被他广泛地引用，总的来说，斯密对于政治经济学的理解，完全是结合市民社会的国家政治和法律制度来开展的，因此是真正古典意义上的政治经济学。其实，休谟虽然没有像斯密那样构造一个系统的政治经济学体系，但他对于经济本质的认识，对于国民财富与政治和法律制度的关系的认识，与斯密是完全一致的，他的观点并非散见在一系列经济论文之中，而是总括在他的有关"经济社会"的统筹之中，从某种意义上来说，

---

① 参见哈耶克：《经济、科学与政治——哈耶克思想精粹》，第 228 页。斯密这样写道："这个制度人……似乎以为，他可以像在棋盘上用手摆弄棋子那样容易地安排一个大社会中的不同成员。他没有考虑到，棋盘上的棋子除了人手赋予它们的运动规则之外，并无其他规则，但是在人类社会这个大棋盘上，每一个棋子都有自己的运动规则，它们完全不同于立法机构挑选出来施加于它们的规则。如果两种规则配合默契，人类社会的游戏便会顺畅进行，并且很可能带来幸福和成功。如果它们相互对立或有所不同，游戏就会可悲地进行，人类社会必定会始终处在极大的混乱之中。"

休谟早在斯密之前就勾勒出了一个政治经济学的框架。

斯密曾明确指出政治经济学的目的在于富国裕民，因此关于国民财富与政治法律制度的关系就成为关键的问题，斯密在《国民财富论》的第四、第五篇曾给予了深入的探讨，在《道德情操论》也多有论述，[①] 对此休谟的观点也是值得重视的，他这样写道：

> 如果某一社会赖以维系的那一套原则愈是不太顺乎自然规律，立法者想要确立完善这套原则时所遇到的困难就愈大。在这种情势下，立法者最妥善的做法是：俯顺人心之所向，因势利导，提出为人们所易于接受的一切改进事宜。那么，工业、贸易和艺术就会按照事物发展的最合乎自然规律的进程，来提高君主的权力，增进臣民的幸福；那种导致国富民穷的政策乃是暴政。[②]

按照休谟和斯密的理解，古典经济学所研究的是国民财富，而不是国家财富，是一种国民经济学，并不是国家经济学，在他们看来，经济活动主体并不是国家，而是国民，即在一定的国家制度之下追求个人利益的个人。因此，英国古典经济学所探讨的并不是国家财富的拥有，而是国家之下的国民财富的构成、本性以及原因，所以，从根本上说它是一个富民论，而不是单纯的富国论，或者说是斯密

---

① 参见斯密：《道德情操论》："政策的完善，贸易和制造业的发展，都是高尚和宏大的目标。有关它们的计划使我们感到高兴，任何有助于促进它们的事情也都使我们发生兴趣。它们成为政治制度的重要部分，国家机器的轮子似乎因为它们而运转得更加和谐和轻快了。我们看到这个如此美好和重要的制度完善起来感到高兴，而在清除任何可以给它的正常实施带来丝毫干扰和妨碍的障碍之前，我们一直忧虑不安。"第230—231页。

② 《休谟经济论文选》，第9—10页。

所谓的富国裕民论。

当然，在英国古典经济学那里，关于国民（nation）与国家（state）的本质区别还没有显示出来，休谟和斯密在理论中也没有把它们辨析清楚，两者在很多情况下是完全一致的，在他们看来，国民财富增长了，国家的经济实力也就随之强大了，两者是相辅相成的，反之亦然，因为他们的观点是很明确的，国家的经济强大立足于民间的财富增长，是一个财政税收问题，国民财富的增长为国家税收提供了充足的来源，从结果上看两者不存在什么对立，所以往往把它们等同起来来表述市民社会的经济发展状况。但是，从逻辑上看，国民财富与国家财政的关系是完全对立的，对此，斯密在《国民财富论》一书中写得十分清楚：一个国家或一个社会的总资财是指全体居民的总收入，包含他们土地和劳动的全部年产物，其中要扣除维护规定资本和流动资本的费用，因此国民财富的真正含义等于总收入减去各项费用之后留供居民自由使用的全部纯收入，显然，政府税收也属于需要减去的费用项目。由此可见，真正的财富与君主或国家的收入不是一回事。wealth of nations，指的是真正的财富，政府的财政收入是真正的财富的一个扣除量，而不是一个贡献量。Wealth of nations 也不是指人民的总收入（国民收入），而是指普遍富裕，或者用现代的经济学术语说，人均消费量该数值是本国劳动产出的便利品和必需品加上用本国劳动产出购买的进口的便利品和必需品之和，除以消费者人数所得之商，而消费者人数，由从事有用劳动和不从事有用劳动的全体人数构成。[1]

---

[1] 参见斯密：《国民财富的性质与原因的研究》，上，第二篇第一、二章中的有关论述。另参见熊彼特：《经济分析史》，第 2 卷，第 383 页。

因此，在英国古典经济学家眼里，所谓的国家是很明确的，并不像德国理论家们看得那么高深，国家就是政府行政，在经济学上就意味着财政税收，国家经济实际上就是财政税收的总额，而且征收什么税种、多少额度，税收的如何支出等等，都要按照法律严格实施。休谟在一系列论文中曾多次谈到这个问题，斯密的《国民财富论》第五篇"论君主或国家的收入"整个论述的便是这个财政税收问题。但是，随着经济学理论的演变，特别是德国历史学派经济理论的出现，乃至马克思主义的苏联经济学的畅行于世，英国古典经济学中的这个国民与国家的差别乃至对立就变得格外重要了。在德国历史学派的经济学家眼中，财富的性质就发生了显著的变化，在他们看来，国民经济的基础已不在民间而在国家，他们所说的经济学是国家经济学，国家经济成为社会经济活动的主体，因此财富的性质也就从英国古典经济学中的国民转变为国家，这样一来，国家财富就不再是单纯的税收，而是意味着国家控制的所有经济活动的总量。例如，李斯特写道：

> 照我们的看法，政治经济学这门科学所教导的，并不只是交换价值怎样由个人来生产，怎样在个人之间进行分配，怎样被个人所消费。我们要告诉他，作为一个政治家，此外还首先应当并且必须懂得，怎样才能激发、增长并保护整个国家的生产力；另一方面，他还必须懂得这种生产力在怎样的情况下就会趋于衰退，处于睡眠状态或被完全摧毁；怎样依靠了国家的生产力，就可在完美的方式下来利用国家资源，从而争取国家

的生存、独立、繁荣、权力、文化与远大前途。①

至于马克思主义的社会主义计划经济学对于国家经济的看法，在这里毋庸多谈了。基于上述原因，我认为把斯密的《国民财富的性质和原因的研究》的书名简称为《国富论》，就其纯语言学的含义来说并无不妥之处，但是考虑到上述所言，特别是在一个社会主义计划经济体制尚占主体的国家来说，往往易于误导人们对于斯密思想乃至整个英国古典经济学的理解，以为他们研究的是国家经济或国家财富的问题，而实际上他们论述的乃是国民的财富问题，因此，我认为简称为《民富论》或许更有助于我们理解斯密思想的实质。②

在休谟、斯密看来，构成市民社会之主体的并不是国家，而是受利己心驱使的追求私利的市民，他们从事生产劳动，满足物质欲望，而社会分工使人们具有了与他人进行产品交换的可能，如此一

① 李斯特：《政治经济学的国民体系》，陈万煦译，商务印书馆1961年版，第98页。
② 我想这一点对于我们来说是有深刻教训的，自五四运动以来，我国理论界一直存在着一个重要的理论误区，那就是强调的不是富民论，而是富国论，或者理想的说是富国富民论，这种理论表面上接受了英国古典经济学的"富国裕民"的主张，但他们对于国家职能的理解与古典经济学简直是南辕北辙，误以为古典经济学所要解决的首要问题是如何使一个国家作为一个经济主体的财富最大化问题，其实古典经济学的关键问题是探讨国民财富的本质与原因，裕民是其根本目的，富国则是自然的结果，而且是有限度的，只是一个税收问题，从来不是国家经济的生产问题。如果说在17、18世纪英国资本主义的黄金时代，国民与国家还没有构成尖锐的冲突，那么到了19世纪的德国，这种一致就出现了严重的裂痕，新旧历史学派偏重国家经济的理论不过是那个时期社会政治问题的反映而已。至于到了20世纪，特别是对于中国这样一个后发国家，显然富国裕民的和谐已不可能，于是，究竟是富国还是裕民就成为理论界的一个严峻的选择，那种以为国家经济强盛了就一定会导致国民富裕的理论，不啻一种经济浪漫派，它不知道富国的基础在于裕民，只有社会财富增长了，所谓的国家财政税收才会充足。一旦国家不是基于财政的国家，而是全面生产的国家，其结果只能像休谟所说的是一种"暴政"，而且国家也永远富强不起来。从这个意义上来看，严复将斯密的伟大著作译为《原富》，我以为不是具有先见之明，就是深得其中三昧，免去了《国民财富的性质与原因的研究》可能带来的误导。

来，劳动产品转换为商品，近代市民社会实际上是一个商品经济的社会，劳动分工为市民社会注入了强大的动力，休谟提出的共同利益感和斯密所谓的看不见的手，不过是从理论上揭示了这个经济社会的运行机制。古典经济学与重商主义不同，她们反对国家对于社会经济生活的干预，提倡自由经济政策，认为社会财富的增长变化完全是由看不见的手自发地的调节的。所谓政治经济学并非主张把国民经济拱手让给政府管辖，恰恰相反，它是在为政府划定界限，斯密在《国民财富论》一书通过规定政府的三项职能从而明确地揭示了国家与社会的界限，① 休谟的"论赋税"一文也从历史的角度对于国家赋税的征收提供了可资借鉴的经验，总的来说，古典经济学确立的这条基本的界限对于后来的经济学理论产生了深远的影响，整个近现代的经济学在凯恩斯主义之前基本上所遵循的便是斯密所划定的这个界限。

国家不干预社会的经济活动，那么对于古典经济学来说，是否就意味着国家与市民社会、与市场经济无关了呢？情况绝非如此，在实际上自谟、斯密以来，古典经济学从来没有放弃政府与国家之与经济的内在关系，或者说作为政治经济学，它们历来强调政治对于经济的关键性作用，前面所说的休谟的一个主要经济学贡献便是开启了经济研究的政治之维度。所以，问题不在于政治问题不重要，而在于政治经济学之政治究竟意味着什么，显然在对于政治问题的

① 斯密写道："按照自然自由的制度，君主只有三个应尽的义务 这二个义务虽很重要，但都是一般人所能理解的。第一，保护社会，使不受其他独立社会的侵犯。第二，尽可能保护社会上各个人，使不受社会上任何其他人的侵害和压迫，这就是说，要设立严正的司法机关。第三，建设并维持某些公共事业及其公共设施（其建设与维持绝不是为了任何个人或任何少数人的利益），这种事业与设施，在由大社会经营时，其利润常能补偿所费而有余，但若由个人或少数人经营就决不能补偿所费。"见《国民财富的性质与原因的研究》，下，第253页。

理解上，古典经济学与后来的国家经济学和社会主义经济学有着重大的区别，前者所理解的政治并不是国家对于社会财富的全面占有与分配，并不是国家所有制的计划生产、流通与交换，而是为社会的自由经济运行，为国民财富的增长与发展，为市场的商品贸易，乃至为国家间的自由贸易，提供一个政治和法律上的制度保障。

对此，休谟写道："一般公认，国家的昌盛，黎民百姓的幸福，都同商业有着密切难分的关系。而且，只要私人经商和私有财产得到社会权力机构的较大保障，社会本身就会随着私人商业的繁荣发达而相应强盛起来。"[①] 斯密在评论法国重农主义魁奈的理论时也曾指出：

> 魁奈自己就是一个医生并且是个极有思想的医生，他似乎对于国家亦抱有同样的概念，以为只有在完全自由与完全公平的正确制度下，国家才能繁荣发达起来。他似乎没有考虑到，在国家内，各个人为改善自身境遇自然而然地、不断地所作的努力，就是一种保卫力量，能在许多方面预防并纠正在一定程度上是不公平和压抑的政治经济的不良结果。这种政治经济，虽无疑会多少阻碍一国趋于富裕繁荣的发展，但不能使其完全停止，更不能使一国后退。如果一国没有享受完全自由及完全正义，即无繁荣的可能，那世界上就没有一国能够繁荣了。幸运的是，在国家内，自然的智慧，对于人类的愚蠢及不公正的许多恶影响，有了充分的准备，来做纠正，正如在人体内，自然的智慧，有充分准备，来纠正人类的懒惰及无节制的不良结

---

① 《休谟经济论文选》，第 5 页。

果一样。①

　　鉴于此，斯密的《国民财富论》下卷集中探讨的便是如何修补一个政治国家的制度缺陷，并致力于一个尽可能体现着正义与自由的自然的社会制度，从而使得这种国家的负面影响减到最低程度。实际上，斯密所说的政治社会的自然的修补过程，在《国民财富论》上卷的论述中，已经通过看不见的手的机制自发地发挥着作用，而在下卷斯密所谓的政治经济学，则更多地偏重于国家政治对于经济的直接影响，所以也正在这个意义上，他探讨了国家的财政税收问题以及与此相关的各种经济理论，如重商主义和重农主义，以及与此相关的退税、奖励金、通商条约、殖民地等问题。这些问题说到底都是在从一个更加广阔的政治经济学的角度上进一步完善和修补国家管理经济的技艺能力，特别是在国家收入的赋税原理以及公共税收的使用方面，斯密开列的清单可以说是一种自由主义的宪章，他从一个古典政治国民经济学的角度，提供了一个国家在经济方面所应获取的正当收入及其支出的公共标准，并由此奠定了自由主义国家学说的经济基石。

　　虽说休谟没有像斯密那样建立一个政治经济学的体系，但他的经济哲学并不让于斯密，相比之下休谟对于经济社会的法律与制度上的考察，更偏重于他所谓的三个基本的正义原则。在休谟看来，人们的经济行为是以利益为纽结的，一国的生产活动、贸易交往、财富积累、产品交换、借贷利息，以及政府税收等等，所有这些都构成了经济学所要考察的对象，但问题在于，上述这一切经济活动，

------

① 斯密：《国民财富的性质和原因的研究》，下，第 240—241 页。

尽管形态上是千差万别的，却有一个共同的本质特征，那就是它们必须遵循一定的规则运行。从这个意义上来说，正义规则是国民经济的基础，确立稳定的私有财产权，以及财产经过同意的转让和许诺的履行等，它们既是法律规则，也是经济规则，私法制度既是一种法律制度，也是一种经济制度。斯图亚特指出：

> 总之，必须有一种规定什么是权利的法律，而不是追逐财物的人。这些法律必须确定利益的原始持有，然后在社会的范围内规定每一个经济财产的合法占有者。接受这样一套财产权规则的基本理由在于，如果一个社会要达到繁荣的话，财产权则是有益的，必不可少的，一旦财产权的体系被导入，勤劳的人民将通过工业和贸易而带来一次次的分配和再分配。那种为了某种特殊的功利、需要、价值或基于平等等理由而企图管理财产与公共服务的做法，必将伴随着这种体制所负荷的所有冲突与暴力的危险重蹈人治之覆辙。[①]

前面我们讨论了休谟为古典经济学开启的政治与法律的维度，现在我们来讨论休谟为英国古典经济学开启的第二个维度，即他提供了一个考察国民经济的人性论的哲学方法。休谟认为经济活动无不与利益相关，而利益又与人的苦乐感，与人的需要，与共同的利益感觉，与同情、仁爱等道德问题密切相关。休谟对于人性的揭示，显然具有经济哲学的意义。在休谟看来，自然所能提供给人的财富

---

① Stewart, The Moral and Political Philosophy of David Hume, Princeton University Press 1992, pp. 156 - 157.

是极其有限的，物资的馈乏是他的一个基本预设，休谟的这一思想
与洛克、斯密有所不同。斯密在《国民财富论》一开始就把由分工
所造成的物质财富的普遍富裕作为自己理论分析的基础，他说："在
一个政治修明的社会里，造成普及到最下层人民的那种普遍富裕情
况的，是各行各业的产量由于分工而大增——于是，社会各阶级普
遍富裕。"① 休谟不这样认为，他指出相对于人的欲望来说，自然资
源的供给总是非常有限度的，因此为了满足人们的欲望，劳动是必
不可少的。

> 世界上的每一样东西都要靠劳动来购买，人们的欲望则是
> 劳动的唯一动机。一个国家的工业产品丰富，机械技术发展，
> 则非但农民、就连土地所有者也都把农业当作一门科学来研究，
> 兢兢业业，干劲倍增。他们的劳动所产生的剩余物没有白白浪
> 费，而是用来交换人们为了享受舒适生活而渴望得到的那些商
> 品了。这样，土地除了满足耕种者本身的需要，还提供了大量
> 的维持生命必需品。在太平盛世，这种剩余产物用于养活制造
> 商品及繁荣文化的从业人员。②

所以，休谟非常重视人的追求财富的欲望在社会经济生活中的作用，
"人类永远不知餍足的欲望或需求，莫过于施展才智发挥所长，这种

---

① 《国民财富的性质与原因的研究》，上，第 11 页。
② 《休谟经济论文选》，第 10 页。美国制度主义经济学家康芒斯有感于休谟的观点，曾经
　指出："一种以休谟的稀少性为基础的经济学才可能把经济学、伦理学和法学结合起
　来；利己主义的经济学，沿用亚当·斯密或约翰·洛克关于自然丰裕和神的恩惠的假
　设，使经济学和伦理与法律分离。"参见康芒斯：《制度经济学》，上，于树生译，商务
　印书馆 1962 年版，第 173—174 页。

欲望似乎是人类大部分爱好和追求的基础"。①

我们看到，休谟对于欲望、私利等人性方面的揭示，并不是单纯从道德意义上来说的，关于这个层面上的论述，古往今来，比比皆是，休谟的上述思想具有普遍的经济学意义，他把人性的欲望、享受，对于幸福的追求和拥有财富的快乐等等，与人的劳动，与市场中的经济行为，与商品的生产、交换与消费，总之，与经济社会密切地联系在一起。他不止一次地写道："如果一个人所从事的工作能赚钱获利，特别是在每有所劳、利即随之的情况下，由于频频获利，在他的心中就渐渐对这个事业产生热爱，而把眼看自己的财产与日俱增当作人生最大的乐趣。"② 如此说来，商业社会在休谟看来，存在着一个人性的基础，对于人的谋求私利的行为，不能简单地从道德的角度判断它们的善恶得失，而要看到追求愿望的满足所带来的是一个商业发达的社会，如果对于私利行为一味排斥，就无法说明社会经济活动的内在动机，也无法解释何以导致近代商业社会的繁荣。"商业能促进勤劳，把这种精神带给每个社会成员，自然而然地流传开来，使人人不当无用废物与草木同腐。商业能发挥节俭，使人人安居乐业，发挥一技之长来求利；这种技艺很快就使人精神有所寄托，转移奢侈逸乐的癖好。"③

休谟在谈到人的幸福时曾有不同的论述，他在《人性论》中认为它们是我们内心的满意、身体外表的优点和对我们凭勤劳和幸运而获得的所有物的享用，在"论技艺的日新月异"一文中，他又似乎赞同普遍公认的看法，认为幸福大体包括活动、消遣和悠

---

① 《休谟经济论文选》，第 46 页。
② 《休谟经济论文选》，第 46 页。
③ 《休谟经济论文选》，第 46 页。

闲三个方面。但无论怎么说，在休谟眼中，在使人快乐的诸多因素中，显然财富占有首要的地位，稳定地拥有财产，是实现个人幸福的前提，一个没有确切而又稳定的财产权的个人，显然是没有资格来谈论他的自由与幸福的。关于财产问题，休谟是从两个方面论述的，一个是政治和法律制度的问题，它属于上述我们讨论的第一个维度，对此本书在有关财产权的章节中已经给予了充分的论述。不过，关于财产问题，休谟还有另外一个维度的论述，即从人性心理的维度讨论财产与人的关系问题，对此较为集中地体现在休谟对于骄傲这一情感的论述，认为拥有财产是使人快乐、使人感到骄傲的物质基础。对比一下休谟与斯密有关财富的论述是饶有兴趣的，斯密在《国民财富的性质和原因的研究》中主要是从劳动生产力的增长，以及商品价格、劳动工资和资本利润等不同的角度探讨国民财富的本性，而休谟在《人性论》的第二卷有关间接情感的论述中，则着重讨论了财富满足人的需要的主观本性。

不独如此，休谟沿着这条线索，在后来的一系列经济论文中对于人的心理本性促进商业繁荣方面给予了更充分的论述，其中最著名的一个论点便是他有关奢侈（Luxury）有益于商业经济的看法。按照传统的流行观点，力行俭朴一直被视为良好的美德，不仅这一美德在道德上可圈可点，而且在传统商业经营中也获得普遍的认可。古代伦理对于俭朴持家的赞赏自不待说，近代以来虽然商业经济改变了人们的许多传统观念，但对于俭朴却很少有人置喙，重商主义缺乏这样的眼界，重农主义自然是欢迎这一美德，就连主张自由经济的斯密对于俭朴的美德也是多有赞美的。① 但休谟却力排众议，对于俭朴持家的商业美德提出了质疑，与此相对，他试图恢复"奢侈"的声誉，② 认为"奢侈"一词既可以用于贬义，也可以用于褒义，人们对于财富的享受，追求生活品质，甚至奢侈浮华等等，只要不沉湎物欲、放纵无度，就没有什么可指责的，甚至有助于商业的繁荣与发展，至少促进了精工细作的产业的发展。所以休谟说："一切美化生活的商品的增加和消费，都对社会有好处；因为它们在成倍地扩大满足那些无害的个人欲望的同时，也增加了劳动（产品）的贮存，这种贮存，在国家一旦出现紧急情况时，就会转入社会劳务。"③

按照休谟的看法，人性上的不断进化的欲求，特别是不断追求精细、考究、奢华的精神上的需求，对于一个社会的物质财富的增长是大有益处的，直接导致了技艺的日新月异，带来了文化艺术的繁荣，而这些"对自由是相当有利的，它具有一种维护（如果不是产生的话）自由政府的天然趋势"。④ 休谟一再指出，技艺进步与文

---

① 斯密不止一次地写道："资本增加，由于节俭；资本减少，由于奢侈与妄为。""总之，无论就哪一个观点说，奢侈都是公众的敌人，节俭都是社会的恩人。"见《国民财富的性质与原因的研究》，上，第311、314页。

② 曼德维尔曾大胆地对"奢侈"、"傲慢"常人视为恶德的东西给予了赞美："奢侈驱使着百万穷汉劳作；可憎的傲慢又养活了另外一百万穷汉。嫉妒和虚荣，是产业的奖励者；其产物正是食物、家具和衣服的变化无常，这些奇怪而荒唐可笑的恶德，竟然成为回转商业的车轮。"参见曼德维尔：《蜜蜂的寓言》，肖聿译，中国社会科学出版社2002年版。

③ 《休谟经济论文选》，第21页。此外，休谟还写道："在生活上讲究享受和舒适，本身并不带有引起贪污腐化的必然趋势。"第24页。"正如无害的享受、或技艺和生活用品的精益求精，对社会是有利的；同样，只要享受不再是无害的，那么它就不会是有利的；沉湎过度，就会产生害处，不过这种害处对于社会政治生活也许还不至于成为什么弥天大罪。"第26—27页。

④ 《休谟经济论文选》，第25页。

化昌明是相辅相成、互相促进的，它们都根源于人的追求幸福的本性，很难想象在一个不懂得天文学或不注重道德的国家里，会织出精美的呢绒，所谓仓廪实而知礼仪，衣食足而知荣辱，是也。虽然欧洲的版图近两百年来没有什么大的变化，但是其间的经济、政治与文化却经历着少有的巨变，特别是一些国家的繁荣景象比之以往简直有天壤之别。究其原因，与人类的勤劳、知识的扩展、文化的提高、道德的开明、法律的完备有关，而这些又都使人摆脱了野蛮与愚昧的状况，克服了人性的粗野和低劣，变得更加完善起来。正像他所说的："勤劳、知识和仁爱就这样被一条牢不可破的锁链联结在一起了，人们根据理智和经验认为，这三者正是比较辉煌的年代，即通常称为崇尚享受的盛世的特征。"①

　　总之，休谟是一个对文明社会具有着广泛认同的思想家，他不像卢梭那样极端地甚至病态地反对社会中的所谓浮华造作，而认为一个健康的市民社会应该是艺术繁荣、品位精致、风俗良善、经济富裕、政治修明，人人都有教养的文明社会，应该是一个绅士化的君子国。为此，他在一系列文章中对于这样文明社会给予了人性学的揭示，认为它们符合日益扩展的人性的需要，在他看来，人并不只是一味地满足于单纯的生活必需品的消费，人不是一个经济动物，还是一种在社会共同体中追求更高精神品质的社会人，或文明人，他们追求艺术，投身于公共生活，讲究生活的品位，富有审美的趣味。在这一点上，我们可以看到休谟深受希腊思想的影响，认为在那个时代所形成的文艺发达，公民追求公共生活的时尚在近代的市民社会仍然也是可取的，值得推崇的。只不过他与希腊思想家们的

---

① 《休谟经济论文选》，第 20 页。

最大区别在于，他不认为这样一种充满趣味的文明生活，应该像古代社会那样建立在奴隶的劳动之上，古代公民除了从事公共事务和战争之外，并不亲自承担物质财富的创造，并不直接地进行物质生产，他们是依靠于奴隶来维系整个城邦的社会生活的，因此古代还不是一个经济社会。与此相反，近代市民社会首先应该是一个人们自己直接进行生产和劳动、交换和贸易的经济社会，每个人都没有理由也不可能由国家提供生活必需品，而是自己追求物质生活的创造与享受。休谟并不认为近代市民生活意味着繁重的劳役和人民的贫穷，在他看来，技艺进步和商品发展打破了陈旧的社会结构，分化了土地所有者及其奴隶两个等级，农民逐渐富裕起来，与此同时，手艺人和商人都挣了一笔财产，赢得了第二流人物的势力和声望，成为社会的中坚。这个在近代市民社会中日渐成为主体的资产阶级，他们不仅追求财富的占有，而且追求财富的稳定占有，即诉求一种保护财产权的法律政治制度，并在此基础之上形成了自己的生活方式、审美趣味与文化时尚。[①]

---

① L. Varco 指出："依照休谟的思想，技艺与科学的精致和奢侈品的增长，在三个方面扩大了社会秩序的稳定。第一，奢侈在创造非必需的商品方面使用了大量的劳动力和生产性的资源，从而'增加了劳动（产品）的贮存，这种贮存，在国家一旦出现紧急情况时，就会转入社会劳务。'第二，当技艺与科学的奢侈精致弥漫于社会各个阶层，'正像人们的知识得以提高一样，人们的脾性也得以柔化。'最后，当奢侈滋润了商贸和工业时，财富分配将更加均衡，并扩展了那个'作为政治自由的最完善和最稳固之基础'的中产阶级。休谟对于商业奢侈的支持是古典自由主义的一个重要的转折点。在休谟之前，绝大多数自由主义仍然植根于古典共和主义以及它的市民农场主的理想之中。"参见 Great Thinkers in Classpcal Liberalism, the Locke Smith Review Volume Ⅰ, pp. 71 - 72。

## 三、休谟的政治经济学

### 1. 个人利益与公共利益

在前面的章节我们考察休谟的政治德性论和正义规则论时，曾不止一次地讨论过共同的利益感觉问题，休谟认为人的本性首先是自私的，但又存在着有限的慷慨，因此，私人利益与公共利益的关系就成为政治哲学的一个重要问题，在他看来，协调两者之间关系的共同的利益感觉是一个社会的规则和制度得以产生的内在机制。应该指出，利益问题同样也是英国古典经济学中的一个重要问题，特别是在休谟和斯密那里，他们处理的已不单纯是个人利益，而且还更为重要地涉及公共利益问题。

早在古代思想家那里，对于利益问题的思考就已存在，只不过古代的主流政治思想大多强调的是（城邦）国家利益，个人利益往往被忽视，总的来说，只是到了近代市民社会，经济利益问题才变成了社会政治理论中的一个重要问题，受到了思想家们的广泛重视，特别是在英国，由于商品经济的产生较早，发育较为成熟，个人意识的成长较快，所以，围绕着个人利益与国家利益的矛盾也就显得较为突出和尖锐，可以说早在 17 世纪就成为经济学家们关注的一个焦点问题。

首先，思想家们不能回避这样一个事实，即人的私利行为是市民社会经济活动的一个出发点，有个人的利益追求才有经济行为的动机，所谓无利不起早，在经济领域不可能不谈私人利益，从某种意义来说，近代市民社会就是建立在个人追求私利而形成的经济秩序之上的，近代社会首先是一个经济社会。所以，发轫于近代社会的古典经济学不可能否认个人利益的价值，承认私利的合理性是古典经济学的一个基本原则。但问题在于，社会之所以存在还有一个公共利益问题，因为单纯的个人利益往往只会导致相互之间的争斗，应该看到，在人们的相互关系之中，特别是在由于分工而必然产生的合作之中，有一种为大家所共同享有的公共利益存在。公共利益既可以表现为看得见的诸如公路交通、环境、卫生、邮政系统等公共设施的建设，乃至国家的警察与军备设置等等，此外更重要的还表现为看不见的公共利益，诸如人们共同遵守的规则与秩序、法律制度与政府体制，等等。那么这些公共利益究竟是怎么产生的？公共利益与私人之间的关系又是怎样的？特别是在经济领域，如何协调个人利益与公共利益之间的关系，显然这就不单纯是一个经济学问题，而成为一个社会的普遍问题，成为政治经济学，乃至政治哲学所要探讨的问题。

针对上述问题，在英国的古典经济学家有过各种各样的观点，相比之下，以休谟和斯密为代表的苏格兰历史学派对于这个问题的论述最为深刻，休谟在他的一系列著述中曾深入地分析了有关政府的起源、法律规则的形成，以及它们对于社会每个成员的个人利益与幸福所承担的保障责任，斯密在《国民财富论》第四、第五篇所探讨的中心问题便是涉及公共利益的经济政策、公共税收等政治经济学问题。他们的理论对于英国的古典经济学产生了重大影响，在一个更深的层面上超越了曼德维尔的思想。

我们知道，曼德维尔是英国 17 世纪的一位大夫，也是当时的一位杰出的经济思想家，他写了一本著名的书叫《蜜蜂的寓言》，在这本书中曼德维尔提出了一个著名的观点，即私人的恶德即公众的利益，主张个人的自私自利的行为反而有益于社会公共利益的形成。[1] 曼德维尔的这个观点是基于他对一些社会现象的细致观察，他看到社会中的几乎绝大多数人都是在追求自己的利益，而从没有考虑他人的利益，每个人都在精心为自己的利益打算，只做对自己有利的事情，甚至有些人为了自己的利益不择手段、想方设法地满足自己的欲望。但奇怪的是，如此自私的人和如此自私的行为却并没有导致社会的解体，也没有使得社会变成人与人之间像狼那样无法相处下去，反而一个意想不到的情况出现了，即每个人都在忙于追求个人利益最大化的时候，社会的公共利益形成了，并且不断地得到发展。例如，慈善机构出现了，公路、桥梁、水库等公共设施陆续建造出来了。曼德维尔由此得出结论，自私自利的个人恶德不但对公众利益无害，反而促进了社会的公共利益，恶成就了善。

曼德维尔的上述观点虽然与当时的道德伦理大相违背，此言一出引起了轩然大波，遭到一片指责之声，但从社会与人性的角度，特别是从经济学的角度来看，却是强有力的，他揭示了一个不可回避的事实，即私利确实产生了公益。曼德维尔的深刻在于，他不仅指出了私利原则是每个人经济活动的出发点，而且从恶的私利中推导出一个善的公共利益，这种恶以致善的逻辑显然对于曼德维尔之后的英国思想家构成了巨大的挑战。正像我们在前面所指出的，苏格兰学派的两个代表人物休谟和斯密都明确给予了应对，并通过各

---

① 关于曼德维尔的详尽观点，参见曼德维尔《蜜蜂的寓言》，中国社会科学出版社 2002 年版，肖聿译，以及哈耶克的论文"曼德维尔大夫"，载《哈耶克文集》，另外参见高全喜：《法律秩序与自由正义——哈耶克的法律与宪政思想》，北京大学出版社 2002 年版，第一章"正当行为规则"的有关论述。

自的理论，全面超越了曼德维尔。针对曼德维尔的逻辑，休谟反驳道：

> 让两种相反的罪恶并存或许要比其中之一独存来得有利。但决不能说罪恶本身是有利的。如果有哪位作者在这一页上说，道德差别乃是政治家们维护公共利益的创造物，在另一页上却说，罪恶对社会有利，岂不是太自相矛盾了吗？议论一种罪恶，而又一般地说它对社会有利，这种说法，无论根据哪种道德体系来看，确实是个矛盾。[①]

在休谟看来，这已经不属于"政治问题"，而是一个"哲学问题"，为此他力图从哲学上对这个问题给予回答。

首先，休谟在人性论上对于曼德维尔的接受是部分的，有限度的，他并没有照搬曼德维尔把自私视为人的唯一本性，曼德维尔认为人是彻头彻尾自私的，极端唯我的。休谟则不然，在他看来，人固然是自私的，追求私利固然是每个人的出发点，但人还有有限的慷慨，还有同情心，还有道德情操，还有基于共同利益感的互助行为。休谟写道：

> 我们已经发现一些事例，在其中私人的利益与公共的利益是相分离甚至相对立的；然而我们观察到道德情感继续着，尽管有这种利益上的分裂。无论哪里这些截然分明的利益明显地同时发生，我们总是发现道德情感有一种明显的增长，发现一

————————

[①]《休谟经济论文选》，第 28 页。

种对德性的更热烈的好感和对恶行的更强烈的厌恶，或我们恰当地称之为感激或报复的东西。迫于这些事例，我们必须放弃这种用自爱原则来说明一切道德情感的理论。我们必须采纳一种更公共的感情，并承认社会的利益甚至就它们自身而论也不是与我们完全漠不相关的。[1]

斯密有关人性的看法与休谟是基本一致的，他的《道德情操论》比《国民财富论》更为充分地阐释了他的经济哲学，他所提出的基于同情的合宜性，不仅具有道德学的意义，而且也具有经济学的意义。他认为：

> 自己的利益与社会的繁荣休戚相关，他的幸福或者生命的维护，都取决于这个社会的秩序和繁荣能否保持。因此，种种原因使他对任何有损于社会的事情都怀着一种憎恨之情，并且愿意用一切方法去阻止这个如此令人痛恨和可怕的事情发生。不义行为必然有损于这个社会。[2]

这样一来，有关私利与公益的关系在休谟和斯密那里就不是恶以致善的逻辑问题，而是恶与善的分立问题，应该指出，这里触及到思想史上的一个关键问题。按照曼德维尔的哲学逻辑，每个人的必不可免的恶可以通过累加而导致善，或者说，恶可以致善，这一思想不仅为曼德维尔所独有，实际上在思想史中早有渊源，基督教

---

① 休谟：《道德原则研究》，第 70 页。
② 斯密：《道德情操论》，第 108 页。

神学中的无能生有便属于这一类辩证的逻辑，而最为明确地提出了这个善恶辩证法的思想家是德国的黑格尔，他在一系列著作中把曼德维尔的观点发挥得淋漓尽致，此外，这种通过恶来实现善的思想又被马克思接受，并且赋予了新的内容，总之，近代以来这种恶以致善的辩证理论成为德国思想的主流。我们看到，曼德维尔的思想虽然没有达到德国辩证法的精致度，但他对于社会善恶的看法，乃至另一位思想家霍布斯的善恶观点，都与德国思想有着某种暗合之处。但是，以洛克、休谟、斯密为代表的英国主流思想毕竟与德国的辩证法有着迥然的不同，在善恶问题上，他们顽强坚持善与恶的截然差别，善就是善，恶就是恶，善并不因为导致了不利的结果就变成恶，同样恶也并不因为累加的恶与恶之间的斗争导致了有利的结果，就变成善了。善与恶是不可以置换的，不存在恶以致善。但如何解释曼德维尔所揭示的事实呢？在休谟和斯密看来，关键的问题是曼德维尔错误地界定了人的自私、贪欲、享乐的本性，把它们绝对化了，固然它们是必不可少的，但不是唯一的，人性中除此之外还有有限的慷慨、仁慈、同情等等。如此说来，恶只是人性的一部分，而不是全部，导致公益之善的，并不是恶，而是人性中的善，即所谓的自然之德。当然，正像我们前面章节所指出的，休谟在他的政治哲学中，最为关注的不是自然善恶问题，而是正义问题，所以他这个问题上并没有多论，因此就留下了一些理论上的疑难、漏洞，甚至矛盾，这些都有待于进一步研究和发展。

第二，关于何为公共利益，休谟和斯密的认识也与曼德维尔有着很大的不同，曼德维尔简单地把它们视为一般的社会福利和公益设施，如桥梁、公路、邮政等，休谟和斯密却把公共利益上升到了一个政治经济学的层面，上升到了一个法律与制度的层面加以理解，因此他们不约而同地提出了一种正义的政治制度的问题。休谟写道：

> 法律和正义的整个制度是有利于社会的；正是着眼于这种利益，人类才通过自愿的协议建立了这个制度。当这个制度一旦被这些协议建立起来以后，就有一种强烈的道德感自然地随之发生。这种道德感只能由我们对社会利益的同情而发生。[1]

斯密也指出："在财产权还没建立以前，不可能有什么政府。政府的目的在于保障财产，保护富者不受贫者侵犯。"[2] 显然，在休谟和斯密眼中，一个稳定有序的具有着正义性质的社会，绝非一个个人根据自己的利益肆意胡来的社会，它不允许欺骗、抢劫，凭借自己的强力或者使用国家的暴力去侵犯和掠夺他人的财物。因此，一个正义的法律与政治制度对于任何一个人都是有益的。

> 没有人能够怀疑，划定财产、稳定财物占有的协议，是确立人类社会的一切条件中最必要的条件，而且在确定和遵守这个规则的合同成立之后，对于建立一种完善的和谐与协作来说，便没有多少事情要做的了。[3]

如此看来，最能够体现公共利益的最具有公益性质的，乃是这些法律规则和社会秩序。为什么这样说呢？因为它们是公器，并不是针对某一个特定的个人或特定的群体，为了某些特定的目标而特

---

① 休谟：《道德原则研究》，第 69 页。
② 亚当·斯密：《关于法律、警察、岁入及军备的演讲》，第 41 页。
③ 休谟：《人性论》，下，第 532 页。

别制定出来的，也就是说法律之下没有特权，法律是一视同仁的，是一种纯形式的完全公正的规则体系。任何人在法律面前都是平等的，都应该遵循，如果破坏了它们，也就形成不了社会了，法律犹如游戏规则，如果大家都不遵守，也就不存在所谓游戏。相互之间的竞争只是在游戏所确立的规则范围内的竞争，没有规则也就形成不了竞争。在社会中并不排除生个人追求自己的个人利益，也并不排除人们之间围绕着个人利益而产生的矛盾和冲突，但前提是它们必须遵循规则，如果出现了纠纷必须由法院予以解决。因此，一个通过法律规则，通过法院的司法行为来加以调节的社会，才是一个体现了正义的社会，所以法律规则与制度对于塑造一个社会的秩序来说是非常重要的，而这正是英国近代市民社会所呈现出来的社会治理形态。这样的法治社会对于国民经济的发展是大有益处的，它使人们之间能够分工合作，相互进行交往，开展贸易，从而促进每个人在合法的条件下最大化地实现自己的利益。为此，斯密写道：

> 然而，一切政治法规越是有助于促进在它们的指导下生活的那些人的幸福，就越是得到尊重。这就是那些法规的唯一用途和目的。然而，出于某种制度的精神，出于某种对艺术和发明的爱好，我们有时似乎重视手段而不重视目的，而且渴望增进我们同胞的幸福，与其说是出于对自己同胞的痛苦或欢乐的任何直接感觉或感情，不如说是为了完善和改进某种美好的有规则的制度。[1]

---

[1] 斯密：《道德情操论》，第 231 页。

在传统的思想中乃至在曼德维尔的观念中，对于私利与公益的问题大多是从道德上来看待的，从道德角度来考察一个社会的经济问题，这样就混淆了问题的性质。按照英国经验主义的方法，特别是按照休谟的事实与价值两分的方法，在对待私利与公益问题上，首先要排除以道德主义的是非判断来取代事实的客观分析，我们应该承认这样一个简单的事实，即自私是个人经济行为的出发点。为此，斯密首先设定了认为作为经济活动之主体的个人，乃是一个具有着一定理性的为着自己利益计算的经济人。不过，承认私利和经济理性在社会关系中的重要性，并不意味着否认另外一个事实的存在，即在个人的自利行为中，一种并非出于个人的直接目的和愿望的东西，一种对于社会其他人都有用的公益出现了。对于这个公益之物，我们显然也不能单纯从道德主义的角度来看待，它们同样也是一个社会的经济问题，也就是说公共利益并不是某些个人因为一些道德的崇高目的而制造出来的，相反，它们仍然是在个人追求私人利益的过程中不自觉地产生出来的。[①] 因此，私利与公益的关系，并不是截然对立的，两者之间并不是对抗的关系。也就是说公共利益尽管不是从私人利益的直接目的中产生出来的，但它并不与私人利益相对抗，相反，公共利益从一个广泛的层面上来说是有利于个人利益的，是能够为个人利益提供较大的活动空间，并为它们的实现提供更有力的保障的。斯图亚特分析说：

当我们从下面审视这个体系，关注于那些从事生产、运输

---

① 斯密的有关看不见的手的机制是这个关系的最好说明，至于休谟所说的人为设计的制度，其目的也是为了个人长远的利益。

和商品买卖的人们，就会发现公共利益并非他们的目的，他们并不欲于此，然而，公共利益却又是他们不期而然的结果。公共利益是施惠于所有人的福利，对陌生人和对亲近的人同样如此，它们是追逐私利的人们在产品生产日益分化的系统和庞大的市场之中自然导致的结果。每个人对所有人的利益都作出了贡献，但不是出于仁慈。当我们从上面审视这个体系，关注于整体和公共层面，就看到所谓对于公共（所有的个人）的利益实际上是对于每个个人的利益。①

综上所述，我们看到，休谟和斯密对于利益的看法，他们有关私利与公益相互关系的观点，反映了他们的政治观，体现了英国古典经济学的哲学内涵。他们所说的公共利益并不是指一个国家或政府这样的政治实体所拥有的现实财富之多少，这些都是极其次要的，甚至是应该依照公法加以限制的，在他们看来，真正的公共利益乃是一个社会的法律规则和经济秩序，它们才是最终有益于每一个个人的。从上述意义来说，如何建立一个稳定的财产权制度，如何约束政府这个最强大的公器，便是政治经济学所要研究的一个重要的问题，所以，休谟在《人性论》中才把财产权问题视为政治社会的核心问题，而斯密不仅谈法律、警察、岁入和国防等问题，还把《国民财富论》的下卷整个篇幅用来讨论政府财政问题。

> 由于这样，国家收入管理得十拿九稳；也由于这样，在不

---

① Stewart, The Moral and Political Philosophy of David Hume, Princeton University Press 1992, p. 183. 另参见 J. A. Herdt, Religion and Faction in Hume's Moral Philosophy, Cambridge university Press 1997, pp. 219 - 233。

列颠，实施了一种合理的自由制度。议会是由二百个贵族和五百个平民组成的。下议院主要管一切公务，因为有关款项的法案只能在下议院提出。这样，不列颠政体是权力有着适当限制的各种政体的完善的混合物，是自由和财产的完全保证。[①]

2. 国民财富与商品贸易

我们知道，财富问题是古典经济学的一个基本问题，前面我们在讨论休谟经济哲学的两个维度时曾谈到这个问题，并对国民财富的性质做了分析，指出国民财富不等于国家财富，对于这个国民财富问题，斯密研究得最为透彻和系统，他在《国民财富的性质和原因的研究》一书，特别是其中的前两篇中，给予了集中的论述，代表了古典经济学的最高水平。下面我们先从斯密的财富理论开始，然后再回过头来论述休谟对于这个问题的看法。

斯密在《国民财富论》中首先要解决的迫切问题，是国民财富的性质与原因的问题。在 17、18 世纪的英国，随着科技进步，生产提高，贸易繁荣，社会经济获得了飞速发展，社会财富也相应地空前扩展，于是，财富究竟是什么，它的来源是什么，以及怎样才能使财富迅速地积累，等等，这些问题变得越来越突出。可以说，最早对这个问题给予回答并且在当时仍然占据着主导地位的思想是重商主义，重商主义是与资本主义的早期贸易密切相关的，他们基于对早期资本贸易过程的经济观察，认为货币和商业在社会经济活动中占有绝对的优势，认为"财富就是货币，或者说就是金和银"。在

---

① 亚当·斯密：《关于法律、警察、岁入及军备的演讲》，第 69 页。

他们看来，货物流通是经济活动的主要内容，其目的就是获得更多的货币，货币或财宝是财富的表现形态，只有当商品的生产、流通和交换过程中获取了更多的货币，那么财富才得到了实际的体现，因此，拼命地促进差额贸易，拼命地寻找金银，就成为重商主义的主要观念，显然他们是早期商业资本主义的一种理论形态。对于重商主义的观点，一直有不同的反对意见，如英国的启蒙经济学者配第、洛克，法国的重农主义者魁奈、杜尔阁等。配第和洛克早就不同意重商主义片面强调货币、金钱在国民经济中的重要地位，认为财富来源于自然和劳动，法国重农主义更是突出指出了财富与农业劳动的本质联系，主张只有生产纯生产物的农业劳动才是财富的本源。

斯密全面参与了当时欧洲经济理论中这个重大问题的讨论，他把重商主义视为自己的主要理论对手，整个《国民财富论》有四分之一的篇幅是直接针对重商主义的，他一方面发展了配第、洛克，乃至休谟以及法国重农主义的观点，另一方面系统地清算了重商主义对于货币、金钱的迷信，在《国民财富论》中开宗明义的第一句话就写道：

> 一国国民每年的劳动，本来就是供给他们每年消费的一切生活必需品和便利品的源泉。构成这种必需品和便利品的，或是本国劳动的直接产物，或是用这些产物从外国购进来的物品。[①]

---

① 斯密：《国民财富的性质与原因的研究》，上，第 1 页。

斯密所谓的劳动已经超越了重农主义的狭隘的农业劳动，而是一般的劳动，他认为财富来源于这种抽象的劳动，为此他深入分析了劳动的社会基础，在他看来，决定社会财富的一般劳动又具体地取决于两个重要的条件：一个是劳动生产率的程度，另一个是劳动的质量，即有效劳动时间。《国民财富论》的第一篇"论劳动生产力增进的原因，并论劳动生产物自然而然地分配给各阶级人民的顺序"，斯密重点探讨的是第一个因素的问题，涉及分工、交换、货币和分配；第二篇"论资财的性质及其蓄积和用途"，斯密论述了第二个因素，以及与此相关的资本的问题。第三篇"论不同国家中财富的不同发展"，斯密探讨了财富在欧洲历史的演变。在上述研究中，斯密首先讨论了分工的重要意义，认为它是劳动生产率不断提高的主要原因，分工导致了交换，从而形成了商品经济，在分析产品交换时，斯密提出了一个在经济学史上具有重大影响的劳动价值理论。他指出："劳动是第一性价格，是最初用以购买一切货物的代价。世间一切财富，原来都是用劳动购买而不是用金银购买的。所以，对于占有财富并愿用以交换一些新产品的人来说，它的价值，恰恰等于它使他们能够购买或支配的劳动量。"①

把社会财富的原因从流通领域扭转到生产领域，这表明近代资本主义的商业社会已经从早期的原始贸易时期发展到工业生产时期，斯密对于劳动价值的强调客观上反映了那个时代的社会要求，而且由于英国在资本主义进程中要优先于法国，所以斯密说的是一般劳动而不是农业劳动，也符合英国的现状。尽管在劳动问题上斯密的理论存在着很多漏洞，例如他没有区分劳动和劳动力，因此陷入了

① 斯密：《国民财富的性质与原因的研究》，上，第26—27页。

把交换价值作为交换价值的尺度的恶性循环。但是，斯密的理论混乱是可以理解的，甚至反而使他避免了后来李嘉图所开启的导致马克思主义经济学的歧路，例如，他有关使用价值与交换价值的语义混淆，乃至矛盾，反而为19世纪后期的经济学者建立经济理论的起点，最终发展成为边际效用学说。[①] 斯密的上述情况并不意味着理论的不彻底，而是基于他的唯名论的经验主义哲学，他对探讨"抽象劳动"之类实体性的观念不感兴趣，他感兴趣的是探讨国民财富的性质，在他看来，找到了交换价值，就有可能解决商品的自然价格，这种自然价格的构成，以及商品的市场价格与自然价格之间的关系等问题，从而解决财富的形成机制。至于他的劳动价值理论中的抽象演绎部分只是被后来的李嘉图片面发挥了。

李嘉图对于斯密所提出而未能阐明的问题很感兴趣。他意欲发现社会各阶级的关系以及经济制度的原动力。他在经济制度中最为突出的现象，即交换价值上，发现了线索。他对价值根源的分析具有与重农主义学说系统的目的：发现剩余产品的根源，以及随之而来的对社会各种活动和不同阶级作出分类，对有关那种剩余产品的生产、积累和分配方面的各种政策作出分类。[②]

总之，斯密的政治经济学对于国民财富的内在本性给予了深入的剖析，在《国民财富论》的第四篇"论政治经济学体系"中，他

---

① 埃里克·罗尔：《经济思想史》，第 154 页。
② 埃里克·罗尔：《经济思想史》，第 174 页。

对于重商主义和重农主义两种盛行一时的经济思想分别给予了分析批判，特别是对于重商主义的观点，他的态度是尖锐的，毫不留情的。斯密认为把财富寄予货币之中的观点是荒谬的，货币或金银不过在商品交换中扮演一种媒介的作用，它们只是工具，不是财富本身。至于重商主义一味追求外贸顺差，抑制农业、手工业等生产活动，单方面强调商业贸易，甚至主张国家干预贸易行为，直接管制货币等一系列观点，都是错误的，严重障碍了英国社会的发展，限制了自由经济的活力，压制了国民财富的增长。相比之下，斯密对于重农主义的批评是温和的，它的最大缺陷是对重商主义矫枉过正，只把农业视为生产性的劳动，这样就抛弃了工匠、制造业工人和商人的贡献，否定了他们的劳动也是生产力的组成部分，甚至没有看到他们的劳动生产率更高更先进，是创造财富的主力军。针对上述两种学说，斯密在《国民财富论》中提出了自己的系统理论，由此成为古典经济学的奠基者。

正像我们在前面所指出的，斯密的经济学思想受到了休谟的很大影响，在讨论了斯密有关财富问题的基本观点之后，现在考察休谟的财富思想，我们发现他们两人在总的方面是一致的，都属于英国古典政治经济学的范畴，其经济哲学的基本价值是相同的，都反映了那个时代的英国精神，体现了市民阶级迫切要求创造财富、发展生产、经济自由的愿望。但他们也有一些差别，除了休谟没有建立一个经济学体系这一形式的差别之外，主要的还是他们在理论上的不同，下面我们稍作具体分析。

在关于国民财富的性质与原因的分析上，休谟没有达到斯密那样的丰富和精密，没有提出一套经济学的系统概念，但他基于敏锐的观察，仍然抓住了社会财富源于生产这一问题的实质，在这个问题上，休谟与斯密一样发现了重商主义的严重弊端，他认为重商主义视为根本的货币、金银并不是财富本身，只是工具而已。在"论货币"一文的开篇休谟就指出："严格地说，货币并不是一个商业方面的问题，而只是人们约定用以便利商品交换的工具。它不是贸易机器上的齿轮，而是一种使齿轮的转动更加平滑自如的润滑油。"① 显然，休谟的财富观点与斯密是完全一致的，都是针对当时对英国政府的经济政策产生重大决策影响力的重商主义而发的，在他们看来，决定商品价值的是劳动，"货币只是一种代表劳动和商品的象征，一种评价和估量劳动和商品的方法"。②

关键的问题是发展生产，改进技艺，扩大需求，刺激消费，促进商品流通，增加贸易。在这方面休谟与斯密的看法略有不同，斯密受到了法国重农主义的影响，对于农业生产看得过重，认为社会财富增长的一个重要手段是发展农业经济。而休谟相比之下则重视商业，认为商业贸易对于社会经济的发展与繁荣起到了关键性的作用，虽然他并不轻视生产劳动。休谟认为分工、技艺改革、科学进步使生产效率大为提高，商品日益丰富，还把商业和自由贸易视为一国财富增长之本。他写道：

> 一般公认，国家的昌盛，黎民百姓的幸福，都同商业有着密切难分的关系，尽管就某些方面而言，也可以认为彼此之间并无制约互赖的关系。而且，只要私人经商和私有财产得到社会权力机构的较大保障，社会本身就会随着私人商业的繁荣发

---

① 《休谟经济论文选》，第 29 页。
② 《休谟经济论文选》，第 32 页。

达而相应强盛起来。①

　　商业贸易理论是休谟经济思想的一个主要内容，是他考察市民社会经济活动中的立足点。我们知道，近代资本主义的兴起是与市场经济，特别是与商品贸易密切相关的，商贸在市民社会的形成和发展中所扮演着重要作用。休谟作为市民阶级的代言人，无疑对此有着深刻的认识，他知道经济社会的形成，财富的增长，市民阶级的成长，是脱离不了商品经济和自由贸易的，因此，强调商品贸易在社会经济活动中的核心作用和地位，这是休谟考察社会问题的出发点。前面我们曾经指出，休谟政治哲学的要点在于确立了三个基本的正义法则，如果把这些法则与他的经济学联系在一起，就会发现它们并不是静止地摆放在那里的，而是随着商品贸易一同展开的。没有商品贸易，它们对社会的塑造作用是有限的，只有贸易发展了，经济繁荣了，财富增长了，人们密切地进行生产、交换、流通和消费等经济活动了，一个市民社会的法治制度和经济秩序才是必要的。

　　因此，休谟在"论商业"这篇重要的文章中集中阐述了他对于商品贸易的看法，他认为自从人类由野蛮的渔猎时代进入文明社会以来，农民和工匠扮演着重要的角色，农业固然是社会的基础，但是贸易和商业自古代以来也一直非常重要，在古希腊和罗马，商业便是维持军政支出的主要来源，古代的共和制度虽然利用商业贸易，但并不是真正的商业社会。商业社会是近代以来伴随着君主制而产生出来的，它在一个自由的君主国家获得了广泛的发展，呈现出惊人的繁荣，事实证明商业贸易与自由君主制是互相支持，相互促进

①《休谟经济论文选》，第5页。

的。在这篇文章中，休谟专门讨论了商业与人性的关系，认为商业贸易的繁荣符合人性的需要，没有商业贸易，国家不可能强大，他写道：

> 海外贸易的好处：既使臣民富裕幸福，又使国家国力强盛。对外贸易能够增加国家的产品储备，君主可以从中把他所认为必需的份额转用于社会劳务。对外贸易通过进口可以为制造新产品提供原料，通过出口则可将本国消费不掉的某些商品换回产品。①

在文章的最后，休谟以英国的商贸发达、经济繁荣为例，指出法治与自由制度是商业和贸易的制度保障。

在对待重商主义与重农主义两种经济思想的态度上，休谟与斯密的看法有所不同，他对于重农主义并没有什么好感，认为他们不重视商品流通，不理解商品贸易对于财富增长和经济发展的重要作用，因此存在着严重的不足。为此休谟系统地考察了贸易史，揭示了古代社会有关财富与商业贸易的关系，认为贸易对于推动社会的经济发展，对于人们欲望的满足，具有极其重要的意义。为了强调商品贸易的重要性，休谟特别写了《论贸易平衡》和《论贸易的猜忌》等文，他从历史上考察了诸多国家开放贸易所带来的巨大的经济和社会利益，指出贸易开放，特别是打开国门，不但不会限制国内的商品发展，而且会更大地促进一国贸易和财富的增长。他列举了希腊、罗马和荷兰等国的例子，说明了它们的农业和制造业之所

---

① 《休谟经济论文选》，第 12 页。

以能够发展起来，主要是由于开放的商业和贸易政策促进了国家之间的竞争，在此休谟提出了一个重要的观点，那就是一个国家的商品和贸易的增长不但不会损害邻国的经济，反而会构成一个良好的势态，相互促进，相互发展。因此，贸易开放，只会提高国家的竞争力，增加国内的财富。他写道：

> 任何一个国家的商业发展和财富增长非但无损于而且有助于所有邻国的商业发展和财富增长；再说，要是所有的邻邦都处于愚昧、懒惰和原始状态，那末一个国家的工商业也就行而不远，无从发展了。……任何国家也不必担心，它的邻国的一切技艺和工业会改进得那么精良，以致对他国无所需求了。造化赋予不同的国家以不同的才能、气候和土壤，从而为各国的交流通商提供了稳固的基础，只要各国始终保持勤劳和文明。而且，一个国家的技艺愈发展，它对勤劳邻国的需求就愈大。人们在变得富足和熟练之后，总向往获得一切尽善尽美的商品。这样固然刺激了出口国家的工业，可是进口国家本身的工业，也由于售出货物作为交换而得到发展。[1]

相比之下，休谟对于重商主义的批判则是温和的，他着重指出的是他们对于财富本质的认识有偏差，对于贸易的看法有误，只是一味强调贸易顺差，过分看重货币的意义，不知道货币只是一种工具，与财富无关，在休谟看来，重商主义主张利用国家强制手段限制贸易自由，增加高额关税，片面追求海外贸易顺差的做法是愚蠢

---

[1]《休谟经济论文选》，第 69—70 页。

的，也是不可能达到预期效果的。因为社会财富的增长在于商品的生产与交换，由于商品市场的本性，贸易总是最终趋于平衡的，重商主义所看重的货币是流动的，即便是采取国家的强制手段也是无效的。那种担心贸易会使金银大量外流，从而导致国穷民弱的看法，是毫无根据的杞人忧天，一国经济既不会长期保持贸易逆差，也不会长期保持贸易顺差，由于货币数量和商品价格在国际贸易中的互相作用，贸易将自动地趋于平衡。在休谟看来，重商主义强调商品贸易的重要性是不错的，关键在于他们片面地理解了商品贸易，没有发现商品贸易的自由的本性，因此，他强烈主张一个国家之经济政策不应该闭关自守，而应该积极促进贸易活动，鼓励商品流通，没有必要限于国内，应该打开国门，在世界范围内开展自由贸易，促进整个国际商品贸易的自由流动。他写道：

> 我们不必担心工业的资源会枯竭，也无须忧虑我们的制造工匠因和邻国的工匠仍然处于同等水平而有失业之虞。各国之间你追我赶的竞争，反倒会使各自的工业蓬勃发展。①

显然，休谟对于重商主义的批判是有保留的，从某种意义上说，他不失为一个重商主义者，例如熊彼特在他的《经济分析史》中就提出了这样一种观点，他认为在如何对于重商主义的论战中，休谟并没有像斯密那样一味反对，而是采取了保留的批判态度，并把重商主义的合理内容继承下来了。他写道：

---

① 《休谟经济论文选》，第 71 页。

从实质上说，（休谟的）成就是清除了一件件"重商主义"遗产上的错误尘垢，把它们装配成了光滑完整的理论。这就是全部成就。在这个世纪的其余时间，人们没有再作出任何重要的贡献。在《国民财富论》里，斯密并没有超过休谟，反而在休谟之下。事实上，可以这样说，休谟的理论，包括他对物价变动作为调节手段的过分强调，直到本世纪 20 年代才受到真正的挑战。①

熊彼特进而指出：

　　我们已经看到，至少就经济分析而言，"重商主义者"和"自由主义者"之间并不存在任何鸿沟。如果重商主义经济学家的政治理想或兴趣所在不抱任何偏见，那么自由主义经济学家本来是可以继承重商主义经济学家的分析工作的，就像一班工人接另一班工人的工作那样。在某种程度上，实际情况正是如此。但是就没有发生这种情况的那部分而言，不仅过时的错误被抛弃了，而且还发生了不必要的浪费——浪费的程度犹如接班工人只要不喜欢前一班工人的政治观点，就把产品捣毁。假如亚当·斯密和他的后继者不是抛弃"重商主义的"命题，而是精练和发展它们，那么本来在 1848 年以前可以提出一种远为正确、远为丰富的国际经济关系理论的——该理论也就不会被一派人所放弃，而被另一派人所轻视。②

---

① 熊彼特：《经济分析史》，第 1 卷，第 543 页。
② 熊彼特：《经济分析史》，第 1 卷，第 555—556 页。

我们看到，斯密在《国民财富论》的"序论及全书设计"的第一句话中虽指出构成财富的两种方式一个是生产，另一个是贸易，但他在书中着重论述的还是生产，他显然强调的是产品生产的重要性。休谟与斯密不同，他的经济理论更关注于商品贸易，他的绝大部分经济文章都是围绕着国内外自由贸易展开讨论的，因此他对于重商主义的喜好也是自然的，他的自由贸易理论更为典型地反映了资本主义的本性，而且他如此强调商品贸易在国民经济中的作用和地位，又与当时他那个时代的英国市民社会的经济现状不无关联，实际上展示的是一个英国式资本主义的民族特性。对此，孟德斯鸠在他的《论法的精神》一书中曾经以"贸易民族"来界定英国的这一民族特性，他认为不列颠民族是一个典型的贸易民族，"别的国家为了政治的利益而牺牲商务的利益；英国却总是为了商务的利益而牺牲政治的利益。它是世界上最能够同时以宗教、贸易和自由这三种伟大的事业自负的民族"。[1] 在他看来，"商业能够治疗破坏性的偏见。因此，哪里有善良的风俗，哪里就有商业。哪里有商业，哪里就有善良的风俗。这几乎是一条普遍的规律"。[2] 自由的商品贸易导致了英国社会不同于其他民族的特性，这种商品精神为英国社会增强自己的国民财富，形成自己的法律制度具有着重要的意义，在这一点上孟德斯鸠的认识与休谟是相通的，他们都认为自由贸易不仅不会限制一个国家的繁荣，相反会促进它的发展，为它带来更大的财富。对于英国的这种民族特性，托克维尔在《论美国的民主》一书中也曾谈及，他认为英国在自由贸易的开放上具有着典型的海洋

---

① 孟德斯鸠：《论法的精神》，上，第 19 页。
② 孟德斯鸠：《论法的精神》，上，第 14 页。

国家的特色，正是这个海洋国家在贸易问题上的自由开放，奠定了它的国富民裕的基础。他写道：

> 我认为，国家同人一样，几乎总是在青年时代就显露出其未来命运的主要特点。当我看到英裔美国人的那种经商干劲、经商的便利条件和经商获得的成就时，就情不自禁地相信，他们总有一天会成为地球上的第一海上强国。他们生来就是来统治海洋的，就像罗马人生来就是来统治世界的一样。[①]

### 3. 经济论文

前面我们重点分析的是休谟政治经济学的一般理论，它们是蕴涵在休谟的一系列著述之中的，实际上休谟的经济思想主要体现在他的大量经济论文之中，虽然休谟没有冠之以《政治论文集》这样的书名，而是以《政治论丛》等书名出版的，但他的《政治论丛》或后人编辑出版的《道德、政治与文学论文集》中有相当一部分论文属于经济学范畴，累计达 12 篇之多。这些论文涉及了当时英国古典经济学的主要内容，大致可分为如下几个方面：第一部分是有关商品贸易方面的理论，包括如下几篇文章："论商业"、"论贸易平衡"、"论贸易的猜忌"、"论技艺的日新月异"；第二部分是有关货币和赋税方面的理论，主要包含如下几篇文章："论货币"、"论利息"、"论赋税"、"论社会信用"；第三部分主要涉及经济学的一般问题，乃至经济社会学和经济史方面的内容，主要的文章有："论古代国家

---

[①] 托克维尔：《论美国的民主》，上，董果良译，商务印书馆 1997 年版，第 474 页。

的人口稠密"、"论原始契约"、"论艺术和科学的起源与发展"、"关于新教徒的继承问题"等。上述几个方面基本上展示了休谟有关经济学方面的具体观点，特别是他的货币数量论、贸易理论以及人口理论在当时都产生了很大的影响。

如何看待休谟的经济理论，在经济学界有两种不同的看法，一种主导的看法是，这些观点是休谟所处的那个特定历史时代，针对英国当时的经济问题而提出的，随着情况的变化很多都显得陈旧与过时，因此不具有经济学的普遍性意义。也有一些经济学家不这样看，他们认为尽管休谟的一些观点随着经济情况的变化已不再适用于今天，但问题并不在此，相对于今天日益发达的经济学理论，很多历史上的观点从今天的标准来看都已经过时和陈旧了，谁能说古希腊色诺芬的一些观点在今天还适用呢？斯密的一些理论在今天不也失效了吗？关键在于上述经济学家所提出的那些理论观点背后的基本原则，是他们的经济哲学仍然在今天具有着普遍性的指导意义，他们确立了某种研究、分析经济问题的立场和方法，休谟的情况就是如此。休谟最重要的经济学贡献并不在于一些具体的观点，而是他的经济哲学方法论，或者说在于他提出的探讨经济问题的有关人性与制度的两个维度，这两个维度为英国的古典经济学乃至现代经济学开辟了发展的路径，它们在今天不但没有过时，而且具有匡正现代经济学短视和繁琐之功效，从某种意义上来说，不失为解决现代经济学困境的一副良药。[①] 所以，我们应该从如下两个方面来考虑

---

[①] 就上述意义来说，休谟的经济学是具有普遍指导意义的，特别是对于处在变革和转型时期的中国社会来说，更是如此。我们与其说是迫切需要现代经济学为我们提供一些精致的专业技巧和操作程序，不如说是更需要建立一个休谟所开启出来的政治经济学的制度框架，其中关于财产权的正义法则，关于同情的道德原则，关于人性 （转下页）

休谟的经济理论。

第一，要把休谟的具体经济观点放在他的政治经济学乃至政治哲学的背景之下来考察，也就是说休谟的经济观点并不是孤立的、个别的，他并不单纯是一个经济学家或经济评论家，就英国当时的经济问题发表一些评论。休谟更主要的是一位重要的政治哲学家和历史学家，他有关英国经济乃至一般经济学的观点是与他的政治哲学特别是与他的人性论相关联的。因此，研究休谟的经济学理论应该放在一个政治哲学的理论背景之下来看待，这样才能较为全面地理解他的思想，关于这一点我们在前面已经给予了充分的论述。

第二，研究休谟的经济理论又必须放在英国社会的特定历史环境之下来分析和考察，休谟对于当时英国经济问题的一系列看法是与他对英国历史的研究分不开的。也就是说，他的一些经济观点并不是大学教授们的纯经济学分析，正像他的很多政治、道德和文化方面的论文一样，它们都是基于对现实问题的观察分析而得出的，因此又都具有着现实性的意义。我们知道，休谟所处的时代是英国社会发生深刻变革的历史时期，光荣革命业已完成，英格兰与苏格兰的合并也已结束，但深刻的内在整合却远没有完成，甚至有些才刚刚开始，经济的、政治的、道德的、文化的，各种各样的矛盾和冲突正处于深度的交锋，这确实是一个伟大、深刻而又痛苦的转折

---

（接上页）的基本预设等等，都是建立我们今天的市民社会的政治经济学所迫切需要的。对于我们来说，确立一种正义的经济制度理论，并且融汇同情的道德原则，犹如大厦的支柱，至于这个大厦如何在这个支柱之下通过一砖一瓦的具体经济学工作垒建起来，则是一个长期的专业化积累过程。

时期。①

　　基于上述两点，我们回过头来看休谟的一系列经济观点，不难发现他的经济学与配第、斯密等人的经济学有着较大的不同，他对于经济的看法纳入他有关英国社会的总体看法之中，是作为他的有关政治、道德和文化等系列看法的一部分而表达出来的，所以，它的形式是论文而非专著。休谟的经济论文一反《人性论》的冗长、繁难、枯燥的文风，而是紧抓当时一些具有重要意义的经济问题或经济事件，发表他的有针对性的观点，这些既有哲学深度又针对具体问题的评论文章，在当时产生了巨大的影响。从某种意义上说，这些论文一洗《人性论》所受到的冷落，博得了不小的文名，满足了休谟的虚荣心。当然这只是一个方面，其实这些论文的意义是巨大的。休谟作为英国社会的理论家，他敏锐而又深刻地把握了英国市民社会的性质，对于商品、贸易、货币的理解，超出了一般的经济学家，具有新兴的市民阶级的代言人的政治敏感性和理论创新力，他总能在一些现实的经济问题中，发现一些具有深刻社会政治蕴涵的萌芽，感受到它们的先机，并热情地为之欢呼，在理论上加以阐述。例如，关于国外贸易问题休谟就不赞同当时内阁的经济政策，反对重商主义的国家贸易保护主义，而主张与国外开展广泛的贸易，甚至主张与法国那样的敌对国家开展贸易，在他看来，周边相邻国家的繁荣不但不会导致削弱英国的国力，

---

① 斯图亚特指出："1741 年，时即休谟刚刚出版他的第一部论文集《道德与政治论丛》，大英帝国正在完成其制度发展中的决定性的一步，即责任内阁的首次建立。17 世纪制度性冲突的一个结果是最终限制了不受约束的王权，议会的政治权力通过审议年度预算和年度军备条例而得到落实。"参见 Stewart, The Moral and Political Philosophy of David Hume, Princeton University Press 1992, p.226.

反而会促进英国的工业和手工业。再如，在对于美国殖民地的贸易关系问题上，休谟也不赞同以往的宗主国独占贸易关系，支持平等的贸易往来，甚至允许殖民地与英国之外的其他国家开展自由贸易，这种打破英国垄断性殖民地贸易的观点，是非常有远见的。还有，休谟在对待社会信用特别是公债问题上的看法，在当时也是很少有人主张的，他的观点虽然有些过于保守，没有预见到信用、债券在将来的发展趋势，但他的批判作为一种警省在今天仍然不无意义。

关于休谟的贸易理论，前面我们已经作了讨论，它是休谟经济思想的一个重要内容，在此不再多论，总之，休谟有关贸易的一系列文章主要包含三个方面的考虑：一是贸易在经济社会中的关键地位，二是贸易促进生产的经济意义，三是贸易对于文明和人性的价值。休谟的普遍贸易主义是与他的货币理论密切相关的，他为什么主张自由贸易，基于他对于货币本性的认识，说到底基于他对于财富本性的认识。为此，有必要讨论一下休谟提出的那个著名的货币数量论。休谟的这个理论受到了当时英国的经济学家范德林特的影响，按照范德林特的观点，货币体现着一个国家经济活动的实际水平，特别是一国财富的多少是与货币的数量直接相关的，在这个问题上休谟接受了他的观点，他认为虽然货币本身没有价值，但在商品流通中的货币数量却是等同于一个国家的财富总量，因此货币数量的增减是衡量一个国家财富多少的尺度和标准。他写道："一切东西的价格取决于商品与货币之间的比例，任何一方的重大变化都能引起同样的结果——价格的起伏。看来这是不言自明的原理。商品增加，价钱就便宜；货币增加，商品就涨价。反之，商品减少或货币减少也都具有相反的倾向。"① 当然，休谟所谓的货币数量并不是绝对的，而是相对的，指的是进入市场的商品或货币的数量，商品价格上升或下降的原因是基于这个流动的货币数量的变化，"商品的价格总是与货币的数量成比例的"，② 流通中的货币与市场上的商品之间的比例决定着物价的贵与便宜。"超出同劳动和商品的正常比例来增加货币，只能使商人和制造业主要出更高的价格去购买这些东西。"③ 窖藏中的货币数量和不打算投入市场的产品对于商品价格的变动并没有什么影响，因此对于一国财富的关系也是无意义的。为了论证这一理论，休谟特别例举了一个形象的水的流通的比喻，他认为贸易往来就像"江河百川，不管流向何处，总是保持相同的水平"。④ 货币量在国际贸易间遵循的也是这样一个原理，要是任何一处水位升高，升高处的引力就会失去平衡，必须降低，直到取得平衡为止。假如英国的全部货币在一夜之间增加四倍，我们的商品就会贵得出奇，别国的商品相比之下就很便宜，因此无论我们制定怎样的法律都无法阻止国外商品的走私入境，从而使我们的货币外流，直到我们的货币量下降到和别国相等为止。⑤

说起来货币数量论并非创始于休谟，早在 1569 年法国学者博丹就曾注意到商品价格与货币数量之间的关系，并用货币流通数量的变化来解释 16 世纪西欧的价格波动，此外，其他一些经济学家如巴尔本、洛克也都有过相关的论述，但这个理论的最重要的代表人物

---

① 《休谟经济论文选》，第 36 页。
② 《休谟经济论文选》，第 29 页。
③ 《休谟经济论文选》，第 3 页。
④ 《休谟经济论文选》，第 55 页。
⑤ 参见 Edited by James Rieser, Early Responses to Hume, Yolume 2, Thoemmes Press 1999, Introduction。

有两人，一个是范德林特，另一个便是休谟。曾有学者指出休谟的货币数量论来自范德林特的《货币万能》一书，但应该指出，休谟的货币数量论是与他的整个自由贸易理论相关联的，在有关货币数量与商品价格的比例关系，以及对于财富本质的认识方面，休谟显然要比范德林特深刻得多。在《政治经济学批判》中，马克思曾将休谟的流通理论归结为以下三条原理：一、一国中商品的价格决定于国内存在的货币量；二、一国中流通着的货币代表国内现有的所有商品；三、如果商品增加，商品的价格就降低，或货币的价值就提高。如果货币增加，那么相反地，商品的价格就提高，货币的价值就降低。所以，马克思认为"休谟是 18 世纪这一理论的最重要的代表人物"。[①]

　　如何看待休谟的货币数量论呢？按照马克思的劳动价值学说，休谟的理论是建立在一个错误的假设之上的，休谟认为货币本身没有价值，这就只发现了货币是劳动和商品的代表的符号功能，而忽视了货币自身也有内在价值，这样一来，休谟也就不能理解商品流通与货币流通之间的真实关系，最终不可能把握货币流通量与商品价格之间的关系。应该指出，休谟货币数量论的提出存在着一个历史的背景，16、17 世纪美洲金银矿山的发现以及大量开采，导致金银产量剧增，价值降低，致使 18 世纪欧洲各国的物价普遍高涨。休谟对于这一状况的认识，既有过人的深刻之见，也不乏错觉之论。例如，把商品价格的增高一味归于货币的大量流动，就属于陈腐之

---

[①]《马克思恩格斯全集》，第 13 卷，第 150 页，并参见《马克思恩格斯全集》，第 20 卷，第 260 页。此外，熊彼特在《经济分析史》中曾指出，休谟的两篇论文"论货币"和"论利息""没有得到近代历史学家应有的称赞"。见《经济分析史》，第 1 卷，第 495 页。

论，但他看到了货币流动的平衡规律，指出贵金属的贬值要经历一个商品价格逐渐平衡的过程，而在其中必然首先刺激每个人的勤勉心，鼓动起他们的劳动热情，导致欧洲各国生产情绪的高涨，这个看法不失为高明之见。列昂在"休谟的政治经济学的哲学浅释"一文中曾指出：

> 除了一般的经济哲学之外，休谟对于特殊的经济学观念的原创性贡献集中地表现为货币理论和国际贸易。在货币理论中，他导入了两个直到现代的凯恩斯理论出现之后才进入主流经济思想视野的观念。一个是经济分析中的时间变异的重要概念，即与长期资金流量不同的短期流量的变动概念。……休谟的另一个贡献是他对于作为货币和贸易的诸多经济的和政治的数据和问题之一部分的心理因素的强调。①

休谟的货币数量论是与他的自由贸易论密切相关的，在他看来，自由贸易必然导致货币的综合平衡，贵金属的数量与财富并没有关系，关键在于市场功能是否发挥得当。为此他研究了一国贸易平衡以及贸易与货币数量和一般价格水平之间的关系，考察了货币和商品之间的数量关系及其变化所具有的社会影响，并从这个角度批判了重商主义的贸易差额论。基于上述观点，休谟主张促进商品流通，开展对外贸易，国家不应设置贸易障碍，重要的并不是要取得贸易顺差，以使更多的金银流入本国，而是要增加贸易额度，扩大商品

---

① Hume as Philosopher of Society, Politics and History, Edited by D. Livingston, University of Rochester Press, 1991, Robert Lyon Ntes on Hume's Philosophy of Political Economy, p. 35.

流通。国际自由贸易肯定会为一国带来稳固的经济增长和财富的积累，促进各国之间的自由竞争，并最终促进本国产业的技术改造和经营改进，从而使得生产更具竞争力。总之，休谟认为社会繁荣的根源不在货币本身，而在社会习惯、生活方式、欲望的满足等文明社会的内在机制。

除了贸易论和货币论，休谟还针对当时英国的经济状况发表了自己的看法，它们涉及赋税、利息、社会信用等很多方面。例如，利息高低问题一直是英国古典经济学争论的一个要点，在这个问题上，休谟站住市民阶级的立场，从自由经济的角度，提出了不同的观点。他认为货币数量的增减与利息没有实质性的关系，只是一种约定俗成的标志，低利息是一个国家繁荣的重要标志，低利息不是财富的原因，而是财富的结果，由此休谟得出结论说："利息就是国家状况的真正的晴雨表，低利息率就是人民兴旺的几乎屡试不爽的标志。"[1] 在此基础上，休谟进而分析了导致利息高低的三个原因，它们分别是借贷量之大小、满足这种需要的财富之多少和经商利润之高低。对于休谟的利息理论，熊彼特曾经指出上述的这些论点没有一个是新颖的，然而休谟用以支持所有这些结论的分析结构却是具有创造性的，"其完美与完善程度要远远大于李嘉图或穆勒的利息理论，但恰恰是这些最有价值的东西没有被人看到"。[2]

在赋税问题上，休谟认为当时对劳动者和富人采取的税收政策具有着很大的片面性，他主张间接税，认为税收是一个国家的重要支撑，在一定的限度内，征税是必要的，也能够促进臣民努力工作

① 《休谟经济论文选》，第 48 页。
② 参见熊彼特：《经济分析史》，第 1 卷，第 496 页。

与俭朴持家的德性。但税收应该以生产利润为依据，必须与经济的发展相关联，税收过多则会导致不利的局面，为此休谟批判了人头税、财产税等税种，并指出普遍征税比胡乱摊派更为有益。休谟鉴于当时情况，也不主张低税收，并以自然环境不利反而促进了历史上的各大著名商埠的繁荣为例，说明合理征税的有利方面。在休谟看来，税收政策服务于市民社会，特别是服务于市民中的有产阶级，税收所维护的乃是一个自然的政治制度，他的很多观点与斯密是一致的。此外，我们看到，休谟的经济思想还涉及人口、民族特性和契约以及继承权等问题，这些问题实际上已经超出了单纯的经济学，而进入一个广阔的社会和历史领域。例如，他在论述古代国家人口稠密度的论文中，就完全采取的是一种综合社会分析的方法，他考察了欧洲从古希腊到英国 16 世纪期间有关人口状况的一系列演变，进而总结出经济繁荣与人口增长之间的互动关系。基于自由经济的理论观点，他认为人口问题对于社会财富的增长，对于自由贸易的形成等等，都具有重大的作用。上述观点固然不无争议，但在当时却是富有远见的，显示了一个思想家的广阔视野。

4. 古典经济学与道德学

休谟和斯密的经济理论在有关私利与公益问题上开辟出一条法律规则和政治制度的路径，这虽然对于现代自由主义来说已经是一个重要的理论来源，但这还并不是他们的全部内容。可以说现代自由主义犯下了一个严重的错误，他们忽略了休谟和斯密在解决私利与公益问题上所建立起来的另外一条路径，即寻求通过人性，特别是人的间接情感和道德情操方面的解决方式。关于现代自由主义的这个问题，我们在前面的"政治德性论"等章节中曾经指出，应该指出，这种忽视同样表现在现代的经济学领域，表现在有关国民财富的理论上。我们看到，构成休谟和斯密政治与经济哲学的一个极其重要的方面，是他们对于私利与公益问题的解决并没有单纯局限在前述的规则和制度层面上，他们还力求探讨经济学所关注的国民财富的人性基础，这一点可以说是他们两人对于英国古典政治经济学的又一个突出贡献。

在他们看来，经济学不能脱离人性来谈，财富问题与人性需要密切相关，人的内心存在着一种对于利益的无可指责的追求，这种追求利益的情感或自私的内在激情是人的一种必要的本性。人生活在社会之中，除了饮食男女的本能需要，还有大量的各种各样的利益追求和欲望满足，"个人的身体状况、财富、地位和名誉，被认为是他此生舒适和幸福所依赖的主要对象，对它们的关心，被看成是通常称为谨慎的那种美德的合宜职责。"① "人类所遵循的准则对人类来说也是合理的。但是，两者都是为了促成同一个伟大的目标：人世间的安定，人性的完美和愉快。"② 通过财富来实现人的骄傲、尊严、美好的享受等等，这是人性的现实需要，对此，作为现实主义者的休谟和斯密不但不回避，而且认为它们是正常的，是社会生活的一部分，甚至是主要的部分。那种主张退回到原始生活状态的苦行僧是社会中的怪人，毕竟是少之又少的，社会中的绝大部分人都是追求享受的，希望通过对财富的占有来实现自己的需要、欲望、美德和荣誉。经济生活是道德生活的基础，很难想象一个没有一定

① 斯密：《道德情操论》，第 273 页。
② 斯密：《道德情操论》，第 205 页。

财产的人在社会中能有什么地位，享有什么自尊，那些处在社会不利地位的人总是一些在财产上处于不利地位的人。因此，人们对于财富的追求不但是一个经济学问题，同时也是一个社会学问题，是一个有关人性的问题，人的一系列感觉和激情大多与在社会中拥有的财富相关，所以，最大化地追求个人利益，尽可能地拥有较多的财富，这是基本的人性，对此从道德上加以指责是没有必要的，也是没有意义的。

但是，正像我们前面曾经多次指出的，英国古典经济思想的一个重要特征就在于，它们在承认和接受人的自利本性的同时，又发现了人性的另外一个方面，那就是人又都有同情心，又都有能够设身处地地体察他人的情感。那种基于共同的利益感觉的同情、仁爱、道德情操等，又使得人们在社会交往活动中，在追求各自利益的过程中，能够采取合作的态度，容纳和接受他人的自私情感和自利行为。也就是说，在一个人人都为自己考虑的所谓自私自利的社会，同样也不排除人们在一定的范围内并通过一定的方式产生、接受和适用一种基于公共利益之上的同情之心和仁爱情感。休谟写道："我们将以对仁爱和正义这些社会性的德性的考虑开始我们对道德原则的探究。对于这些社会性的德性的阐释或许将给我们指出一条可以用以说明其他德性的门径。"[1] 斯密也认为"同情在任何意义上都不可能看成一种自私的本性"。[2] "我们道德情感的合宜性决不那么容易因宽容而又不公平的旁观者近在眼前，中立而又公正的旁观者远在天边而被损坏。"[3]

---

① 休谟：《道德原则研究》，第 27 页。
② 斯密：《道德情操论》，第 419 页。
③ 斯密：《道德情操论》，第 187 页。

上述情感休谟称之为间接情感，斯密称之为道德情操，在斯密和休谟看来，它们作为人性的内容，是人们在社会活动中，在结合为一个共同体的交往中，在分工、合作、互利的经济联系中，逐渐培养和形成的，社会（政治社会与经济社会）是一所冶炼人性的最大的学校，它教育、驯化和改变着人们的自然情感。斯密指出：

　　　　人只能存在于社会之中，天性使人适应他由以生长的那种环境。人类社会的所有成员，都处在一种需要互相帮助的状况之中，同时也面临相互之间的伤害。在出于热爱、感激、友谊和尊敬而相互提供了这种必要帮助的地方，社会兴旺发达并令人愉快。所有不同的社会成员通过爱和感情这种令人愉快的纽带联结在一起，好像被带到一个互相行善的公共中心。①

休谟也说道："社会是人类幸福所绝对必需的；而这些法则对于维护社会也是同样必需的。不论这些法则对人的情感可以加上什么约束，它们总是那些情感的真正产物，并且只是满足情感的一种更为巧妙、更为精细的方法。"②

　　为此，休谟和斯密都强调传统的作用，强调习俗、惯例、规则和制度对于人的心理情感的培育、指导、教化和塑造的意义，他们认为公益心和同情感，乃至仁爱、慈善等都会对人的自私本性产生积极性的影响。公共利益、经济秩序和公共的社会政治制度

① 斯密：《道德情操论》，第105页。
② 休谟：《人性论》，下，第566页。

并不是由外部的权威依靠暴力强制制定出来的，尽管很多法律经由立法的形式产生，但实际上它们相当一部分内容在现实中已经被人们所接受，很多已经作为习俗、惯例和规则被人们普遍地接受。休谟写道：

> 对于我所坚持的理论，将为它招来怀疑的惟独是教育和后天获得的习惯的影响，由于这种影响，我们如此习惯于谴责不正义，以致我们并不是在每一个事例中都自觉去立即反思它的有害的后果。正是由于这个原因，我们才容易熟视而无睹，同样才容易积习而因循，而不是在每一个场合都回想那曾第一次规定过我们的反思。导向正义的那种便利或者毋宁说那种必需性，是如此普遍，处处都如此指向同一些规则，在致这种习惯出现在所有社会中；不经过某种详细的研究，我们就不能确断它的真正的起源。①

所以，市民社会的公共制度在很多方面都与人们的内在情感有着内在的联系，休谟和斯密所说的有关财产权的法律、有关限制国王税收的制度，有关看不见手的机制等等，都不是从天上掉下来的，也不是强权者用暴力推行的，它们是在社会的形成和演变过程中逐渐产生的，并且得到了人们的接受和顺应。为人们所接受的法律才是真正有效的法律，而法律的基础在于人的自然情感，在于共同的利益感觉，在于同情和道德情操。"人类相同的本性，对秩序的相同热爱，对条理美、艺术美和创造美的相同重视，常足以使人们喜欢那

---

① 休谟：《道德原则研究》，第54页。

些有助于促进社会福利的制度。"①

因此，法律规则、市场秩序、习俗惯例与人的间接情感、道德情操等相互之间是一个逐渐的互动关系，相互影响，相互作用，如果非要搞清楚它们的前因后果，就犹如鸡与蛋的关系，是无法从根本上说清楚的，而且也是没有必要的。社会就是这样形成的，也是这样演进的，理性认知只起到辨别真伪的作用，对人们的行为并不具有根本性的意义，用哈耶克的话来说，它们属于理性不及的领域。但是，正是在这个理性不及的领域，道德情感与规则制度的相互关联，导致了个人利益与公共利益的逐渐平衡，扩展了社会共同体的范围，并且使这个共同体中的情感与利益之间的平衡具有了正当性。

我们看到，在英国的古典政治经济学中有一种把经济问题与道德和情感问题结合在一起加以考察的努力。斯密在他的《国民财富论》中曾经描述了自由经济所带来的道德后果，虽然他并没有解释这种后果与经济活动的必然联系，但他的《道德情操论》一书实际上已经从一个更高的道德哲学的维度上弥补了他在《国民财富论》单纯就商品交换关系本身来解决社会经济问题时所忽视的伦理问题。对于休谟来说，他的经济思想贯注着道德和情感的因素，他所研究的与其说是社会的经济关系，不如说是在经济关系中如何达到一种个人利益与公共利益的协调一致，在这个问题上，他直接面对着曼德维尔的挑战。休谟和斯密都不能完全认同曼德维尔的这种排斥道德与伦理的个人主义经济观，相反，他们认为以利益为基础的社会共同体或近代的市民社会，其自发的形成过程不单纯是一个经济层

---

① 斯密：《道德情操论》，第 230 页。

面上的问题，而且是一个政治社会层面上的问题，个人在追求私人利益的同时，不但客观地产生出了社会的公共利益，而且个人的社会行为本身也还包含着道德因素。

应该承认，休谟和斯密把经济规则与道德情感融合在一起的研究社会的方法具有着普遍的意义，它打破了所谓经济人的经济学假设，把个人行为置入一个广阔的社会背景之中，从而呈现出经济活动的道德因素。这种道德因素又可以分为两个层面：一个是不自觉的层面，斯密曾经以看不见的手来形容其对于个人私利的超越；另外一个自觉的层面则是人在经济活动中能够有意识地考虑到他人的利益，把道德关怀注入到经济的利益原则之中。对此，现代经济学家阿马蒂亚·森曾经指出：

> 在现代经济学的发展中，对亚当·斯密关于人类行为动机与市场复杂性的曲解，以及对他关于道德情操与行为伦理分析的忽视，恰好与在现代经济学发展中所出现的经济学与伦理学之间的分离相吻合。亚当·斯密的确在互惠交易和劳动分工价值的分析中做出了开创性的贡献，这些贡献与缺乏友善和伦理的人类行为是完全一致的，人们大量引用的恰恰是亚当·斯密著作中关于这一部分的内容。而亚当·斯密著作中关于经济和社会的其他部分，包括他对悲惨现实的关注、他所强调的同情心、伦理考虑在人类行为中的作用，尤其是行为规范的使用，却被人们忽略了，因为这些思想在现代经济学中已经变得不时髦了。

> 如果对亚当·斯密的著作进行系统的、无偏见的阅读与理解，自利行为的信奉者和鼓吹者是无法从那里找到依据的。实

际上，道德哲学家和先驱经济学家们并没有提倡一种精神分裂症式的生活，是现代经济学把亚当·斯密关于人类行为的看法狭隘化了，从而铸就了当代经济理论上的一个主要缺陷，经济学的贫困化主要是由于经济学与伦理学的分离而造成的。[①]

---

[①] 阿马蒂亚·森：《伦理学与经济学》，王宇、王文玉译，商务印书馆 2014 年版，第 32 页。

# 第五章　政治学与政体论

政体是政治学研究的主要对象，一个优良的政治体制关键在于制度本身的设计。一个社会的政体结构和文明价值并不是天然地从自然状态中生长出来的，而是人们在社会的共同利益的寻求与合作中逐渐创造和设计出来的。休谟在一系列文章中考察了历史上的以及他那个时代的各种不同的政体，认为英国的混合政体是最为可取的一种体制，与法国的专制政体特别是东方专制社会的野蛮政体相比，英国的君主立宪制作为一种自由的体制，表现出了很大的优越性。作为社会政治理论的一部分，休谟以他的"经验"与"观察"的方法，对于人类政治事物，尤其是英国的政治传统给予充分的分析与研究，从而把政治学提高为一门政治的科学。通过研究休谟的政体理论，我们或许可以把握古典政治学之本性，进而窥探英国古典自由主义之堂奥，并对于未来通过"深思熟虑和自由选择"① 来建立一个良好的政体，不无借鉴作用。

---

① 亚历山大·汉密尔顿，约翰·杰伊、詹姆斯·麦迪逊：《联邦党人文集》，程逢如等译，商务印书馆 1995 年版，第 3 页。

## 一、政治学如何成为一门科学?

对休谟来说，政治学如何成为一门科学，这是他关切已久的问题，早在《人性论》一书的"引论"中就把政治学界定为"研究结合在社会里并且互相依存的人类"。[①] 并把它纳入他的试图"提出一个建立在全新的基础上的完整的科学体系"之中，认为"在逻辑、道德学、批评学和政治学这四门科学中，几乎包括尽了一切需要我们研究的种种重要事情，或者说一切可以促进或装饰人类心灵的种种重要事情"。[②] 在"论政治学可以析解为科学"[③] 一文中，休谟隐含地提出了构成一门政治科学的三个基本的因素或要点，即政体、法治与人性，可以说这三点是休谟社会政治理论的主线，贯穿在一系列的文章与著作之中。翻阅休谟的作品，虽然每篇文章的侧重点有所不同，但它们都与上述主线密切相关。

休谟对于政治的理解遵循着亚里士多德的古典政治学传统，认为人首先是一个社会性的存在，或是一种政治动物，他并不赞同当

---

① 休谟：《人性论》，上，第7页。

② 休谟：《人性论》，上，第7页。米勒分析说，"我们可以看到休谟是有建立一门政治科学的雄心。政治学是休谟在《人类论》谈到的三种运用科学之一，在《人类理解研究》中，它被视为是与历史学那样的处理特殊事实相对立的研究概括事实的科学之一。此外，休谟论述了这样一个事实，即政治行为展示了的是远比艺术趣味和科学发展那样的人类经验的其他领域更高程度的一般性。"David Miller, Philosophy and Ideology in Hume's Political Thought, Oxford University Press, 1981, p.142.

③ 我认为休谟此文标题中的"Politics"译为"政治学"较妥。另，本文下面在引用休谟政治论文的有关内容时，主要采用的是张若衡《休谟政治论文选》（商务印书馆1993年版）和陈玮《休谟经济论文选》（1984年版）的翻译，但参照 The philosophical Works of David Hume,, VolumeⅢ, Essays, Moral, Political, Literary, Boston, 1996, 与 David Hume, Political Essays, Cambridge, 1994, 两个版本，有些地方对个别文句做了修改，下不赘述。

时的各种社会契约论有关前社会的自然状况的假设，在他看来，"人诞生于家庭，但须结成社会，这是由于环境必需，由于天性所致，也是习惯使然。人类这种生物，在其进一步发展时，又从事于建立政治社会，这是为了实施正义"。① 关键的问题在于"政治社会"究竟意味着什么，显然不是一群人的混乱的结合，而是一种组织形式，或政体制度。政体一词源自古希腊语"波里德亚"（Politeia），英文 regime、constitution 以及 forms of govemment（政府形式）皆是其对应的词汇，主要指一种社会的政治秩序或政制形式。② 在西方的古典政治学中，政体问题一直是个核心问题，占据十分重要的地位，政治哲学关注的是"统治"的正当性，而由谁统治特别是如何统治，则构成了政治学政体论的关键。诚如休谟所指出的，"离开政体去谈统治者问题，那是徒劳的，没有意义的，不值得为之争论，更不值得为之斗争"。③

政体是政治学研究的主要对象，一个优良的政治体制关键在于制度本身的设计。一个社会的政体结构和文明价值并不是天然地从人的自然状态中生长出来的，而是人们在社会的共同利益的寻求与合作中逐渐创造和设计出来的。如果所有的政府形式都是一样的，它们的优劣差别只取决于治理者的性格与品德的话，那么一切政治

---

① 休谟：《休谟政治论文选》，第 22 页。另，这句话在休谟的政治思想中十分重要，列维斯顿认为："休谟道德和政治哲学的全部内容，可以视为是对这句话的一种沉思。" Donald W. Livingston, Philosophical Melancholy and Delirium, Hume's Pathology of Philosophy, p.208. Chicago University Press, 1998.

② 在亚里士多德的《政治学》中，政体与城邦、公民等密切相关，指公民共同生活的组织方式，"城邦职能组织"，他写道："'政体'这个名词的意义相同于'公务团体'，而公务团体就是每一城邦'最高治权的执行者'。"依照亚里士多德的解释，政体主要是涉及"城邦公职的分配方式"，解决其构成与组织方式等问题。见亚里士多德：《政治学》，吴寿彭译，商务印书馆 1997 年版，第 182、132、182 页。

③ 休谟：《休谟政治论文选》，第 148 页。

争论也就可以终止了。问题在于实际上存在着各种各样的政体，它们之间存在着差别，甚至是本质的差别。为此，休谟在一系列文章中考察了历史上的以及他那个时代的各种不同的政体，认为英国的混合政体是最为可取的一种体制，与法国的专制政体特别是东方专制社会的野蛮政体相比，英国的君主立宪制作为一种自由的体制，表现出了很大的优越性。

休谟认为尽管采用何种政体对于某一社会来说不排除偶然的成分，[①] 但社会的演进及其规则制度乃是人们设计与选择的结果，政府便是这样的情形，"再没有什么东西比这种发明对社会更为有利的；这种利益就足以使我们热忱而敏捷地采纳这个发明"。[②] 休谟的这一思想对美国的联邦党人不无影响，汉密尔顿在《联邦党人文集》一开篇提出的问题："人类社会是否能够通过深思熟虑和自由选择来建立一个良好的政府，还是他们永远注定要靠机遇和强力来决定他们的政治组织"，[③] 就明显受到了休谟思想的启发。通过"深思熟虑和自由选择来建立良好的政府"，这实际上便是致力于政治科学的理论与实践，休谟社会政治理论的一个重要内容便是把以他的"经验"与"观察"的方法，对于人类政治事物，尤其是英国的政治传统给予充分的分析与研究，从而把政治学析解为一门政治的科学。

与政体相关的是法治问题，休谟一直认为法治对于一个国家的政府体制起着举足轻重的作用，法治原则是他的政治科学的重要环节，离开法治谈政体，其结果只会导致政治上的野蛮与专横。

---

① 休谟在"论政府的起源"一文中曾指出，"政府的起源是较为偶然而又不大完善的"。此外，他在谈到历史上的制度变革时也曾指出"某些时候受到机遇和偶然事件的制约"。见《休谟政治论文选》，第 25、128 页。
② 休谟：《人性论》，下，第 597 页。
③《联邦党人文集》，第 3 页。

法律的力量很大，而政府特定体制的力量也很大，它们对主管这一政府的人们的作风、个性的依赖却很小，以致我们有时可以从它们推断出一些普遍而又肯定的结论，就像数理科学所提供的结论一样。[①]

在他看来，野蛮民族的政制缺乏普遍有效的法律制度这自不待说，即便是文明国家其公共事务的治理如果放手交付人的激情，那么也会蜕化与瓦解。雅典与罗马两个有名的共和国之所以覆亡，其根源就在于它们的原有体制存在缺陷，而威尼斯政府历经许多世代而能够保持贤明与稳定，关键在于它有良好的法治体制。所以，休谟一再强调"立法者不应将一个国家未来的政体完全寄托于机会，而应提供一种控制公共事务管理机构的法律体系，传之子孙万代"。[②]

休谟对于法治的强调是由来已久的，早在他写《人性论》时就提出了财产的稳定占有、同意的转让以及承诺的履行这三个基本正义规则，这三个规则虽然来源于民法，但休谟在政治哲学的意义上把它们由民法规则提升到在一种政治学的制度框架之内，构成了他所理解的自由政体的基本法律制度，具有了政治学的意义。在休谟看来，正义三规则是一个社会治理的合法性依据，也是其正当性的基础，统治者无论是国王、贵族或人民推选的执政官，他们都必须遵循法律规则，通过正当程序而加以统治。英国的政治制度之所以保持着文明、温和而又自由的特征，实乃因为在英国一直存在着一

---

① 休谟：《休谟政治论文选》，第 6 页。
② 休谟：《休谟政治论文选》，第 14 页。

种尊重古老的法律制度的政治传统，并且根植于人民的德性之中。从十三世纪的自由大宪章，乃至更远古的来自黑森林的法律制度，直到十八世纪英国的社会现实，即便是经历了光荣革命的动荡，但其立足于社会内在精神的古老的法律传统却一直没有消逝，而且随着立宪君主制的建立，这种尊重古老传统的政治德性与社会习惯，又与自由的宪政制度结合在一起，从而使得英国的政体垂于久远。

法律制度作为政体的支柱性框架，并非随意产生的，休谟认为其中必定存在着更为深层的人性根源。[①] 既然人就其本性有合作形成政治社会的要求，那么这种需要对于产生怎样的法律和政体制度就会发生重要的影响，因此休谟在分析政体的制度框架和不同政体的类型时，对于其与人性的关系给予了深入的研究。所不同的是，他并没有像孟德斯鸠那样求助于一种普遍的人类理性，在他看来，人类理性对于政体机制的作用并不像古典的理论家们那么重要，并不是人先有一种政治理性然后按照理性的逻辑去建立一种政体制度，相反人的理性从属于人的情感，特别是从属于人的共同的利益感觉，在政体和法律的设计中，情感和利益的协调相对来说更具有重要的意义，可以说"人类的便利和需要作为他们建立每项规则的最终理由"。因此，休谟指出：

---

① 米勒曾指出休谟相关思想的复杂性："根据下面我们已经考察过的他的两个方面的思想，我们能够理解休谟对于政治科学的可能性的犹豫。第一，涉及人性自身在何等程度上是普遍一致的；第二，涉及政府、经济、社会结构、文化之间的关系。正如我们将看到的，每一个方面都对普遍化的政治科学提出了问题。……因此，第一个问题是政治科学需要一种有关人性的假设，可由于我们不能在那些已经是普遍的特性与仅是表面显示的特性两者之间做出确切的区分，所以，这些特定的假设难以得到辩护。第二个问题则来自于政府与社会其他方面之间的复杂的相互关系。"Divid Miller, Philosophy and Ideology in Hume's Political Thought, Oxford University Press, 1981, pp. 143 - 144.

为了制定调整财产的法律，我们必须熟悉人性和世情，必须扬弃似是而非的虚假的表象，必须探求那些总的说来最为有用和有益的规则。只要通常的理性和稍许的经验就足以解决这个问题，人们就不会过分自私贪婪，或者过分恣意狂热。①

那么什么是休谟所理解的人性呢？休谟在《人性论》中曾把它解释为"自私与有限的慷慨"，那是哲学意义上的人性。但是在休谟的政体理论中，我们发现他采取了某种稍微偏离的视角来看待人性，他更愿意从消极的方面来理解政体的人性基础，这一点与他的道德哲学有所不同。就制度层面来说他宁愿把人性按其趋恶的方面来理解，宁愿假设人性丑陋，因为假如人的本性良善，像后来的美国联邦党人所指出的假如人人都是天使，那么也就不需要法律和制度了。休谟不止一次地指出，人大多是舍远求近，不太关注长远的重大的价值，而沉迷于眼前的微小的私利，往往会舍大求小，自以为聪明。"更经常发生的是：人们会由于目前的诱惑而偏离自己巨大而重要的、然而又是长远的利益。这是人性中难以医治的一大弱点。"② 正是因为人性的这个弱点，才需要有一种法律和制度来对其加以约束，休谟认为这是政治学的一个基本原则，也是一个社会之所以成为文明社会，其统治者之所以要具有权威的原因所在。

许多政论家已将下述主张定为一条格言：在设计任何政府体制和确定该体制中的若干制约、监控机构时，必须把每个成

---

① 休谟：《休谟政治论文选》，第 182 页。
② 休谟：《休谟政治论文选》，第 25 页。

员都设想为无赖之徒，并设想他的一切作为都是为了谋求私利，别无其他目标。我们必须利用这种个人利害来控制他，并使他与公益合作，尽管他本来贪得无厌，野心很大。不这样的话，他们就会说，夸耀任何政府体制的优越性都会成为无益空谈，而且最终会发现我们的自由或财产除了依靠统治者的善心，别无保障，也就是说根本没有什么保障。因此，必须把每个人都设想为无赖之徒确实是条正确的政治格言。①

　　休谟的这一基于人性痼疾的政体理论，对于西方的政治思想乃至社会制度的建立具有重要的意义，而且产生了重大影响。它揭示了这样一种政治科学的原则，那就是政治、法律制度的建立并不是为了发挥人的良善本性，并不是通过把人的良善本性集中起来，从而致力于一系列所谓伟大的政治意图和正义理想；从根本的意义上来说，法律与政治制度所具有的乃是一种否定性的价值，是为了防范人性的邪恶而设计出来的一种有效的制度安排，其目的也并不是为了追求正面的价值，只是为了消除负面的价值。正像哈耶克所指出的：

　　　　斯密及其同代人所提倡的个人主义的主要价值在于，它是一种使坏人所能造成的破坏最小化的制度，而对于这一点则很少有人谈及。这种社会制度的功能并不取决于我们发现了它是由一些好人在操纵着，也不取决于所有的人将都比他们现在变得更好——这样的制度利用人们的多样化和复杂性来发挥其作

━━━━━━━━━━━

① 休谟：《休谟政治论文选》，第 27 页。

用，这些人们时好时坏，有时聪明，但经常表现出来的特征是愚蠢。他们的目标是建立能给所有的人以自由的制度。而不是像他们的法国同代人所希望的那样，建立一种只给"善良和聪明的人"以自由的极受约束的制度。①

上述对于政体的认识开辟出一种新的理论路径，这一路径与法国卢梭等人的政体理论有着重大区别，在后者看来，政治制度能够调动起人民的意志去实现绝对的平等与自由，但在休谟看来政体制度只是一种防范措施，并没有责任去实现更高的目标，更不具有超越个人的国家意志。人类的历史充分说明了这一点，沿着法国的政治路径，我们发现看似伟大崇高而实际上却是在制造一种人间地狱的所谓人民主权政治，只不过徒有一番虚假的美丽言辞而已。英国的政治理论虽然不像法国那样崇高，但却符合基本的人性经验和政治常识，它强调的是通过法律的方式调整人们之间的利益关系，防止个人乃至团体的侵权行为，实现消极的正义，至于制度本身并不是一个主体，也不追求自身的利益，那些看上去多少有些僵硬形式化的法律制度，却能够有效地防范恶人的作为。因此，这是一种审慎的政治哲学。

休谟认为政治自由是一个温和的良好政体的基本目标，也是人们在英国的现实政治中所能看到的一个突出特征。休谟曾不无自豪地写道，很多欧洲的国家对英国人民所享受的自由感到吃惊，英国社会当时所拥有的自由的现状，无论是言论自由、新闻自由，还是

---

① 哈耶克：《个人主义与经济秩序》，贾湛等译，北京经济学院出版社 1989 年版，第 12 页。

政治参与的自由，贸易和财产权等方面的经济自由等，在整个欧洲来说都是绝无仅有的，而且也是很难被超越的。为什么会出现这种情况呢？他在"论言论自由"等多篇文章中从不同的侧面给予了回答。大不列颠人民所享有的自由的特权之所以如此丰富，固然有多方面的原因，但关键的一个原因在于英国的法律制度，经由传统继承下来的一整套英国的法律规则，为人民的活动提供了一个基础和依据，清楚地规定了行为的界限，哪些是人们可以自由的活动之域，哪些是人们不应侵犯的领域。通过非常明确地划定行为的界限，人民的自由也就有了保障。自由并不是胡作非为，也不是想干什么就干什么。自由的基础在于法律，在于英国传统存续着一个优良正义的司法制度。所以，法治是英国人民自由的一个首要前提。

> 英国政府虽然与君主制混合，但共和制部分居于优势；为了保存自己，它不能不对行政官员保持戒备、猜忌，排除一切专断之权，并以通用而又固定的法律，保障人人生命财产的安全。除了法律明白规定者外，任何行为不得认为是罪行。除了依据提交法官的法定证据外，不得以任何罪名加之于人，而这些法官还必须是出于本身利益、自觉监视大臣们有无违法乱纪行为的本国国民。由于这些原因，可以说在英国存在的自由（甚至可以说是放肆）和从前在罗马存在的奴役与暴虐一样多。①

如此看来，休谟对于自由的理解是一种法治意义上的消极性的自由，自由不但与法律密切相关，而且与政体也有内在的关联。就

---

① 休谟：《休谟政治论文选》，第3页。

政体论上来说，自由正像柏林在后来所指出的不是基于哲学理念的意志自由，也不是卢梭笔下的政治团体实现集体乃至国家目的的政治自由，而是一种孟德斯鸠意义上的基于法律允许之上的自由，或者说是一种合法性的自由，这种自由在休谟看来实际上一直存在于文明政体之中，所谓文明政体正是通过处理权威与自由之间的关系，从而建立起一种有效统治的制度形式。

　　总之，政治学要成为一门真正的科学，必须把政体问题视为首要的对象，而在其中基于人性的法律制度具有关键性的意义，休谟虽然没有像孟德斯鸠那样提出一种系统的政治学理论，但他却通过对于人类政治事物的审时度势的分析与评论，展示了一个自由政体的核心原则。在他看来，"每个自由之邦都应以极端的热忱维护它的那些良好的政府体制和机构——依靠这些体制、机构，自由得以确保，公益得到考虑，特殊人物的贪欲和野心受到限制和惩罚"。[①] 这才是休谟致力于政治学成为一门科学的原因所在。值得特别指出的是，休谟在此所谓的"科学"，当然不是自然科学意义上的科学，自从他提出了"是"与"应该"的区分之后，实际上就已经把事实与价值领域做了明确的划分，他所说的"科学"是指与数学等自然科学不同的和"人性有更密切关系的其他科学"，[②] 即作为政治科学的

---

① 休谟：《休谟政治论文选》，第 15 页。
② 休谟：《人性论》，上，第 7 页。关于上述问题，詹姆斯．W．西瑟的"重建政治科学"一文曾指出："对传统的政治科学来说，人类对于政体及其重要性的认识是这门学科的起点。这种认识，在人类发展的某个阶段由有知识者的反复经验所证实。由于人类是现实的一部分。而且由于政治是人类的一种活动，我们对世界的认识和构想就是现实'事实'的一部分，而且的确是它最重要的部分。"我认为作为政治科学的政体论，并不反对在社会科学中区分事实和价值两个领域，而是承认政治事物的既不同于自然事实又不同于主观意志的客观存在特性，既反对实证主义社会学把政治事物化约为非政治事物，又反对历史主义解释学的政治浪漫主义，坚持政治是其所是、政治事物不可化约的古典政治学的主流传统。"政体是我们能够通过审慎的人类活动提供的（转下页）

政治学。


## 二、一般政体论

　　17、18 世纪欧洲的社会政治思想处于一个所谓的启蒙时期，思想家们对于世界的认识不但有启蒙的眼界，还有历史的眼界，冲破神学束缚，开启民智，审视人类从野蛮到文明的发展历史，考察各个民族的风俗、礼仪、文化与制度，为本国的社会变革输入新的资源，这是当时思想家们的共识，因此有伏尔泰的《风俗论》、孟德斯鸠的《论法的精神》等一大批著述涌现。休谟作为苏格兰历史学派的代表人物之一，他的政治学显然受到了那个时代的影响，他对于政体的看法渗透着时代的精神。但毕竟英国的精神不同于法国的精神，休谟有关文明与野蛮政体的观点，对于政府的起源与本性的看法，尽管与法国的思想有着密切的关联，与英国霍布斯和洛克的政治理论有着内在的呼应，但仍然呈现出理论的独创性。下面我先分析休谟的一般政体论，然后分析他的政体形态论。


### 1. 政体类型的二阶划分

　　诚如前言，从历史的角度考察社会的本性，是英国 17、18 世纪社会政治理论，特别是苏格兰历史学派的一个突出特征。思想家们

---

（接上页）最深层的人类结构，通过从政体出发来研究其他的社会单位，我们坚持政治的重要性并且不让政治科学这门学科被社会学、人类学或经济学吞并。"埃尔金：《新宪政论》，周叶谦译，三联书店 1997 年版，第 78 页。

尽管对于历史的理解是不同的，对于文明社会的演进有着不同的认识，但有一点是一致的，即通过对于文明历史的考察，如对于政府、财产的起源，对于知识、文字的起源，甚至对于审美、情感的起源等多个领域的文明史考察，试图找出文明演变的内在机制。霍布斯、洛克等英格兰思想家就表现出了对于历史的特殊兴趣，例如，洛克便是通过追溯财产权的起源从而建立起一种财产权的理论。

休谟同样如此，甚至他在当时是作为一个历史学家而闻名的，他的煌煌六卷的英国史是历史学的经典著作，在西方社会产生了深远的影响。因此，休谟的政治理论有一个历史的维度，列维斯顿指出：

> 休谟一直把他的英国史视为他的哲学的一种表述，理由在于休谟的哲学观念要求与历史的密切关联。他认为"哲学结论只不过是对于共同生活的条理化和恰当性的反省"。而所谓"共同生活"在休谟那里意味着在历史中的社会存在。哲学既是对于社会与历史境况的反思，又是把它们予以梳理和修正。这才是哲学蕴涵的富有深度的历史观念，而如果没有付诸于历史著作，则其不复存焉。①

对于历史，休谟具有自己的理解，他并不赞同法国乃至英格兰前辈思想家的理性色彩较浓的历史观，他的历史理论是经验的，是建立在他的政治哲学和政体论的基础之上的，或者说他的历史意识

---

① D. Livingston 编辑并写导论的 Hume as Philosophy of Society, Politics and Histoy, New York, 1991, P. Ⅶ.

服务于他有关人类政治事物的理论。

　　　应该看到，休谟的英国史首先与有关文明研究的十分广阔的主题相关，与商业的繁荣、政府形式的转变，以及它们与自由之间的相互关系密切相关。简而言之，休谟的关切点在于欧洲业已存在的现行体制的起源与本性，相比之下，经济领域只不过是一个庞大系统的一个部分。①

　　通过对于人类历史状态的考察，休谟隐含地认为人类的历史大致经历了的四种基本的社会形态，米勒分析道："休谟从没有试图创造出一个系统的社会形态理论，但是在他的著作中我们仍然能够发现有关四种社会类型的粗略的描述。"② 第一种是野蛮的极少文明的社会，在那里还没有出现主权之类的事物，例如美洲的印第安人就是如此。第二种是古代希腊、罗马社会，虽然存在少许的贸易，但工业并不发达。政制形态有多种形式，公民平等，共和精神和民主意识都很强烈。第三种是封建社会，经济上主要依靠农业，封建等级普遍存在，但国家有统一的法律，在法律下人人平等。生产技艺落后，生活简陋，无高雅兴趣。第四种社会是近代以来的商业社会，有关这个社会的经济、政制与文明的内容是休谟论述的中心，他的一系列著作都是围绕着这个近代社会展开的。总的来说，休谟分散在各篇文章中的论述，实际上已为我们大致勾勒了一个从原始渔猎社会、

---

① A. S. Skinner, The Cambridge Companion to Hume, Cambrifge University Press 1992, p. 230.

② Divid Miller, Philosophy and Ideology in Hume's Political Thought, Oxford University Press, 1981, p. 122.

古希腊罗马社会、封建农业社会到近代以来的商业社会的文明演变史。这个演变史尽管受到了格老修斯等自然法学派的影响，受到法国启蒙思想的影响，但如此明确地描绘出这条线索，休谟的贡献仍然是巨大的，对于斯密、弗格森的社会历史理论都产生了重大的影响，[①] 共同构成了 18 世纪苏格兰历史学派的一个主要理论内容。[②]

关于休谟和斯密的历史理论，在此我不准备给予过多的论述，只是指出他们共同的一个突出特征，既他们对于人类历史形态的演变不像法国思想家们那样偏重于风俗与文化的考察，而是强调经济动力和法律制度所产生的塑造文明社会的作用。例如，斯密在《论法律》的演讲中就系统地论述了这个演变过程中的法律制度，考察了不同社会形态之下的政府体制与法律规则。休谟虽然没有建立斯密那样的法学系统理论，但他的一系列政治与经济论文，同样为我们揭示了一个人类社会从野蛮到文明的政体形态与法律制度的变迁，特别值得注意的是，他在政治学理论中首次提出了一个野蛮与文明在政体形态的一阶划分，指出了它们对于政治科学的本质性意义。

休谟认为：

> 人类的理性，在通过实践，以及通过至少在像商业和制造

---

① 斯密有关人类历史演变的观点采取的便是休谟的基本观点，他遵循着休谟有关社会发展阶段的路径，着重考察了不同社会形态的法律制度的演变，为我们勾勒出了一个从游牧民族到当时欧洲社会的各种政治体制的法律演变的进程，"讨论了：1. 野蛮民族政府的由来；2. 游牧民族政府的由来；3. 小部落酋长政府；贵族政治发生的方式；侵略性小共和国和防御性小共和国的崩溃，以及专制政治瓦解以后欧洲所发生的各种政体。"《亚当·斯密关于法律、警察、岁入及军备的演讲》，坎南编，商务印书馆 1997 年版，第 77 页。
② 关于休谟社会形态演变理论的详尽分析，可查阅：Divid Miller, Philosophy and Ideology in Hume's Political Thought, pp. 121 - 141; Stewart, The Moral and Political Philosophy of David Hume, Princeton University Press 1992, pp. 224 - 240。

业这类较为庸俗的行业方面的应用，而获得提高和进步以前，要想改进法律、秩序、治安和纪律，并使之臻于完善，是绝对不可能的。怎能设想：一个连纺车也不会制造、或对纺织机的使用一窍不通的民族，会有一个治国有方堪为表率的政府。至于整个蒙昧时代，迷信泛滥，不用说，也会使政府形成错误的偏见，从而妨碍人们去寻求自己的利益和幸福。①

休谟强调经济动力与法律制度对于文明社会的机制性推动作用，在18世纪的欧洲思想领域是相当深刻的。在休谟之前，维科的《新科学》曾经考察过历史政制的演变，但其中神学色彩浓厚，他有关从神权向民政制度演变的考察虽然重视历史，但忽视了经济与法律的重要作用。而传统的自然法理论，如格老修斯、普芬道夫等人的国际法学说，虽然考察了法律对于世界各个民族的发展与交往的作用与影响，但那是一种国际的公法原则，显然不同于一个社会或民族内部在演变过程中所形成的经济的动力因素和法律制度的机制作用。至于当时的各种社会契约理论，它们对国家与政府的形成机制，只描述了一层单向度的历史演变，即从自然状态向国家状态演变的历史的理性逻辑，它们与其说是历史的现实不如说是政治的逻辑。可以说休谟远比它们丰富，他提出了一个经济和法律共同塑造一种文明社会的机制。斯图亚特指出：

> 除了在市民社会存在一个政府去实施正义规则之外，它与经济的社会别无二致。休谟与霍布斯不同，他以为实际上没有

————————

① 《休谟经济论文选》，第21—22页。

政府社会也可能存在，像在原始的美洲，那儿物品稀少而又简陋，自私之心与道德义务满足于维持正义。为此休谟将政府的原初雏形追溯至战争，而不是不义的爆发。在一个自私心与道德都满足于维持正义的简单社会，除了极度的死亡恐惧之外，没有什么能够阻挡不同社会之间的斗争。政府首先在于导致合作，共同抵御外侵。为了应对突如其来的紧急情况，人民首先选举了政治领导者，然后他们开始利用新的机制，即政府从事治理，并实施正义。①

在休谟的社会政治思想中，文明具有十分重要的意义，他有关政体的理论首先是一个有关文明与否的政制问题。尽管休谟考察了一系列不同形态的政体，在他的论文中涉及专制政体、自由政体、共和政体、混合政体、民主政体、绝对专制政体、君主政体、君主专制政体、民主共和政体、东方专制政体、温和政体、野蛮政体、僭主政体等等，但是在我看来，休谟理论中的这些政体形式并不是平行排列的，如果仔细研究休谟的政体理论，就会发现其中隐含着一个内在的政治逻辑，即隐含着一个有关人类政治体制的二阶划分标准。我认为在上述大量的政体形式背后，休谟实质上做了二阶的层次划分，首先，野蛮政体与文明政体的划分是休谟政体论的一阶逻辑，在此之下，才有所谓二阶形态的政体区分，所以，有关野蛮与文明的政体划分在休谟的政体论中，具有基础性的意义。虽然，一阶划分在休谟的政体理论中是隐含的，而且就内容看，也不是休

---

① Stewart, The Moral and Political Philosophy of David Hume, Princeton University Press 1992, p. 169.

谟考察、分析与研究的主要对象，但我们不能因此就忽视了它的重要性，否则就不能准确地理解休谟的政体理论。①

什么是文明？休谟认为文明首先是一种制度，这一观点与他的政体论密切相关，构成了他的野蛮与文明之别的关键。关于文明与野蛮之间的区别，固然体现在生活状态、生产技艺、思想意识、知识文化等多个方面，对此当时的博物学家、旅游家以及传教士都曾有过大量的描述，他们为当时的欧洲人提供了一个世界各地，尤其是东方社会、非洲大陆和美洲印第安民族蒙昧生活状态的景观描述。对于那些描述虽然休谟并不持疑义，也认为它们是一些基本的内容，但他并没有重复他们的观点，而是注重更为重要的方面，即文明与野蛮在制度方面的根本区别。佛波斯指出：

> 对于休谟来说，"文明"本质上是一个政治或法律的概念："文明"的进步是"法律与自由"的发展，是"有益的法律约束与正义"的发展（没有法律自由仅仅意味着无所顾忌），也是在休谟的政治哲学中作为政府职责的"正义"在历史中的实现。②

---

① 米勒不无道理地指出，"政治科学的目的在于发现结果，至少在于发现不同政府形式的前提，因此有必要从政府的一般分类开始。然而，休谟却从没有提供一个清楚明白和系统化的分类，但在这个问题上，他代之以依据何种标准区分政府类型的倾向，则是十分突出的。他的学术用语是不一致的和混乱的。"但是尽管如此，米勒又指出，休谟的政体划分明显地呈现出两个层次的区分，即在绝对的君主制与自由政体之间的区分，以及统治者依据法律规则的统治与任性的不依据法律规则的统治这两种政体之间的区分，在休谟看来，后一层次的区分更为根本。这样一来，根据上述两个层次的各自两种政体，实际上就出现了四种可能的政体。参见 Divid Miller, Philosophy and Ideology in Hume's Political Thought, p.145；Forbes, Hume's Philosophical Politics, Cambridge University Press 1973, ch.5。
② Forbes, Hume's Philosophical Politics, Cambridge University Press 1973, p.296.

在休谟看来，制度又表现在经济与政治两个方面。野蛮社会根本就没有真正意义上的生产与商业行为，也没有那种以追求财富为动力的经济贸易往来，在那里只是简单地依靠天然的自然环境而一次性地满足基本的生存欲望。而在文明社会，人们却可以克服自然环境的匮乏，并通过劳动特别是分工来进行经济交换和商品往来，并在这个过程中产生了知识，创造了文明，积累了财富，从而建立起一个文明的社会。① 就政治方面来说，野蛮社会的制度受丛林原则支配，人们之间不是相互为敌，就是受制于一个野蛮君主的专横统治，而在文明社会人们却可以通过正义的规则而建立起一个政府，并在权威政府的法律统治之下产生一个公民的基本权利得到维护与保障的政治社会。特别是近代的宪政制度，则在更高的制度层面上塑造了一个自由、富足与繁荣的文明社会。② 总之，文明社会与野蛮社会的根本区别在于制度的不同，或者说文明社会正是有了制度的保障才使人从蒙昧状态走出来，享受经济繁荣与政治昌明的果实。佛波斯指出："休谟提出了一个新型的自由史：自由的历史是文明的历史，即经济与社会进步的成果

---

① 休谟写道："关于整个人类的历史，我们也可提出类似的见解。试问：为什么居住在热带地区的人，一直技术落后，教化欠施，内政不修，军纪松弛；而少数地处温带的国家却始终完全免除这些弊病？产生这种现象的原因之一可能是：在热带地区，四季常夏，衣服和住宅对当地居民来说不是十分必需的，因而部分地失去了这种需要，而这种需要却正是刺激一切勤劳和发明创造的巨大动力。需求促进人的才智。不消说，在任何国家，人们享有的这类货物或财产愈少，则人与人之间引起纷争的可能性就愈小，从而建立治安或正规的政权以保护捍卫他们免受外敌侵犯和内部侵害的必要性也就愈小。"《休谟经济论文选》，第 16 页。

② 休谟写道："如果某一社会赖以维系的那一套原则愈是不太顺乎自然规律，立法者想要确立完善这套原则时所遇到的困难就愈大。在这种情势下，立法者最妥善的做法是：俯顺人心之所向，因势利导，提出为人们所易于接受的一切改进事宜。那么，工业、贸易和艺术就会按照事物发展的最合乎自然规律的进程，来提高君主的权力，增进臣民的幸福；那种导致国富民穷的政策乃是暴政。"《休谟经济论文选》，第 9—10 页。

的历史。"①

正是在制度文明的基础之上，人类文明的其他要素，如文学艺术、科学技艺、审美感受乃至奢侈品的享受等等才成为可能，才有所谓礼仪、荣誉感、责任心、绅士风度、雅好、高尚情操、高贵风范等等。休谟在一系列论文中分别考察了文明社会的各种良好品态，谈审美，谈趣味，谈雄辩，谈写作的简洁与修饰，谈鉴赏力的细致与情感的微妙，谈艺术与科学的起源与发展，谈技艺的日新月异，谈人性的高贵，这些都是他所写文章的著名的篇名。列维斯顿指出：

> 休谟把一整套历史演进中的发明，诸如语言、法律、艺术、宗教等，称之为道德世界。当人们达到对于道德世界的演进过程达到有所意识，并进而采取一些手段予以控制时，他们就进入了文明化的文明程度，因此就不仅仅是一个遵循一定的原则行动的事情……对于休谟来说，真正的哲学家与真正文明化的人是一致的，在此我准备进一步探讨休谟的文明概念，并揭示传统与自由这两个概念是如何与它本质相关的。②

阅读休谟的一系列著述，包括《人性论》、《道德原则研究》和《政治、道德与文学论文集》，我们会发现关于文明政体和野蛮政体，休谟并没有专门的文章和系统的观点加以论述。他下笔较多的是有关自由政体、君主制和理想共和制等文明诸政体的分析研究，而就文明政体本身，休谟虽有这样的提法，诸如"文明"、"文明君主

---

① Forbes, Hume's Philosophical Politics, Cambridge University Press 1973, p. 298.
② D. W. Livingston, Philosophical Melancholy and Delirium, Hume's Pathology of Philosophy, University of Chicago Press, 1998, p. 190.

制"、"文明政体"等词汇在文章中也多次出现，但他并没有专门的系统文字对文明政体给予讨论，只是通过对于各种具体的文明政体，如自由政体或混合政体、君主专制政体等的论述，把他对于文明政体的看法隐含地表达出来。至于有关野蛮社会和野蛮政体的看法，休谟的思想就更为隐含，他对于野蛮社会的论述并不详尽，只是在与文明社会的对比中作为参照系出现，因此有关"野蛮"、"野蛮君主国"的文字在他的论著中并不构成独立的分析对象。① 但尽管如此，必须指出的是，休谟关于野蛮与文明，特别是它们在政体制度方面区别的观点，并不是修辞学上的，休谟对它们有着虽简短但却十分本质性的认识，并且给予了明确的理论说明。

---

① 列维斯顿分析道："野蛮在休谟的道德词汇表中是一个常被使用的术语，它是在与文明辨证相对的情况下被使用的。文明过程由劳动和创造的激情所推动，文明人被赋予'勤劳'、'知识'和'人性'的特性，相对的野蛮人则是懒惰、无人性和无知，在原初的野蛮社会，几乎整个儿缺乏商业与思考的艺术。……野蛮的根源在于无知和恐惧，人作为一个'贫困的动物'开始其生涯，生于无知和恐惧，只有通过知识才能摆脱这一状况。"D. W. Livingston, Philosophical Melancholy and Delirium, Hume's Pathology of Philosophy, p.218.休谟论述到野蛮与文明政体的主要文章是"论公民自由"、"谈艺术与科学的起源与发展"等，在文中直接使用了诸如"文明君主制"、"野蛮君主国"、"无限专制"、"文明君主国"、"纯粹专制制度"、"全面独裁的野蛮君主国"、"温和的政府"等，参见《休谟政治论文选》，第58、66、63、68、73、74、13页。例如，休谟曾这样论述野蛮政体与文明政体，这是他最集中和最有代表性的一段话，他写道："在野蛮的君主制所必然产生的压迫和奴役之下，科学决不可能成长。在这种君主制下，唯独人民受到官吏权力的约束，而官吏却不受任何法律或法规的约束。这种改天换地的无限专制，当其存在的时候，它扼杀了一切进步，阻碍人们获得知识，这种知识是在由于更好的政策和更加节制权力而产生的有利条件下教育人们必不可少的。这里说的是那时自由国家的优点。一个共和国即便处于野蛮状态，但由于绝对正确的行动，也必然会制定法律，甚至当人类在其他学科方面尚未取得重大进展时，也是如此。法律提供安全，安全产生好奇之心，好奇之心求得知识。这一前进过程的后二阶段可能带有更多的偶然性，但前一阶段则是完全必然的。一个共和国没有法律决就不能长存。与此相反，在君主制政体下，法律并不是这种政体的必然产生。专制君主制度本身包含着某些排斥法律的东西。只有巨大的智慧和深入的思考才能使它们协调一致。但在人类理性达到较大的完善和提高之前，也就不可能达到这种巨大智慧和深入思考的程度。这种完善需要有好奇之心、安全和法律。因此，艺术和科学的最初发展绝不可能在专制政府治理的国家中。"第68页。

休谟不赞同他那个时代各种契约论所假想的原初自然状态的存在，但他并不否认人类文明前的游牧、渔猎社会的存在，在他看来，问题的关键是从上述社会到文明社会转变的机制。休谟在多篇论文中多次指出了野蛮政体是一种绝对专制的政体，并把它与东方社会的君主专制，如土耳其等蛮族社会的专制政治制度联系在一起，这种野蛮政体并不直接等同于游牧、渔猎社会，因为在那里尚没有出现成熟的政制，而是从那个社会演变过来的，可惜的是这种演变并没有像欧洲的政治社会那样走向一种文明化的道路，而是走向一种绝对专制的道路。东方社会大多就是如此，它们不同于游牧、渔猎社会，已经具备了十分完善的政制，但并不是欧洲那样的文明政制，而是野蛮政制，其野蛮性质并不体现在生产方式、生活形态、风俗习惯等方面，而在于政制方面。尽管东方的野蛮社会在很多方面超越了原始社会的贫乏和低下，甚至在某些方面，如制作技艺和物质财富方面有时优于欧洲一些国家，但因为它们的政治制度的绝对暴力和专横性质，因此仍然可以称之为野蛮社会。休谟写道："一个建立于野蛮民族中的纯粹专制制度绝不可能依靠本身力量，实现文明化。"① 米勒指出："当自由意味着专横的强制不存在时，文明的政体便与它密切相关。"②

　　休谟认为文明政体可以有多种，但真正的野蛮政体本质上只有一种，即绝对无限的暴力专制政体，在他的笔下，这种野蛮政体的直接对应物便是东方社会诸如波斯、土耳其的君主专制政体。但是，正像我在前面指出的，休谟实际上并不关心波斯之类的野蛮政体究

<hr />

① 休谟：《休谟政治论文选》，第74页。
② Divid Miller, *Philosophy and Ideology in Hume's Political Thought*, p.148.

竟如何，他也没有就此专门讨论过，如果我们仔细分析、挖掘其背后的涵义，我们就会发现这种野蛮政体在休谟的心目中还有另外几个版本，他是以东方的绝对专制政体为野蛮政体的正版，并以此为参照而评论欧洲社会的政体类型。在这一点上休谟采取的是皮里春秋的笔法，影射当时欧洲历史上曾经存在过的一些绝对专制的政体，例如僭主政体在他眼中就是如此，克伦威尔的独裁也是如此。[①] 应该指出，休谟上述理论的蕴涵是有理论渊源的，亚里士多德的政体论就有正宗政体与变态政体的分类，前者是君主政体、贵族政体与共和政体，后者是僭主政体、寡头政体与平民政体。在亚里士多德看来，正宗的意味着符合正义的，变态的是不符合正义的，因此他按照正义的标准，依次划分了如下六种从好到坏的政体序列：君主政体——贵族政体——共和政体——平民政体——寡头政体——僭主政体。休谟的政体思想虽然在政体形态上吸收了亚里士多德的分类理论，但他有关政体区分的实质标准却与亚里士多德的正义标准大不相同，他更关注于自由与否，认为专制与自由的问题是更为根本性的标准，他对于野蛮与文明政体的一阶划分标准其内在的涵义关

---

① 我们看到，法国的思想家贡斯当的政治理论就受到了休谟的极大影响，他对于野蛮与文明的看法，就与休谟完全一致，他在《征服的精神和僭主政治及其与欧洲文明的关系》一书中指出，"孔狄亚克说：'有两种野蛮：一种是过去，一种是文明世纪以后的。'两相比较，前者倒是一种可取的状态，但那个专横权力在今天却只能使人退化到后一种野蛮。"他认为拿破仑的武力统治便是一种典型的野蛮的僭主制，在他眼中这种僭主制比野蛮社会的专制更为可怕，危害更为巨大，因为它是文明时代的野蛮统治，它使"文明之后再度野蛮"，是文明之下的野蛮。贡斯当分析说："无政府状态和专制政治有一个共同点，它们两者都破坏安全感，践踏法律保障。但是，在这两者中，专制政治盗用了它所亵渎的形式，给它所指定的受害者戴上枷锁。无政府状态和专制政治都把野蛮引入文明，但无政府状态是让所有的人都回归野蛮，专制政治则专为自己保留了野蛮，并打击它的奴隶，用它所摆脱了的镣铐束缚他们。"参见贡斯当：《古代人的自由与现代人的自由》，阎克文等译，商务印书馆 1999 年版，第 333、337、347 页。

键在于一种政体的权力的专制究竟达到何种程度。

　　谈到专制政体问题，就不得不说到与休谟大体同时代的法国思想家孟德斯鸠，孟德斯鸠有关共和政体、君主政体与专制政体三种政体的性质及其原则的观点，休谟自然晓得。孟德斯鸠认为专制政体的性质是一个单独的个人依据他的意志和反复无常的爱好加以统治，其原则是恐惧，专制统治者用恐惧压制人们的一切勇气，窒息一切野心。① 休谟与孟德斯鸠一样对于专制问题格外重视，不过休谟的思想要更为复杂和深刻。在他看来，对于专制应该有程度上的衡量标准，而这也正是休谟政体理论中所面临的一个最大的困难。亚里士多德的正宗政体与变态政体的划分，实际上只是从形式层面上解决了或者说回避了政体的专制与自由与否的关键问题，关于自由政体问题不是古代的古典政治学考虑的核心问题，它是近代启蒙思想以来的古典政治学关注的核心问题，特别是古典自由主义关注的首要的政治学问题，孟德斯鸠三种政体的区分从某种意义上来说把这个根本性问题突显出来，他通过对于专制政体本质的揭示而把自由问题放到了极端重要的位置。但是，应该看到，孟德斯鸠又把这个问题简单化了，在他那里专制就是专制，就是以恐惧为原则的个人专横意志的统治，而专制程度的区分是次要的，意义不大，因此他并没有给予足够的重视。按照他的推论，专制政体就是野蛮的政体，专制等同于绝对专制，因此等同于野蛮。这样一来虽然是在理论上解决了问题，但却并不符合历史的现实状况，因为欧洲近代以来的很多君主政体都或多或少具有着专制的色彩，即便是法国的专制君主制也不能完全说它就是一种野蛮政体，固然像路易十四的那

---

① 参见孟德斯鸠：《论法的精神》，上，张雁深译，商务印书馆 1997 年版，第 19、26 页。

种"朕即国家"的专制统治是一种个人的独断专行，但并不能否认即便是在这种政体之下，法国社会依然经济发达、文化昌盛，是当时欧洲文明的中心。

正是因为看到了专制问题的复杂性，所以休谟并不像孟德斯鸠那样对于政体采取简单化的一概而论，他感到专制程度是一个值得认真研究的重要问题，他隐含地把专制的程度做了绝对的与相对的划分，认为只有绝对专制的政体才是野蛮政体，而一些相对专制的政体仍不失为一种文明政体。我认为，休谟这一基于历史经验与观察的发现，在政治思想史上具有极其重要的意义，可以说是一个伟大的发现，它把有关政体的理论推进到一个新的高度，他有关政体的二阶划分便是以此建立起来的。这个有关专制程度问题的实质在于：究竟如何划分专制的程度，以什么标准区别什么是绝对的无限的专制，什么是相对的有限的专制。显然，这是作为一门科学的政治学需要认真对待的一个中心问题，也正是在此我们看到了休谟政体理论的独创性及其蕴涵的审慎的政治智慧。在他看来，区别专制程度的标准不是随意的，也非孟德斯鸠的恐惧原则所能解决，因为恐惧正像专制一样也是一个在量上无法加以衡量的东西，是一个心理的感受。作为科学的政治学应该给出一种客观的衡量标准。在此，针对这个问题休谟开辟了一个新的政体论的路径，他高度重视法律制度的重要性，把传统政治理论中的法治原则纳入到划分野蛮政体与文明政体之专制程度的区分上，也就是说，有关专制程度的量的区分通过是否依照法律的治理这一实质性的制度转换，而变得在客观上确立了衡量的标准和依据。在休谟看来，区别绝对专制与相对专制的核心标准在于是否存在着法治，而不是在于是否由一个人、多个人或全体人民成为统治者这样一个传统政体论的划分标准。

由于把法治这个因素导入到野蛮与文明政体的划分，成为衡量专制程度的一个实质性的客观标准，这样一来就使得休谟对于政体类型的分类就与传统的古典政体论的一般划分有了很大的不同。我们知道，政治学说到底是处理两个基本的政治问题，即由谁统治与如何统治，传统的古典政治学中区分政体类型的一个主要标准是有关统治者的人数问题，亚里士多德就是以统治者是一个人、几个人或多数人为标准而把政体分为君主制、贵族制和民主制（平民政体）等三种基本的类型。这种传统的分类虽然有很多优点，但是有一个问题却被忽视了，那就是如何统治即是否依据法律进行统治这样一个根本性问题，在上述政体划分中并没有突出地显示其应有的重要地位。例如，同样是一个人统治，但根据是否实行法治，在何等程度上实行法治，便使得它们的性质具有了根本性的差别，绝对专制的君主政体，如东方的君主制乃至僭主政体就属于野蛮的政体，而有限的君主专制，如法国的君主制则属于文明的政体。我们看到，正是看到古代传统的政体理论由于依据统治者人数作为划分标准所带来的问题，孟德斯鸠才对法律问题十分强调，他的三种类型的政体分类便不是依据统治者人数的多少来区分的，而是根据统治的性质区分的。当然，我们已经指出，他在有关专制与法治之间的关系在何等程度上决定了政体的本质问题上，相对有些简单化处理的不足，只是提出了一种专制政体，认为它是不依据法律的独断统治，而没有看到专制有一个程度的问题。

休谟在这个重大问题上把孟德斯鸠的理论向前推进了一步，他通过把法治这一根本性因素作为衡量专制程度的客观标准并放到一个首要位置，因此，对于政体类型的划分就开辟了一个新的路径。

虽然他也同时接受了传统政治学按照统治者人数划分政体类型的分类标准，但对他来说，它们只是二阶政体形态层面上的政体分类，休谟所关注的问题并不在这个标准上，而在于通过把法治导入政体理论，从而提出了一个两阶的实质性政体理论，即一阶是有关野蛮政体与文明政体的划分，它以是否存在绝对的专制为衡量标准，至于如何衡量专制的程度，则取决于法治这一根本性尺度。在野蛮与文明的一阶层面上，关键在于法治之有无，在文明政体的二阶层面上，政体的优劣则在于法治之多少。这样一来，关于专制问题，就克服了孟德斯鸠的简单化之不足，我们根据休谟隐含的政体理论，可以分析、考察不同的专制政体，这些专制政体并不都是平行排列的，并不都只是形态的不同，可以有本质性的差别，绝对的专制政体与有限的专制政体是大不相同的，前者属于法治之无，后者存在着一定程度的法治，绝对的专制政体是一种野蛮政体或准野蛮政体，而相对专制的政体大多属于文明政体。这样一来，休谟有关政体类型的二阶理论，就使得政体分类不再是单纯形式上的区分，而且具有着实质性的内容。例如，同样是专制政体，在传统的分类标准之下只是一种类型，而对于休谟来说，就具有如下几个性质不同的形态：一个是绝对的专制政体，如东方的专制君主制，以及欧洲的某些暴政统治，它们属于野蛮政体；另一个是仅有君主专制形式的法治政体，它们以英国的混合政体或君主立宪政体为典型，这种政体属于纯粹文明的政体，它的专制色彩是极其少的，为此休谟称之为自由政体；此外，还有一种有限的专制政体，是一种介于绝对的野蛮专制与英国的自由政体之间的君主专制政体，如法国的君主制，它们也属于文明政体。

## 2. 政府的起源与权威

政体是一种政治事物，它体现为政府的形式，具体地说，体现为政府的治理或统治，因此，政府问题是休谟政体论所要讨论的基本内容，他的《人性论》第三卷和"论政府的首要原则"、"论政府的起源"等文章所集中处理的便是政府问题。但是，值得注意的是，休谟的政府论与霍布斯、卢梭等理论家不同，他并不关注所谓国家或政府的主权问题，休谟认为那是一些抽象的唯实论在政治理论上的空洞议论，此外，他也反对各种契约论的政府理论，认为它们不过是一些有关政府问题的理性推论，与真实的政府问题相去甚远。休谟考察政府的形成与本性，有着自己独特的视角，他更关注政府在从野蛮社会到文明社会的演变过程中所逐渐形成的制度性的机制职能，以及它所具有的权威的合法性与正当性。

我们知道，自从马基雅维里提出了政治统治的国家理由之后，[①] 如何有效地治理国家就被视为专门的技艺，成为近代政治学的一个主要内容。与古代的城邦政治相比，近代民族国家是伴随着神权政治的解体而出现的，市民社会的形成，新兴城市共和国的产生，商业与贸易的发展，公民权利的兴起以及人性的世俗开放等多种因素的综合，迫切要求对于一个市民社会或民族国家治理的新的制度安排。正是在这样一个基础之上，才出现了所谓把传统的政治学转变为一种科学的呼声，这种需要伴随着近代自然科学的兴起而被激

---

① 关于这个问题，参见拙文"国家理性的正当性何在？"《宪政主义与现代国家》，王焱编，生活·读书·新知三联书店 2003 年版。

发出来。在很多理论家眼中，政治学与数学、天文学等自然科学相比并没有什么特殊的地方，只不过它所研究的对象不是自然的事物，而是人类的政治事物，在政治事物中也存在着人们共同遵循的规则。因此，如何在人类的政治事物方面，在有关个人利益与公共利益的关系方面梳理出一套普遍有效的基本原则，这是近代政治学所面临的首要任务。在这方面休谟不赞同洛克等人的社会契约论，并不认为人们可以事先通过理性的计算而主动地建立起一种政治契约，由此组成一个国家或政府，在他看来，政府是一个逐渐形成的过程，伴随着文明的进步和商业的发展一步步地演化出来。休谟的政府理论可以说是一种社会的进化论，一种哈耶克意义上的自生秩序论，在其中通过人为的正义德性的制度转换，而逐渐建立起一个以法律制度为核心的政体模式。休谟系统地考察了近代以来西方社会的诸多政体类型，指出这些政体的基础在于人性与法治，一种能够有效地维护私有财产权、维持社会稳定与人民安全的政治制度才是正义的制度，才具有真正的权威性。

为了论述上述理论，休谟十分重视有关政府起源的考察，认为它是研究政府本性的关键所在，而正是在这个起源问题上，契约论的理论家们充分地阐发了他们的义正词严的主张。所以，休谟首先从转述他们的观点开始，他写道："我们必须承认，最初若不是人们自己同意，没有什么别的东西可以使他们联系在一起，并服从任何权威。"[①] 问题在于，固然以人民的同意为依据的契约理论听起来有

---

① 有关契约论的观点，休谟的进一步转述如下："政府最初建立于丛林和沙漠之中，假若我们溯本追源的话，可以看到人民是一切权力和管辖权的源泉。他们为了安宁和秩序自觉地放弃天赋的自由，从自己的平辈和同伴手中接受法律。他们愿意顺从这种权威的条件有时明确地表示出来，有时不言而喻，人们觉得无需予以表明。假若此即原始契约，那就不能否定所有的政府最初都是建立在契约之上的，人类最古老和 （转下页）

一定的道理，但是它从来都不是绝对的，甚至从某种意义上来说，它是荒谬的。从历史的角度来看，实际上从来就没有一个政府是完全建立在相互同意的理性契约之上的，随便考察一个人类历史上的政府形态，我们都不得不承认这样一种现实，那就是几乎没有一个政府建立在人民的同意之上，它们无不是通过政治上的强权，通过征服、掠夺而建立起来的。因此，休谟指出，契约论的那种"同意甚至在很长时期内仍然很不完备，不能成为正规的行政管理的基础。……几乎所有现存的政府，或所有在历史上留有一些记录的政府，开始总是通过篡夺或征伐建立起来的，或者二者同时并用，它们并不自称是经过公平的同意或人民的自愿服从。"[①]

这样一来就出现了一个十分矛盾的现象，理论家们从理性的假设出发认为政府应该起源于人民的同意，是经过契约而建立的，但是现实的历史状况却又告诉我们那只是理论家们的一厢情愿，政府在其起源上从来就没有经过人民的同意。于是，一个重大的问题出来了：政府的权威基于什么呢？其正当性与合法性究竟何在呢？如果按照理论家们的观点，未经同意的政府应该推翻，那么我们就会看到在世界上没有任何一个政府的存在是正当的。休谟是一个现实主义者，他并不认同理论家们的那套美好的谎言，而是力图在现实

（接上页）粗率的联合主要是依据这种原则形成的。如果要问这种记载我们自由的宪章记录究在何处，那是徒劳无益的；它没有写在羊皮纸上，也没有刻写在树叶或树皮上，它先于书写文字和其他文明生活技艺。不过我们从人类的本性，从这类生物的所有个体发现均具有平等或某些接近平等的情况可以追溯到它。当今盛行的并建立在海陆军基础上的武力，显然是政治性的，它产生于权力，是建立政府的结果。一个人天生的力量仅在于个人的勇武，决不足以压服群众使之听从他的驱使；只有众人自己同意，只有当他们自己意识到安宁和秩序的好处，方能产生这种效果。"《休谟政治论文选》，第 120 页。

① 休谟：《休谟政治论文选》，第 122 页。

的历史传统中寻找政治制度的合法性与正当性依据。在他看来，一味纠缠于政府起源上的是否合理是无意义的，只会导致人们对于政治的离心离德，甚至无政府主义，其结果只会带来新的暴政。休谟宁愿采取另一种方式论证政府的权威，他认为尽管政府在起源上无法排除其肮脏，但是政府毕竟是一件有益于公民的共同利益的事物，是人类社会所必需的，而实际上任何政府一旦产生之后，其合法性与正当性就不再基于人民的原初同意与否，政府的权威随着统治时间的持续而自然地形成。

> 几乎没有任何一个帝系或共和国政府最初不是建立在篡夺和反叛上的，而且其权利在最初还是极其可疑而不定的。只有时间使他们的权利趋于巩固，时间在人们心灵上逐渐地起了作用，使它顺从任何权威，并使那个权威显得正当和合理。没有什么东西能够超过习惯、使任何情绪对我们有一种更大的影响，或使我们的想象更为强烈地转向任何对象。[①]

所以，政府的权威及其正当性依据是在政府的持久延续，特别是在政府稳固地实施法律的统治过程中逐渐形成的，并逐渐获得人民的同意。休谟指出，一个政府是否合法与正当，关键看它在统治过程中能否保持长久的稳定，并且服务于人民的共同利益，看它能否依据法律规则而不是依据统治者个人的独断意志治理社会。因此，休谟得出结论：政府不是建立在理性上的，不是理性计算的产物。

---

① 休谟：《人性论》，下，第 597 页。

政府是完全建基在公众信念之上的。……公众信念有两类：即关于利益的看法和关于权利的看法。关于利益的看法，据我理解，主要即公众意识到可以普遍从政府获得好处，并相信现在建立的这个政府和其他任何易于稳定的政府一样优越，有利于众。如果这种看法在国内大多数人中或在那些有力人物中占优势的话，就大有助于该政府的稳固。①

在休谟看来，人在本性上大多是自私的和短视的，只顾及自己的利益，而不考虑社会的利益，只看到眼前的直接利益，而不考虑远处的长远利益。其结果只会时常遭受严重的不利，人发现当他只顾自己利益时，有时所带来的损害比他得到的利益更大，因为其他人也都只考虑自己的利益，这样就无法形成公共的利益。所以，人们逐渐感到有必要在实现自己利益的同时，也维护他人的利益，维护社会的共同利益，这样就产生了需要一个政府的共同愿望，即出现了一个政府或"我们所谓民政长官、国王和他的大臣、我们的长官和宪宰"。② 前文我们曾经指出过有关政体的人性基础，即假定为恶人设置的制度，休谟认为，政府的职责说到底乃是为了有效地防止恶人作恶。因为并不是每个人都天生地在社会中做应该做的事情，而总是极端地追求个人的私人利益，甚至不惜损害他人和牺牲他人，如果没有政府这样的公共权威来加以调整和约束的话，其结果只能会导致霍布斯所说的人人为敌的战争状态。因此人们既为了自己的利益也为了共同的利益，便设计出一种社会制度，而且历史的经验

① 休谟：《休谟政治论文选》，第 19 页。
② 休谟：《人性论》，下，第 577 页。

也证实了这一点，那就是无论采取何种形式，君主政体、共和政体还是民主政体，政府作为一种公共制度，其首要原则就是通过权力来实施正义规则，保障对所有人的益处。休谟写道：

> 人类虽然可以维持一个没有政府的小规模的不开化的社会，可是他们如果没有政府，如果不遵守关于稳定财物占有，根据同意转让所有物和履行许诺的那三条基本法则，他们便不可能维持任何一种社会。……当人们一旦看出维持和平和执行正义必须要有政府的时候，他们自然就会集合起来，选举执政长官，规定他们的权限，并且许诺服从他们。①

休谟在论述政府的职责时谈到了两个方面，一是政府的尽责义务，另一个是臣民的忠顺义务，休谟认为人对政府是要忠顺与服从的，不过它们并非一种道德义务，不具有道德的约束力，而是本于利益原则，人们基于共同的利益需要产生政府，政府的职能只能是实施三个正义的规则。因此对于一个能够履行自己职责的政府，人们应保持忠顺。我们看到，休谟的政府理论，在有关统治者与被统治者之间的政治关系时，既不同于霍布斯也不同于洛克，更不同于潘恩。休谟并不赞同霍布斯的无原则地服从国家的观点，他认为人们对于政府的服从与忠顺并不是绝对的，而是有限度的，"执政长官也必须约定有一种交互的义务，即提供保障和安全；他只有通过向人们提供得到这些利益的希望，才能说服他们来服从自己"。② 如果

---

① 休谟：《人性论》，下，第 581 页。
② 休谟：《人性论》，下，第 590 页。

政府首先违背了它的义务，那么人民也并没有绝对的义务要忠顺于它，人民有抵抗的权利，因为在这种情况下人们曾经许诺的对政府的忠顺由于政府违背了责任而失去了效力。但休谟认为这种情况是极其少见的特殊例外，从总的方面来说，他并不赞成洛克的有关抵抗权的理论，更是反对潘恩对所谓革命的辩护。在他看来，那种过分强调人民的权利，动辄以所谓天赋权利为依据来反抗政府的言行，实在是不足取的，政府固然要保护每个人的权利不受侵犯，但更重要的职责是维护社会的稳定，保障人民生命和财产的安全，政府的发明，是对于社会普遍有利的，这种利益不是针对个人的而是针对所有人的一种制度利益。

与霍布斯、洛克等人一样，休谟的上述观点同样有着深刻的现实背景。霍布斯的理论产生于战火纷飞的内战年代，战乱之际，法权崩溃，臣民的生命风雨飘零，所以他才把安全视为最根本的政治价值，主张只要生命得以保障，不惜放弃其他权利。由此可见，霍布斯的君主专制的思想是在残酷的现实情况下产生出来的，具有着一定的合理性。而洛克的抵抗论，则产生于英国的光荣革命之际，在当时生命安全固然仍是一个重要的问题，但其他方面的权利要求，如自由、财产等在洛克眼里与生命同等重要，因此他的理论认为既然国家权力是人民经过契约授予的，那么当政府侵犯人民的基本权利时，抵抗不但是可能的，而且是必然的，值得赞许的。至于潘恩的革命论则显然受到了法国革命思想的鼓舞，是人民主权至上理论的产物。休谟思想的背景不同于上述各位理论家，它产生于英国光荣革命之后和法国大革命之前的那一段难得的相对和平的时期，由于真切地感受到英国人民通过付出血的代价换来的安定社会的弥足珍贵，所以，休谟才格外珍惜和平与稳定的政治制度的价值，认为它们是衡量一个政体是否有益于人民的一个重要的标准。因此，休谟不赞同上述任何一个理论家的观点，他认为政府的形成既不是基于自然权利，也不是根据契约，而是基于公共意见。统治者在进行统治时并不是按照理性的计算把让渡的权力放在一边，把没有让渡的权力放在另一边，人民也从来没有区分哪些是基本权利哪些是非基本权利的能力。实际上政府是在持久的统治中逐渐形成它的权威的，而人民也是在政治社会的共同生活中逐渐感觉到政府的限度的。休谟不反对人民有抵抗的权利，但他更主张人民的服从，提倡一种忠顺的政治品德。①

前文我们曾经指出，人类在从野蛮到文明的演变过程中，政体作为一种客观的制度机制具有重要的转型意义，一个良好的政府之所以不同于野蛮的专制政体，关键在于它能够克服统治者个人的独断专行，并有能力实施正义的统治。与洛克等人强调个人的权利不同，休谟看重的是政府的权威，强调它在政治社会构成中的优先性地位，他写道：

> 正如人数众多的文明社会离开了政府便不能自存，政府离开了最严格的服从也就完全无用。我们永远应当衡量由权威所获得的利益与不利，并借此对反抗学说的实践采取更加谨慎的态度。通常的规则要求人们服从；只有在残酷的专制和压迫的

---

① 米勒曾指出：一方面休谟不同意政府享有不受制约的权力，另一方面他又说，只有在现有政府被判断为比没有政府还糟糕的情况下，抵抗才是允许的。显然，休谟的上述思想中存在着一个难点，即如何建立关于抵抗的标准。"他心里似乎有一个我们有资格期望政府给予实施的最低标准，尽管它们极少发生，只是在一般的意义上被描述为'公共灾难'、'严重的偶发事件'、'极度的专制与压迫'，这些是其常用的术语。" Divid Miller, Philosophy and Ideology in Hume's Political Thought, p. 92.

情形下，才能有例外发生。①

　　不过，他尊重政府权威的理据与霍布斯是不一样的。在霍布斯眼里，国家这个巨大的"利维坦"受到臣民的尊重更主要的是由于其包含的强力，从某种意义上说，是由于对它的恐惧。② 休谟则认为政府的权威在起源之际还不排除某些强权的色彩，但人民对于它的尊重与服从从根本性上说，却不是基于恐惧，而是基于习惯，基于政府在持续统治过程中所形成的传统，基于这个传统所积累而成的合法性。休谟首先同意洛克在《政府论》上篇对于默尔菲的批判，认为政府机构无论是国王还是他的大臣，其权力基础不是所谓的君权神授。但休谟不同意洛克的契约论，他力图在政治历史的传统中寻找政府权威的合法性依据。为此，休谟在《人性论》一书中特别考察了人类历史上形成政府权威的五条原则或五种来源，认为它们具有政治统治的合法性依据，是人民忠顺与服从的对象。

　　政府权威的第一个原则是长期占有的原则，时间和习惯使得任何一个政府形式下的长期占有或国王的一脉相传的体系具有了稳固的合法性。休谟认为，只有一个长期稳定的占有，才能为一个国家的执政者和国王提供有效的权威基础，任何一个国家的执政者其统治如果是暂时的，不牢靠的，并没有长期对该国行使统治权和治理权，就很难获得应有的权威。从这个意义上来说，英国国王的统治

① 休谟：《人性论》，下，第595页。
② "根据国家中每一个人授权，他就能运用托付给他的权力与力量，通过其威慑组织大家的意志，对内谋求和平，对外互相帮助抗御外敌。国家的本质就存在于他身上。用一个定义来说，这就是一大群人相互订立信约、每人都对它的行为授权，以便使它能按其认为有利于大家的和平与共同防卫的方式运用全体的力量和手段的一个人格。"霍布斯：《利维坦》，第132页。

是具有权威性的，是应该受到尊敬的。休谟指责了那些通过篡位谋取统治和那些利用其他不正当手段获得国家权力的行为，例如，克伦威尔的执政，依据这一理由我们还可以推断说雅各宾专制，它们就不具有统治的权威性。第二个原则是现实占有原则，休谟认为在没有任何政府形式被长期占有所确立时，现实占有可以被认为是一切公共权威的第二个来源。确立统治者权威的第三个原则是征服权，在休谟看来，由征服所带来的统治也同样具有着权威性。休谟之所以认为武力征服也是获得统治合法性的一种途径，主要是基于他对于历史的考察，应该看到，人类历史中的绝大部分统治形式，其起源是建立在征服上的，翻开人类历史的画卷各个民族莫不如此，因此，如果否认其统治权威的合法性，那就得全部改写历史，这实际上是不可能的。对于休谟来说，重要的不是起源上的征服，关键在于如何使得统治者的统治更加遵循法律规则，更加仁慈，更加符合共同的利益。本来，国家、政府等政体形态的本性就是利益权衡的产物，不是理性推论的结果，所以，承认通过长期占有、现实占有和征服而获得的统治权威的合法性，是没有什么不可接受的，对它们的权威表示服从和忠顺也是应该的，关键是要有个限度，要有法律的约束。

除此之外，在休谟看来，如果不是通过长期占有、现实占有和征服，那么一个国家的统治权力的变化，便只有通过继承权来确立合法性与正当性。休谟写道："人们通常就乐于将他们的已故国王的嗣子置于君位，而假设他承袭了他父权的权威。"① 关于国家权力的继承问题，从来都是政治事物中的一件大事，古往今来莫不如此，

① 休谟：《人性论》，下，第 600 页。

特别是休谟时代的英国，关于国王的继承权问题，导致了激烈的党派冲突，成为政治斗争的一个焦点，为此，休谟专门有"关于新教徒的继承问题"的文章加以讨论。最后，政府权威的第五个原则是成文法。休谟认为一个国家通过成文法，特别是通过宪法而确立的统治权，显然是具有权威的，当立法机关确立了某种政府形式和国王继承法时，成文法就成了权威的来源。在此，休谟提出了一个值得特别注意的观点，他认为成文法的制定，不但应该以原则契约、长期占有、现实占有、征服、或继承关系为依据，而且还要考虑人民长久以来形成的习惯、传统和风俗，一个政府所长期逐渐形成的制度不能突然被一部新的宪法所取代。休谟的这一观点与英国的宪政传统有着密切的关系，在他看来，像英国那样的基于悠久传统的未成文宪法比像某些国家的成文宪法更有益于公共利益，更有益于维护人民的自由。

通过对于上述统治权威的五种原则或来源的考察分析，休谟大致解决了人民服从政府权威的合法基础问题，在他看来，尽管长期占有、现实占有、征服、继承、成文法等方式是不同的，但它们最终在保持权威的尽可能持久的统治过程中，又都服从于一个更为根本性的法律正义的核心原则，即他在一系列著述中反复强调的三个基本的正义规则，休谟认为：

> 这三个正义规则是在政府成立之前就已存在，并被假设为在人们还根本没有想到对民政长官应该有忠顺的义务之前，就给人们加上了一种义务。不但如此，我还要进一步说，政府在其初成立时，自然被人假设为是由那些法则，特别是由那个关

于实践许诺的法则，得到它的约束力的。①

休谟的这个重要的有关政府权威的最终依据的观点，在他进一步论述国际法问题时得到了明确的表述，他写道：

> 不过这些规则虽然是附加在自然法上的，可是前者并不完全取消了后者；我们可以妥当地断言，正义的三条基本原则，即稳定财物占有、根据同意转移所有物和履行许诺，也是国王们的义务正如它们是臣民的义务一样。同样的利益在两种情形下产生了同样的效果。什么地方财物占有是不稳定的，什么地方就必然有永久的战争。什么地方财产权不是根据同意而被转移，什么地方就没有交易。什么地方人们不遵守许诺，什么地方就不能有同盟或联盟。因此，和平、交易和互助的利益，就必然把个人之间所发生的正义的概念扩充到各个王国之间。②

值得注意的是，休谟对于政治权威的分析，涉及政治学的一个重大的理论问题，即自由、权威与正义三者之间的关系问题。休谟认为，人的自由是有一定限度的，它以法律为基础，由于人性的内在缺陷使得一个政府的产生成为必要。关于政府的权威，历来受到思想家们的重视，意大利思想家维科的《新科学》就注意到统治权

---

① 值得注意的是，休谟的这一思想并不等于他同意洛克等契约论理论家们所主张的自然权利的假设，他认为这类时髦的理论是把有许诺的保证"推得太远，包括了一切时代和一切情况的政府，那么它就是完全错误的了。我主张，忠顺的义务虽然在最初是建立在许诺的义务上，并在一个时期内被那种义务所支持的，可是它很快就自己扎根，并且有一种不依靠任何契约的原始的约束力和权威。"休谟：《人性论》，下，第582页。

② 休谟：《人性论》，下，第609页。

威的重要性，德国思想家韦伯有关统治权威的三种类型的理论学界皆知。列维斯顿指出："自由主义传统中谈论权威本性的人甚少，只有霍布斯、休谟和奥克肖特是著名的例外。没有权威，法治以及其他自由主义的实践是不可能的。"① 不过，谈权威不能忽视自由，也就是说，统治与被统治之间的关系应该有一个政治自由的标准在里头，权威的正当性或正义应当与自由联系在一起，而这一点从某种意义上来说，恰恰是英国的古典自由主义者休谟所特别提出来的。

> 统治采取何种形式？它如果不是与作为众所周知的法治的统治完全等同，那又和它保持怎样的密切关系？回答这些问题，我们必须简单地探讨一下休谟有关政府理由的概念。政府的存在是为了实施或强制实施正义的法则：财产权的稳定占有，同意的转让和承诺的履行。违背了自己存在理由的政府就失去了权威，并被暴力推翻。因此，这是一个政府必须满足的最低限度的"法治"，即正义的法律。②

休谟指出："在所有政府内部，始终存在着权威与自由之间的斗争，有时是公开的，有时是隐蔽的。二者之中，从无一方能在争斗中占据绝对上风。在每个政府中，自由都必须作出重大牺牲，然而那限制自由的权威绝不能，而且或许也绝不应在任何体制中成为全面专制，不受控制。"③ 在他之前，霍布斯等人虽也强调国家权威的

---

① Donald W. Livingston, Philosophical Melancholy and Delirium, Hume's Pathology of Philosophy, p. 391.
② Donald W. Livingston, Philosophical Melancholy and Delirium, Hume's Pathology of Philosophy, p. 185.
③ 休谟：《休谟政治论文选》，第 26 页。

重要性，但他只强调生命安全，忽视了臣民的自由。在休谟看来，统治的正义，它的经过传统而形成的权威，其目的是为了保障臣民的自由，使他们的权利不受侵犯，就此来说，一个自由的政府才是真正的具有权威的政府。可以说，休谟的政府权威理论是与他的自由政府理论密切相关的，在他那里，权威、自由和正义在法治的而非人治的政制中达到了结合，而这也正是英国的古典自由主义留给我们的宝贵遗产。哈耶克在分析休谟的政治思想时，他仅是强调了统治的法律特性，而忽视了休谟政治理论中有关政府权威的论述，忽视了一个国家的统治应该是强有力的，需要人民的服从与忠顺。政府的权威来源于传统，来源于人民的服从，更来源于它服务于人民的职责，一个具有着高度权威的而又是法治的自由政府，这才是休谟政治理论的一个全面的论述。而哈耶克对于政府权威的忽视，有可能导致人们对于休谟，乃至苏格兰历史学派的误解，误以为这个学派的政府理论是彻底主张小政府，其实英国古典思想在强调政府乃至国家的重要性时，并没有后来的自由主义所主张的那种小政府的观念，而认为一个强大的、但又是受到限制的、法治的而非人治的自由政府是十分重要的，[①] 从某种意义上来说，政府权威对于个人权利来说具有着某种优先性。这里实际上也就触及到自由主义理论中有关所谓隐蔽的国家主题问题。[②]

总之，休谟在《人性论》和一系列论文中，对于政府起源、政

---

① 其实，哈耶克自己也并非主张一种完全的小政府理论，关于哈耶克的政府理论，可参见高全喜：《法律秩序与自由正义——哈耶克的法律与宪政思想》，北京大学出版社 2003 年版，第四章的有关论述。

② 有关这个方面的研究，参见 Stephen Holems, Passions and Constraint: on the Theory of Liberal Democracy, Chicago: the University of Chicago Press, 1995, p. 1. 李强："宪政自由主义与国家构建"，载《宪政主义与现代国家》，王焱编，生活·读书·新知三联书店，2003 年版。

府职责、政府权威的合法性依据等问题，给予了较为全面的论述。他认为政府基于人们的共同利益感觉，作为公共利益的代表，统治者的义务或职责乃是通过实施正义规则来促进人民的利益，保障他们的生命、安全和财产等不受侵犯。政府通过长期占有、现实占有、征服、继承和成文法等五种基本的形式确立了统治权威的合法性，在政府的权限范围之内，人民对于政府应保持着服从、忠顺与尊敬的义务。有意思的是，休谟的《人性论》在讨论了政府权威的来源之后，随即又谈到了贞操和淑德问题。为什么休谟要采用这个例子表明他所"已经申论的那些原则的作用"？[①] 因为休谟的政府理论实际上是从家庭扩展开来的，在他看来，作为政治社会的一个基本构成单位，家庭虽然以血缘为纽结，但其中的伦理规则对于塑造一个文明社会是十分重要的。正像男人把荣誉和勇敢视为最重要的美德，女性也把贞操和淑德视为最重要的美德，它们在公共社会的政治生活中一直发挥着示范的作用。人类的经验告诉我们，在政治事物中，政府的治理只有把人性的美德和法律的统治两个方面很好地协调起来，才能够达到一种正义的状态。

三、政体形态论

休谟的政体论从总的方面来看，包括两个层次的内容。第一个层次是政治哲学意义上的对于政体本性的考察与分析，主要集中在《人性论》第三卷以及"论政府的首要原则"、"论政府的起源"等著

---

① 休谟：《人性论》，第611页。

述之中，虽说它们也涉及一些具体的政体论内容，特别是涉及英国与法国的政体，但休谟更关注于一般的政体论原理。休谟第二个层次的政体论，主要是针对 17、18 世纪欧洲政治事务，特别是围绕着现实的英国政体展开的理论探讨，可以说是政治学意义上的政体论。为此，他在"论新闻自由"、"论政治学可以析解为科学"、"英国政体究竟更倾向于君主专制，还是更倾向于民主共和国?"、"论公民自由"、"论艺术与科学的起源与发展"、"论技艺的日新月异"、"关于理想共和国的设想"等一系列论文，以及《英国史》的相关内容中，具体考察了有史以来的各种政体形式，特别是着重研究了自由君主制、专制君主制与理想共和国这三种政体形态。

在休谟看来，政治事物不是一种想象中的理性推理，而是一种具体的政治现实的考量，因此，对于政治问题应该采取着审慎的态度，他认为审慎是政治中的一个最重要的也是最符合政治本性的美德。所谓审慎也就是说在处理政治事务，在协调各种各样的矛盾和争论时不应采取极端的态度，而应对于各个方面的利益加以权衡、考量，从而寻求一种现实可行的妥协方案。因此，休谟认为在对待英国的政治事务时应该看到它的复杂性，看到每种主张和意见的背后所代表的各方利益的合理性以及片面性，兼顾各方的利益，保持中庸的态度，寻求折衷的方案，这是政治事物的一个基本原则。从这样一个原则出发，休谟细致、认真而又具体地考察分析了 17、18 世纪英国乃至欧洲的政治状况、政体形态，区分了现实可行的与理想欲求的两个不同的层面，进而提出了一系列切中时弊的见解和富有远见的洞见，显示了他作为一个伟大的思想家的睿智。

### 1. 自由君主制

有关君主制问题的考察、分析是休谟政体思想的一个重要内容，也是他一系列论述中着墨最多、思考最勤、独创性最突出的地方，所以值得我们下工夫研究，我认为即便在现代这样一个民主政治占据主流的时代，休谟的思考对于我们仍然不无裨益。为什么呢？因为自从马基雅维里开启了近代的政治哲学和政体论之先河后，有关政体问题的探讨不绝如缕，随着民族国家的日渐突起，究竟采取何种政体治理社会，君主制、共和制还是民主制，一直是政治理论争论的要点，特别是 17 世纪启蒙运动肇始以来，随着人民主权和民主政治呼声的高涨，君主制似乎已成为明日黄花。但是，不可否认的是，欧洲的君主制在近代历史上有着深厚的基础，已融入传承相续的政治传统之中，并且在现实的政治事务中保持着强大的生命力，英国人民历经革命的洗礼最终仍然选择了君主制，便是最好的例证。上述种种，不由得使思想家们深思。休谟在他那篇"英国政体究竟更倾向于君主专制，还是更倾向于民主共和国？"的文章中提出了他的主张，在他看来，一味坚持君主制还是民主共和制都是不妥的，问题的关键在于君主制是怎样一种君主制，民主共和制是怎样一种民主共和制，应该看到问题的复杂性，看到在政治制度里面蕴涵着更加本质性的东西。因此，他主张对不同的政体给予认真的分析和考察，特别是对于人们自以为熟知的所谓君主制，给予彻底的全面分析，探讨一下君主制有几种形态，究竟何种君主制最适合英国的国情与人民的习惯。这样一来，就涉及前面我们所指出的有关政体的二阶划分的问题，涉及自由君主制、专制君主制，以及有关专制程度、法治标准与政治自由等一系列复杂而又本质性的问题。

前面我已经指出，休谟有关政体的一阶划分是野蛮与文明政体两种形态的实质区分，野蛮政体的特征是绝对的专制暴力，统治者肆意无法，典型形态是古代东方社会的绝对君主制，如波斯等，以及希腊、罗马时期的变态政体，如僭主制等。而通常意义的君主制在休谟眼中，则基本上是属于文明政体的一种形态。亚里士多德在《雅典政制》与《政治学》中对于古代的君主制曾做过分析，认为君主政体大致有多种类型，总的来说是属于较好的政体，亚里士多德主要是从统治者的人数来看待君主制的，当时希腊的主流政体是民主制、贵族制与共和制，以及各种变体形式，君主制并非政制的主流。第二类君主制是近代以来的事情，随着近代民族国家的产生与发展，真正意义上的君主制国家出现了，马基雅维里是第一位系统论述君主制的政治思想家，他的《君主论》可谓近代政体论的开山之作。此后，但丁、博丹、霍布斯、孟德斯鸠等一大批重要的政治思想家都曾深入地探讨过君主制问题，遂使它成为近代政治学中的一门显学。

休谟所处的时代，君主制问题不仅是一个重大的理论问题，更是一个严峻的现实问题。一方面，英国的光荣革命与英国君主制的命运息息相关，另一方面，法国的启蒙运动却使得法国的君主制风雨飘摇。君主制的命运如何？怎样看待君主制？英国与法国两种君主制是否存在着差别？英国是否适合君主制？适合何种君主制？等等，这一系列问题摆在了当时思想家们的眼前。休谟基于对英国现实问题的极度关切，对于上述问题均给予了深入的思考。

休谟首先把近代君主制视为一种文明政体。在他看来，欧洲的君主政体，特别是近代以来的君主制国家，不同于野蛮的君主制，它们属于文明社会的政制形态。欧洲的各类君主国（包括英国）无疑都是专制性的，特别是在欧洲大陆，君主专制的色彩普遍较为强烈，君主个人的意志在国家统治中占有重要的地位，例如，它在法国路易十四那里发展到顶峰，法国的君主制是一种典型的君主专制。但是尽管如此，欧洲的君主专制仍然不同于东方社会的野蛮专制政体，君主的权力是受到约束的，有限度的，而不是绝对的，无限度的，不但受到一定的法律制度的约束，还受到传统、习惯、荣誉、惯例等因素的限制。① 例如，像英国这样的君主制其国王受制于法律与传统的约束自不待说，即便是法国那样的专制君主制，它的古制一直受到了各种力量和法律的制约且不说，就是后来的所谓登峰造极的君主独裁，其权力也不是绝对的，相对于野蛮的绝对专制（absolute monarchy），仍是有限度的（limited sovereign）。所以，休谟认为近代君主制无论怎样都属于文明的政体，是一阶划分中的文明政体形态。

不过，在明确了上述这个基本前提之下，我们看到，休谟政体思想的深刻性在于他并没有满足于此，或者说他有关君主制理论的主要内容还在后面，他认为对于近代的君主制不能简单地一概而论，应该在二阶层次上做本质性的区分。为此就进入休谟政体论的第二个要点，即在文明政体这一前提下，休谟对于君主制又做了明确的区分，划分了两种君主制，一种是专制君主制，一种是自由君主制。

---

① 米勒分析说："在一个文明的君主国，什么东西能够限制君主的权力呢？休谟认为，一般地说，除了'习惯、惯例和对于自己利益的考虑'之外，便没有其他什么了。一个明智的国王知道，在涉及他自己的直接利益时，让他的国家依据法律统治，而不是任性作为，他能够获得更大的安全与富足。他也像其他的每一个国民一样，遵循时代的习惯与惯例，包括规范王权行为的惯例。"Divid Miller, Philosophy and Ideology in Hume's Political Thought, p.148.

休谟在"关于新闻自由"一文中的开篇就涉及这个重大的问题，他写道：

> 下述政治观察是真实可靠的：政府中的两种极端，自由与权役，常常相互最为接近；而且，如果不走极端，而是将少许的君主制和自由掺合，政府就会变得更为自由；另一方面，若是将少许自由和君主制结合，则政治枷锁总是变得更为沉重和难以忍受。[①]

以休谟之见，自由之多少，而不是自由之有无，是区分近代君主政体之性质的一个关键，而我们知道，休谟所说的自由，并不是民主制意义上的自由，而是法治意义上的自由，因此，这种自由与法律制度有着密切的关系。这样一来，我们可以从休谟的上述论断中得出这样一个结论：由于法治之自由的程度标准，君主制可以分为两种，少许君主制与自由法律的结合是自由君主制，以英国为代表；少许自由法律与君主制的结合是专制君主制，以法国为代表。[②]

休谟有关区分两种君主制的思想，与孟德斯鸠的观点有很多一致之处。孟德斯鸠早期较为推崇共和政体，在《论法的精神》一书中他的思想发生了变化，他认为共和政体虽然总的来说优于君主政体，但并非全部如此，像威尼斯的共和政体就很糟糕，相比之下，像英国那样的君主政体不仅优越于大多数古代共和国，而且也优于

---

① 休谟：《休谟政治论文选》，第 1 页。

② 米勒对于休谟政体理论的分析，偏重于自由政体，以及自由政体与专制君主制的区别，他分析说："自由政府分为两个范畴，有限君主制与纯粹共和国。"相比之下，他对于君主制的两种形态以及它们有别于野蛮专制的共同点没有给予足够的重视。参见 Divid Miller, Philosophy and Ideology in Hume's Political Thought, p.150。

现代的意大利诸共和国。在他看来，区分共和制与君主制的关键因素不在于统治者的人数，传统政治学的区分标准无法判断政体之优劣，以他之见，评价政体良莠的标准是"有无法治"。所以，无论是一人之治的君主国，还是众人之治的共和国，只要是建立在法治的基础之上，国家的权力在法的统治下相互制约、均衡运行，就是一个良好的政治宽和的政体。根据孟德斯鸠，特别是根据休谟的观点，我们综观一下近代欧洲国家的政治体制的演变过程是很有必要的，它们不但能够加深我们对于上述富有洞见的理论的理解，而且还有助于我们把握西方近代以来文明政体的演进轨迹及其本质性差异，从而理解当今世界政治文明的状况，促进我们作为一个政治民族的成熟，深思熟虑地选择适合于我们国情的自由政体。

我们看到，欧洲自近代政制发轫以来就呈现出两条政制道路，一条是欧洲大陆式的，它以法、德、俄为代表，在休谟那个时代，主要体现为法国的专制君主制。法国的君主制基本上延续了欧洲大陆传统的君主制的政治模式，在那里虽然也有某种法律之治，但国王的权力巨大，他可以根据自己的私人意志而决定国家的治理，在他身边的政府不过是一种附属性的行政机构，完全听命于他的个人专断。因此，以国王为中心，以巴黎为首都，形成了一个欧洲大陆的专制性的国家体系。相比之下，在德意志则是一群分崩离析的公国各自为政，虽有一个王制形式，但君主的权力是虚的，还没有像法国那样有一个统一的王权，只是后来俾斯麦推进的铁血政策促成了普鲁士王国的强大，并进而形成一个法治国的专制国家，但这些都是休谟之后的事情了。不过总的来说，从法国到德国直至苏联的18 世纪至 20 世纪的政制演变基本上是一个国家主义的政治路线，尽管这个"国家"开始是以君主国的形式出现，后来逐渐为"人民"

的民主政治所代替，但其实质仍然是一种国家绝对高于个人的国家主义当道。另外一条是英美式的宪政主义政治路线，在休谟的时代，集中体现为英国的立宪君主制。我们知道，早在英国的古制时期就有宪政的传统，而经过英国革命所确立的政治体制，是不同于法、德路线的一种以法治主义为核心的自由政制。尽管国王在英国的政体中一直保持到今天，美国宪法之下的总统从某种意义上来说，也可以称之为匿名的国王，但这种立宪君主制的政体形式，并不影响其自由政体的实质，并不影响它在本质上是一种与专制主义相区别的自由政体。细究起来，休谟在几乎所有的文章中一直把英国的君主制称之为"自由政体"、"自由制度"、"自由君主制"，斯密也多次指出英国是一种"自然的自由制度"，其原因也正在于此。

由此可见，政体形式尽管是重要的，但并不是最根本性的。政治学中一直有两个问题，一个是由谁统治的问题，另一个是如何统治的问题，"由谁统治"可以根据统治者数量之多少而区分为君主制、贵族制和平民制，以及怎样产生统治者的方式与程序之不同，而区分为直接民主制、代议制和一系列非民主制的政体，如僭主制、寡头制等，但这些都只是涉及政治学的政体形式问题，并不涉及根本问题。根本问题则是"如何统治"的问题，也就是说究竟是依据法律来统治，特别是依据宪法（未成文的与成文的）来统治，还是依据统治者（无论是君主一人、少数人还是大多数人）的意志来统治，这个问题触及自由与专制的实质性问题。相对来说，休谟更关注于后一个问题，并提出了一个二阶的政体划分理论。

野蛮与文明政体的一阶政体划分解决的是有关自由之有与无的问题，即绝对的专制政体是没有自由的政制，按照他的这个一阶分类，不但古代蛮族的绝对专制是野蛮政体，而且各种各样的近代乃至现代的绝对专制政制，如罗伯斯俾尔的人民专制、拿破伦的僭主制，特别是希特勒的独裁、斯大林的暴政等，都属于野蛮政体，它们是一种新的不同于古代野蛮政制的现代野蛮政制，用贡斯当的话说，它们是文明化的野蛮，其暴虐程度比古代有过之而不及。至于文明框架内的二阶政体的划分，则不是自由之有无，而是自由之多少，涉及专制的相对程度问题，为此休谟集中探讨了三种政体方式，即英国的自由政体、法国的专制政体和他理想中的共和政体。休谟认为究竟在英国是采取君主制还是共和制，这些争论是不重要的，重要的在于是否存在法治，是否保障了人民的财产权利，是否存在着自由，这才是最为关键的。休谟的上述思想在美国的联邦党人那里得到了继承和发展，联邦党人同样关注的是如何统治的问题，特别是法治与宪政问题，根据当时的情况，他们又特别警惕多数人的专制问题，这些思想受到了现代自由主义如哈耶克等理论家们的高度重视。

需要补充的是，休谟的政治思想是深刻的，复杂的，而又丰富的，他并没有像当时的一些英国政治理论家们那样仅把目光局限在英国本土以及英国的政治传统，他对于欧洲大陆的政制考察也并不是仅局限在法国。固然英国的政治实践以及传统在休谟的理论中占有重要位置，法国的专制君主制也是他考察的一个主要对象，但是阅读休谟的一系列政治文章，我们发现，他还有另外一个值得注意的理论来源，那就是他对于欧洲历史上的共和制的分析与研究。古代希腊、罗马的一些小型城邦共和国的制度形态、政治德性以及自由精神时常出现在他的文章中，而近代以来的一些自治的城市共和国，如威尼斯、荷兰、苏黎世等则更成为他考察研究的要点，并且成为他分析英国和法国政体的理论参照。我们说休谟的政治思想是一种非体系化的复杂的深刻，他虽然对于英国的自由君主制推崇备至，认为它是最符合英国国情的一种明智选择，是一种良好的制度设计，但是在他的心目中其实还有另外一个标准，那就是他认为理想的国家制度最终乃是一个自由共和国的政体模式。

什么是自由君主制？什么是自由的政治制度？这是休谟在一系列文章中重点论述的问题，他首先认为"自由政府对于那些分享自由的人常常是最大的福惠"，[①] 英国的政体在休谟眼中便是这样一种良好的制度，它的自由本性存在于政体的混合结构上，也就是说在于它是一种混合政体，休谟据此认为英国的政制证实了政治学的一条普遍的原则或真理，他写道：

> 可以宣布下述论断是政治上的一条普遍真理：一位世袭的君主，加上没有奴仆的贵族和由代表们行使选举权的人民，构成最佳的君主制、贵族制和民主制。[②]
>
> 英国政体却是君主政治、贵族政治和民主政治的混合体。当权者由贵族和商人组成。人民中间各种各样的教派都有。每个人都享有极大的自由和独立使得他可以充分表现独特风格。因而在世界各族人民中，英国人的民族性很少，除非把这种奇特现象也看作是民族性。[③]

当然，英国这样的混合政体的形成是十分独特的，既有偶然的

---

① 休谟：《休谟政治论文选》，第8—9页。
② 休谟：《休谟政治论文选》，第8页。中文译本把 aristocracy（贵族制）译为"专制"，显然系直接影响原文内容的笔误或误译。
③ 休谟：《休谟政治论文选》，第93页。

因素，也包含某种必然的成分，它固然基于英国社会的传续久远的政治传统，更是英国人民深思熟虑的选择。休谟认为：

> 我们政体中共和制和君主制这两个部分之间的恰当平衡，实际上本身即是极难处理和极不稳定的，加上人们各怀激情和成见，势必对它产生不同看法，即便在最为理解的人们中也是如此。那些生性温和，喜爱安宁和秩序、憎恨暴乱和内战的人，较之那些大胆、豪爽、热爱自由、认为压制和奴役是莫大罪恶的人，总是更为赞赏君主制。虽然一切明智之士总的说来均同意保持我们的混合政府，然而在遇到具体问题时，有些人倾向于授予国王以更大权力，让他发挥更大作用，甚少注意要防范他越权妄为；另一些人则惊惶不安，担心在遥远的将来可能产生君主暴虐和极权统治。[①]

混合政体并不是休谟最先提出来的，从某种意义来说它是古典政治学的一个基本内容，早在亚里士多德那里，混合政体就是他推崇的一种正宗政体，他认为共和政体与贵族政体都可谓混合政体，它是混合了寡头政体与平民政体两种因素而形成的政体，但相比之下，亚里士多德所说的混合政体，主要是指"混合贫富，兼顾中产阶级和自由出身的人"的政体，"大家对混合政体的倾向平民主义称为'共和政体'，对混合政体的偏重寡头主义者则不称'共和政体'而称贵族政体。"[②] 与亚里士多德的混合政体相比，休谟笔下的英国

---

① 休谟：《休谟政治论文选》，第 46 页。
② 亚里士多德：《政治学》，第 198、199 页。

混合政体，除了在组成因素是由君主制、贵族制和民主制三种政体内容的混合而不同于亚里士多德之外，更为关键的是他在对混合政体的法治的实质性理解方面也与亚里士多德有所不同。

首先，在亚里士多德的混合政体中不包含君主制的成分，而在休谟的混合政体中，英国的传统君主制占据重要的位置，他认为"少许的君主制与自由参合，政府就会变得更为自由"。例如，他在谈到英国人民享有的其他国家的人民从未有过的极端新闻自由时，揭示了这个重要的观点，他说："我们的法律之所以容许我们享有这种自由，原因看来在于我们政府的混合体制：它既不全是君主制，也不全是共和制。"在休谟看来，这也正是"为什么唯独大不列颠人民享有这种特权？"① 的原因所在。休谟十分强调"自由"与"少许的君主制"两个因素的结合所具有的意义，在他看来，这是英国自由君主制的关键所在，也是混合政体的关键所在，它给英国社会带来了巨大的福惠。他写道：

> 尽管各类政府在现代都有改进，然而君主制政府似乎改进最大。现在可以将过去仅仅授予共和国的赞语同时授予文明君主制。可以说：它们是法治政府，而不是人治政府。我们发现文明君主制政府是可以有秩序、有条理和稳定的，并达到令人惊讶的程度。私有财产受到保障，劳动受到鼓励，艺术繁荣，国王安居于他的臣民之中，像父亲生活在自己孩子中一样。②

---

① 休谟：《休谟政治论文选》，第 1 页。
② 休谟：《休谟政治论文选》，第 59 页。

当然，需要指出的是，休谟并不主张单一的君主制，像古代的君主国那样的政体，在当时的英国乃至欧洲各国既是不现实的，也是不可取的，因为不受限制的君主很容易导致绝对的权力，演变为绝对专制的野蛮君主国。实际上，这种绝对的君主专制在英国几乎从来就不曾存在过，英国国王的权力从来都是有限度的，英国自由政体的本性就在于国王受制于法律，是法律下的国王的统治，这是英国悠久的政治传统。①

混合政体的另一个因素是贵族制，休谟在"谈政治学可以析解为科学"一文中对于贵族制在混合政体的作用做了考察，他认为贵族作为一种力量既可以制约国王的权力，同时也能够防范大多数人的专权，当然，休谟指出单一的贵族制自近代以来已日渐衰落，但作为一种因素保持在混合政体中，则不是权宜之计，而是必不可少的。② 此外，民主制也是混合政体的一个重要问题，休谟在分析时显

---

① 休谟在"关于新教徒的继承问题"一文中曾指出，历史上的"某些英国的君主误解我们体制的性质，至少是误解了人民的智能，这是不足为奇的。他们紧紧握住自己祖先留下的一切有利先例不放，忽视一切相反的事例，忽视我们政体对于君权的所加的限制"。例如，在"关于某些异常惯例"一文中，休谟就主张要格外"警惕王室初次侵犯法制"，因为"政治上有一条大家认为是无可争议和普遍适用的箴言：通过法律授予高级官员的权力，不论这种权力多么大，它对于自由的危险，总是小于强夺和篡夺的权力，即便这种权力很小。因为法律总是对所授予的每种权力给予限制，而且同意接受所授权力这个事实的本身就树立了授权者的权威，保持了该体制的协调一致。而不经法律手续获得一项特权之后，又可以要求另一项权力，而且要求一次比一次便利；第一次篡夺的权力既可成为以后篡权的先例，又可成为继续篡权的力量。这就是为什么大家认为汉普登的行为英勇可佩，他宁愿遭受宫廷起诉所施加的全部狂暴迫害，也不缴纳未经议会通过的二十先令税款。这就是为什么所有的英国爱国者均十分警惕防止王室初次侵犯法制。这就是为什么唯独英国的自由能够保持到今天"。《休谟政治论文选》，第150、115页。
② 例如，休谟分析了威尼斯和波兰两种贵族制形态，认为前一种贵族作为一个整体拥有权力，而且每个贵族都拥有从整体中取得的职权，这样的贵族政府是可取的，其政府运作卓有成效。而后一种则是可悲的，整体享有由每一个不同权力和职能部分构成的权力，每个贵族则忙于自己的采邑，最后导致国家衰败。参见《休谟政治论文选》，第7页。

然给予了特别的重视，他认为民主是必不可少的一种政体要素，人民及其选举他们的代表参与政府组织，这是其基本权利，也是英国的政治传统，它们构成了英国混合政体的一个重要部分。不过，相对来说，休谟更看重共和制在英国政体中的作用，他多次指出了共和制对于英国君主制的制约作用，他写道："我们政府的共和制部分能够持续抵制君权"，①"英国政府虽然与君主制混合，但共和制部分居于优势；为了保存自己，它不能不对行政官员保持戒备、猜忌，排除一切专断之权，并以通用而又固定的法律，保障人人生命财产的安全。"② 实际上所谓共和制，指的是少数人的和多数人的统治，其中就包含了民主制，而且民主制还占据着重要的地位，对此，斯密的解释有助于我们对于休谟思想的理解，他说政体适当地分为君主制、贵族制和民主制三种，"后两者叫做共和政治，因此政体可分为君主和共和两种"。③ 由此可见，休谟所说的英国的混合政体，意指君主制与共和制的混合，具体说是君主制与贵族制和民主制的混合。

说起来，休谟虽然赞同民主制的成分，但对于单一民主制的政体，尤其所谓的直接民主制，他却持不信任的反对态度，在这一点上他基本上延续了亚里斯多德和孟德斯鸠等人的观点，认为这种民主制存在着很大的弊端。

　　罗马共和国的政治体制将整个立法权授与人民，贵族或执政官均无反对之权。这种无限的权力由人民集体享有而不是由一个代表机构享有。其结果是：后来人民由于兴旺发达和对外

① 休谟：《休谟政治论文选》，第4页。
② 休谟：《休谟政治论文选》，第3页。
③《亚当·斯密关于法律、警察、岁入及军备的演讲》，第40页。

征服，人丁繁衍，扩散到离首都很远的地方。这样一来，几乎一切选举表决都由城市居民行使，尽管他们是最令人看不起的。他们因而受到每一欺世盗名之徒的哄骗。他们享受普遍配给的谷物，几乎从每个候选人那里接受特殊贿赂，过着闲散的生活。他们因此日益放纵，而马梯耳斯广场成了经常发生骚乱和暴力的场所。后来这些无赖市民中又引进了武装奴隶，整个政府因而陷于无政府状态，而罗马人当时所能寻求的最大幸福，就是凯撒式的专制权力，这就是没有代议制的民主产生的恶果。①

为什么休谟对于民主政体产生如此的看法？有理论与现实两个方面的原因。从理论上看，直至休谟那个时代之前的主流政治学思想对于民主制基本都持否定的态度，民主或民主制说到底是现代的产物，古代的直接民主制与近代以来的民主代议制存在着本质的差别。亚里士多德认为在民主制那里，进行统治的是人民，而不是法律；因为一切都由多数投票决定，而不是由法律决定；人民拥有国王的权力进行统治；他们至高无上，不是作为个体，而是作为集体。休谟基本上同意亚里士多德的观点，针对英国当时的社会情况，他认为由广大的人民直接参与治理社会往往是非常危险的，因为在人民中间很难有共同一致的审慎的选择，众多的利益难以协调在一起。人民总是爱走极端，将政府的统治权力完全交给人民，其结果最终

① 休谟：《休谟政治论文选》，第 7 页。另，休谟写道："雅典的民主政治是一个极为混乱的政体，我们从现代世界的概念很难想象。每条法律都由全体人民表决通过，表决权不受财产限制，没有地位的区别，也不受行政长官或议事会的监督，当然也就谈不上什么秩序、公道和慎重了。""民主制总是骚动不安的。不管人民在表决或选举时分成许多部分，他们在一城的邻近居住总是使民众的力量成为最易感受的潮流。""一万人的集体甚大，既难联合，亦难分裂，除非他们聚集一起受到怀有野心的领袖的诱导。"《休谟政治论文选》，第 111、170、167 页。

会导致暴政，这一点已被历史加以证明。列维斯顿指出：

> 休谟原则上并不反对民主，他的共同生活与道德情感的哲学也不可能将其排除出去。但是，至少在一个德性的公民世界，民主才是可以接受的，民主必须得到美德的'提纯'，而这正是休谟的理想共和国所致力于建设的。①

由此可见，休谟对于单一的任何一种体制，君主制、贵族制尤其是民主制，都是不信任的，它们都有各自的弊端，甚至隐藏着重大的危险，休谟赞赏的是三种体制的良好的混合，在他看来，混合政体是温和的、良好的、节制的、有效的，是既有权威又有自由的政体。他一再指出：

> 一般被称为自由的政府即是允许其中若干成员分享权力的政府；他们的权威联合起来不比任何君主小，通常或许还更大些。但他们在其日常治理程序中，必须同等遵守一般的法律；这些法律，政府所有成员及其臣民事先都知晓的。在这个意义上，必须承认自由乃是文明社会的完善化；但仍必须承认权威乃其生存之必需。因此，在二者之间经常发生的争斗中，后者可以博取优先。或者，我们可以说，权威这种为文明社会之生存所必需的事物，必须经常自维生存，较之自由，更需要人们多加维护，少怀嫉妒；自由这一事物仅致力于本身的完善，而

① D. W. Livingston, Philosophical Melancholy and Delirium, Hume's Pathology of Philosophy, p. 214.

人们由于疏懒，或由于无知，常易忽视它。[1]

综上所述，我们看到，在休谟有关英国混合政体的理论中，无论三种体制如何相互制约与支持，它们的良好合作，它们之所以保证了英国人民的自由，其最为根本性的原因，休谟认为不在统治者的个人品德、性格和爱好等个人因素。[2] 自由君主制的关键，在于法治，法律的统治，这是英国的政制传统，也是英国成为一个自由的国度的核心。休谟一再指出：

> 立法者不应将一个国家未来的政体完全寄托于机会，而应提供一种控制公共事物管理机构的法律体系，传之子孙万代，种何因必得何果，贤明的律令在任何共和国中都是足以留传后代最宝贵的遗产。在最小的法庭和机关中，人们发现，按照固定的形式和方法处理事物较能防止人性的自然蜕化。为什么公共事物不能照此办理呢？威尼斯政府历经许多仍然稳定贤明，

---

① 休谟：《休谟政治论文选》，第 26 页。另外在"论议会的独立性"一文中，休谟具体论述了混合政体不同因素相互之间的协调与制约的关系，认为它们是英国维护一个自由制度的关键，他写道："我们的体制分配给下议院的那份权力很大，使它可以绝对控制政府的其他一切部门。国王的立法权显然对它起不了正常的制约作用。因为国王虽然有权不公布法律，但这种权柄事实上作用很小。两院表决通过的一切，总是可以成为法令，王室的同意不过形式而已。国王的力量主要在于行政权，但在每个政府中行政权总是从属于立法。除此之外，我说，执行这种权力还需要巨大的费用，而下议院业已独享批款之权。因此，如果下议院要从国王那里一个又一个地夺取他所有的权力，真是太容易了：他们只要在每次批拨经费时提出附加条件，并且选定恰当时机，使得拒绝批拨款项只能使政府为难而又不会让外部势力压倒我们不就行了吗？如果下议院同样依赖国王，而有些议员除了国王的赐予之外别无财产，国王难道不也能控制他们的一切决议而从此成为专制者吗？至于上议院，他们是王权的有力支柱，在他们反过来受到王权支持时，他们一直是如此。经验和理性都表明：没有这种相互支持，它们彼此都无足够力量或权威单独存在下去。"《休谟政治论文选》，第 28—29 页。
② 在"谈政治学可以析解为科学"的开篇，休谟首先讨论的便是这个问题。

除了由于其政府形式好，还能归之于别的什么原因呢？雅典和罗马政府之所以动荡不安，最后这两个有名的共和国竟然覆亡，其根源实在于原有体制存在这些缺陷，这难道不易指明吗？这种事情很少决定于特定人物的脾性和教养，故同一共和国由同一些人治理，结果可能这一部分管得好而另一部分管得差，而这仅只是由于管理这些部分的政府体制和机构有所不同。①

在休谟看来，法律乃是一个重要的统治工具，是英国政治特有的有别于大陆国家的良好的技艺，国王也要受到法律的约束，这是自由君主制的特性。"法定的权力，即便很大，总是有限度的。这就限制了享权之人的希冀和奢望。法律必然会提供限制滥用权力的补救办法。"② 法律既可以防止掌权者的专制，也可以防止公民对于权利的滥用，就这一点上休谟特别列举了新闻自由，他说正是因为新闻自由，使得政府和国王的权力受到了限制，他们不能够任意地胡作非为，但是新闻自由也是有界限的，无限的新闻自由也会导致混乱。

在有关自由的问题上，我们发现休谟与孟德斯鸠的思想有很多一致之处。孟德斯鸠提出了一个著名的观点，即自由是法律意义上的自由：

> 在一个有法律的社会里，自由仅仅是：一个人能够做他应

---

① 休谟：《休谟政治论文选》，第 13—14 页。
② 休谟：《休谟政治论文选》，第 34 页。列维斯顿指出："总之，对于休谟来说，自由的首要意义是法治：行为不受统治者专横意志的强制。自由的其他两个含义，即摆脱外部限制的自由与自由政府，是从属于作为法治的自由的。" D. W. Livingston, Philosophical Melancholy and Delirium, Hume's Pathology of Philosophy, p. 184.

该做的事情，而不被强迫去做他不应该做的事情。我们应该记住什么是"独立"，什么是"自由"。自由是做法律所许可的一切事情的权利；如果一个公民能够做法律所禁止的事情，他就不再有自由了，因为其他的人也同样会有这个权利。①

休谟赞同这一观点，认为自由不是指人的自由意志，不是随心所欲地做自己想做的任何事情，人是一个社会政治的存在物，在社会之中，人的自由是以不损害他人为前提的，是建立在与社会共同体的公共关系之上的，但是如何界定人的行为是否损害了他人，是否构成了对社会共同利益的侵犯，在此只能依靠法律，法律是区分你与我的界限的标准，是一种构成社会规则的体系，所以自由必须是在法律许可的范围内实现自己权利的行为。不过相比之下，在休谟的政治思想中，谈及个人自由的并不很多，他与洛克不同，洛克十分强调个人的自由权利，而对于休谟来说，自由更多地体现为一种政治制度。② 因此，在他的著作中自由往往与政体相关联，自由政体、自由制度是他强调的一种自由形态，而在有关公民个人方面，在个人与国家的关系方面，他更多的是强调政府的权威与公民的服从。在他看来，只要有一种自由的政体，那么个人的自由也就自然地能够得到保障，因此他对于自由的理解往往是一种政体制度意义上的理解，更多的是一种自由的政体理论而非自由的个人理论。

　　法治确保了英国的自由，所以，休谟认为英国的混合政体从根

---

① 孟德斯鸠：《论法的精神》，上，第154页。
② 斯密也是如此，他的理论也是强调英国的自由政体的制度意义，多次指出英国的制度是"伟大的政治制度"，是"合理的自由制度"，"英国法是自由的朋友"。分别见《道德情操论》，第231、69页，和《亚当·斯密关于法律、警察、岁入及军备的演讲》，第75页。

本性上说，是一个法治的政体，而不是人治的政体，即便它的君主制成分占据重要地位，但确保它不致沦落为野蛮君主制的关键在于法治，更具体地说在于宪制，因此，英国的混合政体又可以称之为君主立宪政体，它的自由的本性在于宪政。宪政是英国古老的政治传统，正像柏克所指出的：

> 我国宪法的精神，以及那个将宪法的精神保存至今的、并在伟大时期发挥过主导作用的政策，那么请你到我们的历史、档案、议会的法案和日志中去查找……我们最古老的改革，是《大宪章》改革。你会看到，爱德华·科克爵士，那位我国法律的伟大代言人，以及所有追随他的杰出人物，直到布拉克斯通，确实都孜孜以求证实我们的自由传统。他们力图证明，那个古老的宪章，约翰国王的《大宪章》，是与另一个实在的、来自亨利一世的宪章相联系的，这两个宪章都不过是重申了王国中始终如一的更古老的法律。[①]

在此有必要谈一下英国历史上的两次著名的争论，一次是 1608 年在汉普顿法院大法官科克与詹姆士一世国王的争议，科克的那句"国王在万人之上，但却是在上帝与法律之下"的名言，显然道出了英国政治传统的精髓，对于英美宪政的持久影响无须多说。另外一次便是霍布斯在《利维坦》一书中对于科克的批判，他认为："构成法律的便不是法官的慎虑或低级法官的智慧，而是我们这位人造的

---

① 参见柏克：《自由与传统》，蒋庆等译，商务印书馆 2001 年版，第 33、34 页。

人——国家的理性与命令。"① 据此他指责科克的有关法律基于观察与经验的技艺理性的观点。显然，在这两次争议中休谟是站在科克一边的，在他看来，所谓君主立宪制，即通过宪法、宪章以及习俗、惯例等，约束君主的权力，使统治者遵循法律、惯例等规则治理国家。

休谟盛赞英国自由制度的价值，英国社会固然得益于法律制度对于自由的保障，除此之外还有另外一个因素，那就是商品经济与科学技术的发展与繁荣，这一点是休谟考察英国的政体所格外强调的。休谟等古典自由主义的理论家们，大多强调经济和技艺对于维护一个自由的政治体制所起到的关键作用，强调它们对于抵制专制政府所具有的积极意义，休谟写道：

> 技艺进步对自由是相当有利的，它具有维护（如果不是产生的话）自由政府的天然趋势。在那些轻视百工技艺的未开化国度里，全部劳动都用在耕作方面；整个社会划分为两个等级——土地所有者及其奴隶或佃户。后者必然寄人篱下，与奴隶制相适应，处于被统治地位；尤其是，由于他们没有财产，他们的农业知识也就不为重视，其结果必然形成轻视百工技艺。②

经济和商品贸易改变了社会的结构，英国市民社会的形成与稳固与之有着密切的共生关系。

---

① 霍布斯：《利维坦》，第 210 页。
② 《休谟经济论文选》，第 25 页。

只要讲究享受哺育了商业和工业，农民耕种得法，就会富裕和独立起来，与此同时，手艺人和商人都挣了一笔财产，赢得了第二流人物的势力和声望。这第二流人物正是自由社会最优秀最坚定的基础，他们既不肯像农民那样，由于经济上的贫困和精神上的自卑，而屈服于奴隶制统治的淫威；也不希望像贵族那样，骑在别人头上作威作福；既然如此，当然也不打算像贵族那样，拜倒在君主脚下，匍匐称臣。他们渴望人人平等的法律，以保障自己的财产不受君主以及贵族暴政的侵犯。下议院乃是英国民选政府的支柱。举世公认，下议院的势力和威望基本上要归功于商业的发展，正是这种发展使得这么多财富落入平民之手。既然如此，对技艺改进横加指责，把它看作是自由和共和精神的死对头，岂不自相矛盾！[1]

前面谈到了经济发展与技艺进步对于一个自由的法治国家的促进作用，同样反过来说，休谟也认为一个自由的法治的政府对于经济和商业的推进作用也是很大的，英国社会之所以能够导致如此的经济发展，科学繁荣，贸易发达，其中一个关键的因素在于它是一个法治的国家，是一个财产权得到保障，商业规则得到遵守，个人利益能够在法律的范围内获取最大化追求的政体。我们看到，经济秩序也是休谟关注的一个重要问题，他的社会政治理论的一个要点便是英国自由君主制下的自由经济，即一个自由的市民社会的商贸社会，可以说在休谟笔下，经济社会与政治社会是叠合在一起的这就是近代以来的市民社会，特别是英国的市民社会，它是休谟政体

---

[1]《休谟经济论文选》，第 25 页。

理论的社会基础。

　　总之，对于英国的自由君主制，休谟基本是推崇的和肯定的，根据英国革命之后的政治情况，面对托利与辉格两党在英国选择何种政体的争论，休谟看到"长期以来以某种势头涌向民政政体一边的潮流，正在开始转向君主制"。[①] 他主张在现实中采取君主立宪制，他说我们应该接受英国的君主制，这样才能够防止更大的灾难和混乱发生，他认为只要基于法治，就可以防止君主走向专制。"这样看来，如果由于当前迫近的危险来自君主制，我们有理由对它更为戒备，我们同时也有理由提防建立民众政府，因为那种危险更为可怕。这种情况可以教育我们在一切政治争论中保持审慎。"[②]


　　2. 专制君主制


　　休谟认为，从形态上说"法国是纯粹君主制最完善的典范"，[③] 从本性上说，是少许自由与君主制的结合，因此，法国的君主制是一种专制君主制，但不是绝对专制的君主制，而是有限专制，与英国的自由君主制一样属于文明政体。斯图亚特指出：


　　　　在近代的绝对君主制与市民自由之间并非不相容。因此，一个近代的绝对君主制致使如下的事情成为可能：君主作为一个统一的力量超越于各种利益之上；这样他的统治是一种法律的统治。休谟首先举出的例子便是法国，与一些英国人的夸夸

---

① 休谟：《休谟政治论文选》，第 36 页。
② 休谟：《休谟政治论文选》，第 37 页。
③ 休谟：《休谟政治论文选》，第 59 页。

其谈相反，法国人民并不是可怜的奴隶。①

法国的君主制是 14 世纪以来在法兰西形成的波旁王朝的统治，几代法国君主在统治中逐渐强化他们的权力，至路易十四达到了顶点，并最终导致了路易十六被送上断头台。法国的君主制，不必多说首先是一种专制性的统治，国王完全专断地统治国家，他是政体结构中的权力中枢，他的意志便是最高的法律，膝下是一个完全听命于他的枢密院，大臣们不过是国王的家奴，他们治理着整个法国。在法国贵族与主教们构成了第二等级，他们虽有一定的权力和独立性，但总的来说是依附于国王的。而由商人、市民阶级以及广大农民则构成了下层社会，即第三等级。在当时的法国，经济虽然仍很发达，文化繁荣，但政治却是落后的，旧制度的非正义性导致了以第三等级为代表的下层人民的不满与反抗，并最终酝酿了大革命的爆发。

休谟与斯密等苏格兰思想家不同，对于法国是情有独钟的，他的《人性论》的大部分内容就写作于法国，虽说他对于法国文化心向往之，但他对于法国政制的认识，仍不苟同于与他交谊颇厚的法国启蒙思想家们。休谟认为伏尔泰、拉美特利、狄德罗，乃至卢梭等人对于法国政制的批判，实在是过了头，把它等同于野蛮政体了。休谟尽管认识到专制政体的危害，并且也不赞同专制统治，但他又

---

① Stewart, The Moral and Political Philosophy of David Hume, Princeton University Press 1992, p. 236. 斯图亚特看到了法国的君主专制与野蛮的君主专制的区别，指出它是"文明化的，可以接受的"。但是，问题在于他由于没有在理论上阐释清楚两者之间的区别究竟是什么，仍然统称之为"绝对的君主制"，因此带来了些许混乱。如果我们在专制的程度上做了区分，一种是绝对的野蛮的君主制，另一种是有限的君主专制，则问题就易于解决了。

认为法国启蒙思想对于专制主义的批判出现了偏差，从某种意义上说是走向了另外一个极端。他们没有看到法国的专制制度毕竟不同于东方的绝对专制的统治，把法国君主制与绝对的野蛮专制混为一谈，显然是不符合实际的。在休谟看来，尽管法国的君主专制是非常突出的，甚至在某个时期接近于野蛮，但总的来说，它们之间仍有根本性的区别，法国的专制政体仍然是一种文明政体。他写道：

> 在文明化的君主国中，只有国君实施其权威不受约束，唯独他拥有不受任何限制的权力，除了风俗、先例和自我利益意识之外，不受任何别的限制。而每个大臣和地方官吏，不论地位如何显赫，都须遵循治理整个社会的一般法律，按照规定方式实施委托给他代行的职权。人民仅依靠君主保障自己财产而不依靠别人。君主离人民甚远，对他们没有什么个人嫉妒或利害冲突，因而这种信赖几乎不为人所察觉。于是产生了一种政府，用政治高调来说，仍可以称之为专制政府，但它在公正谨慎的治理之下，却可向人民提供基本的安全，实现政治社会的多数目标。[①]

休谟认为，法国的专制君主制所以区别于野蛮的君主制，首要一点在于它仍然存在着一些有限的法治。

> 一个建立于野蛮民族中的纯粹专制制度决不可能依靠本身力量，实现文明化。它必须借鉴自由国家的法律、方法和体制，

---

[①] 休谟：《休谟政治论文选》，第 74 页。

以建立它自己的稳定和秩序。只有共和制能够产生这些好处。全面独裁的野蛮君主国，其政府的每个具体机构及其主要管理方法永远阻遏实现这类改进。[1]

法国显然不属于这样的野蛮专制，为此，休谟在谈到马基雅维里评论亚历山大帝的征服时，特别指出了两种君主的治理方式隐含地佐证了他的观点。

> 他可以或者遵照东方君主的准则，极力扩展自己的权威，使得臣民之中没有什么尊卑上下之别，一切政令出于君主本人，门第出身不起什么作用，荣耀和财产不能世袭，总之，除了君主的委任和赐与，臣民别无其他荣誉声望可言。另外，他也可像欧洲的君王一样，以较温和的方式行使其权力；除了他本人的宠信恩赐之外，人们还有获得荣誉的其他来源，诸如出身、爵位、财产、勇敢、诚实、知识、或伟大、应时之成就。[2]

显然，法国的君主制属于后一种方式，在休谟看来，法国的君主权力虽然是专断的，但并不是绝对不受制约的，法国的君主专制仍然为臣民带来了安全，保护财产，并且依照一定的法律治理国家。尽管这种法律完全是君主自己制定出来的，但仍然是一种法律，而且受到了荣誉、传统、品德、贵族等多种因素的制约。孟德斯鸠曾谈到君主制的原则是荣誉，法国的君主历来把荣誉看得很重，为了

---

① 休谟：《休谟政治论文选》，第 74 页。
② 休谟：《休谟政治论文选》，第 11—12 页。

保持君主的尊贵、威严和恢弘气派等，尽管他们每每断于主观意志，但维持整个君主制的荣誉原则，仍然构成了对其权力的限制，相比之下，东方的绝对专制显然是不讲荣誉的，他们讲的是恐惧。对此，休谟认为这是文明使然，无论是英国的君主制还是法国的君主制，它们作为文明的体制，其自身就蕴涵着吸收法治的因子，它们的差别只是法治程度的多少而已。休谟指出：

> 尽管安全和幸福之源的法律在任何国家中出现较迟，然而它是秩序和自由的缓慢成果，保持法律并不像产生法律那么困难。它一旦落地生根，就能经耐寒暑，不会因培育不善或气候严酷而死亡。……创始于自由之邦的各种治理艺术在这种君主国中保留下来对君主与臣民均甚有利，有利于双方的安全。①

这一情况对于英国和对于法国同样如此，法国的君主制虽然比英国要专制一些，但法律的因子并没有断绝，这也是它不失为一种文明政体的原因所在。

休谟感兴趣的并不是揭露法国的专制，这是他与法国思想家们所不同的，也许是缺乏切身的体会，他无意于抨击法国君主制的暴政，而是更关注于法国与英国在文明事业上的不同，特别是法国君主制在文明上的贡献。这一点是休谟在多篇文章中着重考察与渲染的，他认为法国君主制在文学、艺术和风俗时尚等方面起到了极大的推动作用，对于欧洲文明的贡献是卓有成效的，无人可比的。法国的君主制是专制的，但又是文明的，它创造了最繁荣的文化，这

---

① 休谟：《休谟政治论文选》，第 73—74 页。

是其他任何政体从来都没有出现过的。

> 学术在专制政府下繁荣的最突出的例子是法国，那里几乎从未享有法定的自由，但艺术和科学发展得近乎完善，不逊于任何国家。英国人也许是伟大的哲学家，意大利人是更好的画家和音乐家，罗马人是更伟大的演说家，但只有法国人是除希腊人以外唯一的同时是哲学家、诗人、演说家、历史学家、画家、建筑家、雕刻家和音乐家的人民。至于舞台艺术，他们甚至超越了希腊人，而希腊人则远远超过了英国人。而且在日常生活中，他们还在很大程度上完善了各种最有用、最悦人的生活艺术，即社交和谈话的艺术。①

为什么会出现这样的情况呢？休谟探讨了其中的原因，认为关键在于政体机制上的差异。让我们先来看相同的方面。法国与英国一样都属于文明社会，具有一个文明政体，尽管它们在专制程度上有很大的差别，但都享有一定的自由，都与野蛮专制有着根本性的差别。休谟认为这一共同之处是十分重要的，它们是学术、科学、艺术，乃至商业社会的制度基础。"一切艺术与科学都兴起于自由之邦"，"科学与艺术只有在自由政府下才能繁荣昌盛"。②

> 那些奢华的艺术，特别是高雅的文艺，其发展却取决于高雅的爱好或高雅的情致，它们易于消亡，因为它们总是仅为少

---

① 休谟：《休谟政治论文选》，第 56 页。
② 休谟：《休谟政治论文选》，第 54、55 页。

数有闲暇、有资产、有天才、适于这种娱乐的人们所欣赏。但对每个人在一般生活中普遍有利的东西，一旦被人发现，则不可能被人遗忘，除非整个社会遭到武装颠覆，而且是遭受野蛮侵略者的疯狂洗劫，以致从前的艺术和文明全被湮没遗忘。模仿也易于将这些较为粗糙和更为有益的艺术从此一地带传至另一地带，使之在发展中走在一些高雅艺术的前头，尽管最初它们的产生和传播都在那些艺术之后。文明君主国家即是这样出现的。[①]

相比之下，休谟更关注两个国家在文明表现上的不同。由于毕竟是两种君主制，英国和法国在文明的一些表现形态上显然又有所差异，而且是各有优劣，为此，休谟在"谈艺术与科学的起源与发展"、"论技艺的日新月异"等文章中重点比较分析了英国和法国两种政体导致两个国家在科学、艺术与商贸等方面的不同。

第一，通过比较，休谟提出了一个著名的观点，即关于艺术和科学的产生与进步问题，"虽然自由国家是唯一适合于这些高贵植物生长的苗圃，但它们可以移植于任何国家，共和国最有利于科学的成长，而文明君主国则最适合于优雅艺术的成长"。[②] 之所以产生这样的情况，休谟认为在于不同的机制。虽然在两类国家中，都存在着足以激发人们的野心和贪欲的荣誉和利益，但在共和国，或者说在英国那样的包含了共和制因素的混合制国家，追求它们的人士必须"两眼向下"，争取民众的支持，获得他们的认可，所以这就要求

---

① 休谟：《休谟政治论文选》，第 74 页。
② 休谟：《休谟政治论文选》，第 72—73 页。

自己成为有用之人，依靠自己的勤勉、能力或知识，谋求职位，获得成功；而在法国那样的君主国，进取之士则必须"两眼向上"，祈求大人物的恩宠，这就要求他善于取悦于人，依靠自己的机智、殷勤和彬彬有礼。所以，"最杰出的天才在共和国中最易取得成功，文雅的风度则使人易于在君主国中飞黄腾达。结果是：科学较自然地在共和国中生长，而高雅的艺术则较自然地在君主国中出现"。[①]

第二，关于经济与商业繁荣，休谟也提出了自己的观点，他同意商业只有在自由政府下才能兴旺发达的看法，反对那种认为专制君主国家可以取得商贸繁荣的观点。"我要断言：不管法国人怎样努力，但仍存在着一些损害商业的因素，这些因素产生于专制政府的性质，与之不可分割。"[②] 因为在专制国家，商业所以发达不起来，是由于经商的人感到不够体面，没有什么地位，在那里等级隶属关系占据主导，出身、称号和地位比产业和财富更为光荣，所以，受上述观念的影响，所有的巨商都会受到诱惑，抛弃商业，买取带有荣誉和特权的头衔。英国的情况与此相反，市民阶层组成了与贵族相抗衡的第二流人物，他们是自由社会最优秀最坚定的基础，赢得了自己的势力和声望。在经济上他们独立于上层社会，也不打算像贵族那样，匍匐于君主脚下，在政治上，他们支持法治，渴望人人平等的法律，主要由他们构成的下议院乃是英国民选政府的支柱。

总之，通过上述分析，休谟为我们描述了一个专制的文明君主国的基本形态，区别于英国在自由制度上对于人类文明的贡献，法国的贡献主要体现在文化艺术等精神文明方面。

---

① 休谟：《休谟政治论文选》，第 75 页。
② 休谟：《休谟政治论文选》，第 57 页。

### 3. 理想共和制

休谟的政体论是深刻的，也是复杂的。究竟休谟主张什么样的政体，这是一个很难回答的问题，因为这涉及现实与理想两个不同的层次。前面我们分析了多种政体制度，我们只能说就现实的方面看，休谟认为自由君主制是当时他所处的英国社会最可行的一种值得推崇的政体，为此他给予了认真细致的分析研究并多有肯定，而对于那些盲目指责君主复辟的激进改革主义多有批评，这也是休谟被视为保守主义的一个主要原因。

尽管，从内心深处或者说从理想状态来说，休谟是一个共和主义者，但是，作为一个务实的历史学家和政治思想家，他对于政治事物的考虑并不是完全从理论中来的，而是从经验中来的。他看到了英国政治文化的一个重要特征在于它有着丰厚的传统，而尊重传统是英国政治的一个重要法则，英国传统中的王制及其尊严和权威在近千年的演变中已经与英国社会、英国人民息息相关。因此，休谟认为立宪君主制比单纯理想中的共和制更符合英国的现实与传统，为此他写道：

> 英国的政体究竟以民众政体告终为佳，还是以君主专制政体告终为佳？在此，我愿坦率宣称：几乎在所有情况下，虽然自由均较奴役可取，我却宁愿看到这个岛上存在一个君主专制政体而不是存在一个共和政体。我们不妨考虑一下自己究竟期望何种共和政体，理由何在？这个问题涉及的不是坐在斗室中设计的一种美好的想象出来的共和政体。毫无疑问，一种民众

的政体想象出来会比君主专制政体更为完善，甚至比我们现在的体制更为完美。但是我们有什么理由期望这样一种政体会在我们英国原有君主制瓦解的基础上建立起来呢？[1]

但这并不等于休谟就认为英国的自由君主制是他理想中的最好的政体，休谟认为，君主制也有它们的不足，甚至是重大的缺陷，这种政体最大的毛病在于统治者的权力。

> 在君主制政体下，法律并不是这种政体的必然产物。专制君主制度本身包含着某些排斥法律的东西。只有巨大的智慧和深入的思考才能使它们协调一致。但在人类理性达到较大的完善和提高之前，也就不可能达到这种巨大智慧和深入思考的程度。[2]

即便是英国的法治的自由政体，也难免不尽如人意。休谟主张君主政体，并不是因为其尽善尽美，而是因为其符合实际，英国人民已经习惯了国王的统治，并且给予他持久的尊重。但是正像休谟所指出的，任何事情都是有利有弊，有产生也有终结，英国革命从某种意义上来说，就是对于传统君主制的一种变化，然而现实的奇妙之处在于虽然经历了巨大的动荡，君主制也在一个时间之内被推翻，可英国人民并没有因此创造出一个崭新的政体，并且接受它，而是在经过了一系列变动之后，最终仍然接受了英国君主

---

① 休谟：《休谟政治论文选》，第 36 页。
② 休谟：《休谟政治论文选》，第 68 页。

的复辟。不过，经过革命的洗礼之后，这个新的君主政体实质上已经发生了变化，它接受了宪政的制度，承袭了革命的成果。因此，关键的问题已不在于是否取消君主这样一个称号，而在于如何统治。民主制也可能是一种专制，这种专制也许比君主专制更可怕，这一点法国就是一个最好的例子，当然休谟并没有亲眼看到法国大革命，不过休谟在他的文章中却天才地预见到了未来大革命的可怕灾难。他写道：

> 假若任何个人竟能获得足够的权力来粉碎我们现有的体制并建立一种新的政体，他实际上已是一个专制君主了。我们已经有过这种前车之鉴，它足以使我们相信，这样的人绝不会放弃他的权力，或建立任何一种自由的政体。①

什么是休谟理想中的最好的政体制度呢？曰共和制。可以说，对于共和制休谟从来没有放弃过研究与探讨，有关共和制的思考一直是他的政治论文中的一个未曾间断的主题。在那篇著名的"关于理想共和国的设想"的文章中，休谟首先指出，政府体制与其他人类事物有着重大的不同，其他事物的发明创造可以反复实验，最后寻找到一种较理想的结果，或者尽管结果不一定成功，却也从中吸取到了有益的教训。但是，政体的设计与创造却是非同小可的一件大事，人们不能够进行试验，而且它往往产生于历史上一些偶然的机遇，此外还有另外一个因素，即政体一旦建立起来，就成为一个重要的事实，具有了自己的权威，而人民往往习惯于推崇这种权威，

---

① 休谟：《休谟政治论文选》，第 36 页。

对此尊敬和服从。人类政治事物的不可试验性以及人的基于习惯的服从是休谟考虑问题的一个前提，但尽管如此，休谟又认为不妨从哲学上探讨一下究竟何种政体是最为完美的政体：

> 谁知道将来某个时代不会有机会将此理论付诸实践呢？这种实践既可能是解散某些旧有的政府，也可能是在世界某个遥远的地方将人们组织起来，建立一个全新的政府。在一切情况下，了解一下哪种政体最为完美，使得我们只需通过温和的改变和革新便能将现有的一些政治结构或体制变得与之甚为近似而又不致引起过大的社会动荡，这毕竟是有益无害的事。①

我们知道，共和制是人类历史中一种古老的政制形式，早在人类社会的早期，东西方皆已出现。据历史记载，中国的古代社会就有相当长的一段共和制度，至于古希腊和罗马社会，共和制一直是它们的一种主导性的政制形态，对此亚里士多德曾有论述，认为以中产阶级为主体的共和政体是"最适合于一般城邦而又易于实行的政体"。②休谟显然对于希腊的共和制有过深入的研究，相当熟悉古代政治学家对于古代共和制的褒贬论议。一般说来，在西方政治理论中共和政体就其形态上来说又分为古典的与近代的两种类型。古典政治学的共和制主要是根据古希腊、罗马的城邦国家而形成的一种政体论，当时的希腊存在着各种各样的城邦国家，它们的面积都不大，人口也有限，采取的政体大多是共和国，有贵族共和国，也

---

① 休谟：《休谟政治论文选》，第 158 页。
② 亚里士多德：《政治学》，第 178 页。

有民主共和国。仔细翻阅休谟的著作，我们可以发现，古典的城邦共和制是休谟共和理论的一个来源，他在文章中多处使用了他有关古代共和制的研究，得出了一些重要的结论，如认为"酷爱自由必然产生共和精神，特别是在小的城邦国家里；而每当社会几乎长期处于戒备状态，人们时刻听命于征召，准备为保卫祖国而赴汤蹈火时，这种共和精神、这种对祖国之爱必然有增无已"。①

　　不过，必须指出的是，古代的共和制存在着一个重大的有别于近代政体的特征，那就是以奴隶制为前提，可以说，当时的政体无论采取何种形式，都是建立在大量的奴隶从事生产和劳动的基础上的，对此，古代的理论家们并不认为有什么可争议的，其正义性并没有受到质询，所以古代的政体理论基本上是在一个城邦国家的框架内来谈论的，并不具有普世性。近代以来情况就不同了，文艺复兴之后在意大利乃至欧洲出现了各种各样的城市共和国或城市联盟的联邦制共和国，但是这类共和政体的社会经济基础与古代有了根本性的变化，在那里已没有古代的奴隶制作为物质财富的提供机制，因此，这类共和国具有了政治与经济两种制度性的意义。从某种意义来说，休谟对于古代的奴隶制是持批判态度的，他不但从道义上反对古代的奴隶制，而且也认为建立在奴隶制基础上的古代共和制，其效率也是低下的，远比不过近代以来的雇佣劳动制。"总的来说，奴隶制对于人类的幸福和人口的增加，都是有百弊而无一利的，用

---

① 《休谟经济论文选》，第 8 页。"小国政府自然转向共和制，大国政府可以逐渐习惯于专制与暴虐"，《休谟政治论文选》，第 69 页。此外，休谟还有一些研究成果，如："共和国最有利于科学的成长，而文明君主国则最适合于优雅艺术的成长。"《休谟经济论文选》，第 73 页。

雇佣仆役制来取代它要好得多。"① 斯图亚特指出：

> 无论如何，休谟发展了他的个人主义的普遍性原则：经济活动不应该受到社团的、民族的、宗教的、种族的限制。假定他的'个体性'概念适用于所有的个人，他必定反对那个作为古代共和制经济基础的奴隶制。②
>
> 亚里士多德与休谟两个人都赞成共和制，他们的不同在于，亚里士多德主张小的、生活简朴的农业共和国，休谟则倾向于大的商业共和国，那里的市民从事于手工业、科学的农业与贸易。③

所以，休谟的共和制理论来源，更主要的是来自近代的非奴隶制的城市共和国。近代的一些共和国，由于取消了奴隶制，因此国家的制度结构就与古代有所不同，生产、劳动和商品交换等在社会生活中便占据了重要的位置，休谟认为，近代国家是建立在商业发展和贸易发达的基础之上的，特别是苏黎世、尼德兰、荷兰、瑞士等一些小的共和制国家，它们大多是以商业、贸易支撑起来的商业共和国。关于商业与贸易，古代城邦国家虽也大量存在，但与近代的商业贸易是有重大区别的，近代的商业贸易以及由此形成的一个重要的商人群体和手工业劳动者，他们在城市共和国中占有着重要

---

① 《休谟经济论文选》，第107页。在有关奴隶制问题上，斯密与休谟的思想大体一致，他认为使用奴隶的经济效益并不佳，甚至得出了一个普遍的结论，奴隶在专制政治下比在自由政治下有更好的待遇，这是因为自由制下的奴隶主追求经济效益最大化使然。参见斯密：《国民财富的性质和原因的研究》，下卷，第158页。
② Stewart, The Moral and Political Philosophy of David Hume, p.301.
③ Stewart, The Moral and Political Philosophy of David Hume, p.297.

的地位，构成了所谓市民社会的主体，在城市共和国中，由于农业不再占有重要地位，所以既没有绝对的君主势力，也没有分封制的贵族和大量的农民，可以说在那里已经改变的贵族和商人阶级、手工业阶层，他们影响乃至决定着共和国的政体形式。① 从某种意义上来说，休谟的理想共和国吸收了近代城市共和国的诸多政制因素，蕴涵着一种把城市共和国的政体模式与君主国家广阔地域的治理技艺结合在一起的企图，这一点对于我们理解休谟的思想是至关重要的。他写道："小型共和国本身是世界上最幸福的政体，因为治理者对一切了如指掌，但它却可能被外部强大的武力征服。而我们现在设想的方案却兼有大小共和国的一切优点。"②

应该看到，英国当时的政治思想家中，也有人注意到这一有别于君主制的欧洲城市共和主义的传统，并引入英国，著名的哈林顿的就是一例，他的《大洋国》基本上是以共和制为政体架构的模式，此外，卢梭对于瑞士共和国的理想化描述，休谟想必也是知道的。休谟有关共和制的设想便是从对哈林顿的理论开始分析的，他指出：

> 一切假定人类生活方式要进行巨大变革的政府设计方案，显然都是幻想性的。柏拉图的《理想国》、托马斯·莫尔的《乌托邦》都属于这种性质。只有《大洋国》是迄今为止提供给公众的唯一有价值的共和国模型。不过，《大洋国》似有如下一些缺点：一、它运转不灵，因为它规定人们定期脱离公职，不问他们能力如何。二、它的土地所有制不切实际……。三、大洋

① 有关这方面的研究，参见 J. G. A. Pocock, Virtue, Commerce, and History, Combridge, 1985。
② 休谟：《休谟政论文选》，第 168 页。

国对自由不能提供充分保障，对冤屈不公不能充分纠正补救。[1]

休谟虽然一方面也赞同小型国家易为共和国的一般政治学原理，但他又深感政制的设计还需要审慎的创造勇气，因为他所处的国家并没有为他提供那样的现实条件，[2] 所以，另一方面他在文章中又大胆地提出了一个重要的思想，即在一个大国也存在着成功实行共和制的可能。我们看到，休谟所设计的理想共和国，其领土范围、人口、数量等显然要比传统的古代的城邦共和国和近代的城市共和国乃至城市联邦共和国大得多，它基本上是以英国这样一个在传统政治理论中视为只能采取君主制的大型国家为蓝本设计出来的，就此我们不难看出休谟与哈林顿一样都有一个浓厚的英国情结。他们的共和制思想都已经超越了以往的共和制理论，这是休谟与哈林顿一致的地方，所不同的是他克服了上述的哈林顿理论的三个缺陷，而构想出一个法治的而不是平等的共和国。因此，休谟不无自信地写道：

最后，我们将以考察一种普遍流传的谬误结束这个题目。

---

① 休谟：《休谟政治论文选》，第 158 页。
② 例如，休谟曾经不无羡慕地写道："在罗马人的势力崛兴以前，或者说在罗马进入全盛时期以前，构成古代史图卷的所有民族，都分裂成一个个的小邦或者较小的邦联。在那种情况下，财产自然是极为均等的，政治中心总是离国境线很近的。这种局面，不仅在希腊和意大利，而且在西班牙、高卢、日耳曼、阿非利加以及小亚细亚大部分地区，也都是如此。……要是人人都有一所小屋和一块土地，要是每个国家都有自己的首都，独立而自由，那是多么幸福的人间乐园啊！""我对这个问题的第二个看法是：没有什么东西能比许多由商业和政策联系在一起的、相邻而又独立的小国更有利于文明和学术的发展了。在这些相邻国家之间自然发生的竞争显然是产生进步的根源。不过我主要坚持的是，这类小国的有限领土限定了其权力和权威的发展"。《休谟经济论文选》，第 111 页，和《休谟政治论文选》，第 69 页。

许多人认为像法国或大不列颠这样的大国决不能塑造成为共和国，有人认为这种体制的政府只能产生于一个城市中或一个小国中。看来情况很可能与此相反。在幅员广阔的国家中建立一个共和政府虽然比在一个城市中建立一个这样的政府更为困难，但这样的政府一旦建立却更易于保持稳定和统一，不易发生混乱和分裂。[①]

那么如何使未来的理想共和国在英国这样的大型国家可行呢？为此，休谟在制度安排、组织结构、权力配置等方面都提出了有别于英法诸国传统以来的国家治理的新方案，从某种意义来说休谟的设想具有准宪法的性质。

首先，休谟为我们描述了一个大型国家的具有代议制性质的选区规模、程序设置以及权力运作模式。他把一个假设的类似于英国（含爱尔兰、苏格兰）国土与人口范围的共和国分成一百个郡，每个郡又分成一百个教区，这样加起来共有一万个教区，休谟让年收入达到 20 英镑的不动产的人和拥有 500 英镑财产的户主每年在教区教堂开会，投票选举郡的代表，并让他们开会从自己当中选举出十个治安官和一个参议员，这样整个共和国共有 100 个参议员，1000 个治安官[②]和 10000 个郡代表。休谟写道：让郡代表拥有全部共和国的立法权，由大多数郡决定问题，而且权利平等；让参议院拥有投票权，关于立法权方面的有关情况，如议案辩论，提交、审议与通过程序等，休谟皆有详细的规定。

---

① 《休谟政治论文选》，第 170 页。
② 休谟的原文中写的是 1100 个治安官，按照他所说的 100 郡各从郡代表中选 10 个治安官，全国应该是 1000 个治安官，所以，文中的 1100 个可能系笔误。

其次，关于行政权，休谟写道：参议员们在首都开会，并授予他们共和国的全部行政权。参议院通过复杂的投票方式，选举下列行政长官：护国公，代表共和国的高官，支持参议院工作；两个国务秘书；另外选出六个委员会，即国务委员会，宗教和学术委员会，贸易委员会，法制委员会，陆军委员会，海军委员会。所有这些人都必须是参议员。休谟对于六个委员会的职能分别做了明确规定，它们基本上包括了当时一个国家的行政管辖范围。此外值得注意的是，休谟在六个委员会之外还单独设立了一个竞选者委员会，它由选票仅次于当选参议员的竞选者组成，不执掌任何权力，只检查公共账目，并可向参议院控诉任何人，也可向参议院提出任何法案。

关于司法权，休谟写道：参议院享有上议院所拥有的全部审判权，可接受下级法庭的一切申诉，它任命大法官和所有司法官员。每个郡本身就像是一个共和国。郡代表可以制定地方法规，并拥有英国地方司法机关在治安审判、关押等等事务中的全部权力。

关于地方自治，休谟写道：治安官可任命各郡的所有财政税收官员，任命各教区的教区长和牧师。建立长老式管理机构。治安官可以审讯、免除或开除任何长老。治安官选举市长、郡长、市镇法院法官和城市的其它官员。

此外，休谟写道：国民军模仿瑞士模式建立。治安官任命所有上校及以下军官，参议院任命上校以上军官。郡内的所有犯罪案件均由郡官和陪审团审讯。非常情况下，护国公、国务秘书及国务委员会，加上参议院指定的人等，拥有专政之权，期限六个月。

共和国的代表、治安官或参议员均无薪资，护国公、国务秘书、委员会成员、大使等则有薪资。

上述内容是休谟有关共和国的基本制度架构。在设计了此方案之后，休谟紧跟着在文章中就有关条款内容及其所要解决的问题做了说明。第一，他认为就选区来说，为什么采取上述程序，由教区居民选郡代表，由郡代表选参议员，由参议院选举国家治理官员，是因为下层人民只善于判断周边的人士，不适合直接选任共和国的高级职务。此外，休谟并不主张所有的公民皆可参加选举，而是设立了一定的财产限制。① 上述种种，表现了休谟对于民主的不信任，和他思想上保守的一面，他在文章中引述了法国雷兹主教的话：众多人数的集会，毫无建树，不过是群氓而已。休谟对于民主的态度，一方面具有历史的局限性，另一方面也不无后人可借鉴之处。

第二，在有关立法权和行政权的权力分配方面，休谟认为，自由政府必须由两个机构组成，一个是较大的人民院或各郡代表大会，一个是较小的参议院。休谟赞同哈林顿的观点，没有参议院人民院就会欠缺明智，没有人民院参议院就会欠缺诚实。休谟认为人民代表大会的弊端在于开展辩论，嘈嚷不堪，毫无结果，且稍有风吹草动，便会动摇不定。所以，他不主张全体性的代表大会，而是将人民代表分为许多单独的群体，这样就可以安然进行辩论，议有所决。休谟认为参议院有两件事要防止：共谋和分裂。对此，他提出了三种补救办法，一是一年一度的（由有财产和教养的人）选举，二是授予他们的权力小，职位少，几乎一切职位由郡治安官授予，三是设立竞选者委员会。而对于防止成千的治安官的共谋和分裂，休谟

---

① 在 1754 年和 1768 年两个伦敦版的《对若干问题的短著与论文》（Essays and Treatises on several Subjects）中收录的"关于理想共和国的设想"一文，休谟关于选民的财产限制写的是：年收入达 10 英镑的不动产所有人和城镇教区中所有拥有 200 英镑财产的户主，而在其他版本中则是 20 英镑和 500 英镑。对于这一变化，我的猜测是有两个可能，一是笔误，另一个可能是休谟通过选民财产限制数额的提高，进一步表明了对于广泛民主的不信任。参见 David Hume, Philosophical Works, Volume Ⅲ, p.549.

认为可以只要将职位和利益分开就可以充分实现。

此外，休谟还指出了一些他的设计方案中针对国家制度可能出现问题的防范措施，如任何人只有在任参议员四年后才能担任公职，除了大使之外，任何人不得连任两年，任何人任职均须由低至高，任何人不得担任护国公两次，等等，他解释说威尼斯的元老院就是以这些规定管理自己的。

休谟在他的设计蓝图中，对于共和国政府的各个职能机构，如立法、行政和司法及地方自治等的权力安排方面，特别是它们相互之间的制衡问题上，都做了细致周密的考虑，提出了一系列方案。我们看到，休谟的上述想法对于后来的政治理论，乃至对于后来的政治实践都产生了重大的影响。例如，或许休谟自己都没有想到，他的共和国思想会在不久的将来对美利坚合众国的建立起到如此积极的推动作用。[①]

总之，休谟的政体理论表现出他对于政治事物有着一种审慎的理解，这种理解与他的人性观和关于政治的正义理论有着密切联系。对此，如果不了解他的政治哲学，就会产生很多的误解，甚至发现有些观点是矛盾的，例如，休谟的政治理论究竟是自由主义的，抑

---

① 休谟对于美国政治的影响是深远的，特别是他的共和国思想对于当时的联邦党人产生了关键性的影响。因此，研究休谟与美国立宪政治的关系，是一个重大的理论问题，涉及英美政治的传统以及美国作为一个自由宪政国家在建国时代所吸取的理论资源问题。例如，休谟对于美国独立的看法；大型国家建立共和制的设想对于美国联邦共和制的影响；休谟与洛克所代表的两种政治观念，即规则论与权利论，对于美国立宪政治影响的比较；休谟的君主立宪制与美国总统制的微妙关系；基于人性痼疾的制度设计和政府权威的作用，等等。关于这方面的详尽讨论，参见 Douglas Adair, Fame and the Founding Fathers, New York, 1974; L. Bongie, David Hume. Prophet of the Counter-Revolution, Oxford, 1965; J. G. A. Pocock, Virtue, Commerce and History, Combridge, 1985。

或保守主义的，就是思想史界一个聚讼纷纭的问题。① 但是，如果理解了他对于人性的复杂性的认识，理解了他所说的自私与同情在政治事物中的重要作用，理解了个人利益与公共利益在政治事物中的互动关系，我们就会发现他对于政体制度的分析，确实是展示了一个伟大的政治思想家所特有的那种考察人类事物的洞察力，并且足以为我们今天解决现实的政治问题提供一些借鉴。

---

① 从某种意义上说，休谟的理论属于自由主义，但有浓厚的保守主义色彩；或者说，他属于保守主义，但那是自由主义的保守主义。实际上，正像斯图亚特和米勒所共同指出的，休谟已超越了狭隘的自由主义与保守主义之壁垒，他就是他，一个中庸、审慎的政治思想家，任何一种符号性的标签对于他来说都不合适。关于这方面的讨论，参见第六章"休谟与现代自由主义"中的"自由主义，抑或保守主义?"一节。另参见 Stewart, The Moral and Political Philosophy of David Hume, pp. 206 – 221; Divid Miller, Philosophy and Ideology in Hume's Political Thought, pp. 195 – 198。

# 第六章　休谟与现代自由主义

　　前面我们全面论述了休谟政治哲学的基本内容，在本章我们把休谟的政治哲学放在一个自由主义的框架之内，考察休谟的政治哲学与近现代政治自由主义的关系，试图在自由主义的语境中，从近现代自由主义的发展与演变及其所面临的问题的角度，特别是从现代中国的社会政治理论所参照的西方背景这样一个角度，重新考量和分析休谟的政治哲学，考察其对于现代自由主义的意义和价值，特别是对于正处在转折时期的中国自由主义的社会政治理论所可能具有的启发性意义。①

① 关于上述问题，请读者对应我在另一本著作《法律秩序与自由正义——哈耶克的法律与宪政思想》所展开的论述，在拙著的最后一章"哈耶克与现代自由主义"中我也曾指出了现代自由主义的危机，并且从法律制度和否定性的自由正义的角度讨论了哈耶克对于克服现代自由主义的危机所做出的贡献及其意义。在本书的最后一章我专门列出了"休谟与现代自由主义"的题目，实际上是接续"哈耶克与现代自由主义"而展开论述的，我在"哈耶克与现代自由主义"中所关注的主要问题是自由主义内部的歧见，以及哈耶克克服自由主义的价值危机问题的否定性自由正义理论，在该书中主要针对的理论对手是实证法学派和施米特的理论。值得注意的是，在当时我忽视了哈耶克政治理论自身的问题，同样对自由主义的另一个对手——社群主义也很少涉及，只是偏重于哈耶克所看重的法律秩序及其制度价值的论述。不可否认，哈耶克在这个方面的贡献是卓著的，但是哈耶克的自由主义、罗尔斯的自由主义以及其他形形色色的现代自由主义，却都存在着一个重大的问题或弊端，即他们都漠视传统政治理论的德性价值，都缺乏基于人性学说的道德理论，都没有自由主义的道德情操论，而这些恰恰是现代的社群主义所独擅胜场的。我也是在研究休谟的政治哲学时，逐渐发现了这个重大的问题，我感到现代的自由主义与古典自由主义相比还有很多的（转下页）

## 一、现代自由主义及其危机

我们知道，自由主义从近代以来，特别是从英国的古典政治哲学和法国的启蒙思想以来，经历了近三百多年的发展演变的历程，从某种意义上来说，自由主义随着西方社会乃至今天东、西方社会政治、经济与文化的变迁而发生着重大的变化。作为一种社会政治理论，自由主义随着时代的不同，面临的问题不同，其一系列理论主张也就有所不同，因此在不同的历史时期、不同的地域出现了形式各异的自由主义。关于自由主义的不同形态及其演变，这不是本书所要探讨的问题，因此，我们并不准备对自由主义在近现代以来的发展演变给予过多的分析和考察。在本书我们只是围绕着休谟的政治哲学，考察它与现代政治自由主义的关系，并企图通过休谟政治哲学的研究为现代自由主义提供一种可能的发展方向，或者说为解决现代自由主义的困境与危机提供一种古典的理论资源。应该承认，现代自由主义确实面临着重大的危机，这一点无可争议，危机

---

（接上页）缺陷，他们一方面在发展古典自由主义的政治理论，但同时另一方面却也在倒退，把古典自由主义的道德学说丢弃了，社群主义正是敏锐地看到现代自由主义的这个弊端，因此发起了攻击。自由主义如何回应社群主义的批判呢？单纯从法律制度与经济效益的角度往往是偏颇的，有时也是无力的，其实自由主义在其前辈那里，在以休谟和斯密为代表的古典自由主义那里，早就有深刻的人性理论和道德学说，在我看来，要真正地克服现代自由主义的弊端，建设性地回应社群主义的批判，回到英国的古典自由主义，回到休谟，也许是最有效的办法。因此，在本章我所讨论的主要问题是现代自由主义的弊端以及如何回应社群主义的问题，至于其他的相关问题，我在"哈耶克与现代自由主义"一章多有论述，请读者参阅。从某种意义上说，"哈耶克与现代自由主义"与"休谟与现代自由主义"是相辅相成的姊妹篇，它们表明了我在从哈耶克到休谟的思想脉络的回溯中所引申出来的对于现代西方政治理论的看法。

的根源是多方面的，既有现代社会政治环境的新问题所导致的，也有自由主义内部的矛盾所产生的。但总的来说，危机的根本原因在于自由主义对于现代社会所面临的诸多问题，不能给出强有力的应对，只是囿于过去的旧模式，而没有找到一种新的资源和新的途径。现代社会的问题使得人们发现自由主义的传统理论正逐渐变得软弱无力，变得无法说明问题的实质，更无法给出卓有成效的解决方案。因此，正是这样一种困境使我们有必要重新回到自由主义的源头上来。

自由主义的一个重要支柱乃是它的政治制度论，或者说自由主义在近现代演变的一个重要成果乃是建立起了一个自由的政治制度、经济制度和社会制度，因此，自由主义的理论与实践，在很多人眼中等同于现时代普遍盛行的以英美社会制度为基础的一整套有关社会秩序的法律理论和政治理论。对此，很多学者都曾明确地指出过，例如，罗尔斯的正义理论基本上是以西方现存的自由政治制度为前提而建立起来的一种政治哲学，他提出的有关政治正义的观念，其前提是自由主义的政治制度和法律制度，对此，罗尔斯在他的《政治自由主义》一书明确写道："我设定，基本结构是一个封闭的社会结构，也就是说，我们将把它看作是自我包容的、与其他社会没有任何关系的社会。它的成员只能由生而入其中，死而出其外。"① 与罗尔斯相比，哈耶克已经认识到现代社会政治制度出现了重大的问题，因此，他并不像罗尔斯那样完全认同现行的政治制度，而是致

---

① 罗尔斯：《政治自由主义》，万俊人译，译林出版社 2000 年版，第 12 页。关于"基本结构"在罗尔斯的理论中是指"现代立宪民主"，即"社会的主要政治制度、社会制度和经济制度，以及它们是如何融合为一个世代相传的社会合作之统一化系统的。"第11—12 页，另参见罗尔斯：《正义论》，第 185 页。

力于创建一种新的宪政模式和一种新的法律秩序。① 但是，就哈耶克与罗尔斯都把自由主义理解为一种自由主义的政治制度和法律制度来看，两人又是完全一致的，所不同的只是哈耶克并不认同现行的法律制度，而要建立一种新的法律制度的理论。对此，他写道：

> 后来我逐渐地认识到，当下所盛行的各种制度不可能使个人自由得到保障；而正是这一认识促使我越来越关注于宪政制度创新工作；当然，我最初着手这项工作的时候，认为它只是一个极具吸引力但却并不怎么实际的想法，只是当这一乌托邦式的方案渐渐成为一种切实的想法以后，我才最终认识到它就是解决自由宪政的鼻祖们未能解决的难题的惟一方式。②

显然，现代自由主义的代表人物在有关自由主义的认识方面基本上是一致的，他们都把自由主义首先理解为一种政治自由主义，进而把自由主义的价值理解为政治的正义性或法律的正义性，并认为自由主义理论是一种有关政治制度和法律制度的合理性论证。但是，应该指出的是，在现代自由主义那里，他们的社会政治理论往往存在着一个重要的特性或者说有着一个重要的偏差，那就是他们并没有建立起一套自由主义的人性哲学，他们没有提供一种自由主义如何成为可能的政治哲学的理论说明。关于这个问题，现代自由主义有着难言之隐。对此，哈耶克是这样看待的，他认为自由主义

---

① 参见高全喜：《法律秩序与自由正义——哈耶克的法律与宪政思想》，第五章"宪法新模式"的有关论述。
② 哈耶克：《法律、立法与自由》，第一卷，邓正来等译，中国大百科全书出版社 2000 年版，第 6 页。

并不需要一个整全性的哲学体系，甚至从某种意义上来说，那种企图以古典哲学为基础的自由主义理论不符合人的认识的有限性，自由主义没有必要从哲学的一般理论或人性基础上建立自己的理论体系。因为人性问题是一个理性不及的问题，至于哲学中的认识论和本体论问题，更是传统哲学的产物，与自由主义没有多少联系。所以，哈耶克在他的理论中很少涉及哲学问题，特别是涉及人性哲学与本体论问题，在他看来，无知的知识论和理性不及的方法论足可以为自由主义提供基本的依据、工具和方法，进一步的深究势必导致哲学上的语言混乱。因此，哈耶克的自生秩序的政治理论基本上是一个法律规则论和经济秩序论，而不是人性论或人性哲学。

罗尔斯对于这个问题的考虑得要比哈耶克深刻，他承认政治哲学的人性基础，承认一种整全性的哲学对于任何社会政治理论都是必要的，并且认为很多的社会政治理论在它们的理论渊源上都与哲学乃至神学有着必然的联系。但是，罗尔斯又认为作为一种自由主义的社会政治理论来说，其特性却是恰恰相反，它不可以也无法做到通过一种整全性的哲学价值论来构建自己的社会政治理论，现代自由主义要成为一种正当性的社会政治理论，只能采取"减法原则"，通过建立一种有限度的政治平台来对各种各样的社会政治理论加以整合与调整，从而达到一种相对的理性共识。因此，自由主义只能是一种政治自由主义，一种基于公共理性的政治自由主义。罗尔斯在后期重要的《政治自由主义》一书中写道：

> 任何人也不应期待在可预见的将来，它们中的某一种学说、或某些其他合乎理性的学说，将会得到全体公民或几乎所有公民的普遍认同。政治自由主义假定，出于政治的目的，合乎理性的

然而却是互不相容的完备性学说之多元性，乃是立宪民主政体之自由制度框架内人类理性实践的正常结果。①

在他看来，作为一种公共社会的政治理论或政治自由主义，只能是一种在公共领域中通过交叉共识而达到相互承认的理论，也就是说，在公共政治问题上，不同的政治派别、团体，乃至每个人都可以充分表达自己的意愿，主张各自的权利，争取各自的利益，并且相互之间通过磋商、对话、斗争、妥协等方式，从而达到有限的协调和一致。然而在公共领域之外，各种不同的价值哲学或人生哲学是很难达成共识的，是无法形成共同的理论基础的。因此，罗尔斯认为自由主义只能是一种在公共政治领域中通过交往和重叠共识而达到的一种有关社会制度的理论，特别是有关社会利益的分配正义的理论，此外那种企图包容各种人性哲学的所谓整全性形而上学的自由主义是不可能存在的。"道德哲学的普遍问题不是政治自由主义所关注的，除非这些问题影响到背景文化及其完备性学说对一立宪政体的支持方式。"②

然而，仅把自由主义限定在一个公共的政治领域，并抛弃人性哲学的基础，这种社会政治理论面临着很多难以解决的问题。例如，哈耶克便无法说明他对于现代法律制度和政治制度，对于政治中心主义展开批判的内在依据，他最终不能提供一个适合于人性的从人的内在本性中推导出来的新的法律政治制度。同样，罗尔斯的政治自由主义自以为把自由主义限定在公共政治理论，并提出一个交叉

---

① 罗尔斯：《政治自由主义》，万俊人译，译林出版社 2000 年版，第 4 页。
② 罗尔斯：《政治自由主义》，万俊人译，译林出版社 2000 年版，第 16 页。

共识的公共理性就能够解决现代政治的问题，这种想法实际上是不可能实现的。因为在人的价值观念和人性哲学方面如果没有内在的共通性，那么也就很难在一个公共的政治领域达到真正的相互理解、接受、沟通与共融。罗尔斯在《政治自由主义》一书中陈列了一个所谓五个"首要善"的清单，并把它们视为各种社会政治理论进行政治对话的前提，因此也是他的政治自由主义的价值底线，殊不知这个"首要善"的清单从实质上说乃是源于自由主义的政治传统的，具有着西方自由主义的"形而上学"意义，并没有得到世界上其他的社会政治理论的认同，甚至也没有得到西方非自由主义的政治理论的认同，例如社会主义就不认同这套价值清单，社群主义也多有微词。事实上从来就不存在仅仅只是工具主义的政治自由主义，罗尔斯不可能用减法原则剪除所有自由主义的"形而上学"，但他又把它们隐藏起来，装扮成一种价值中立的姿态，这样不但不能解决现代社会日益严峻的政治、经济、文化等方面的问题，反而使问题复杂化了。

问题的实质在于自由主义逃避不了主义之争、价值之争，现代社会究竟向何处去的问题，涉及古今之争、正义之辩，现代政治自由主义由于把自己限定在公共政治领域，便面临着一个为自身提供正当性与合理性说明的难题，也就是说，自由主义所建立的公共政治平台如何使自己具有合理性，其正当性又在哪？所以，麦金太尔的《何种正义？谁之合理性？》其书名便直指现代自由主义的软肋，他尖锐地指出，现代自由主义无法为现行的社会政治制度提供一个合理性的理论说明与正义性的价值基础。麦金太尔指出，休谟有关事实与价值两个领域的区分实际上导致了社会生活的断然分裂，在他看来，现代社会的主要问题不仅是事实与价值之间出现了断裂，而且在各个价值和传统之间，在各种德性之间，由于理论的分野和价值的歧义也导致了同样的不可公度的分裂，从而取消了人与人之间，社群与社群之间的有机联系。① 之所以造成这样一种结果，是由于近代市民社会所形成的极端个人主义和个人利益的自我化，以及维护这种个人分裂的现行的法律制度和政治体制。这样一来就使得现代人处在了一种偶然的历史境况之中，人与人之间无法沟通，每个人都以自己为中心，将他人边缘化，无法形成亲密相关的群体和相互关切的共同价值。所谓休谟对于苏格兰思想的颠覆，所指的便是这样一种理论的导向作用，从休谟之后，整个西方的伦理道德哲学都是沿着这样一种个人主义的封闭性和唯我性而展开的，功利主义、实用主义和权利至上主义不过是休谟思想的现代翻版。如何才能克服这一自由主义的困境呢？麦金太尔企图通过一种语境论而加以解决，他认为在现代这样一个分裂的社会，只有互相竞争的正义才具有合理性，但竞争的关键不在于以个人为主导原则，而在于以群体为主导原则，通过相互竞争以解决群体外部环境的压力来达到一种内在价值与利益的认同，每个人都置于共同的社会群体的特定场景之中，通过相互认同的德性而克服单个人之间无法沟通所带来的困难，从而形成一个道德共同体和社会共同体，并进而在这个共同体中保持相互之间的密切合作和友爱。在他看来，这样一种德性正义才符合人的本性，才能够克服自由主义所带来的分崩离析的道德多元主义的困境。

现代自由主义要摆脱困境，确实有必要认真对待社群主义所提

---

① 现代社群主义看到了人的道德意识、价值观念相互之间是无法沟通的，不具有公度性（incommensurability），即缺乏相互比较的共同基础或共同尺度。所以它们才试图通过一种社会共同体的情感性的密切联系来解决现代社会的价值多元的危机。

出的问题，重新考察和追溯它们的古典自由主义渊源，特别是英国古典自由主义所蕴涵的丰富人性内容。应该指出，面对各种各样的挑战，如果自由主义仅仅像哈耶克那样避而不答，或者像罗尔斯那样通过括弧的减法原则剪除价值哲学和人性哲学的追问，那么现代自由主义似乎也就走到了自己的尽头。其实，正像我们在前面所反复指出的，自由主义作为一种社会政治理论从一开始就没有回避或抛弃它的哲学基础，相反，17、18 世纪的英国古典自由主义通过一种人性论的道德哲学和美德情操，通过基于共同利益感的正义规则和法律制度，从而建立起一套独具特色的整全性哲学体系。从某种意义上来说，英国的古典思想既保障了个人的自由、权利与尊严，但同时又融汇了对他人的同情、仁爱与互助，对于现代自由主义回应社群主义的批判，并进而建立一种新型的包含着社群主义基本价值在内的新的自由主义，奠定了深层的理论基础。我们看到，"休谟难题"恰恰是在他的社会政治理论经由人性论的转型之后而产生的，也就是说，他的社会政治理论是以人性论为依据的，而其中所呈现出来的事实与价值两分的内在困境，是哲学人性论的，而不是公共政治层面的。然而，现代的政治自由主义却忽视了休谟的这一人性论的哲学前提，忽视了休谟的事实与价值两分的内在意义，他们对于休谟哲学的理解往往不着要领，没有抓住问题的要害。这种对于休谟政治哲学的误解，导致了现代自由主义对于形而上学的回避与抛弃。

为什么会存在这种误解呢？在我看来，关键在于他们把古典自由主义赖以立论的"形而上学"前提，简单地理解为一个传统哲学的认识论或本体论问题。他们把休谟社会政治理论的哲学前提，理解为一种不可知的认识论和怀疑主义的本体论，并且认为这些问题与自由主义的社会政治理论并没有多少内在的关联。历史上不乏这样的情况，信奉同一种哲学观的理论家，可以有不同的社会政治观，甚至是对立的社会政治观。例如，同属于经验论的哲学谱系，霍布斯、洛克、休谟、斯密，乃至法国启蒙时期的社会政治理论却是大不相同的，因此，现代自由主义有理由把这类哲学问题放在一个次要的位置，甚至省略对它们的讨论。但问题的关键并不在此，或者说这是对于古典政治哲学的一种误读，必须指出的是，现代自由主义追溯的哲学前提并非本体论或认识论，而是一个人性论问题，是一种社会政治理论的人性哲学前提，这个人性问题才是现代政治自由主义的关键所在。显然，正像我们所分析的，休谟政治哲学的前提不是他的认识论，而是他的人性论，是他提出的事实与价值二分的难题。因此，对于现代自由主义来说，休谟哲学乃是一种有关人性论的政治哲学，其重要性并不在于唯物论还是唯心论，唯名论还是唯实论，而在于他的人性哲学所产生的从事实到价值的转换，以及由此带来的一系列重大问题。我们看到，也正是在这一基本点上，休谟的政治哲学开辟了一条自由主义的路径，它构成了 17、18 世纪英国政治哲学，特别是古典自由主义的人性基础。由此可见，这样一种全面丰富的，既具有着人性哲学的基础，又包含着社会政治理论和道德情操理论的英国古典自由主义，才是一个能够面对现代社会一系列重大问题的挑战并给予积极回应的自由主义。今天我们通过分析休谟的政治哲学，进而重新解读这种自由主义的传统，无疑具有着重要的理论和现实意义。

## 二、休谟与现代自由主义

### 1. 自由主义，抑或保守主义？

长期以来，休谟政治哲学的定性问题，一直是英美政治理论界的一个聚讼纷纭的问题，究竟休谟是一个自由主义者，还是一个保守主义者，是一个争论不休的热点。有论者认为休谟是一个保守主义者，他在主张传统价值、贵族制的作用和反对社会的激烈变革，维护已有的社会政治秩序等方面都显示出了保守主义的思想倾向，而且他本人就是一个托利党人，他的《英国史》表现出了托利党人的历史观念，被视为一部托利党人的英国史，上述种种无疑说明了休谟是一个保守色彩很浓的理论家。① 也有人认为休谟是一个自由主义者，因为他主张自由经济，强调法治在国家中的核心作用，尊重自由的传统，维护个人的财产权利，反对国家的暴力等等，这些方面都足以说明他的思想与辉格党人的自由思想相一致，是一个自由主义观念很强的人，被视为英国古典自由主义的代表人之一，开启了近代自由主义之先河。② 由此看来，上述两种观点似乎都有充分的理据证明他们的观点。究竟如何看待这个问题呢？显然，有关自由主义者抑或保守主义者的争论，并不是一个可以回避的问题，因为

---

① Divid Miller, Philosophy and Ideology in Hume's Political Thought, pp. 195 – 198; D. W. Livingston, Philosophical Melancholy and Delirium, Hume's Pathology of Philosophy, p. 340.

② Stewart, The Moral and Political Philosophy of David Hume, pp. 6 – 7; pp. 206 – 221.

它涉及一个理论家的政治理念，但问题在于休谟是一个非常复杂的政治理论家，他一生的作品涉及政治理论的各个方面，在很多问题上都有自己独特的不同于其他人的理论创建，因此很难用现行的符号或标签来定性。

我们知道，自由主义是一个较为晚近的词汇，[①]直到1842年，自由主义一词才由西班牙的政治家提出来，从某种意义上来说，自由主义作为一种政治理论的标志，是在休谟之后才出现的，可以说在休谟所处的18世纪还没有现代意义上的自由主义这样一种较为完备的政治理论形态出现。同样，保守主义也是晚近才出现的与自由主义相对的一种理论的标志，从某种意义上来说，保守主义的兴起是与法国大革命相关联的，正是因为看到了法国大革命对于传统政治的破坏，所以才产生出了一种维护传统的所谓保守主义的思潮，因此作为完整的体系在18世纪法国大革命之前，也是不存在的。所以，在休谟所处的时代，还没有出现所谓的自由主义和保守主义，因此以这两个理论标志来为休谟的思想作一定位不但是困难的，而且也是不符合实际情况的。因此在具体地分析与评价休谟的社会政治理论之自由主义抑或保守主义之前，我们有必要先澄清一下何谓自由主义、保守主义，以及超越两者之上的古典主义。

关于自由主义与保守主义之争，这是西方现代思想史上的一个重要的理论问题，也是一个争论不休的问题，之所以会出现这种情况，关键在于对什么是自由主义，什么是保守主义，从来就没有一

---

① 虽然在古代乃至中世纪的社会政治思想中有很多自由主义的要素，但作为一种社会政治理论，自由主义却是近代思想的产物，具体一点说是在17世纪之后才出现的。参见 J. G. Merquior, Liberalism: old and New, Boston: Twayne Publishers, 1991。

个为理论家们所共同接受的基本准则，在不同的思想家的眼中，关于自由主义和保守主义的看法是不同的。例如，对于很多现代的自由主义者来说，强调个人的基本权利无疑是自由主义的核心内容，他们特别强调20世纪以来发展起来的所谓人权观念，并以此为区别自由主义与保守主义的普遍准则，在他们看来，凡是强调人权的社会政治理论，强调限制国家权力、伸张个人权利的理论就是自由主义，与之相反的则是保守主义。我们看到，这样一种划分标准虽然在现代社会已经为自由主义的理论家们普遍接受，但确实存在着重大的弊端，其结果是过于抬高了个人的主体地位，致使现代资本主义的国家理论受到了越来越多的批判。保守主义从一开始就是针对个人主义的极端膨胀而产生的一种社会政治理论，早在17、18世纪随着市民阶级的兴起，保守主义作为强调传统、尊重历史的社会理论，在英国、法国就出现了，特别是在法国大革命前后，保守主义的政治思想成为欧洲的主流思想，在反对自由主义和社会主义的斗争中，他们成为封建传统势力和古典道德文化的坚定维护者。[1]

正像自由主义经历了从早期到现代的转变一样，保守主义也同样在历史的变迁中经历了很大的变化，现代的保守主义早已不是17、18世纪的保守主义，特别是当欧洲的保守主义转变为北美的保守主义之后，其实质已经发生了根本性的变化，甚至从某种意义上说，当今美国的保守主义与欧洲传统的自由主义更为贴近，而所谓北美

---

[1] 参见斯蒂芬·霍尔姆斯：《反自由主义剖析》，曦中等译，中国社会科学出版社2002年版；李强：《自由主义》，中国社会科学出版社1998年版；刘军宁：《保守主义》，中国社会科学出版社1998年版。

的新自由主义，则更为投合欧洲左派的社会政治思想。① 在上述社会思想的背景之下，我们回过头来看一下当今的社群主义等各种非自由主义的社会政治理论，就会发现他们确实看到了现代自由主义的弱点，揭露了他们原子式个人主义的弊端。鉴于此，他们提倡一种渊源于传统社会的所谓社群团契的联系纽带，以此反对现代自由主义把人孤立起来、一味强调个人利益的绝对化倾向。在社群主义看来，个人的权利应该受到限制，人应该生活在一个社会共同体中，应该融会于团结友爱的精神之中，为此，社群主义试图从古代社会的公民美德，特别是从基督教的社群生活中寻找理论的资源。从某种意义上说，以社群主义为代表的现代自由主义的批判者开启了一个新的理论路径，即古典主义的社会政治理论，而这个维度恰恰是我们理解 17、18 世纪英国政治哲学的一个关键，也是我们审视休谟的自由主义之本质的关键。

在此我们暂且不管社群主义对于自由主义的批判是否正确，而是借助于它的批判，把对自由主义与保守主义的争论置入于一个更为广阔的思想背景之中，它使我们看到，其实自由主义还有另外一种划分，那就是以古典主义为标准的划分。依据这种划分，真正的自由主义并不是现代自由主义那样的极端个人主义，而是古典的自由主义，是在 17、18 世纪英国的古典思想那里体现出来的，既主张

---

① 关于当今北美的自由主义与保守主义的本质，以及他们与欧洲历史中的各派社会政治思想的复杂关系，不是本文的主题，在此我不准备多说，但有一点显然是明确的，即今日的保守主义已经不是传统的 18 世纪欧洲的保守主义，由于社会主义思想在近代社会的勃兴，激发起欧洲政治理论中的所谓第三条道路的设想，因此正像自由主义产生了歧变一样，保守主义也发生了剧烈的变化。关于这个方面的讨论，参见 Willetts, David, Modern Conservatism, London, 1992; Thorne, Melvin J., American Conservative Thought since World War Two: The Core Ideas, New York, 1990.

个人的权利、利益与自由，又不反对同情心、道德情操和友爱精神的自由主义，从这样一个角度来看，被现代自由主义视为保守主义的很多东西恰恰是古典自由主义的核心内容。这样一来，就面临着一个问题，即如何区分古典自由主义与保守主义呢？对此，显然自由主义与保守主义之间的争论无益于这种区分的解决，这里已经引入了一个新的思想渊源，那就是古典主义。

其实早在自由主义和保守主义产生之前，在人类文明社会的思想历程中，占据主导地位的并不是自由主义或保守主义之类的思想理论，而是一种古典主义的思想理论，柏拉图、亚里士多德以及西塞罗等人都是古典主义的代表，至于中世纪的教父神学与经院哲学也可以说是属于古典主义，而17、18世纪英国的古典思想，特别是以休谟和斯密等人为代表的苏格兰历史学派的社会政治思想，不过是古典主义在市民社会的一种新的形态。当然，近代的古典主义与古代的古典主义相比，呈现出很大的区别，其最本质性的不同在于，这种古典主义已经被市民阶级的思想意识所改造，或者说已经卓有成效地被自由主义的新精神所转换，成为古典的自由主义。关于两种古典主义的区别我们在前面的论述中已经给予了讨论，17、18世纪的古典主义是以情感主义为主导的，而不是以理性主义为主导的，但是在关注共同体的政治生活，强调公民的美德等方面，它们又都是完全一致的，相比之下英国的古典主义更注重自由的政治制度和法律制度，这是它们与古代的古典主义的一个重大不同，也就是说，英国古典主义对于个人价值的强调是置于法治主义的框架之内的，是基于法律之上的个人自由、权利与责任。也正是因为这一点，哈耶克把这种古典主义纳入到自由主义的谱系之中来加以论述，认为18世纪英国的社会政治思想是一种古典的自由主义，以他之见，英国的休谟、斯密和弗格森，乃至法国的贡斯当、孟德斯鸠、托克维尔以及德奥的洪堡、维也纳经济学派等都属于古典的自由主义的理论体系。

所谓古典自由主义本质上是一种企图把两种不同的理论渊源结合在一起的理论努力，这种努力看到了单纯的自由主义无力解决近代以来政治社会的诸多问题，特别是无力解决自由主义经济、政治的极端发展所导致的个人与社会的尖锐冲突，因此需要一种新的价值形态来调和自由主义的危机。古典主义由于关注共同体的公共精神与注重情感沟通的优良美德，在很多人眼里成为校正极端自由主义的一付良药，而且早在自由主义的发轫之际，古典主义就作为自由主义政治哲学的一个重要的内容而存在着，只不过自由主义在后来的发展演变中逐渐把它丢失了，因此现代自由主义重提古典主义的问题，重新认识到古典自由主义的价值，认识到古典主义对于现代自由主义的匡正作用，这不能不说是它们面对现时代日益严峻的社会政治问题的一种反省。当然，古典主义与自由主义毕竟是不同的两种思想形态，即便是古典自由主义也与古典主义有着本质性的不同，因为既可以通过与古典主义的结合而产生出一种古典的自由主义，同样也可以产生一种古典的保守主义，像现代的保守主义者中，如施特劳斯、施米特等人又都可以称之为古典的保守主义，他们可以说是古典主义与保守主义两种思想形态结合在一起的产物。

休谟的思想究竟属于保守主义还是属于自由主义，这个问题的争论持续了很长时间，直到今天还在继续。为什么围绕着休谟的思想会产生如此重大的分歧呢？这与休谟思想的复杂性有关，更与自由主义与保守主义的本性尚未明朗有关。我们知道，在休谟的时代，自由主义与保守主义作为各自独立的思想意识形态并没有出现，但它们的问题却是深藏在当时思想家们的观点与主张之中，如何看待市民社会的产生与发展，如何对待社会的政治、经济与文化的变革，如何沿袭旧有的传统道德与制度模式等等，这些都是思想家们所必须面对的现实问题，因此也是后来的自由主义与保守主义产生分歧的关节点所在。休谟作为一个思想家对于上述问题发表了自己的主张，提出了自己的看法，而且正像我们在书中所指出的，休谟的社会政治理论具有着自己的政治哲学基础，展示的是一个涉及道德学、政治学、政治经济学和历史学等不同领域的系统的人性科学。因此，用今天的所谓自由主义的标准是很难衡量休谟的政治思想的，可以说无论是现代自由主义的观点还是现代保守主义的观点，都难以说清休谟的理论，因为他的思想既包含了自由主义的要素，也包含着保守主义的要素，或者说他早已超越了自由主义与保守主义的分野。就这个意义来说，一味争辩休谟是自由主义抑或保守主义，其实是没有什么实质意义的，休谟既不是现今的自由主义，更不是现今的保守主义，休谟就是休谟，他的思想既有自由主义的内容，也不乏保守主义的色彩，关键之处在于休谟竟然把两种看似不同的理论综合在自己的思想之中，并且保持着持久的生命力和影响力，这才是我们所要研究的问题。

对于自己思想理论的这个特性，休谟是有着较为清楚的认识的，他在《自传》和写给朋友的信中多次这样叙述说，他在历史观上倾向于托利党的观点，但在政治与经济方面，则倾向于辉格党的观点。"我在对待事情的态度上挈合于辉格党的原则，但在对人方面则投合托利党的偏见。至于我时常被人们归入托利党之列，没有什么比如下更能说明原因的了，即人们常常是注重人甚于注重事。"① 这样致使他的《英国史》一出版就遭到了来自各个方面的攻击："英格兰人、爱尔兰人、民权党、王党、教会中人、各派中人、自由思想者、宗教家、爱国者、宫廷中人，都一致愤怒我这个人，因为我擅敢对查理一世和斯特洛浦伯爵的命运，洒一掬同情之泪。"② 休谟在很多问题上的看法与同时代的其他思想家们相比，具有着突出的调和主义的特征，他不像洛克那样在对待英国革命上的决定态度，而是有保留地赞同光荣革命，其立论的基础更多地是基于现实原则的考量，但他也不像柏克那样在反对革命的态度上如此偏执任性，而是主张有节制地抵抗，倡导人民对于君主的忠顺，但更强调统治者的责任与义务，他并没有把权利、自由等市民社会的原则挂在嘴边大肆鼓吹，但他却把私有财产权的确立置于他的社会政治理论的核心位置，视为政治社会赖以建立的根基。他反对无限制的民主，看重等级社会的秩序，但他又强调法治，赞赏自由的有限君主制，并且把中产阶级视为一个稳定繁荣的社会制度的中坚。凡此种种，很难用一个简单的自由主义或保守主义所能概括定论，既可以说是自由主义的，也可以说是保守主义的，但任何一种定论似乎都不全面，都只是揭示了休谟思想的一个方面。正是基于此，也有很多学者认为休谟的思想是一个超越了自由主义与保守主义的思想形态，例如，在米勒看来，"斯密是自由主义者，柏克是保守主义者，休谟则是兼有他们

---

① 参见 Hume as Philosopher of Society, Politics and History, Edited by D. Livingston, University of Rochester Press, 1991, Ernest Campbell Mossner, Was Hume a Tory Historian? p. 110.
② 休谟：《人类理解研究》，第 5 页。另参见 Hume as Philosopher of Society, Politics and History, Edited by D. Livingston, University of Rochester Press, 1991, Marjorie Crene, Hume: Sceptic and Tory? pp. 118 – 137.

两人特性的调和者"。<sup>①</sup> 斯图亚特则认为：

> 休谟是一个保守主义者，抑或自由主义者？正像他自己所告戒的，仅仅限于字面上的争议是无趣的："保守主义的"和"自由主义的"并不具有玄学上的意义。被称为保守主义或自由主义的政治党派从没有赋予这些词汇以最终含义的权威：党派们使用这些词汇是因为它们已经获得了公共的意义。当米勒、列维斯顿、怀朗（Whelan）等作家指出休谟是一个保守主义者时，我马上清楚地知晓他们在说什么；即使他们每个人都是在他们所表明的自己的方式下使用'保守主义者'这个术语，但他们总的来说是基本一致的。我的看法是休谟并非他们所说的保守主义者；我认为休谟是一个自由主义者。我是在一个广泛的意义上使用这个词汇的，它包括这样一些人，他们认为在 18 世纪末和 19 世纪初的大英帝国来一场变革是必要的，我的意思是指在经济的和政治上的变革，而不是社会主义的、马克思主义的，或非自由主义的变革。当我说休谟的政治原则是自由主义的时，我相信没有人会认为，我的意思是说休谟是他死后的民主政治的先驱，这一实践运动在英国和在美国持续了两个多世纪。<sup>②</sup>

因此，从上述的思想高度来看待休谟政治哲学的自由主义与保守主义问题，就要求我们超越现代自由主义的狭隘视野，采取一种

---

① Divid Miller, Philosophy and Ideology in Hume's Political Thought, p. 196.
② Stewart, The Moral and Political Philosophy of David Hume, pp. 6 - 7; p. 6.

历史的眼光，把古典主义的因素考虑进来，也就是说，休谟思想的自由主义本质肯定不是现代意义上的自由主义，而是古典意义上的自由主义。当然，休谟对于自由主义与保守主义的超越，并不是无原则的，休谟既不是自由主义也不是保守主义，并不意味着他什么都不是，只是一个思想混乱的大杂烩，恰恰相反，作为一个伟大的思想家，休谟的政治主张是鲜明的，他的政治哲学是明确的，他的观点有着深厚的价值依据，他的妥协不是混乱，而是审慎，他的中庸不是权宜，而是中正。把休谟归诸于古典自由主义是一种深刻的政治洞见，对此，哈耶克等人的认识是正确的。哈耶克在分析英国社会的背景时曾经写道："在 19 世纪的大部分时间里，英国是看上去最接近实现自由主义原则的国家。在那里，这些原则中的大部分似乎不但被强大的自由党所接受，而且也被大多数人民所接受，甚至保守党也经常成为自由主义改革的工具。"① 这种古典的自由主义包含着保守主义的因素，但却超越了保守主义，更与现代的新保守主义的政治哲学有着本质性的不同。那么以休谟为代表的英国古典自由主义的基本特征是什么呢？对此英国现代思想家伯林曾有过深刻的见解，哈耶克也从不同的角度多有揭示，下面我们将进一步展开讨论。不过，在我看来，如果从现代政治自由主义面临的危机，以及社群主义对于现代自由主义的批判等方面的情况来看，伯林和哈耶克对于古典自由主义的揭示远不彻底，休谟、斯密等人的丰富思想内涵远没有挖掘出来。

伯林对于自由观念的分析是现代自由主义的一个重大的思想成果，他有关积极自由与消极自由的精辟见解，消除了对于自由主义

① 哈耶克：《经济、科学与政治——哈耶克思想精粹》，第 335 页。

认识上的很多误解，有助于人们辨析近代以来的自由主义政治传统，以及关于自由价值的认识。在伯林看来，对于消极自由的强调，以及围绕着消极自由的多元价值的丰富性，构成了 18 世纪自由主义的实质，可惜的是这种自由主义在其发展演变中每每被各种各样貌似自由主义的理论所歪曲，各种强势的鼓吹积极自由的所谓自由主义成为现代社会思想的主流，人们沉湎于一种终极价值的追求之中。他写道：

> 在伟大的历史理想之祭坛上，诸如正义、进步、未来子孙的幸福，或某一国家、种族、阶级的神圣使命或解放，甚至是自由本身，因为有一种自由，要求个人为社会的自由而牺牲，在这些理想的祭坛上，有许多人遭到了屠杀，这主要是肇因于某一种信仰。[1]

如果说伯林关于自由主义的讨论集中于两种自由观念之辩，进而厘清真正的古典自由主义的自由价值之所在，那么哈耶克对于自由主义的阐释，则主要是从法律制度的维度上提出了一种基于正当行为规则的宪政新模式，并梳理出一个源于古典自由主义的理论谱系。在他看来，对于自由主义尽管有各种各样的解释，从内容上看有经济的自由主义、政治的自由主义，从流派上看有英国式和法国式的自由主义等等，但从本质上来说，自由主义是一种社会政治理论，是一种建立在法律和政治制度之上的社会理论，制度自由主义

---

[1]《市场社会与公共秩序》，刘军宁编，生活·读书·新知三联书店 1996 年版，第 209 页。

可以说是自由主义最核心的内容。哈耶克也是从这个自由制度的层面上溯自由主义的传统，他认为以休谟、斯密为代表的苏格兰启蒙思想家们所做的最重要的贡献，便是建立起一套有关社会自生秩序的理论，从而为现代社会政治的演变提供了理论的依据。

应该指出，伯林、哈耶克从消极自由与自由制度的高度理解现代自由主义，进而追溯到英国的古典自由主义传统，这无疑是对于自由主义的一种深化的理论阐释。英国的古典自由主义是自由主义的典型形态，蕴涵着丰富的内容，伯林从中吸取了有关自由的否定性观念，提出了一种消极的自由逻辑，这当然有助于人们对于现代自由主义政治哲学的理解，而哈耶克强调自由主义的制度价值，从古典自由主义那里提取了有关财产权的正义规则，并把它视为一个政治社会赖以建立的基石，从而澄清了 20 世纪以来各种左的和右的思想理论对于自由主义的攻击，确立了自由的政治制度这一自由主义的核心价值。[①]

毋庸置疑，伯林、哈耶克等人对于古典自由主义的阐释挖掘是卓有成效的，他们面对现代社会的诸多问题，特别是针对各种各样的对于自由主义的攻击，能够追溯传统，接续 17、18 世纪古典自由主义的理论脉络，在有关消极自由、多元价值，尤其是自由政制的理论建设等方面，提出了一系列富有创建性的主张，这些都为现代自由主义摆脱困境做出了重要的贡献。但是，必须指出的是，伯林、哈耶克对于古典自由主义的认识也存在着重大的偏差，有关自由主义的两种自由观念和英法两种形态的划分，固然具有一定的理论依

---

① 关于伯林、哈耶克之与现代自由主义的关系，以及他们的贡献，参见高全喜：《法律秩序与自由正义——哈耶克的法律与宪政思想》，第六章"哈耶克与现代自由主义"的相关内容。

据，但也存在着某种缺陷，忽视了英国古典自由主义另外一个重要的特性，即它的人性论以及与此相关的道德哲学，忽视了这种消极的自由主义的社会政治理论还同时具备着一种由道德感情和仁爱之心联系起来的社会关联性。也就是说，消极自由和法治秩序并不必然导致个人至上主义，法律下的自由并不意味着为人们的极端自私活动大开方便之门，英国的古典自由主义还有它的道德哲学，还强调基于人性的道德情感、同情心和正义的旁观者，这些构成了英国思想的重要内容。休谟、斯密等人却并不十分看重个人自由和个人权利，并不把自由、生命等视为天赋的人权。在《人性论》和《道德情操论》等著作中，休谟和斯密都很少直接讨论人的自由以及相关的问题，也很少讨论各种各样的权利，更没有列出一个有关个人权利的清单，他们并没有像法国或德国的思想家们那样喋喋不休地专注于绝对主体、自由意志等所谓根本性问题。相比之下，他们关注的乃是利己之心与道德情感的人性依据问题，是个人利益与公共利益的关系问题，在政治领域强调的是法律对于个人权利的保障以及个人对于政府的忠顺等问题，上述种种与法国思想家们那种激烈张扬自由、反对国家的革命激情，形成了鲜明的对比。例如，哈耶克在《休谟的法哲学与政治哲学》一文中曾特别提到了一个颇有戏剧性的细节：

> （1766年）这一年休谟55岁，已基本完成了他的工作，成为当时最有名望的人物之一，他纯粹是出于慈悲心肠，把一位同样著名的人物从法国带到英国，此人年龄只比他小几个月，处境凄惨，并且他认为自己总是受到迫害：这人就是让·雅克·卢梭。那个在法国以"好心的大卫"而闻名的平静祥和的

哲学家，同一个情绪变幻不定、疯疯癫癫、个人生活中不顾一切道德准则的唯心主义者的会面，是思想史中最具戏剧性的插曲之一。它只能以激烈的冲突而告终，而对于今天凡是读过整个故事的人来说，没有人会怀疑两个人中间谁是更伟大的思想家和道德典范。[①]

由于哈耶克对于制度自由主义的道德价值缺乏应有的说明，而伯林的多元价值论又把自由主义之正义德性的基础放逐了，因此现代社群主义获得了攻击自由主义的最佳缺口，在此，18世纪法国思想家狄德罗的《拉摩的侄儿》一书所揭示的小拉摩的相对主义便为各种反自由主义的政治理论提供了一个典型的例证。我们知道，18世纪法国的社会政治状况通过狄德罗笔下的小拉摩身上得到了淋漓尽致的表现，小拉摩展示了一种犬儒主义的辩证法，对于这个法国社会政治思想的典型化代表人物，黑格尔和麦金太尔都曾有过深刻的论述，他们都认为由此表达出来的相对主义的政治态度和人生观念，是法国自由主义政治思想的必然产物，而且是导向一个更深的批判理论的前提和前奏。[②] 小拉摩的这种辩证的社会政治观对于当时的社会政治理论给出了批判性的超越，如果说小拉摩针对的还是初期资本主义的社会状况，那么他的现代化身便是著名的荒诞派戏剧人物戈多（Godor），戈多面对的是一个完全发育成熟的资本主义社会。按照黑格尔、麦金太尔的分析，之所以会出现小拉摩、戈多之类的人物，关键在于现存的资本主义社会，其法律制度与市场经济

---

① 哈耶克：《经济、科学与政治——哈耶克思想精粹》，第567—568页。
② 参见：黑格尔：《精神现象学》，下卷；麦金太尔：《追寻美德》，第14章；麦金太尔：《谁之正义？何种合理性？》，第17章。

铲除了传统社会的密切联系，社会共同体之间的情感沟通和友爱互助在资本主义的冷冰冰的世界中完全丧失了，人被抛掷在一个金钱至上、利欲熏心的抽象社会之中，所以才产生了小拉摩、戈多之类的人物，可以说他们是所谓现代自由社会的怪异的批判者和牺牲者。为此，黑格尔致力于市民社会的改造和超越，他通过历史主义的精神哲学，用一种伦理国家的地上实体扬弃了资本主义社会的经济秩序与法权制度。而麦金太尔则开辟了另外一条理论路径，同样是基于对近代以来资产阶级市民社会的不满，对这个社会赖以建立的功利主义个人原则的反对，和对现行的毫无人情的法律政治制度的敌视，他选择了追溯古代传统美德的道德主义方式，企图通过追寻同情、仁爱、互助等传统美德，以重建西方社会久已丢失的社群纽带。因此，在他眼里，小拉摩的玩世不恭是不可取的，理想的重建现代社群社会的英雄不可能是一个与现行社会相反相成的犬儒主义者，只能是一个道德上的圣人，为此他得出这样的结论："我们正在等待的不是戈多（Godor），而是另一个完全不同的人——圣·本尼迪克特。"①

我们看到，从分裂的自我嘲弄的小拉摩到躲到修道院里沉溺于孤独的个人灵修的与公共社会毫无任何联系的圣·本尼迪克特，这是从法、德思想到社群主义演进的基本路线，而这两个人作为两种思想的代言人都与17、18世纪英国的政治哲学没有任何关系，都是一些逃避社会的陌生人，但正是他们反而成为了黑格尔眼中近代政治社会的批判者和麦金太尔理想中的未来社会的担当者。然而，以休谟为代表的古典自由主义的政治哲学在对待政治社会的态度上，

---

① 麦金太尔：《追寻美德》，第18章。

与法德思想以及现代的传人——社群主义大异其趣，休谟不会接受小拉摩身上的法国特性，这一点我们从休谟最终与卢梭的决裂可见一斑，相反，在休谟等人的政治哲学中，我们看到了一个对于市民社会和现实政治的审慎的、真诚关切的和平态度。英国古典自由主义的社会政治理论与大陆后起的所谓批判理论有着根本性的不同，[①] 他们对于社会有着一种认同的责任感和道义感，有着一种自由秩序前提下的忠顺与服从，他们强调美德的作用、传统的价值和保守的重要性，认为个人只有在社会中并与社会融合在一起，从属于社会的基本的道德礼仪和法律规则，才可能获得财产、骄傲与尊重。在他们眼中，一个体现了正义美德的社会，一个保障财产权的社会，一个鼓励人们追求自己的私利、幸福与偏好的社会，在其主流社会中只会造就出一个英国的绅士或中国所谓的君子，而不会出现法国的小拉摩或中世纪的修士圣·本尼迪克特。

## 2. 休谟与现代自由主义

如前所述，自由主义历来被视为一种社会政治理论或一种基于现代自由民主制度的社会秩序理论，不过，这种理论随着现代社会日益出现的各种问题，已经陷入了深刻的危机。于是乎自由主义是否需要一种人性哲学或价值哲学，就成为一个问题。显然，我们在

---

[①] 我们看到，小拉摩的气质与后来的批判理论，无论是黑格尔的批判理论，还是马克思的批判理论，乃至当代整个德国的批判理论有着内在的一致性，这种批判理论的核心在于他们预设了一个完美的人性，据此对照现实社会，并进而企图通过对社会的批判而建立起一个理想的现实。因此它们最终是一种政治的浪漫主义，而不是一种审慎的社会政治哲学。如果说法国和德国的政治哲学的气质是傲慢和狂热的话，那么英国政治哲学的气质则是审慎和机智。

前面给予这个问题的回答是肯定的，我们不能同意哈耶克对于这个问题的简单回避，也不能同意罗尔斯那种企图通过公共理性的交叉共识，而把终极性的价值问题排除在政治自由主义之外的做法。毫无疑问，自由主义在其古典形态那里，例如在休谟和斯密那里，首先是一种政治哲学或一种具有着人性论基础的政治理论，而这个政治理论的核心并不是现实政治的一般评论，而是正义论，即一种与人性的内在本质相关联的价值哲学或人性哲学。

现在的问题在于，17、18 世纪英国的古典政治思想，它们的人性哲学与正义价值，究竟是怎样与现代自由主义的公共秩序或法律制度联系在一起的呢？也就是说，人性哲学是如何为现代社会的政治理论提供一种价值论的支撑呢？或者说经由人性是如何导出一个政治社会的公共秩序的呢？我们看到，这个问题对于自由主义来说是至关重要的，如果不能很好地说明这一点，那么现代自由主义所采取的抛弃人性论的观点也就是合理的了，前述的小拉摩或圣·本尼迪克特的粉墨登场也就是必然的。现代自由主义正是在这个问题上犯了一个重大的错误，因为他们没有很好地处理人性与秩序的关系，没有很好地理解休谟哲学所提出的那个通过人为的正义德性而解决事实与价值两分的难题。他们对于上述问题的解决是不再把这个问题视为自由主义的关键问题，而只是把自己限定在一个公共政治的领域中搭建与价值无涉（Valu-free）的制度平台，但正是由于缺乏人性哲学的价值基础，这种在立法、行政、司法等制度层面上的一系列构建便沦为一堆虽维持运行但毫无生气的机器，致使自由主义在如何面对人的"良善生活"（good life）这一传统政治哲学的根本性问题上受到质疑，从而陷入了难以摆脱的困境和危机。①

　　其实，这个人性如何导出秩序的问题又很类似我们中国的一个既老又新的问题，即内圣如何开出外王的问题。我们知道，在中国古代传统的政治理论中，内圣与外王的关系一直是一个重大的问题，儒家思想中所谓的内圣很类似于前面我们所说的人性内在美德，而外王也大致等同于社会政治秩序，如何从内圣开出外王这在传统中国思想那里，特别是在儒家的政治理论中一直关涉着一个重大的社会政治逻辑，用一句在中国人人皆知的话来说，内圣外王之道即修身齐家治国平天下。一般说来，中国传统的政治之道有内省与外显两条路径，前者大致等同于西方思想中的狭义道德哲学，类似康德意义上的个人良知，属于致良知的道路，后者类似西方古典传统的政治学，意图建立一种休谟意义上的社会政治结构，但是这种结构由于缺乏法律制度的支撑，因此只能是一种僵硬的帝王行政制度。当然，中国传统政治讲究内圣外王的合一，修身与治国集于一身，内省与外显并行不悖，但必须指出，传统中国的社会政治理论存在着一个最大的缺陷，即从内圣到外王的实践过程缺乏一个公共政治的制度层面，由于把修身与治国理解为分立的平行并进，在其中没有一个中介性制度上的转换，因此也就无法产生一个公共的由正义规则和制度正义所支撑的价值体系，那么从内圣到外王的演进就只能依赖于道德的修养，而缺乏一个基于公共政治领域的政治哲学。

　　不过，应该看到这种从内圣到外王的嵌现路径确实又具有着一

---

① 现代社群主义的另一个主将桑德尔指出："简言之，一个由中立原则支配的社会之理想乃是自由主义的虚假应诺。它肯定个人主义的价值，却又标榜一种永远无法企及的中立性。"见桑德尔：《自由主义与正义的局限》，万俊人等译，译林出版社 2001 年版，第 14 页。

定的合理性，它论述了这样一个问题，即社会治理或国家政制存在着一个人性学的基础，它们与人性有着内在的关联。一个社会共同体的形成，一个政治国家的出现，与人性有着密不可分的关系，但关键的问题是人性与制度的关联如何具有着正当性与合法性，也就是说，联系内圣与外王的中间环节是一个法律正义或政治正义的问题，而不单纯是道德上的良知问题或德治问题。中国传统的内圣外王之道更多地只是揭示了一种狭义道德学的内圣外王路径，而不是西方的政治德性论，缺乏一种基于正义德性的政治法学与政治经济学。由此可见，中国所谓内圣开出外王的传统政治理论便与英国的古典政治哲学，特别是与以休谟和斯密为代表的古典自由主义，有着重大的不同。在中国的传统社会从来就没有一个真正意义上的公共政治领域，从来没有形成一个成熟的市民社会或经济社会，从来没有产生塑造一个政治社会的法律制度和政治制度，因此，也就不可能有所谓的公共政治理论。

中国传统的所谓内圣学，其人性论的蕴涵是相对狭窄的，私与公在中国思想中的意义十分独特，并不对应西方公共政治领域的所谓私域与公域。我们知道，公域与私域是西方自古希腊以来就存在的两个领域，它们既是相互对立的，又是相互关联的，而划分它们的标准并不是道德的是非善恶，从西方传统的社会政治思想来看，区分私域与公域的尺度在于法律规则，也就是说，公共政治的正当性标准不是善恶，不是良知，而是法律规则。对此，休谟在他的《人性论》中曾有过明确的论述，他所谓人为的正义美德，所谓正义基于法律制度的观点，都深刻地揭示了制度正义高于道德良善的这一政治哲学的实质。但是，中国传统的政治哲学往往把人的本性假定为内在的良知，并企图从性善论中通过内圣的内省之道而开出

（嵌现）一个外在的社会治理模式，这就与休谟基于人性论的社会政治理论有着重大的差别。我们看到，休谟并没有把人性简单地界定为是性善或者性恶，在前面章节的分析中我们曾经指出，休谟的人性学预设包含了三个方面的内容，即外部资源的相对匮乏以及人性的自私与有限的慷慨。可以说这个人性学预设其基本的特征是把人的自私本性与有限的同情结合在一起，因此，它对于人性的认识既不是善的也不是恶的，而是一个中性的本质特性。<sup>①</sup> 这样一来，在社会的形成过程中，人的自私本性与同情的道德情感相互之间的对立通过德性正义而逐渐得到调整，因此，在休谟的政治哲学那里，重要的不是道德学的内省，而在于法律制度的建设，在于社会共同体中人们共同利益感的协调。所以，休谟的理论是一种基于正义美德的社会政治理论，这种社会政治理论所开辟出来的乃是一个公共的社会领域，在其中正义的法则和制度以及道德情操共同建立起一个人的社会共同体，建立起一个社会与国家的政治秩序。因此，从内圣到外王的问题在英国的古典自由主义那里，所展开的乃是一个通过正义的德性而对人的自私本性加以调整、教育的问题，它依据的不是道德高论，而是依据一个有序的社会制度和法律制度之下的个人利益与公共利益的博弈机制。英国古典政治思想不同于中国的内圣外王之道，不强调致良知的道德路径，而是关注于利益之辨，是

---

① 当然，在中国传统思想中，有关人性的中性学说也是一个主流的观点，甚至在儒家那里，早在孔、荀的理论中，其主导的观点认为人在本性上是自私的，或非善非恶、中性的，荀子所谓的"化性起伪"，即是指通过后天的仁义礼仪等教化人的自私本性。只是孟子一脉发扬了"浩然之气"的性善论观点，到了宋明理学，性善论才成为儒家正宗的人性理论。不过尽管如此，在儒家的中性人性论中也并没有开辟出一个公共政治社会的政治理论，其关键的原因还在于，在中国从来就缺乏一个市民社会，特别是一个西方近代的以市民阶级为主体的经济社会，因此也就形成不了一种独立公正的基于私人财产权的法律制度。

一种以正义而不是善恶为最终依据的社会政治理论。这样对于一个社会共同体来说，正义的法则和制度就具有着十分重要的意义。

哈耶克的一个重要理论建树是他的自生秩序论，他企图揭示一种人类社会的经济、法律与政治制度的产生与演变的机制。此外，他在晚年的《致命的自负》一书中也曾试图为他的自生秩序理论提供一种哲学的或人性学的说明，在书中他探讨了情感与理性的问题，讨论了社会秩序是如何在情感与理性之间自发地演化出来的。我们看到，哈耶克的这种努力或许是因为他在晚期思想中发现了自己的问题，认识到一种社会政治理论如果不能从哲学人性学的基础上给出说明的话，那将是十分不牢靠的。可惜的是他有关这个方面的思考远没有完成，所达到的深度与休谟、斯密相比还有很大的距离，他还没有提出一个完整的人性论，没有认识到自私欲望与道德情操之间的实质关系，没有意识到休谟的事实与价值两分的难题对于现代自由主义的重大意义。因此，他只是简单地讨论了理性与情感的关联，随后便进入自生秩序的经济学、社会学和法学的论述之中，因此，从人性到秩序的演变在他那里只是占据次要的位置，相比之下，他更为看重的是一个社会秩序在经济和政治层面上的自生自发而非理性建构的演变。显然，批判唯理主义的建构性，强调社会秩序的自生性，指出"人为的而非人的理性设计的"这样一个有关社会秩序的基本特性，这是哈耶克思想的重要贡献。这一问题的解决对于抵制大陆社会政治思想中的理性独断论无疑具有重要的意义。但是，这个问题并不能代替另外一个问题，即从人性论向社会秩序论的转型。应该指出，在自生秩序的背后，存在着一种从事实到价值的转换，存在着人的道德情感向规则正义的提升，但这些却被哈耶克严重忽视，而它们却是休谟、斯密政治哲学中的一个十分重要的内容，它提供了形成社会秩序的人性基础，而在这一点上，传统中国的内圣开出外王的理路虽然偏于道德化的理解，但所强调的人性价值对于今天的社会政治理论来说仍然具有着启发意义，在思想路径上与休谟的政治哲学不谋而合。

正如前述，社会秩序的形成、法律制度的建立，存在着一个人性的基础问题，也就是说如何从人性导出一个社会秩序，用中国的话说如何从内圣开出外王，现代自由主义并没有给出卓有成效的说明，而休谟却早已提供了一个富有建设性的理论，这是休谟对于现代自由主义的第一个可资借鉴的贡献。对于现代自由主义来说，与上述问题相关联的还有另外一个更为深刻的问题，即由人性所导出的这个社会秩序的正义性或价值性问题。也就是说，即便我们承认从人性能够导出一个秩序，但这个秩序是怎样一个秩序，是否具有着正当性，是否是一种正义的秩序呢？或者说如何从人性导出一个正义的社会秩序，这个问题的解决是休谟对于现代自由主义的第二个重要的贡献。固然我们可以承认，一切的社会秩序和制度都有着人性的基础，都与人性密切相关，但这并不意味着这种相关性就使得任何秩序都具有正义性，任何社会制度都是一种正当性的社会制度。在我们已有的或者可能出现的社会秩序与制度中，在我们所处的这个社会共同体中，并非任何现存的秩序与制度都具有合理性与正当性，如果这样的话，也就不存在所谓社会的非正义问题，也就不存在所谓社会的改良问题，也就不存在人类有史以来的那么多的痛苦和灾难了。因此，如何考量一个社会制度的正义性，这便成为自由主义的最为根本性的问题，这也是现代社会政治理论或政治哲学的一个核心问题。

休谟曾多次指出他的哲学的中心问题是正义问题，依照他的理论，我们可以进一步指出，对于自由主义来说，政治哲学的最核心的问题是正义的制度问题，自由主义要探讨或建立自己的价值哲学，首先关注的便是一个正义的社会制度如何可能，因此，政治正义是自由主义的核心。然而，现代自由主义的社会政治理论却面临诸多疑难，由于它们所提供的那一套社会政治理论的要点是有关制度的程序与形式等方面的内容，因此，在很多人看来，自由主义是一个不关注正义的社会理论，是一个只在形式方面建立起庞大的日益繁复的规则系统的理论，所以从社会正义的角度对于自由主义的批判，也就成为现代社会政治理论的时髦话语。按照现今流行的各派理论，特别是那些社会民主主义和社群主义的理论，自由主义不关注正义，只是一味强调建立一个法律制度的体系，至于这个制度本身是否具有正义性，是否体现了人的经济与社会权利方面的平等，等等，自由主义不是置若罔闻，就是无所作为。面对如此种种的批判，现代自由主义内部也发生了分化，出现了所谓的自由主义左派与右派。以罗尔斯等人为代表的自由主义左派基于社会正义问题的考虑而逐渐向社会民主主义和社群主义靠拢，提出了一个分配正义的社会理论，与此相对，以哈耶克和诺奇克为代表的自由主义右派则固守着传统自由主义的基本主张，认为自由主义的精髓在于形式和程序的正义。

现代自由主义之所以面临这样那样的问题，从根本上说它们确实触及到自由主义的实质问题，那就是究竟什么是正义，究竟正义的规则是如何可能的。对于这个问题，哈耶克曾试图给予回答，他提出的作为元规则的正当行为规则，其要点便在于为现代法治社会提供一个自由正义的基本前提，在他看来，原初的正当行为规则是现代社会秩序和法律与政治制度赖以建立的基础，作为元规则，它从一开始就具有着正当性的意义，因此，哈耶克又称之为正当行为规则。显然，正当行为规则理论的提出，是哈耶克社会政治理论极其重要的一环，是他的整个法律和宪政理论的一个基石。但是，值得注意的是，哈耶克的这个思想被很多人忽视了，而且哈耶克自己对于这个问题也没有给予高度的重视，只是把它视为一个基本的前提，等同于他所理解的英国普通法，等同于休谟提出的三个正义规则，并没有就这些正义规则的产生机制以及与人性的复杂关系展开更深一步的探讨。因此，这个问题的重要性并没有突显出来，至少它在哈耶克的思想中，并没有像自生秩序理论那样受到他的高度重视。① 实际上这个问题可以说是休谟政治哲学中最重要的问题，而且也是最为复杂的问题，我认为它是英国古典自由主义，特别是休谟和斯密的政治哲学中最值得关注的一个问题，而在今天，这个问题对于现代自由主义来说尤其显得重要。在我看来，它要比罗尔斯的社会正义理论、哈耶克的自生秩序理论、诺奇克的持有正义理论都更为根本。

　　为什么这样说呢？因为它关涉自由主义的内核。休谟和斯密都曾经不止一次地论述过，人的行为基于自私的本性以及有限的同情，在共同的利益感觉之下，他们逐渐形成了一个社会的共同体，并且这个共同体在演进中产生了一定的规则与秩序，经济社会、政治社会等先后发育成熟，一个市民社会的公共政治领域趋于完备，于是社会治理变成重要的事务，国家与政府等机构应运而生。但是问题在于，公共政治领域的社会治理如何才能够具有正当性呢？显然，

---

① 我在《法律秩序与自由正义——哈耶克的法律与宪政思想》一书中，通过分析"正当行为规则"对于哈耶克整个社会政治理论的极端重要意义，所力图说明的也正是哈耶克在这个问题上所具有的重要贡献。参见拙著第一、三、六章的有关论述。

仅仅基于人的需要或人的本性是无法为这种社会治理提供正当性依据的，也就是说，仅仅从人有一种组成社会的需要，社会共同体使人的需要得到较为充分的满足这样直接的需要与满足的关系，是无法为国家或政府的存在提供正当性说明的。正是由于上述原因，政治道德主义出现了，它企图通过致力于人性趋善避恶的改造而打通由内圣到外王的政治路径，或者说它企图通过培育一种良善的人性而为建立一个正当的社会政治制度奠定人性的基础。但是必须强调指出的是，在英国的古典思想那里，这样一种由人性到国家政体的理论探讨有着一个重要的中介桥梁，那就是休谟所说的以三个基本的正义规则为核心构成的法律制度，而且这个法律制度由于在西方社会，特别是英国由来已久，作为传统早已融汇于他们的日常生活之中，其形式和实质两个方面的正义性都已深得人心，所以在塑造他们的民族国家的政治体制方面并不存在难以逾越的鸿沟。但是在中国，由于我们缺乏这样一种法律正义的传统，特别是缺乏英国那种传统的政治美德和私法制度，所以这样一个从内圣到外王的跨越不但是困难的，而且几乎是不可能的，这也正是现代的新儒学之所以失败的根本原因所在。因为在他们的理论中既没有正义的法学，也没有政治经济学，既没有一整套保护个人权利的法律制度和政治制度的理论主张，也没有阐释通过鼓励个人追求私利而由此构成国民财富的经济规则和经济秩序理论，所以也就不可能从儒家的人性学那里开辟出一个正当的国家理论出来。

善恶问题在相当大的程度上所涉及的是一个主观动机或良知问题，从这个角度论证社会秩序的正当性是困难的，王阳明等人的致良知学说在现代社会的公共政治领域不可能有所作为，其原因也在此。相比之下，古希腊以来的亚里士多德主义却开辟了另外一种有关社会公共政治领域的新路径，并通过政治德性论对社会秩序提供了一种正当性的说明。当然，由于亚里士多德主义是一种目的论的政治理论，所以在他那里至善与正义是合一的，或者说至善最终超越了正义，成为社会秩序的价值基础。然而，我们看到，在英国的古典政治哲学那里，正义性问题不再沿袭古代善恶论的政治路径展开，而是经历了一种对于亚里士多德主义的重新改造，休谟和斯密通过提出"人为的正义"或"正义的旁观者"，从而开辟出一个有关正义规则如何可能的新理论路径，这是英国古典政治哲学的一个极其伟大的贡献。我在前面几章的分析已经反复指出，休谟和斯密分别用他们各自的语言论证了正义规则的产生机制，对于他们来说，一种社会秩序、一种公共的政治制度之所以具有正当性，其关键在于法律规则。任何社会秩序和制度如果没有一种正义的规则体系加以衡量分界，没有形成正义规则之标准，那么这个秩序与制度就是非正义的，就不具有制度正义的美德。当然，在这个问题上，17、18 世纪英国的政治思想仍然存在着分歧，自然与人为的张力关系，经验与先验的矛盾冲突，在休谟和斯密的理论中一直存在着。他们只是从现实的经验事实出发，对三个正义规则以及看不见手的机制给出了一种基于共同利益感觉的人性学的说明，认为正义是一种人为的德性，是一种基于法律规则的制度的正义，是一种能够在自私和同情的关联性中得到说明的价值。至于这种自私与同情的关联性究竟如何体现为人为的正义，或体现为旁观者的正义，对于休谟和斯密来说或许都是理性不及的问题。

上述问题在英国的古典政治哲学中是一个在知识上无法解决的难题，是一个休谟所说的从事实到价值的两分中需要加以转换的问题，所以，后来的一系列社会政治理论在这个问题上给出了不同的说明，并导致了各种不同的理论形态。我们看到，康德的政治哲学便是从先验正义的角度对于这个问题给予了一种德国唯心论的说明，而哈耶克则是从正当行为规则方面给出了一种英国普通法的说明，至于边沁则是从最大利益的计算方面给出了一种"内容功利主义"的说明。康德以实践理性的原则取代了休谟的人性论预设，在他看来，法律规则和社会秩序的正义价值不在人的自私和同情等感性情感方面，而是在于先于经验事实的道德律令方面，因此，在德国政治思想中，虽然法律正义是其政治哲学的基础，但那是一种基于理性的先验的正义，它们集中地表现为一个由法律规则设定的权利体系。边沁则与康德相反，他认为休谟难题的关键是一个利益问题，不过，他认为正当的利益不是由共同感觉或行为规则决定的，而是系于最大多数人的最大幸福这一普遍的功利主义原则，为此他认为要为社会秩序建立正义性的依据，必须经过严密的理性计算，根据满足最大多数人的最大幸福这一原则，有效地利用社会资源，分配相关的利益。总之，他提出的功利原则是社会秩序和法律制度之正当性的基石。对于休谟的社会政治思想，边沁也是从他的功利主义的角度来理解的，认为休谟是功利主义的先驱。至于罗尔斯，则显然试图通过批判功利主义的利益原则而把康德的权利正义理论在现代社会中予以重新说明，他接受了康德契约论的理论路径，并以公共理性的交叉共识消除了康德先验的道德律令，这样一来，罗尔斯的正义论既有别于功利主义，又有别于康德，是一种以权利为核心的偏重于分配的社会正义理论。而哈耶克则对于康德的先验道德权利理论和边沁的功利主义利益理论都不满意，他认为正义问题的关键在于规则，在他看来，旨在保障人的自由和财产的法律规则和宪政体制才是正义的核心，因此，他的正义理论与权利论的路径不同，属于规则论的路径。

由此可见，关于社会秩序的正义性问题确实是自由主义政治哲学的一个难题，不同的理论家给出了不同的解答，我认为在这个问题上由哈耶克上溯到休谟和斯密的规则正义理论是到目前为止最为深刻的也是最为可行的一种解决方案。因为它们既不是先验主义的，如康德，也不是功利主义的，如边沁，而更多的是基于规则的否定性正义价值。① 只不过相比之下，哈耶克对于正义规则的理解远不如休谟、斯密的理论深刻，正像我们前面所指出的，哈耶克理论最主要的问题是缺乏人性上的把握，没有把休谟政治哲学中有关人的自私本性、道德情感以及政治美德等古典主义的实质内容考虑进去，因此，就变成了一个孤立的正义规则如何可能的问题，而没有意识到这个正义规则如何可能的问题同时又是一个德性或道德情感如何可能的问题，没有意识到一个遵循正义规则的人在共同体的生活中，还可以产生相关的共同利益感觉，产生设身处地的同情，产生道德情操与仁爱之心。也就是说，休谟和斯密反复讨论过的间接情感和道德情操被哈耶克严重忽视了，所以，哈耶克只是单方面地强调内部规则为个人所提供的自由与权利保障，强调市场经济秩序与政治制度的关系，并致力于宪法新模式的变革，而没有在人性论上，在政治美德论中展开他的有关制度正义的论述。而在我们看来，这些恰恰是英国古典自由主义极为重要的方面，是能够对现代自由主义予以补充并可以开辟出一个新的广阔

---

① 关于这个问题的详细论述，参见高全喜：《法律秩序与自由正义——哈耶克的法律与宪政思想》，第三、六章的有关内容。

前景的方面。

我们知道，现代自由主义无论是罗尔斯、哈耶克，还是其他人，都对人性论漠不关心，虽然罗尔斯的《正义论》也曾专门论述过道德情感，哈耶克在他的《致命的自负》一书中也谈到了理性与情感的关系，但总的来说，道德情感并不是他们政治哲学的中心问题，他们并没有像 17、18 世纪英国政治哲学那样把道德情操放在一个头等重要的位置来看待。正是因为这一点，他们遭到了以社群主义为代表的另一派政治哲学的强有力批判，麦金太尔在他的一系列著作中直指自由主义软肋，对于现代自由主义的批判是深刻的和尖锐的。在麦金太尔看来，现代自由主义把正义单纯系于法律规则上，强调法律制度意义上的形式正义或程序正义，这一自由主义的主流观点对正义的理解是错误的，不符合古代以来的政治美德传统，歪曲或蔑视人性的系于同情与共通情感的本质联系。他写道：

> 现代系统的政治观，无论自由主义还是保守主义，无论激进主义还是社会主义，从一种真正忠于美德传统的观点来看，都必须被拒斥，因为现代政治本身以其制度性的形式表达了对于这一传统的系统的拒斥。①

如何看待麦金太尔提出的这个重要问题呢？我认为，自由主义对于这个问题不能采取回避和漠视的态度，应该认识到这个问题所带来的挑战及其引发的重要理论意义。实际上，麦金太尔这个问题的要点仍然可以追溯到英国的古典思想，追溯到休谟和斯密的人性

① 参见麦金太尔：《追寻美德》，第 17 章。

论上来，只不过麦金太尔对于休谟和斯密的理解是错误的，他所谓的休谟和斯密两人对于亚里士多德主义的英国化颠覆只是看到了问题的一个方面，而没有看到另外一个方面。应该指出，正是这种所谓的颠覆反而使得英国的古典自由主义建立起了一个真正富有内容的政治理论。麦金太尔的最大问题在于他割裂了人性共通感及其面向公共政治的美德所具有的规则和制度方面的意义，他只是片面地指出了道德情感所导致的一些非规则和非制度的社会关联，揭示了它们所呈现的美德性质，而没有注意到这些情感是完全可以与公共社会中的法律规则和政治制度联系在一起的，是可以通过制度和规则的人为设计而逐渐再生出来的。因此，麦金太尔等人只是把同情和道德共通感中非规则的一面突出出来，并且把它们与法律规则和自由制度对立起来，所以，麦金太尔推崇的是一种不需要或抛弃了法律规则、经济秩序与政治制度的社会共同体，他企图在一个没有制度支撑的单纯由道德情感和传统美德维系的社会群体中生活，并且把它们浪漫化地想象为亚里士多德主义的理想王国。他写道：

> 当然，在自由个人主义的现代性立场和我所勾勒的古代与中世纪的美德传统的立场看待道德品格与政治共同体的关系的方式之间存在一种根本的区别。对于自由个人主义来说，共同体只是一竞技场，在那里，每一个人都在追逐其自身所选择的善的生活的概念，而政治制度机构的存在则提供了使这类自我决定的活动成为可能的那一程度的秩序。政府与法律是或应当是在各种对立互竞的有关对人来说善的生活的观念之间保持中立，并且因此，尽管增进法律的遵守乃是政府的使命，但按照

自由主义的观点，灌输任何一种道德观却决非政府的合法功能。相反，按照我所概述的古代与中世纪的独特看法，政治共同体不仅需要美德的践行以维系自身，因而，使孩子成长为有德性的成年人是父辈权威的使命之一。这一类推的经典表述是苏格拉底在《克里同篇》中作出的。当然，接受苏格拉底有关政治共同体和政治权威的观点并不意味着我们应当将苏格拉底归于城邦及其法律的那种道德功能归于现代国家。诚然，自由个人主义观点的力量部分来源于这样一个明显的事实，即现代国家总的说来的确不适于像任何一种共同体的道德教育者那样行动。①

其实麦金太尔对于亚里士多德主义，特别是亚里士多德德性理论中所具有的法律和政治的意义，并没有给予深入的研究和足够的重视，他只是发挥了亚里士多德的《尼哥马可伦理学》中有关美德的观点，而把亚里士多德《政治学》和《雅典政制》中的政制观和法律观严重忽视了。必须指出，尽管亚里士多德的社会政治理论与英国的古典政治哲学在基本点上是不同的，前者是主智主义的，后者是经验主义（自然主义）的，但在公共政治领域，17、18世纪英国的思想确实改造了亚里士多德主义的政治学传统，形成了一个既有政治美德论又有法律规则论乃至政治经济学的社会政治理论，创建了一个沟通自然情感与法律制度的苏格兰历史学派，这不能不说是英国古典自由主义的伟大贡献。相比之下，现代的政治自由主义只是抓住了法律规则的形式正义，无疑显得十分片面和僵硬，而社

---

① 参见麦金太尔：《追寻美德》，第14章。

群主义也正是看到了现代自由主义一味重视法律和制度设施建设，忽视人性内涵，特别是放弃了古典主义的道德情感和政治德性这一弊端，所以才对现代自由主义发起了强有力的阻击。

但是，一旦当把攻击的矛头对准古典自由主义时，社群主义的理论家们就变得软弱无力。之所以会出现这样的情况，关键还在于英国古典思想的人性论预设，因为它们已经触及到人的私利和公共利益问题，触及到私利与公益的相互关系以及区分这种关系的正义规则与道德情操两个方面的协调和演进。也就是说，在英国的古典政治哲学那里，对于基于人性基础上的私利与公益关系问题的解决是在两个方面来加以展开的：一个是通过法律规则而建立起一个自由的法律制度和政治制度，另外一个则是通过同情和仁爱之心而建立起一个美德心理学和道德情操论。因此，正义在英国古典思想那里，既不是纯粹规则主义的，也不是纯粹道德主义的，更不是纯粹功利主义的，而是上述三个方面的沟通、协调与融合。当然，试图把法律、道德与利益联系在一起考虑的理论努力在现代自由主义的思想家那里也曾有过回应，例如德沃金在他的《法律的帝国》一书中，就曾经提出过一个有关法律共同体的博爱原则，以此消减法律与道德的内在张力，显然，这种努力的路径与英国的政治哲学具有某些关联。他写道：

> 我们终于能够直接考虑我们的假设，即对政治合法性的最佳辩护不是为哲学家们一直所希望的那样，在契约严格的领域内，正义的责任范围内，或在局外人适用的公平对待中被发现的，而是在博爱、社会以及随之而来的义务等更为充分的根据

中被发现的。①

    总之，17、18 世纪英国的古典思想给予现代自由主义提供了这样一种启示，那就是现代自由主义应该有自己的道德哲学，应该建立自己的正义德性论，而不能仅仅局限在制度层面上，应该意识到自由的政治制度的人性前提。必须指出，自由的政治制度乃至它在现代社会的最重要成果——宪政制度，不仅具有法律的意义，同时也具有道德的意义，它们包含有制度的美德。


## 三、回到大卫·休谟

    前面我们讨论了现代的政治自由主义所面临的一系列重要问题以及英国古典思想，特别是以休谟和斯密为代表的英国古典自由主义对于现代自由主义所具有的价值与意义。我们看到，自由主义在近三百年的演变过程中，其发展演变是与某些片面性的歧变相互并行的，在强调法治秩序与市场经济方面，自由主义的理论及其实践可以说在西方社会得到了长足的扩展。但是，随着自由制度的日趋

---

① 德沃金：《法律帝国》，李常青译，大百科全书出版社 1996 年版，第 185 页。不过，也应该指出，德沃金有关法律与博爱关系的论述又具有着很深的法国思想的印记，可以说他的博爱原则是从法国思想中提炼出来的，尽管非常高尚，非常具有理想性和感染力，但从某种意义上来说它只是一种非常抽象的观念，而非真正的自然情感，因此，与休谟和斯密意义上的包含了人的自私与同情的道德感还是有相当大的距离。尽管如此，我们也应该看到，德沃金的这种努力至少说明了现代的政治自由主义有一种对于传统德性思想的回归，有一种企图克服法律的纯形式而向包含着人情的正义德性的回归。只不过这种回归如果能够放弃那种法国式的意识形态化了的博爱原则，进而转向英国古典思想的道德同情，也许更能揭示现代政治自由主义所应回归的路径。

完善，特别是进入 21 世纪之后，现代社会所出现的新问题使得自由主义在社会政治理论方面面临着一系列的挑战，来自各个方面的对于自由主义的批判变得越来越激烈。其中有代表性的是两个方面的观点：一个是来自社会主义的和以社会主义理论为支柱的思想观点，这类对于自由主义的批判虽然随着苏联的解体而日趋消沉，但其理论意义并没有因此而减弱，与此相关的经济平等、社会正义等问题在全球化时代的今天，又以社会财富的分配不公、自然资源的占有失衡等形式出现，在种族关系、世界贸易、国际政治和全球地缘战略等方面表现得尤为突出。此外，对于现代自由主义的政治理论还有另外一种挑战，那就是社群主义。社群主义虽然与社会主义理论有很大的不同，但在对于自由主义社会政治理论的批判上却是一致的，它们都认为强调规则与秩序的自由主义使得现代社会越来越变成了一个冰冷、血腥的个人处于孤立无援状态的抽象社会。与此相关，社群主义推崇西方传统社会久已形成的社群纽带，以及维系这个社群的共同的习俗观念与道德情感，认为维系社群共同体的同情、互助、友爱等美德，是克服自由主义原子式个人的有效方式。

上述批判在自由主义内部从一开始就产生了巨大的影响，并导致了分化与变革，诸如西方的福利国家政策就是自由主义对于社会主义的某种妥协和修正，经济学家凯恩斯和政治哲学家罗尔斯可以说是这类新自由主义理论的代言人。然而，相比之下对于社群主义的挑战，现代自由主义的应对却显得十分无力，因为自由主义对于极权主义的批判，固然使得人们对于那种国家有机体主义有了深入的认识，但是它并没有指明国家的有机体主义是通往极权主义的唯一逻辑，也没有在理论上应对社群主义有关社会有机体的新认识。

实际的情况也是如此，应该看到社群主义与极权主义毕竟是两种完全不同的政治理论，从有机体主义那里并不必然地导致极权主义，它也可能导致社群主义，而且社群主义对于传统政治思想的解读，要比自由主义深刻，它们梳理出一条从古典的亚里士多德主义到社群主义政治哲学的内在理路，并指出极权主义只是政治有机体主义的一种变态形式。从正常的人类有机体那里，不但不会产生极权主义，反而会出现一个以亲情为纽带的、人与人和睦共处的群体共同体，对此，社群主义的早期理论家腾尼斯就曾有过深入的论述，现代的社群主义更是把这种以合作、友爱、同情等情感为纽带的社会共同体视为社会政治理论的基石，并且进一步挖掘出它们的美德意义，指出它们不过是传统德性的延续。

针对上述问题，自由主义的应对往往显得无济于事，例如，20世纪以来在西方社会政治思想中曾经风行一时的回到康德主义的口号对于社群主义的挑战就显得有些文不对题。康德哲学在西方的社会政治理论中产生过重大的影响，两个世纪以来，我们发现每当哲学和社会政治理论出现重大纷争的时候，总会有某种回到康德主义的理论呼声。在20世纪上半叶，针对当时的道德和社会问题，新康德主义就曾明确地提出过回到康德的口号，企图用康德的道德哲学来解决当时的资本主义与社会主义之争。而在20世纪的晚期，在西方社会政治、经济与文化发生深刻变化，现代自由主义面临着更新一轮的挑战之际，以罗尔斯为代表的现代政治哲学实际上又一次提出了回到康德哲学的问题，罗尔斯的正义论显然是以康德的政治哲学为基点建立起来的。我们发现，康德主义的色彩即便是在哈耶克和诺齐克的理论中也都或多或少地留下了深刻的印迹，例如格雷就曾指出，康德和休谟是哈耶克思想的两个来源，[1] 至于诺齐克的持有正义理论，同样受到了康德权利哲学的影响，特别是他提出的道德边际约束理论，完全是康德道德主义理论的翻版。[2]

回过头我们再来看一下中国近 20 年的思想状况，我们也同样发现一个"回到康德中去！"的哲学口号曾经在相当长的一段时间内占据着社会理论的主导倾向。我们知道，在中国现代的社会政治理论中，马克思主义和黑格尔主义曾经占据着统治地位，但是近 20 年来，随着中国启蒙思想的广泛传播，有关人性和人道主义问题的大辩论以及自由主义政治理论的登场，可以说回到康德哲学中去便成为中国思想理论界的一个基本共识。应该指出，这一理论路径的提出对于现代中国的社会政治理论和政治哲学所具有的意义是巨大的，它主要体现在如下两个方面。

首先必须指出，通过回到康德的哲学，特别是回到康德的道德哲学，那么近 20 年来中国启蒙思想所企图建立的一种人性的价值理论得到了哲学上的确定，找到了哲学人本学的理论依据。中国的思想解放运动，在经历了思想启蒙之后，随着对于现实与历史反思的深入，逐渐发现那种人道主义的文化观已无法从根本上对中国的社会政治问题给出理论的说明。因此，康德哲学，特别是康德的道德哲学中所包含的有关人的主体意识、人的自由权利和人是目的的人本思想，成为新的理论资源，所以，回到康德的哲学实际上是对于中国启蒙思想的一种新的哲学人本主义的理论提升，它完成了中国

---

① 参见 Johy Gray, Hayek on liberty, Third edition, Routledge, 1998, p. 4. Chandran Kukathas, Hayek and modern liberalism, preface., Oxford, 1989, 高全喜：《法律秩序与自由正义——哈耶克的法律与宪政思想》，第三章。

② 参见诺齐克：《无政府、国家与乌托邦》，何怀宏等译，中国社会科学出版社 1991 年版，第三章。

现代思想发展的一个阶段。① 其次应该看到，这种回到康德中去的思想倾向除了对于中国的启蒙思想具有提升性的理论意义，对于中国的传统思想还具有着重新解读的指导性意义，或者说康德的道德哲学对于理解中国传统儒家的思想提供了一个沟通、交流与整合的理论前提。我们知道，近代以来中国学界对于儒家思想的理解就具有着某种康德主义的色彩，或者说以康德的道德哲学来阐释儒家思想的义理，成为现代新儒家的一个基本的方法，例如牟宗三的新儒学实际上就是康德主义与儒家思想相互结合的一种产物。②

由此可见，中国现代思想中所提出的回归康德哲学的理论口号，不仅具有着提升中国启蒙思想的意义，而且还具有着与传统儒家思想相交通的意义。因此，它是一个在启蒙思想中进一步发扬历史传统，在西方学术资源中融会本土思想的理论问题，而且这个理论问题又集中地体现为对于专制权力的批判和对于人的道德本体的高扬。这样一来，通过重新回到康德哲学的理论努力，过去的那种历史主义的和意识形态化了的社会政治思想得到了一种道德人性学上的修正，人的自由和权利、人的主体地位和人的价值成为社会关注的要点，成为人们思考问题的出发点。也正是在这个意义上，我们说通过回到康德哲学，中国的现代思想借助于康德思想的阐释从而确立了一种中国式的人本主义哲学。

———————————

① 对此，李泽厚曾经有过深入的论述，他写道："康德哲学的巨大功绩在于，他超过了也优越于以前的一切唯物论者和唯心论者，第一次全面地提出了这个主体性问题，康德哲学的价值和意义主要不在他的'物自体'有多少唯物主义的成分和内容，而在于他的这套先验论体系，因为正是这套体系把人性（也就是人类的主体性）非常突出地提了出来。"见氏文"康德哲学与建立主体性论纲"，载《论康德黑格尔哲学》，上海人民出版社 1981 年版，第 3 页。
② 参见牟宗三：《心体与性体》，上海古籍出版社 1999 年版。

然而，必须指出的是，无论是西方 20 世纪以来的回到康德哲学中去的思想路径，还是中国近 20 年来的回到康德哲学中去的理论主张，其所依据的康德哲学，特别是康德哲学的道德理论，在今天正面临着日益严峻的挑战，所谓康德哲学的复兴，无论在西方的语境中还是在现代中国的语境中又都存在着极其重大的困难。面对于此，本书的问题在于：是否存在着一种重新回到休谟哲学的可能性呢？

　　首先让我们来看一下西方的思想状况。正像我们前面指出的，随着社群主义的兴起以及对自由主义的批判，以康德为支点的现代政治自由主义确实无法给予新的卓有成效的回应，因为康德的哲学同样缺乏社群主义所关注的联系社群共同体的感情纽带。固然关于共通感问题，康德在他的《判断力批判》一书中曾经有所论及，但基本上是采取着否定的态度，在他看来，"如果我们不能超越这些感觉而提升到更高的认识能力的话，我们关于真理、合适、美和公正是永远不可能想到这样一种表象的"。[①] 康德的道德与权利哲学是一种先验论的理性理论，这种理性主义的社会政治理论与社群主义所主张的美德传统是有很大差别的，它无法在人性的情感层面上，在政治正义的德性层面上，对社群主义提出的问题给予强有力的应对。因此，现代自由主义要回答上述问题，要建立一个能够克服社群主义挑战的更加全面的社会政治理论或政治哲学，从某种意义上来说，必须回到休谟，回到以休谟为代表的英国古典政治哲学中去，回到他们所提出的那个以自私、同情和仁爱为主导的道德哲学中去。在我看来，通过吸取、完善和进一步发挥休谟、斯密开创的那种人性正义论的古典自由主义理论，补充传统自由主义原先就已经确立的

---

① 康德：《判断力批判》，邓晓芒译，人民出版社 2002 年版，第 135 页。

规则与制度的正义论之不足，并且把两者结合在一起，形成一个完整的真正继承古典自由主义内在精神的自由主义政治理论，就可以有效地克服社群主义的片面性挑战。

前面我们已经指出，社群主义对于社会共同体的认识其实是相当片面的，他们固然从有机体主义那里排除了直接导向极权主义的逻辑必然性，但他们所说的那种单纯以共同的情感纽带所维系的社团或社会群体乃至共同体，实际上是一种政治乌托邦，是一种政治浪漫主义的想象的产物，根本不可能在现实中存在。为什么这样说呢？因为他们所引以为据的社团或社区的公共群体，只是一些生活互助的共同体，根本不是一个市民社会的真正意义的社会共同体或政治共同体。在那里没有社会的经济关系和法律秩序，缺乏生产、流通与交换等自由经济制度下的经济活动，缺乏个人利益与公共利益之间相互关系的司法调整，缺乏法律与政治制度的支撑与保障，它们只不过是一些按照兴趣、观念、爱好等结合起来的，类似于社区俱乐部、钓鱼协会、登山组织、环境保护联盟之类的社团群体，不具有根本性的社会政治意义。因此，以诸如此类的社会群体为依据而企图建立一个社会的政治共同体，并进而取代现行的经济秩序、法律制度和国家体制，显然只是一种空谈。固然维系这类群体的那些共通情感、传统美德等，对于现时代的社会伦理来说具有匡正时弊的意义，但它们最终仍是补充性的道德资源，不足以取代自由主义的政治正义而成为现代社会的伦理基石。像麦金太尔那样企图在现代社会全面恢复希腊城邦社会的美德，不啻为一种乌托邦的空想，连他自己都知其实不可行。其实，麦金太尔对于希腊城邦美德的推崇，忽略了一个十分重要的事实，那就是希腊的城邦制度，它的政治共同体，是以奴隶提供的无偿生产和财富为基点而建立起来的，这是一个极其重要的但又久被社群主义的思想家们严重忽视的古代社会的前提。试想一下在现代社会，在一个没有大量奴隶为其提供丰富的物质生活和经济来源的现代社会，如何在利益和财富的产生与追求之外去营造一个美好的温情脉脉的社群，并以此取代自由主义所倡导的经济秩序和法律制度呢？霍尔姆斯在《反自由主义剖析》一书中曾把社群主义视为自由主义的一个重要的敌手，针对麦金太尔对于古代美德的刻意推崇，他尖锐地反驳说：

> 在现代自由主义社会存在这一个道德一致的核心。甚至今天极其反动的人也不会梦想着重建奴隶制，然而，最开明的雅典哲学家们明显从未梦想过要废除它。禁奴令好像在 1700 年左右在欧洲出现，这是为所有当代自由主义社会的成员共有的一个道德前提。它正是麦金太尔所声称的现在不会存在的那种规则。麦金太尔偶尔提及"亚里士多德无法为奴隶制进行辩护"；但是，作为："现代道德"决不屈服的对手，他没有对这个主题详细阐述。①

当然，社群主义也并非一无是处，他们确实指出了现代自由主义的一个重大的理论缺陷，指出了一个现代社会的严峻问题，那就

---

① 《反自由主义剖析》，第 150 页。斯图亚特分析道："对于休谟来说，奴隶制虽是历史事实，但它是野蛮的。市民社会由个人组成，他们所有的人都是参与者，奴隶制与市民社会的理念则是格格不入的。""休谟指出，奴隶制是古代经济与现代经济的最主要的不同，奴隶制不仅是悲惨的，也是不人道的。"见 Stewart, The Moral and Political Philosophy of David Hume, p. 186. p. 266. 另参见 David Hume Political Essays, Editer by Knud haakonssen, Cambridge university press 1994, Introduction, 休谟在"论古代国家的人口稠密"一文中指出，"古代社会的经济基础是奴隶制，它不仅是野蛮的制度，而且与现代的雇佣劳动相比，不利于人口的增长"。

是在一个人们疯狂追逐经济利益的自私自利的时代，在所谓的自由经济的制度正义的社会条件之下，还应该为道德情感，为传统的美德，为共通的亲情和友爱精神等等，留下一定的空间，还应该让人性的情感穿越冷冰冰的经济和政治的利益追逐，化解残酷的竞争与冲突，使人们并不是仅仅在法律的保障下实现各自的合法预期，而且还能够营造出一个温情、互助、友爱的社会共同体。这些当然是社群主义最有价值的地方，也是现代政治自由主义最薄弱的地方。对于社群主义所强调的这个方面，现代自由主义无疑是贫乏的，但是在古典的自由主义那里，在休谟和斯密有关人性的理论中，却有着深刻的说明和揭示。依他们之见，固然人可以无可非议地追求自己的私利，但追求私利必须遵循规则，而且伴随着人的自私与贪欲，与此同时人性中还有同情，还有仁爱之心，还有设身处地地顾念他人的情感，还有互助友爱的精神，也就是说，还存在着社群主义所推崇的那些传统美德。因此，英国古典自由主义所开启的那种既秉有共同的道德情感，又树立基本的正义规则的社会政治理论，可以说为现代自由主义的转型提供了一个深厚的理论源泉。也正是在这样的背景之下，我们提出"回到大卫·休谟！"的口号，其内涵是不言而喻的，它当然不是回到休谟的认识论，也不是回到他的不可知主义，从根本上来说乃是回到休谟的政治哲学，回到他的人性论，回到由此建立起来的集德性政治论、正义规则论以及政治经济学于一体的那种综合的社会政治理论中去，这才是休谟哲学对于今天的政治自由主义所可能具有的内在意义之所在。

那么，在我们中国今天的语境中提出这样一个问题，又具有什么意义呢？我认为在中国的现代政治理论中提出回到休谟的问题，其意义大不同于西方，与西方的现代自由主义相比，对于我们来说，回到休谟的政治哲学其内涵和意义都就更加复杂和更加重要。首先，回到休谟的政治哲学或人性哲学，在中国的语境中意味着是对以前回到康德哲学的一种深化和提高。为什么这样说呢？因为正像我们前面所指出的，中国语境中的回到康德哲学，实质上乃是借助康德哲学确立一个中国化的哲学人本主义的自主价值论。然而，我们看到，这一理论成果在今天，在当今的中国社会政治理论中，已经面临着越来越多的困难，如果说相对于启蒙主义，相对于人文主义的道德热情，建立康德的哲学人本学是一种理论上的提高，那么今天中国化的康德哲学则在道德层面上停步不前了。我们知道，康德的道德哲学有其特定的历史含义，一般说来与西方传统的伦理学或政治学有所不同，是一种面向内在良知的心性哲学，因此，在它达到了人性的自主地位之后，实际上就很难对于社会政治制度问题给出深刻的说明，或者说它至少在中国的语境中并没有给出深刻的说明，并没有能够开展出一个社会的法律规则论和政治制度论，开展出一个有关自由主义的宪政理论以及政治正义论。当然，这个问题对于康德哲学本身似乎并不严重，因为康德哲学除了他的道德哲学，还有权利哲学和历史理性批判，但是，在我们的语境中所理解的回到康德哲学的含义以及所产生的理论成果及其影响，实际上最终的落实是回到了康德的道德哲学，并没有由康德的道德哲学特别是他的先验人性论，开辟出一个自由的正义规则论和社会制度论。因此，自由主义在中国的进一步发展，便有可能与它们原先依据的康德哲学失去内在的本质联系，或者说中国化的康德哲学无法对中国的自由主义政治理论和宪政建设提供一个强有力的正义价值的支撑，无法催生一个面向中国式市民社会的政治哲学。

与此相关，从这个角度来重新解读中国的政治文化传统，重新看待 20 世纪以来企图用康德哲学交通中国传统儒学的理论路径，就会发现那种以康德的道德哲学来整合中国传统儒学思想的理路，实际上是很成问题的，至少是很难形成中国传统思想向现代思想的创造性转型。为什么这样说呢？因为康德的道德哲学与中国的儒家思想，特别是宋明理学有着某种天然的相似性，它们都属于内省的致良知的路径，都关注人的行为动机、道德善恶和内在良知等问题，从大的方面来说，都属于内圣之学。然而对于关系中国现代思想转型的触及中国传统思想命脉的由内圣开出外王的问题，康德道德哲学的作为却是有限的，从康德哲学与中国传统思想的关联中是无法开辟出一个外王之道的，是无法展开一个面向公共社会政治领域的政制理论的，同样也无法展开一个政治德性论和正义规则论。因此在这些方面牟宗三的失败是自然而然的，李泽厚的无所作为也是可以理解的，就此而言，借助康德的道德哲学是很难实现中国传统社会政治思想的现代性转型的。

基于上述原因，我们认为，提出"回到休谟的政治哲学"这一口号，在 21 世纪的中国语境中致力于以休谟、斯密为代表的英国古典自由主义与中国现实社会和传统政治文化两个方面的碰撞、会通与融合，对于现代中国的社会政治理论建设，特别是对于中国的政治自由主义，以及对于我们如何继承和发展传统的儒家思想，如何解决内圣外王之道的现代转型，其所具有的意义就远远超过了康德的道德哲学。因为休谟哲学给予我们的并不单纯是建立一种哲学的人本学，或一种致良知的道德主义，它提供给我们的乃是一个既可以塑造一种制度正义的规则理论，又可以吸取传统道德主义的美德理论。因此，在中国的语境中提出回到休谟，就为中国现代自由主义的政治理论建设和接续儒家传统思想的新开展，提供了一个广阔的前景。在我看来，它主要表现在如下三个方面。

第一，在如何由人性导出一个社会的政治秩序这一问题上，休谟哲学通过它的从自然正义到人为正义的演变，为我们展示了一个自由主义的社会政治制度的理论模式，这个模式恰恰能够有效地解决传统中国的内圣开出外王的关键问题。显然，休谟开出的外王秩序不同于中国古代的君主之道，不是一种君主的治理国家的德治模式，而是一种面向公共社会的自由政制之道，是一种以法律制度为基石的宪法政治模式。由此可见，休谟理论中的外王之道才是由内圣所开辟出来的真正符合现代中国的外王之道，在这方面所涉及的中国现代社会转型的理论与实践问题，显然要比康德道德哲学给予我们的理论启发大得多和丰富得多，特别是休谟政治哲学所对应着的英美社会的现实实践，所能给予我们的借鉴更是丰厚无比，因此从这个意义上来说，回到休谟的政治哲学，实际上又是一种将英美制度价值融会于中国传统的政治道路的选择。

第二，在如何建立一种正义规则的问题上，休谟哲学所提供的正义理论也不同于康德的道德理论，它不是基于人本主义的目的学说，也不是一种道德主义的权利正义论，而是一种基于私人财产权的规则主义的政治正义论。在我们今天中国的语境下，如果能够脱离那种人们习以为常的有关平等分配的正义观念，而开辟出一个新的在公共政治层面上的正义规则的理论，那么休谟和斯密对于我们来说就是一个很好的理论资源。在这方面，实际上休谟的理论与中国传统的思想，特别是古代孔荀的思想具有着更多的关联，而与孟子和宋明理学则隔膜较远。

第三，值得特别注意的是休谟的人性论，他的有关自私、同情与道德情感的思想观点，为我们解读传统哲学提供了一个有别于康德哲学的新途径，而这也正是西方现代自由主义所面临的难题所在。实际上中国传统有关人性的认识与康德哲学的切合要少于与休谟哲学的切合，也就是说新儒学用康德哲学来理解和整合中国传统的道德哲学的理论路径是有偏差的，并不符合中国的现实情况。因为康德哲学最终是一个先验论的理性至上主义的道德哲学，而在中国的思想传统中，理性的先验论并不占主导地位，只是在宋明理学那里由于受到佛学心性论的影响才显得较为突出一些，而就整个儒家思想来说，它们的道德哲学实际上与休谟的道德哲学有着更大的相关性。中国思想中有关人的自私、同情、忠恕、道德情操，有关共同的利益感觉、血缘等差之爱等都曾有过非常丰富的论述，其人性论的基础与休谟的三个人性论预设有很多一致之处，而且儒家思想在相当大的方面并不是内圣的致良知路径，而是一种政治德性论，这在传统的公羊学中表现得就十分明显。孔子思想显然不是康德式的，而是休谟式的，是一种通过人性而面向社会的政治理论。所以，我们有理由相信，休谟哲学对于重新理解中国的儒学，对于中国传统政治哲学的现代性转型，无疑具有十分重大的意义。

总之，通过前面的分析，我们可以看到，对于中国的现代社会政治理论，对于我们整合传统的儒家思想，对于中国目前所面临的日益艰巨的宪政建设，休谟政治哲学所具有的启发意义，所可能开辟的广阔而又现实可行的前景，都使得我们有必要重新学习与理解这位 200 多年前的伟大英国思想家，感受他那颗不期而然地处于三次革命巨变之间隙阶段的审慎、激荡而又平静的心灵。而这或许正是我在此提出回到休谟这一观点的意图之所在。

# 后　记

　　在 2002 年底做完哈耶克的研究之后，我就有一个内在的冲动，那就是沿着哈耶克指出的古典自由主义的思想谱系，上溯到 17、18 世纪的英国思想，特别是上溯到以休谟和斯密等人为代表的苏格兰启蒙学派。所以，当《法律秩序与自由正义》一交付出版社，我就开始了有关英国思想的资料收集，并很快就把研究的对象锁定在了休谟身上。其实休谟对于我来说原本就不陌生，早在 20 年前学习西方哲学史时就大致有所了解，特别是他与康德哲学的关系，历来受到哲学界的普遍重视。不过，经过一番对于法学、政治学和政治经济学的学科补习，特别是经过了哈耶克的研究之后，当我重新回到对于休谟社会政治思想的研究，却发现此时我心中的休谟已经与 20 年前有了很大的区别。为什么会出现这种情况呢？现在想来大致有两个方面的原因，一个是知识结构方面的，另外一个是价值认同方面的。

　　就第一种情况来说，我这一辈成长于上个世纪 80 年代乃至 90 年代的学人（我就年龄来说勉强列于其尾），有关哲学社会科学的研究路径，大多是从哲学认识论、逻辑学到道德伦理学，然后直接进入社会历史领域，相对说来，在知识结构方面缺乏一整套系统的法哲学与政治学的知识结构。因此，面对公共领域，在有关社会政治问题的发言时，且不说正义价值方面的判断，就是从知识结构方面来说，也难免出现偏差乃至失语状态。关于这个方面，有关休谟思想的研究就是一个很好的例证。到目前为止，国内对于休谟的研究不外乎两个领域，一个是所谓纯哲学意义上的认识论与知识论领域，一个是传统意义上的道德哲学领域，而有关休谟的政治哲学、法哲学乃至政治经济学以及历史哲学，都几乎处于空白，但这些领域并不是休谟思想本身的空缺，而只是我们研究视阈的空缺，相比之下西方学术界对于上述问题在上个世纪 70 年代之后就有过持续深入的研究，并且取得了一系列研究的成果。由于知识结构方面的空缺，自己对于休谟的理解以前也是非常狭隘的，好在经过这些年来的学科补习与知识转型，这次对于休谟的研究使我领略了原先自己所没有看到的远为开阔和复杂的思想。在我看来，休谟的政治哲学不仅包括他的道德哲学，还包括他的法哲学、政体论和政治经济学。这种情况不独表现在休谟身上，实际上在我们对于洛克、康德等人的研究方面也同样如此，由于研究者知识结构的缺陷所导致的研究主题的狭隘与偏颇，不能不说是我们这一辈学人需要反省的一个问题，对此我近年来感受尤深，这部《休谟的政治哲学》可谓我在新的视野下学习、研究与反省的一个结果。

就第二个方面来说，我的思想与 20 年前相比，也发生了一些重大的变化，随着对于社会政治问题研究的深入，自己有关政治的看法逐渐显示出古典自由主义的倾向。我之所以从研究哈耶克入手然后上溯到英国古典自由主义，其内心的一个主要想法就是彻底梳理一下西方政治思想中的古典自由主义谱系。这一点哈耶克曾有过明确的勾勒，并为我国的学术界广泛接受，但究竟这一谱系的内在逻辑如何，其所包含的思想内容是怎样的，又是如何演变的，等等，却很少有人做过细致深入的梳理工作。我的这项工作原本是试图完成哈耶克的一个命题作业，打通从哈耶克上溯到休谟的自由主义理论路径。然而，当我在研究过程中，特别是在写完这部书时，我发现问题远非这么简单，或者从某种意义上来说，哈耶克的这个命题本身就包含着一个超越哈耶克的丰富内容。通过研究我发现，从休谟到哈耶克的理论发展路径并不是一个简单明了的路径，甚至也不是一个惟一有价值的路径，从哈耶克上溯到休谟的理论探源也并非像哈耶克所说的那样自成一体，没有裂痕，其实哈耶克在继承和发展休谟思想的同时，也遗漏甚至放弃了休谟思想中的另外一条有关政治德性等问题的极其有价值的路径，而它们恰恰为现代的社群主义等思想理论所重视。因此，在这本书中我感到自己的思想，特别是对于自由主义内在价值与逻辑的认识，与我的前一本书相比已经发生了一些重大的变化，虽不能说是根本性的变化，但至少是发现了哈耶克思想中的一些重大的缺陷。因此，对于自由主义的认识，我更多地偏向于休谟、斯密这个古典自由主义的源头了，认为在他们那里自由主义所给予我们的东西要比现代的各派自由主义更为丰富，关于这方面的内容我在书中已经作过系统的论述，在此也就没有必要多说了。

上述种种，使我在进入休谟思想的研究中感受到少有的压力和困惑，一方面要彻底搞通自由主义从古典到当代演变的复杂内容及其得失，另一方面又要参照自己处身的"中国问题"。我从来不把自己的研究视为一种与中国现实无关的所谓纯学术，这样的研究固然有其学术的价值，但它与研究一种技艺、一个茶壶有什么区别呢？所以，我总是想赋予自己的研究一种中国意义。当然，对于这样一个维度上的考虑又要避免另外一种倾向，那就是试图以所谓中国问题的主观之见来阐释对象以至于混淆了本来的面目，因此，如何使得休谟的研究具有中国语境下的意义，而又不失为一种学术性的研究，这其中"度"的把握确实使我踌躇彷徨。我试图在一些注释中，甚至在某些正文论述中，尽可能地表述我所关注的中国问题，以至于在最后一章不惜直接地提出了所谓"重回休谟的思想！"这样一句浓缩着中国问题的口号，当然我也知道这个口号的提出与休谟研究的文本已经产生了偏差，但是，我仍然还是这样做了。在我看来，研究休谟，搞清楚古典自由主义的内在问题，探索英国 18 世纪社会政治理论的逻辑，这一切都是为我们研究中国问题提供一种理论上的参照，我感到在时间上从哈耶克到休谟虽然是越走离我们越远，但从问题的相关性来说，却是离我们的中国问题越来越近。休谟与我们所面临的问题并不隔膜，我希望通过自己的研究能为我们重新看待中国问题，提供一种新的虽充满张力但仍具有着建设性意义的学术参照，这是我的一个愿望，也是我写本书的最终目的。

从 1998 年我开始新一轮学术研究到今天大致经历了 5 年的时间，我的思考主要体现在有关哈耶克和休谟的两部书中了，自己的良苦用心读者可以从书中去感受，而就我自己来说，虽多有劳累之感，但内心深处却为自己能够找到这样一条学术之路感到庆幸。至于在经年的学习和研究中，自己所得到的多方面朋友们的帮助和指教，在此就很难一一列举了，由于接受得太多，任何的罗列都肯定会有所遗漏，所以，我更愿用一种无言的感叹来表达对诸位的铭谢之情。

高全喜

2004 年 1 月 2 日于北京寓所

# 主要参考书目

休谟：《人性论》，关文运译，商务印书馆 1996 年版。

休谟：《道德原则研究》，曾晓平译，商务印书馆 2001 年版。

休谟：《人类理解研究》，关文运译，商务印书馆 1997 年版。

霍布斯：《利维坦》，黎思复等译，商务印书馆 1985 年版。

洛克：《政府论》，叶启芳等译，商务印书馆 1986 年版。

斯密：《道德情操论》，蒋自强等译，商务印书馆 1999 年版。

斯密：《国民财富的性质和原因的研究》，郭大力、王亚南译，商务印书馆 1997 年版。

坎南编：《亚当·斯密关于法律、警察、岁入及军备的演讲》，陈福生等译，商务印书馆 1997 年版。

《休谟经济论文选》，陈炜译，商务印书馆 1984 年版。

《休谟政治论文选》，张若衡译，商务印书馆 1993 年版。

David Hume, Political Essays, Edited by Knud Haakonssen, Cambridge University Press, 1994.

David Hume, A Treatise of Human Nature, Edited by L. A. Selby-Bigge, Second edition by P. H. Nidditch, Oxford: Clarendon Press, 1978.

David Hume, Enquiries concerning Human Understanding and concerning the Principles of Morals, The 1777 edition, edited by L. A. Selby-Bigge; Third edition by P. H. Nidditch, Oxford: Clarendon Press, 1975.

David Hume, Essays: Moral, Political, and Literary, Reprint of the 1777 edition (with an apparatus of variant readings from the 1889 edition by T. H. Green and T. H. Grose) with a foreword and editorial additions by E. F. Miller,

Indianapolis:Liberty Fund Inc. , 1985.

David Hume, The Letters of David Hume, Edited by J. Y. T. Greig, Oxford: Oxford University Press, 1932.

David Hume, New Letters of David Hume, Edited by Paymond Klibansky and E. C. Mossner, Oxford: Clarendon Press, 1954,

David Hume, The Natural History of Religion and Dialogues concerning Natural Religion, Oxford: Clarendon Press, 1976.

Annette C. Baier, A progress of Sentiments, Reflections on Hume's Treatise, Cambridge, Mass, 1991.

David Fate Norton, David Hume: Common Sense Moralist, Sceptical Metaphysician, Princeton, NJ, 1982.

David Fate Norton (Edit), The Cambridge Companion to Hume, Cambridge University Press, 1992.

David Fate Norton and Richard H. Popkin, eds. , David Hume: Philosophical Historian, Indianapolis, 1965.

Duncan Forbes, Hume's Philosophical Politics, Cambridge, 1975.

Knud Haakonssen, "The structure of Hume's political thought", in David Fate Norton, ed, The Cambridge Companion to Hume, Cambridge, 1993.

Knud Haakonssen, The Science of a Legislator, The Natural Jurisprudence of David Hume and Adam Smith, Cambridge, 1981.

Knud Haakonssen, Natural Law and moral philosophy, Cambridge University, 1996.

Donald W, Livingston, Hume's Philosophy of Common Life, Chicago, 1984.

Donald Livingston, Philosophical Melancholy and Delirium: Hume's Pathoiogy of Philosophy, The University of Chicago Press, 1998.

Donald Livingston and Marie Martin ( Edit), Hume as Philosopher of Society, Politics and History, University of Rochester Press, 1991.

John B. Stewart, Opinion and Reform in Hume's Political Philosophy, Princeton, NJ, 1992.

Frederic G. Whelan, Order and Artifice in Hume's Political Philosophy, Princeton, NJ, 1985.

Jonathan Harrison, Hume's Theory of Justice, Oxford, 1981.

Stephen Buckle, Natural Law and the Theory of Property Grotius to Hume, Oxford, 1991.

J. G. A. Pocock, Virtue, Commerce, and History, Cambridge, 1985.

J. G. A. Pocock, Politics, Language and Time, London, Methuen, 1972.

J. G. A. Pocock, The Machiavellian Moment, Princeton, Princeton University

Press, 1975.

John Robertson, The Scottish Enlightenment and the Militia issue, Edinburgh, 1985.

Adaer, Fame and the Founding Fathers, New York, 1974.

Laurence L. Bongie, David Hume, Prophet of the Counter-Revolution, Oxford, 1965.

H. O. Mounce, Hume's Naturalism, London and New York, 1999.

Harrison, J, Hume's Moral Epistemology, Oxford, The Clarendon Press, 1976.

Terence Penelhum, David Hume: An Introduction to His Philosophical System, Purdue University Press, 1992.

J. A. Herdt, Religion and faction in Hume's moral philosophy, Cambridge University Press, 1997.

Cassirer, Ernst, The Philosophy of the Enlightenment, Translated by Fritz C. A. Koelln and James P. Pettegrove, Princeton University Press, 1951.

R. G. Collingwood, The Idea of History, Oxford: Clarendon Press, 1946.

Hutcheson, Francis, An Inquiry into the Original of our Ideas of Beauty and Virtue, Hildesheim: Georg Olms Verlagsbuchhandlung, 1971.

MacIntyre, Alasdair, After Virtue, University of Notre Dame Press, 1984.

MacIntyre, Alasdair, Whose Justice? Which Rationality? University of Notre Dame Press, 1988.

Taylor, Charles, Sources of the Self: The Making of the Modern Identity, Cambridge, MA: Harvard University Press, 1989.

W. L. Taylor, Francis Hutcheson and David Hume as Predecessors of Adam Smith, North Carolina, Duke University Press, 1965.

David Miller, Philosophy and Ideology in Hume's Political Thought, Oxford University Press 1981.

Kemp Smith, N. , The Philosophy of David Hume, London, MacMillan, 1941.

Stimson, S. C. , The American Revolution in the Law: Anglo-Amenican, Jurisprudence before John Marshall, London, 1990.

White, M. , The Philosophy of the American Revolution, New York, 1978.

D. D. Raphael, Hume and the Enlightenment, Edinburgh, Edinburgh University Press, 1974.

Jerome Neu, Emotion, Thought and Therapy, University of California Press, 1977.

David Allan, Virtue, Learning and the Scottish Enlightenment: Ideas of Scholarship in Early Modern History, Edinburgh, 1993.

Bailyn, B, The Ideological Origins of the American Revolution, Cambridge, MA,

1967.

Ben-Israel, H, English Historians on the French Revolution, Cambridge, UK, 1968.

Buckle, S, Natural Law and the Theory of Property: Grotius to Hume, Oxford, 1991.

Davie, G. E, The Scottish Enlightenment, London, 1981.

Lieberman, David, The Province of Legislation Determined: Legal Theory in Eighteenth-Century Britain, Cambridge, UK, 1989.

Meikle, H. W, Scotland and the French Revolution, London, 1969.

Russell Kirk, The Roots of American Order, Regnry Gateway, 1991.

J. Berry, Hume, Hegel, and human nature, Martinus Nijhoff Publishers, 1982.

J. Waldron, The Right to Private Property, Oxford University Press, 1988.

Stephen Holems, Passions and Constraint: on the Theory of Liberal Democracy, Chicago: the University of Chicago Press, 1995.

哈耶克:《个人主义与经济秩序》,贾湛等译,北京经济学院出版社 1991 年版。

哈耶克:《自由秩序原理》,邓正来译,北京三联书店 1997 年版。

《哈耶克论文集》,邓正来译,首都经济贸易大学出版社 2001 年版。

哈耶克:《法律、立法与自由》第一、二、三卷,邓正来等译,中国大百科全书出版社 2000 年版。

罗尔斯:《道德哲学史讲义》,张国清译,上海三联书店 2003 年版。

《联邦党人文集》,程逢如等译,商务印书馆 1995 年版。

熊彼特:《经济分析史》,朱泱等译,商务印书馆 2001 年版。

曼德维尔:《蜜蜂的寓言》,肖聿译,中国社会科学出版社 2002 年版。

大河内一男:《过渡时期的经济思想》,胡企林等译,中国人民大学出版社 2000 年版。

# 附录一　休谟的文明社会论

苏格兰道德哲学不同于一般教科书上的道德哲学，在于它有一个广阔的现代社会背景，或者说，它旨在为现代的工商业社会提供一个道德哲学的基础。不惟如此，它还有一套文明社会论，在它看来，英国革命后的现代社会不仅是一个商业社会，也是一个文明社会，所以，它的道德哲学也是在为这个现代文明社会提供道德基础。应该指出，这个从政治到经贸再到文明的思想传统，是苏格兰启蒙思想家们的共同传统，从哈奇森、弗莱彻、卡姆斯、罗伯逊等人那里就体现出来，其中最有代表性的思想家则是休谟、斯密和弗格森。相比之下，关于从道德哲学到文明社会的演进关系的论述，休谟更具有思想的辩护性意义，即从早期现代资本主义社会蓬勃发展的视野，对于现代文明有着乐观主义的认识和推崇。本文主要探讨休谟的文明社会论，我认为，文明社会理论也属于休谟道德哲学的一部分，一个道德的系于利益的激情的商业社会，也是一个法治的文明社会，这是休谟道德思想的组成部分，也是其道德哲学的应有之义。[①]

从洛克的政治社会到休谟的商业社会，其中围绕着人为道德与

---

[①] 参见高全喜：《休谟的政治哲学》，北京大学出版社 2004 年版，序言。

正义制度的生成，在本文我将集中考察休谟是如何完成从商业社会到文明社会的演进，探讨与此相关的道德哲学与政治哲学问题。应该指出，苏格兰启蒙思想在如下两个方面，呈现出与前后大致同时代的其他思想流派（诸如英格兰自然权利论、欧洲理性主义和法国启蒙思想）大不相同的思想特征。第一个方面是情感主义，第二个方面是历史主义，两者叠加起来就成为苏格兰所继承的英国经验主义的主要内容，或者说，英格兰经验主义经过苏格兰思想的继承与发展，就从偏重于认识论、方法论的经验主义实验科学，转化为一种偏重于情感心理和历史叙事的经验主义社会科学。为什么苏格兰思想如此看重感情和历史两个方面的内容，在于它们反对欧洲理性主义的决定论，遵奉以感性经验事实为依据来思考社会问题。情感世界和历史世界无疑是最具感性内容的世界，它们当然成为苏格兰道德哲学和文明社会论的主要内容。休谟的思想理论无疑也具有这个经验主义的特征，进一步说，休谟的思想理论对于苏格兰启蒙思想还格外具有开创性的意义，是他较为完备地提出了一个融汇情感主义和历史主义于一体的文明社会论，并试图揭示其内涵的文明道德价值。

## 文明社会的历史演进

在休谟看来，商业社会也是一个文明社会，对此，他主要是从历史主义的视角展开讨论，休谟的这种历史视角，斯密和弗格森在论述他们的文明社会观时也都分享，他们都有相关的著述和论文，对待相关问题也都采取着历史主义的方法论，可以说，历史主义是苏格兰思想的基本特征。休谟关注历史，尤其是英国史，作为一个大历史学家，他晚年大部分时间花在撰写英国史上面，这部多卷集的英国史给他带来了不菲的声誉，这部英国史也是一部名著，跻身于史学经典的序列。休谟英国史中的思想观点，表达的有点类似托利党人的史观，与辉格党人的史观有所不同，但休谟也明确说过他并不是托利党人，他的历史观有着苏格兰思想的特征；反过来他的英国史也会影响他的道德哲学，尤其是他的文明社会思想。

作为一个具有历史观的史学家同时又是哲学家的苏格兰启蒙思想的代表性人物，休谟在一系列论文，诸如"论政治可以析解为一门科学"、"论政府的首要原则"、"论政府的起源"、"英国政府是倾向于绝对君主制还是共和制"、"论公民自由"、"论技艺和科学的兴起与发展"、"论民族性"、"论原始契约"、"论新教继承"、"完美共和国的观念"等，确实提出了一种历史主义的文明社会理论。或者说，他立足于现代商业社会的道德哲学，除了情感主义的视野之外，还有历史主义的视野，这个视野使他对于现代工商社会的认识具有了文明史的意义，即工商社会也是一个文明社会。总之，工商社会也好，文明社会也罢，它们都需要一种道德哲学的证成，即它们都是一种具有道德属性的社会形态。通观休谟的一系列著述，尤其是多篇论文，在论政治、历史和文学的论文集中，休谟大致从如下几个方面予以论述。

第一，社会历史形态论的雏形。在苏格兰启蒙思想家中，斯密在法学讲义中有专门的社会形态的历史理论，提出了人类历史演变的四阶段论，对于后世的历史学和经济史学影响巨大。此外，弗格森是最早提出文明史观的苏格兰思想家，他独具一格的文明社会史论，不但在英美学界引发热议，而且在德国思想界影响更是巨大，激发了德国后来的诸多历史学大家的思考，关于斯密和弗格森的相关论述，以后有机会再专门讨论。有意思的是，休谟虽然写出了煌煌宏富的英国史，比斯密和弗格森更是一个专业的史学家，但他却并没有提出一套宏观的历史理论，揭示人类文明史的纵横经纬。尽管如此，休谟也不是毫无论述，而是在一系列论文中，涉及人类社会的历史形态论，尤其是提出了现代工商社会也是一种高级的文明社会的观点。据此可以说，休谟接受了斯密的社会发展阶段论，大致提出了一个文明历史的初步演化史观，属于社会历史形态论的雏形。

根据米勒的归纳，休谟不仅像斯密那样提出一个人类历史四阶段论的历史演变，还重点关注了英国社会（包括苏格兰社会）的古今之变。[①] 他在著述中多次指出，现代的工商社会是从传统的封建社会演变而来的，商业社会的市场经济与自由贸易，不同于传统社会的农耕土地经济，从生产方式到生活品质，乃至社会财富和国家治理等多个方面，都有着巨大的变革，经历着古今之变的演进。例如，他曾经考察分析了人口增长问题，研究了财富的表现方式，劳动产品的商业化过程，手工业的机器化改良，商品贸易的形成和发展，对外贸易关税的顺逆差，还有与商业社会密切相关的货币流通、发钞、贵金属（黄金白银）、银行债券、货币信用、资本投资等诸多问题，对此他都有深入的研究。此外，他还考察了市民和商人的生活方式，尤其是风尚习俗、审美趣味、爱情婚姻、宗教信仰、奢侈、简朴与文雅时尚，还有贪婪、自杀以及灵魂不朽等精神生活，等等。

---

[①] Divid Miller, Philosophy and Ideology in Hume's Political Thought, Oxford University Press, 1981, p.121.

在休谟的视野下，上述这些变化都指向一个重要的标志性时间维度，那就是古今之变，英国社会正在经历着一场古今之变的历史大变革，这个时间维度在休谟的思想中，其实又隐含着两个节点。一个是英格兰的光荣革命，即政治社会的变革，以洛克的理论为标志，这个时间节点非常重要，他的英国史便是从罗马入侵大不列颠开始而以光荣革命为终结，光荣革命意味着一个政治时代到此结束了。这个古今之变另外还有一个节点，那就是英国工商社会的时间之开始，其中英格兰与苏格兰的合并构成了大不列颠联合王国，意味着一个基于君主立宪制的现代国家之开始。这个时代乃是一个工商业社会的到来，休谟所处的时代，恰恰就在这个时间节点的坐标上，才刚刚开始，他的思想理论就是论证这个现代的工商业社会之历史进程，为之提出一套道德乃至文明意义上的辩护。所以，古今之变是休谟历史观的一个重要主题，至于历史阶段论之具体划分与形态特征，他虽有所论及，但并无多大兴趣。

第二，工商业社会是一个文明社会。休谟首先肯定现代商业社会的财富性质，他认为现代社会是一个工商业社会，创造与享受物质财富是这个社会的基本特性，并且赋予了利益的激情以道德的属性。在本文中，我将进一步揭示休谟的文明社会论。在苏格兰思想中是休谟首次把文雅作为一个文明社会的基本属性提出来，他认为工商业社会又是一个文雅社会，一个文明社会。本来，文雅一词是一个文艺性词汇，在情感主义视野下，它多与品味和趣味上的雅致和优美相关，一种文雅的生活指的是与粗糙、粗鲁、野蛮、低俗、贫困的生活相对立的文质彬彬、优美、高尚的生活，尤其涉及人们的衣食住行、行为举止等方面的品质。

休谟接受了这个含义，但给予了一种文明化的提高，在他看来，文雅不仅是一种生活的品位，衣食住行的优美化，而且还与社会形态相关。传统农耕社会的经济生活水准决定了其粗糙、低劣，甚至野蛮的生活，土地经济不可能提供大量的财富，农副产品和衣食住行难以摆脱粗陋低劣的特性。只有现代的工商业社会，商品贸易的自由经济，才释放了利益的激情，致使创造与享受财富成为一种社会风尚。奢侈品的生产导致制造业的精良，美轮美奂的生活方式，文化艺术的普及风行，这一切都使得文雅优美成为商业社会的主流风尚，成为公共生活、社交与娱乐的标准格调。这样一来，文雅就转化为文明，商业社会也就是一种文明社会，其文明程度要高于传统社会，休谟在"论趣味"、"论人性的高贵与卑劣"、"论技艺的进步"等文章中多次论述了这个方面的情形。

休谟关于奢侈的论述，曾涉及奢侈与勤勉的关系。从文明社会的视角来看，休谟对于洛克的劳动观是有所修正的。洛克认为财产的私人占有权很关键，人通过劳动把人格注入对象物了，所以具有占有权利，洛克的这个思想对于黑格尔和马克思的经济学产生了重大的影响，直到今天的麦克弗森、哈贝马斯，都受到这种劳动人格对象化的影响。黑格尔的劳动异化说、青年马克思的劳动审美说，至今在思想界还是被广泛流传的。相比之下，苏格兰启蒙思想就不赞同这种劳动异化说和美感说，而是看重奥派经济学的主观主义偏好理论，斯密和休谟都否认劳动有快感，有审美，认为劳动是一种痛苦的、被动的、粗鄙的活动，劳动难以导致文雅和文明。他们认为人的活动有三种，一种是劳动，二是悦乐，三是闲暇，娱乐和闲暇在他们眼里，才是与文雅、奢侈、财富的享受相关的活动，因而与自由有关。休谟认为，奢侈可以导致勤勉，从勤勉到娱乐，尤其到闲暇，这是文明社会人的一种主观心理的偏好。问题在于，娱乐和闲暇并非无所事事，而是自由自发的活动，由此反而产生了财富的创造激情，促进了文明的发展，也就是说，文明社会不是来自苦不堪言的被迫劳动，而是来自人的娱乐偏好，尤其是来自人的闲暇时的自由创造。

在休谟看来，商业社会作为一种文明社会，或者一种发展到今天较为文明的社会形态，其文明的内涵，就不仅体现在优美的品味层面，也不仅体现为文雅的风气和时尚方面，更主要的是还体现在科学与文艺的思想与精神的自由充分的发展和繁荣上面，体现在科学与博雅的大学教育与人才培养的制度演进之中。这样一来，在苏格兰思想中，文化与文明的含义就开始有所区分，当然，它们还只是一种潜在的区分，这种区分在 19 世纪之后才逐渐成熟起来。在他们看来，文化多是指外在风格，文明则多是指内部机理，两者密切相关，相互重叠，但文明的意义更为重要，它偏重于制度的自生自发的演进。

历史文明问题是人类的一个历久弥新的问题，就苏格兰的道德哲学来说，工商社会也是一种文明社会，这是当时思想家们普遍认同的观点，对于休谟来说，在文明社会这个问题上，他的独特贡献主要有三个方面：第一，特别强调现代的财富创造有助于文明社会，工商社会极大地促进了文明的进化；第二，文明社会又是一个法治昌明的社会，法治政府是文明社会的保障；第三，休谟提出了一种文明政体与野蛮政体之分野的新政体论，这个理论一直被思想理论界所忽视，在休谟看来，文明也是一种政体。我认为上述三点是休谟文明社会论在苏格兰启蒙思想相关问题中的独特理论贡献，正如列维斯顿指出的：

休谟把一整套历史地演进中的发明，诸如语言、法律、艺术、宗教等，称之为道德世界。当人们对于道德世界的演进过程达到有所意识，并进而采取一些手段予以控制时，他们就进入了文明化的程度，因此就不仅仅是一个遵循一定的原则行动的事情。①

## 工商社会与文明进化

在休谟看来，现代的文明不同于古代的文明，不是少数人的文明，而是社会所有人的文明，所以，现代文明需要一种物质财富的基础，要发育出一个财富创造与享受的商贸经济机制，这个机制无疑只能是现代的工商经济、市场经济与自由贸易，这是英国作为一个海洋国家最先开发和演进出来的制度形式。古典时代也是有文明的，但它们的文明不是所有人都能分享的，只有少数人，城邦奴隶主、封建国王、贵族阶级，他们才能享受古典社会的文明成果。历史进入到现代社会，文明不再是一种特权，文明作为一种生活方式，进入寻常市民百姓家，工商业群体、企业家、手工艺制作者、文化人、商人、律师、资本家、学校职员，等等，几乎所有现代工商社会的参与者，都可以分享这种现代文明的成果。

从社会经济史的角度看，光荣革命之后，英国已经初步完成了较为残酷的早期资本主义的原始积累过程：

---

① D. W. Livingston, Philosophical Melancholy and Delirium, Hume's Pathology of Philosophy, University of Chicago Press, 1998, p.190.

几乎没有任何一个帝系或共和国政府最初不是建立在篡夺和反版上的，而且其权利在最初还是极其可疑而不定的。只有时间使他们的权利趋于巩固，时间在人们心灵上逐渐地起了作用，使它顺从任何权威，并使那个权威显得正当和合理。没有什么东西能够超过习惯、使任何情绪对我们有一种更大的影响，或使我们的想象更为强烈地转向任何对象。[①]

资本的野蛮积累并不妨碍整个社会走向文明。休谟所处的 18 世纪，正好是一个生机勃勃的工商业经济大力发展的时期，也是科技、教育、文化、艺术蓬勃发展的时期，苏格兰的启蒙思想家们也已经感受到这种新时代的新气象。休谟在完成人性论的写作之后，把相当多的时间投入到参与这个苏格兰与英格兰合并过程中的各种经贸与文化的事务之中，游学伦敦和欧洲各国，结交法兰西各类思想家，参与东印度公司的事务，担任赴法大使赫特福德公爵的大使秘书，担任格拉斯哥市图书馆馆长，与斯密等人一起组建爱丁堡知识界的精英协会，等等。在这个纷纭变化的时期，他还写作了一系列论文，主题涉及当时英格兰、苏格兰和欧洲的各种政治、经济、政策、文化和文艺等多个方面，涉及经济学、人口学、货币、证券、股票、战争均势、外交、文学、历史等多个领域，并把这些论文编辑成册陆续出版，休谟的论述广受欢迎，为他赢得了世界性的声誉，在欧洲、英国和苏格兰，成为一代大文豪。

　　休谟的文明社会的演进论，就是在这个时期逐渐形成的。其主要的一个有别于法国思想界的独特观点，就是提出了财富的创造、

---

[①] 休谟：《人性论》，下，关文运译，商务印书馆 2004 年版，第 597 页。

利益的激情，甚至奢侈风尚的功效，这些工商社会的成果，它们不但无害于文明社会，反而促进、培育和成就了文明社会，工商社会构成了现代文明社会的经济基础。为什么工商社会能够为文明奠定基础，极大地促进文明社会的发展，休谟认为工商社会在社会财富的创造机制方面发生了一场经济学的革命，这个革命与政治上的光荣革命相辅相成，并驾齐驱。传统的封建社会，甚至追溯到古希腊罗马的城邦国家，那时的经济生产方式还是小农经济，以农耕土地的自给自足的农副产品为主体，商品贸易是外在的。因此，财富的生产是非常有限度的，无论是国家财富还是个人财富，都是低水平的，由此支撑的所谓文明程度也是很低的，君主和贵族小圈子里的宫廷文化，尽管富丽堂皇、奢侈浮华，但终究是依附性的，更大的农民和农奴制下的生活水平是非常低劣和粗糙的，其文明程度与平民百姓的财富程度大体是一致的。这就限制了文明社会的扩展，更谈不上臣民对于文明成果的享受。现代工商社会的一个革命，就是变革了土地农业制度，开辟出一个通过商品贸易创造财富的市场经济制度。商业社会的经济内容在此暂且不论，有一点对于文明社会的影响却是巨大和深远的，那就是追求财富的激情可以正当化地转化为一种个人能力上的竞争，并形成一种制度化的创新激励，从而实现财富创造的无限可能性。这个财富创造的无限可能就为文明社会的文明内涵注入了强大的生命力，所谓现代文明的实质，就是创造与享受创造的无限生命力。

为什么现代的工商业社会有助于文明进化，在休谟的有关财富和利益的激情的论述中，提出了一个财富的中介机制，也就是说，通过财富，现代文明社会才能得以存续，没有财富也就没有现代文明社会，当然也没有工商社会。这就是为什么苏格兰启蒙思想家，尤其是休谟和斯密如此关注财富问题的原因。那么，究竟什么是苏格兰思想理论中的财富呢？对此需要有所辨析。财富不等于赚钱，犹太人很会赚钱，古代的高利贷者也很会赚钱，他们都与苏格兰理论家们的财富问题无关。在休谟和斯密眼里，财富问题是一个现代问题，它的关键点在于现代社会的产品生产是一种商品化的生产，通过日益细致的劳动分工和自由开放的市场贸易，实现劳动产品的交换与流通，财富就在这样一个生产、交换和流通的商品化的市场机制中实现出来。这样的社会就是商业社会，不同于农业社会，财富的激情是其旋转的中心。

问题的关键在于，商业社会的财富，不是固化在一定的物品上，对于当时盛行的重商主义和重农主义财富理论，休谟和斯密都不赞同，并分别提出了批评意见。总的来说，商业社会的财富机制是一个活动的形态，不能简单等同于重商主义系于黄金和白银的国内储备和贸易顺差，也不能等同于重农主义的农业产品的生产数量或土地使用效率。苏格兰思想家们更看重利益的激情，或者说，他们更看重在商品生产与交换过程中的情感心理机制。对于休谟来说，那就是利益的激情，一种追求财富、创造财富与享受财富的情感心理，恰好市场机制为这种主观化的激情提供了无限度的可能性。而传统的封建土地经济，还有城邦国家的地中海贸易，都不像现代的工商业经济形态那样可以为利益的激情开辟无限度的空间与可能性，这个就是前文我说的有关财富创造与占有的稳定性预期和信用。这样一来，商业经济就使得财富的物化形态变得不再重要了，财富背后的创造财富、占有财富和享受财富的激情成为比财富本身更重要的东西。因为这种激情可以随时随地地兑现为财富的物化形态，无论这种物化是商品还是货币，是生活消费品、奢侈品、黄金白银，还是土地、牧场、工厂、实验车间，等等，其实这些都是次要的，关键在于这些都从属于主观的激情，围绕着激情的创造，可以生长出一系列财富的物化形态，并且能够相互等价地交换。

衡量这种交换的标准不是固化的东西，诸如土地，或白银黄金，或者货币、证券等，而是活的创造力，由于财富的激情是无限度的，这种创造力也是无限度的，这才是文明的活力或生命力所在。工商业社会之所以能够取代传统社会，在于它把财富的创造力的限制和约束取消了，市场经济赋予财富生产和等价交换一个自由开放的制度，每一种新的产品都能够在这里通过交换而获得等价的认可，优胜劣汰，这是一个竞争的机制和制度。鼓励创新，创新能够获得财富的回报，丧失了创新，也就被淘汰，也就失去了财富回报。所以，财富只是一个商品社会的承载物，重要的是追求和创造财富的激情，以及生生不息的创造力，是它们支撑着现代工商社会的不断发展与繁荣，而且永无止境。关于这种财富创造与享受的激情，以及由此引发的一系列工商业社会的工艺科技改良和创新、奢侈向勤勉的转化，还有市场经济延伸的银行、信用、货币等问题，除此之外，这个财富激情还有另外一层含义，那就是与文明社会的关系，培育工商业创新精神的财富激情，也有助于文明的进化。

从现代学术的视角看，休谟显然不是文化多元论者，他虽然尊重文化的多元发展，但从根本意义上说，他是一位文明的进步论者。也就是说，他相信文化要从属于文明，而文明有一个演进的过程，有一个从野蛮、粗糙到文雅、文明的进步的发展过程。文明是有程度上的差别的，人类历史存在着一个从低级到高级的进步演变。古今之变，从传统农耕社会到工商社会，就是这样一个演变和进步的过程，从粗野到文雅的文明演变也是这样一个从低到高的文明程度不断进步的过程。虽然休谟讲文明进步，讲工商社会是一种比农业社会要高级的文明，但他又不是线性的文明进步的一元论者，并不认为一定有一个单一线路的文明进步规划和方案，人类可以凭借理性知晓这个规划，按照这个规划设计自己的未来。由于他是一个认识上的不可知主义，是情感主义的感知论，所以，关于进步的路径、方案与规划，他并不认为有一个终极的目标和路线图，也不认为人类可以凭借理性认知这些不可知的东西。人只是按照感知情感去触及未来，依据共通的利益感以及财富的激情，趋向某种未来，并且凭借着想象力和同情心来预测文明社会的进步，仅仅如此，决定人的行为的是情感或利益的激情，并不是理性。所以，后来的哈耶克所提出的人类社会的扩展秩序，以及自生自发的演进路径，还有默会的知识，显然都与休谟的情感主义的文明进化论有关，受到了休谟思想的很大启发。[1]

在休谟看来，为什么工商社会有助于文明的进步，在于财富的激情促使每一个人都能最大化地发出创造的激情和才智，从事各种工商业和文化艺术的创造，这样势必导致文明的进步，催生一个越来越文明的高级社会的到来。由于财富的创造是无限度的，享受这种创造的感性快乐也是无限度的，所以，文明演进的程度及其实现方式也是不可预知的，用哈耶克后来予以思想发挥的理论语言来描述，现代的文明社会是一个自生自发的扩展秩序，其动力机制在于财富激情的无限创造力。

---

① 参见高全喜：《休谟的政治哲学》，北京大学出版社 2004 年版，序言。

## 文明社会的自由与法治

　　现代社会的活力来自财富的激情，工商社会为财富的创造与享受提供了市场经济的扩展空间，但这一切又都系于现代人的自由与法治。所以，自由和法治就成为十分重要的东西，不但工商业社会需要自由与法治，文明社会也需要自由与法治。"人类的理性，在通过实践，以及通过至少在像商业和制造业这类较为庸俗的行业方面的应用，而获得提高和进步以前，要想改进法律、秩序、治安和纪律，并使之臻于完善，是绝对不可能的。"① 我们在苏格兰启蒙思想家们那里，每每都会读到他们相关的大量论述，休谟的思想理论也是如此。

　　英国是一个自由与法治传统最为悠久的国家。所谓自由贸易、海洋帝国、大不列颠精神，等等，都与自由与法治这两个要素密切相关。孟德斯鸠在《论法的精神》一书中，多次以赞赏的文字描述过英国的自由和法治，认为英国是一个政治自由和法治昌盛的民族，孟德斯鸠的观点很能代表当时欧洲思想界对于英国的看法。② 当然，作为大不列颠英国一个独特部分的苏格兰，在启蒙思想家那里，虽然他们内心深处与英格兰的历史与政治传统多有缠绕，但从主导的精神品质来说，还是认同英国的法治与自由的，也把苏格兰纳入英国乃至英美的大历史谱系之中。他们对工商业社会的认识如此，对文明社会的认识也是如此，至少对休谟、斯密等代表人物是如此，

---

① 休谟：《休谟经济论文选》，陈玮译，商务印书馆 1984 年版，第 21—22 页。
② 孟德斯鸠：《论法的精神》，上，张雁深译，商务印书馆 1997 年版，第 19—26 页。

休谟的《人性论》和《英国史》，斯密的《国民财富论》和《道德情感论》，采取的均是英国的视角，即英格兰与苏格兰合并之后的大不列颠的视角。苏格兰不过是北方不列颠，从文明的角度看，苏格兰虽然具有北方不列颠的独特性，但仍然是英美自由法治下的文明社会的一个组成部分。

我们看到，关于英国的自由和法治，英格兰的思想家和法学家们都有充分的论述。代表者例如洛克，就结合光荣革命，从政治自由的立场上，雄辩地探讨过有关个人的天赋权利以及组建政府的权利，甚至合法反抗政府的权利。这种自由权利论为光荣革命的君主立宪制奠定了理论基础，其自由政治理论无出其右者。关于英国的法治问题，尤其是英国普通法的司法独立和司法裁判权，以及法治对于君主专制的约束，对于个人自由的保障，还有一套司法的技艺，这些论述均是大法官们如科克的专长，对英国法治的辩护和阐发，也可谓影响深远，无出其右者。至于稍后一点的爱尔兰思想家柏克，其对英国法治与自由的论述，也不过是英格兰上述诸人的翻版，坚守着他们的精神以反对法国大革命，彰显出一种保守主义的英国自由主义传统。其实，仅就英格兰来说，法治和自由无所谓激进与保守之分野，它们一以贯之的不过是光荣革命后的英国政治上的自由与法治，英国革命不但没有破坏英国的传统自由与法治，反而进一步优良化了这种自由与法治精神。这种论调直到19世英国纪功利主义的出现，才受到强有力的挑战。但对于18世纪的苏格兰启蒙思想家们，他们却面临一个困难，即如何在继承英国自由与法治的前提下，又提出自己的新的思想贡献呢？对此，休谟和斯密就显示出卓越的思想理论的创造力，如果说爱尔兰柏克的贡献是由于法国大革命的刺激而激发的，休谟和斯密则是由于苏格兰工商业社会的财富激情及其文明社会的制度需要而激发出来的。

第一，从政治自由到经济自由的转变。休谟接受和继承了洛克等英格兰思想家们的观点，也认为自由和法治的重要性。但是由于英国社会已经从光荣革命的紧迫时刻走出来，所以，他强调的不再是诸如财产权、人身自由权、言论自由和宗教信仰自由、政治参与等与国家构建有关的政治自由问题，而是如何在一个经济社会中维护自由的问题，或者说，是如何在一个商业社会实现创造与享受财富自由的问题。所以，他虽然也讲财产权问题，但不是以此对抗暴政，而是重在稳定性的占有财富。同样，他也重视法治，认为法治是现代工商社会和文明社会的基础，没有法治，也就没有个人的自由，没有创造财富和占有财富以及从事商品创造的保障。但是，他对于法治的理解不是重点在约束和限制政治权力的滥用方面，而是在于自由秩序的稳定和个人自由的边界上面。在多篇论文和英国史的论述中，他眼里的法治，是如何达成个人自由与政治权威的协调与平衡问题，是一种自由边界的规则问题，而不是对抗政治暴政的问题。

所以，休谟与洛克由于所处时代的不同，对于自由与法治的理解是有所不同的。总的来说，一个是革命时代的自由与法治问题，问题意识是反抗暴政与构建政治的合法性；另外一个则是如何扩展经济自由，解决个人自由与政府权威的规则边界。一个采取的是自然权利论和社会契约论，另外一个则是情感主义和历史演进主义。基于上述时代问题的不同，休谟对于自由与法治的看法，就转化为自由与权威的法治化规范问题上。他认为，在一个商业社会中，个人的自由无疑是十分重要的，没有自由的身份和自由的行为空间，尤其是没有自由的追求财富的激情，这个社会是缺乏生命力的，获取的自由也是没有保障的，难以稳定和持久占有的。所以，创造财富、占有、使用、支配财富和享受财富，以及在市民社会自由地活动和行为，开拓任何谋利发财的空间和机会，是商业社会的基本性质。但是，休谟又认为，个人的自由又是有边界的，是在一定的社会秩序之下、在遵守政府权威的前提下，在法律约束下的自由，所以，政府是必要的，它们是现代工商业社会的政治前提。政府要有权威，法律要有约束力。所以，自由与权威、个人与政府，就处于一种对峙的关系，如何取得自由与权威的平衡协调关系，既要尊重和维护政府的权威和法律的约束力，又要保障个人的自由，扩展自由的空间，激发财富的创造，促进工商业的蓬勃发展，这是一个成熟的现代社会的基本特征。休谟认为，这种平衡的标志就是法治，法治就是既保护和拓展个人自由又维系政府权威和行政施为的最好方式，英国之所以取得如此的历史成就，一个主要的原因是其具有悠久的法治传统。

第二，法治是自由与权威的调和剂。按照英格兰法律人的论述，英国的法治就是普通法的司法独立，是法官依据判例法而不受君主制约的司法裁决，并以此保障臣民个人的自由权利，这是英国普通法的传统。英国的自由主要是由这种司法裁决的专属权而培育和加强的，最著名的论述是大法官爱德华·科克与君主詹姆斯一世的对话。对于这个流传甚广的故事，休谟并没有给予否认，他在英国史六卷集中专门列有讨论英国法律的章节，对于英国的法治传统多有析解与褒扬，认为英国普通法在抵御君主的独断专制，保障臣民自由，通过法律程序和法律技艺，维护专属的司法裁判权，对于英国的文明演进居功甚伟。

但是，休谟并没有一味固守英国的法治传统，针对英国历史的实际情况，尤其是光荣革命后延续到与苏格兰合并的时代，他在一系列论文中，又对政府权威及其对于经济秩序的作用，提出了新的看法。在此，他没有特别讨论英国的普通法，而是集中论述一般的国家法律。这一点与斯密的法律观大体一致，因为苏格兰实施的不是普通法，但面对的自由与秩序的问题与英格兰却是一样的，那就是，政府、政治权力和它们的权威，是不可能忽视的，任何一种秩序，尤其是经济和商业秩序，都离不开政府的管制，但握有政治权力的政府，应该如何管制社会及其经济秩序呢？这就不能依据个人专制性的权力和独断意志，而是要通过法律加以整合治理。法律是什么呢？法律主要是来自对于社会自发秩序的承认、接受与汲取。因此，法治便是社会规则的权威性的统治，即法的统治。这里的法治，既有社会中的人的自由的最大化预期与正当性诉求，以及时间和传统的演进参与；又有政府权威的认可、接受，甚至转化为行政命令和法律规定之颁布实施。所以，法治必然是自由与权威的综合之融汇。在休谟看来，法治秩序之所以能够得到落实，法律规则能够为人们遵守，在于有政府权威的保障，自由是需要权威保障的，同样，权威也要符合自由之正义的标准。

正是在这个意义上，休谟认为自由是一种法治的预期，这就与把自由理解为反抗君主暴政的自然权利论不同，也与把法治理解为判例法的司法裁决的独立权不同，而是在承认政治权威的情况下，强调个人自由创造财富的预期不受政府权力的侵犯和限制。法治就是一种协调确认个人自由和政府权力的边界和规则，这个边界规则与其说是一种硬性的规定（法规和行政命令），不如说是一种预期，法治就是确保这个预期的稳定维系。由此，我们可以看出休谟的思想又回到情感主义的规则理论上来，因为正是这种预期，使得一种工商社会的制度得以自生自发地演进出来。没有预期的激发，一个社会可以有权威与自由的平衡稳定，但不会有商业社会与文明社会的突飞猛进的发展，不会鼓励创新与奢侈文雅的社会繁荣和科技精良。这也从另外一个方面解释了普通法的法治虽然源远流长，但为什么只有光荣革命后的古今之变，这个法治才促进了工商业社会和文明社会的发展演变，休谟认为仅仅有普通法是不够的，法治只有成为一种财富创造的预期，个人自由与文明发达才会结伴而至，这是拜工商业社会所致。

第三，政府的起源与责任政府。如何才能使得个人自由从政治领域转为经济领域，法治成为一种自由的预期呢？休谟认为，正确地理解政府的权威与责任是非常必要的，在此，他提出了一种不同于社会契约论的政府起源论，并首次提出了人类如何对待作为必要的恶的政府的观点。休谟的相关思想主要集中在他的论政府的起源、论政府的首要原则、论议会的独立性等几篇重要的论文中。在上述论文中，休谟提出了一个著名的人性恶的假设，并由此认为政府也是一种必要的恶。[①] 在人类的社会生活中，政府是必不可少的，说政府是恶的，这是欧洲启蒙思想的主要观点，从自然法和人类理想的角度来看，一个美好的乌托邦社会是不需要政府的。政府掌握权力，握有权柄，并大多实施专制统治，满足统治者的个人私欲或好大喜功的偏好。所以，在现实的人类社会中，政府和统治者大多是恶的，恶政或暴政，恶人或邪恶的专制独裁者，这样的黑暗统治在历史上比比皆是。

对此，休谟并没有完全像启蒙思想家们予以彻底批判和排斥，

---

① 休谟：《人性论》，上，关文运译，商务印书馆 2004 年版，第 1—10 页。

主张革命性的否定和摧毁。在他看来，由于人的有限性，能力、情感和知识等方面的有限性，一个没有政府的社会，或有些人所主张的无政府的自由社会，是不可能达到的，结果甚至是更为糟糕的。所以，一定的政府是必要的，即便政府是恶的，也是必要的恶，这主要是由于人的自私自利的本性，甚至他还提出了要从假设人性恶的角度来考虑政府的性质，这样，必要的恶就是可以容忍的。所谓必要性，就是生活社会需要政府的管理，政府要有权威，通过权威之手管理社会，为社会提供必要的秩序，从而达到和平与有序的社会环境。

问题在于，政府的权威统治是如何产生的呢？休谟不赞同卢梭、霍布斯乃至洛克的社会契约论或政治契约论，认为它们只是一些理性的构想、逻辑的设计，并不具有历史的实际内容。休谟采取的还是历史经验主义，他考察了政府的起源，提出了政府以及政府权威的正当性与有效性的几种形式，诸如占领、征服、殖民、继承等。在他看来，虽然这些政府形式不具有自然权利论者所要求的绝对正当性与合法性，但它们还是具有一定的历史正当性与现实合理性的。换言之，这些政府体制一旦掌握了政权，统治了天下，那么如何实施政府统治，就不能还是采取打天下的暴力手段来坐天下，要治理社会，管制臣民。上述政府不管是以什么方式建立的，不论是为了自己的统治持久性、稳定性、有效性，还是从臣民的幸福、社会的和平来说，都需要采取一种新的方式，那就是法治。依法治国是任何一个政府都必须采取的统治方式，也是维护权威和人民福祉的最必要方式。

这样一来，休谟认为，一个社会的主要问题，就从政府权威的起源、统治社会的方式，转变到法治问题上来，法治变成衡量一个政府是否正当性以及良善与邪恶的主要标准。一个政府很可能是比较权威专制的，但只要有法治，政府实施依法治国，那么这个政府就还是一个较为文明的政府，一个不太邪恶的政府。只有没有任何法治，君主独断专行、恣意妄为，才是一个邪恶的野蛮的政府。这样的政府，其统治不可能长久，肯定会被人民的革命所推翻。从这个意义上说，休谟并不反对英国的革命，但他并不主张革命，而是主张一种我们今天所说的保守的自由主义。在当时他更偏向托利党人的观点，他并不认为查理一世的君主统治是一个完全没有法治的政府，所以，他要为查理一世之死掬一把同情之泪。他的英国史往往被视为托利党的史观，与辉格党人的史观相对立。其实也并非如此，休谟在自传中就诉苦说他屡遭误解，其实他既不是托利党也不是辉格党，他就是他自己。

还是回到法治问题上来，究竟什么是法治呢？休谟指出，对于政府来说，法治就是要恪尽职守，法治就意味着责任政府。一个权威的有正当性的政府，不是如何管制臣民，而是约束自己的权力，通过法律明确政府以及政权的责任，其最大的责任就是造福臣民，为臣民谋求福祉。这样的政府才是良善的政府，才是善治，才能获得人民的拥护，实现持久的统治。法治对于臣民和社会来说，就是放松管制，还社会和人民以最大的自由，尤其是追求财富、言论表达和宗教信仰的自由，并通过法律和司法体制，保障人民的权利，使人民的合法追求获得政府的保护，让人民的自由与尊严获得最大限度的保障。所以，法治就是政府权威与人民自由的最好的调节器，一方面，法治使政府权威消除了暴虐和专横的性质，将其纳入为社会提供秩序、为臣民提供保障的责任范围之内。另外一方面，它也规范了个人的无法无天、私欲无度，将其纳入一种公共利益的规则之下，在合法的规则内充分发挥其各种激情，尤其是财富和文艺的激情。

总之，在休谟看来，一个法治昌明的社会，必定是一个工商业蓬勃发展的社会，也是一个文明昌盛的社会。因为在这个法治社会之下，政府的权威被限制在提供社会秩序和安全的范围内，君主和贵族特权不得侵犯和掠夺市民社会的权利，反而转化为一种尊崇的文明标志。这样就促进了一个商业社会的富足，同时也提升了商业社会的文明程度，致使工商社会演进为一个比农业社会更文明的社会。当时的英国，包括苏格兰，恰好正处于这个商业社会和文明社会的发展时期，休谟的思想与之密切相关，他特别注重商业财富和法治制度对于这个时期的英国和苏格兰所具有的基本性制度意义。

## 休谟的文明政体论

文明政体是文明社会的核心，近代民族国家的崛起与中世纪神权政治的瓦解密切相关，商业的发展促进了市民社会的产生，继而为公民权利的兴起、人性世俗化等思想提供了土壤，这必然就诉求一种新理论，这种新理论将要为以市民社会为核心的民族国家作出全新的制度安排。

休谟对于文明社会的论述，除了上述从历史演变、工商业社会、财富激情和法治政府与个人自由等方面的观察与分析之外，还提出了一个关于文明政体的理论。这一理论极具创造性，对文明历史的演进提供了新的思路，即便今天依然有启发意义，在此值得探讨。

苏格兰启蒙思想的一个突出特征就是从历史的角度考察社会的本性，这与英格兰和欧洲思想家们对于历史的理解是不同的，他们关于人类历史形态演变的考察不像法国思想家们那样偏重于风俗与文化，而是偏重于经济动力和法律制度对于文明社会的塑造作用。例如，斯密在《法学讲义》的演讲中就系统地论述了这个演变过程中的法律制度，考察了不同社会形态之下的政府体制与法律规则。①

休谟也是如此，他并不像法国的启蒙思想那样，认为人们可以事先通过理性的计算而主动地建立起一种政治契约，由此组成一个国家或政府，在他看来，政府是一个逐渐形成的过程，伴随着文明的进步和商业的发展一步步地演化出来。"休谟的政府理论可以说是一种社会的进化论，一种哈耶克意义上的自生秩序论，在其中通过人为的正义德性的制度转换和历史演变，逐渐建立起一个以法律制度为核心的政体模式。"②

休谟全面地考察了人类从古至今的政体类型，并把法治程度的高低确立为文明与否的核心标准。休谟研究者米勒认为休谟至少刻画了存在于人类历史之中四种从野蛮到文明、前后相继的政体形式，第一是野蛮的原始社会政体，在这种政体之中，文明的成分是很少的，充斥着完全的任意和野蛮；第二是希腊、罗马政体，尽管存在少量的贸易，但不存在发达的工业社会，文明只是公民的文明；第三是中世纪封建政体，虽然处于小农经济状态，但在基督教的影响下，国家统一的法律面前，人人平等的观念已经逐步渗透进人类精神世界里；第四是近代，也即休谟所处时代的商业社会。③

在这种政体演变史的前提下，休谟旗帜鲜明地反对各种社会契

---

① 高全喜：《政治宪法学视野下的"文明政体论"——从孟德斯鸠到休谟的政体论申说》，载《学术界》2016 年第 10 期。
② 高全喜：《休谟的政治哲学》，北京大学出版社 2004 年版，第 232 页。
③ Divid Miller, Philosophy and Ideology in Hume's Political Thought, Oxford University Press, 1981, p. 122.

约论有关假想的原初自然状态的存在，"同意甚至在很长时期内仍然很不完备，不能成为正规的行政管理的基础。……几乎所有现存的政府，或所有在历史上留有一些记录的政府，开始总是通过篡夺或征伐建立起来的，或者二者同时并用，它们并不自称是经过公平的同意或人民的自愿服从。"[①] 所有社会契约论者都错失了一个最关键的问题，即从野蛮政体到文明政体转变的动力机制。休谟认为这个动力机制由经济和法律两方面构成。文明本质上是一种制度，关于文明与野蛮之间的区别，固然体现在生活状态、知识文化等多个方面，但从深层次上说还是政体、制度上的区别。

野蛮政体下的人类社会没有近代意义上的生产与商业行为，一切的生产和商业活动都是受自然环境制约的。而在文明政体中，人类可以克服自然环境的局限，通过商品交换和经贸往来，积累财富，完善制度，进而建立起一个文明的社会。野蛮政体下人类奉行丛林法则，赢者通吃；而在文明政体之中人类拥有了围绕分工、分配建立起来的正义规则，并在权威政府的法治下获得基本权利的保障。

因此尽管休谟也像亚里士多德那样通过统治者人数而对文明政体内部进行区分，但这种划分之前，已经蕴含了野蛮和文明的分野。换句话说，野蛮与文明的区分，是一阶的政体区分，而文明政体内部的区分，是二阶的政体区分。两种区分之中，一阶的政体区分是本质的区分，是野蛮和文明的严格的分界线，二阶的政体区分是量上的区分，不具有本质上的差异，都属于文明政体。"东方社会大多就是如此，它们不同于游牧、渔猎社会，已经具备了十分完善的政制，但并不是欧洲那样的文明政制，而是野蛮政制，其野蛮性质并

---

① 休谟：《休谟政治论文选》，张若衡译，商务印书馆 2010 年版，第 122 页。

不体现在生产方式、生活形态、风俗习惯等方面，而在于政制方面。尽管东方的野蛮社会在很多方面超越了原始社会的贫乏和低下，甚至在某些方面，如制作技艺和物质财富方面有时优于欧洲一些国家，但因为它们的政治制度的绝对暴力和专横性质，因此仍然可以称之为野蛮社会。"[1] 专制的野蛮社会哪怕具有一些财富和技术上的优势，也无法改变其政体上的本质缺陷，在这种野蛮政体之中永远无法发展出一个充满活力和生机的，个人能追逐自己理想和财富的近现代文明社会。也无法真正建立起自己政府的合法性和正当性，从而会周期性地陷入动乱的漩涡之中。

　　总而言之，一个政府是否合法与正当，关键看它在统治过程中是否能够保持长久的稳定，并且满足人民的共同利益，看它最终能否走向法律规则之治，而不是依据统治者个人的独断意志进行统治。所以，政府的权威及其正当性依据并非来自起源上的神圣，而是在政府的持久延续，特别是在政府稳固地实施法治并走向立宪主义的过程中逐渐形成的，并在这个法治和立宪的过程中逐渐获得人民的认可和同意。用我们今天的话来说，就是看在历史进程中最终能否走向政治文明范畴下的法治和立宪主义。休谟的这种经过历史演化而逐步达成法治政府和立宪政府的道路，是一种历史主义的文明演进之道。[2]

---

① 高全喜：《休谟的政治哲学》，北京大学出版社，2004 年版，第 239 页。
② 高全喜：《政治宪法学视野下的"文明政体论"——从孟德斯鸠到休谟的政体论申说》，载《学术界》2016 年第 10 期。

# 附录二　休谟的法学方法论转换及其内在机制①

　　休谟作为一个伟大的思想家，他的理论在法学方法论上也具有重要的意义，特别是他的有关事实与价值"二分"问题的看法，我认为不但在哲学发展史中是划时代的，而且对于法律思想史中的方法论问题也具有一定的指导性意义。但是，由于诸多原因，休谟的法学方法论思想在法学乃至哲学方法论的研究中一直被忽视，只是到了晚近以来，在西方才开始受到重视。本文在此仅仅准备就哲学方法论和法学方法论之关系，从休谟哲学的法学视角提出一个初步的考察。

**休谟法律思想的独特性**

　　作为一个 18 世纪的英国哲学家，休谟的经验主义哲学和温和主义的怀疑论曾经改变了现代西方哲学演变的某种路径，他的思想对于 19—20 世纪乃至 21 世纪的西方道德哲学、语言哲学乃至政治哲

---

① 本文刊发于《法哲学与法社会学论丛》，郑永流主编，总第 10 期，北京大学出版社 2007 年版。

学的影响是无可争议的和举足轻重的。但是，休谟在法学领域的地位却是尴尬的，一方面学者们都异口同声地承认休谟哲学对于法学研究的重要性，但是却很少有人真切而系统地揭示休谟对于法学的方法论、规则论乃至政体论和宪政论等方面的决定性贡献，并没有催生出一个休谟谱系的法学学派，直到20世纪下半叶哈耶克的法律理论出现之前大致就是如此，而且从某种意义上说，哈耶克的法学理论也并非西方两大谱系——英美和欧洲大陆——的主流。但是，休谟哲学在西方（英美和德法等）学术思想史中的地位却是极其重要和影响深远的，任何一个语言哲学和道德哲学的研究者如果不经过休谟这一关口，肯定是不合格的，这种状况比之于法学领域休谟的地位，简直是天壤之别。

现在的问题是：为什么会出现上述情况呢？我认为这与休谟政治法律思想的独特性有关。我们知道，西方法学和法律制度有两个传统，一个是大陆罗马法系，一个是英美普通法系，两个传统各自独立，源远流长，现代的法学主流依然是这两个传统的继受和在现代社会的变异。但是，休谟法律思想的产生背景从形式上看，却是非常独特的，这与斯密乃至整个苏格兰学派的情况是一致的，即他们当时所处的苏格兰正在与英格兰等合并，并共同组成大不列颠王国，而苏格兰的法律制度一直是属于大陆法国的罗马法体系，这种法律状况在合并到英国之后一直在司法制度中保持着。所以，休谟、斯密等苏格兰思想家们有关法律的论述乃至理论谱系从形式上看是属于大陆法谱系的，而不属于英国普通法谱系。但是，值得注意的是，休谟等人的法国法（大陆法系）因素只是背景，他们并没有吸收大陆法的精神蕴涵和逻辑方法，相反，他们的法学思想的实质却是英国法的，或者说，他们用大陆法的外表陈述了英国法的关于自由权利、经验主义、司法特性、怀疑方法等相关内容，以至于当代的哈耶克从他们的法律哲学和政治哲学中吸收了丰富的内涵，提出了普通法的自由规则（内部规则）、司法理性等保守的自由主义的法学观。①

如此看来，休谟的法律思想虽然在自由主义的现代政治理论占据重要的地位，其基本的价值倾向和论断也受到了当今法学主流的普遍接受，但是，在纯粹的法学研究领域，休谟的直接影响力还是微弱的，因为，他的大陆法的形式和普通法的精神奇妙地或创造性地结合在一起（虽然这并非休谟自己的本意，而是时代的局限和当时的学科尚未分殊化），使得学科界限早已森然壁垒的现代法学难以应对休谟这个历史难题。例如，在关于私人财产权理论中，休谟的理论在形式上采用了大陆法的财产权规则推论，实质上却是英国法的结论，但他没有采用普通法特有的保有制下的地产权的论证。再如，休谟的法学方法论是经验主义的，属于哲学上实践理性的一个重要的形式，即英国唯名论的方法，但是，在当代的两大有关法学方法论的重镇——阿利克西和麦考密克——那里，休谟方法的影响却是间接的，显而不彰，而那些在哲学上受到了休谟绝对性影响的人物，如康德、维特根斯坦、艾耶尔等，休谟则成为他们理论的重要来源。②

---

① 关于这个方面的论述和相关资料，参见哈耶克：《自由秩序原理》，邓正来译，生活·读书·新知三联书店 1997 年版、《法、立法与自由》，邓正来等译，北京大百科全书出版社 2000 年版，以及莱奥尼：《法律与自由》，秋风译，吉林人民出版社 2003 年版、邓正来：《规则、秩序、无知：关于哈耶克自由主义的研究》，生活·读书·新知三联书店 2005 年版，高全喜：《法律秩序与自由正义——哈耶克的法律与宪政思想》，北京大学出版社 2004 年版，等。

② 关于这方面的资料，参见 W. D. Boss, The Right and The Good, Oxford 1930; R. M. Hare, Freedom and Reason, Oxford 1963; R. M. 黑尔：《道德语言》，万俊人译，商务印书馆 2004 年版；R. Carnap, Meaning and Necessity, Chicago/London 1956; J. L. Austin, The Meaning of a Word, London/oxford/new York 1970; 尼尔·麦考 （转下页）

沿着上一个问题，我们在此继续追问：休谟法学的这个特性是否就意味着他对于法学理论，尤其是现在我们探讨的法学方法论没有什么意义和价值了呢？在此我的回答是否定的。我认为关于法律理论的研究要超越传统的大陆法—普通法的二元对垒格局，尤其在方法论上，这个问题更是值得重视。在哲学方法论上，现代哲学已经打破了英国经验论和大陆唯理性的对峙，甚至打破了传统哲学与语义学的分离，那么，在法学研究中，我们没有理由还是固守传统的分界。其实在有关法学的权利义务理论、自由平等理论和宪政法治理论等诸多方面，上述分野已经打破，例如奥斯汀、哈特、拉兹等人的分析法学就包含了英美和德奥两种不同的思想渊源和语言哲学，哈耶克、弗里德曼等人的新自由主义（neo liberalism）① 的法治与宪政理论也吸收了英美普通法和大陆公法思想，哈贝马斯与罗尔斯的论争、德沃金与哈特的论争等等，都没有也不可能在一个孤立的谱系中展开。所以，重新回过头来审视一下休谟的法学思想，特别是他的方法论，应该是别开生面的。

---

（接上页）密克：《法律推理与法律理论》，姜峰译，法律出版社 2005 年版；在此需要一提的是哈贝马斯，作为一个百科全书式的善于思想史的整理加工的人物，我认为他对于休谟是不公允的，尽管他的一系列著作没有正面臧否休谟，但他对于休谟乃至苏格兰启蒙学派的忽视只能说明他的德国思想家的傲慢。众所周知，休谟对于康德的影响是决定性的，而苏格兰启蒙学派的政治经济学和市民社会的理论是富有创见的，哈贝马斯对这些视而不见，从某种意义也表明了他的思想直至晚年也还没有摆脱左派的底色。

① 关于新自由主义，在西方语境中有两种差别巨大的学派分野，一是 neo liberalism，一是 new liberalism，前者指的是以哈耶克、弗里德曼等人为代表的古典的或保守的自由主义，在政治上以撒切尔夫人、里根为代表，柏克、休谟也被划归为这个谱系；后者指的是英国格林、鲍桑奎，特别是凯因斯等人的新自由主义，政治上的代表人是罗斯福及其"新政"以及欧美的福利国家政策。两种形态的差别很大，在经济和政治乃至法律理论观点上很多甚至是相互对立的，我们今天在中国语境下研究或"批判"新自由主义，对此要有清醒认识，首先要搞清楚所指的是何种自由主义及其它们的"新"是什么。

## 经验事实：哲学的怀疑主义

休谟哲学的一个重要贡献，是在英国经验主义的哲学传统中第一次革命性地提出了事实与价值的二分。这个传统如果上溯，可以追到中世纪的唯名论经院神学，乃至古希腊亚里士多德的实践理性。在哲学认识论乃至在哲学语义学中，从一开始就存在一个事实问题：究竟什么是事物的真实？真理是如何达到的？又是如何通过语言表述的？

在上述关键问题上，休谟实际上是在对抗三个不同的强大的传统：第一个是古希腊亚里士多德开辟的目的论的演绎逻辑的传统，这个传统不但把认识论与真理论结合在一起，而且最终又把至善的德性论圆满地结合在一起，是一个自然正当的古典哲学，它在中世纪经阿奎那的神学理论改造成为神学教义论，在近代的大陆哲学尤其是黑格尔哲学中获得现代形式的转换，而到当代又被社群主义的德性论发扬。第二个是中世纪的唯实论神学教义学或神正论传统，这个传统改造了古希腊主流哲学的目的论，把三位一体的神学教义实体化了，名实问题的语言学之争被提升为一种实相的宇宙本体论，三段论的演绎逻辑与神学的创世逻辑被叠合在一起。第三个是近代笛卡儿唯理论的哲学演绎论的传统，尽管笛卡儿哲学是从"怀疑一切"开始的，但他不是哲学上的怀疑主义，他的怀疑只是工具性的方法，最终他要构建的是一个理性的逻辑体系，而世界之真理是可以被这个理性体系包含在其中的，理性演绎是笛卡儿哲学的"上帝之手"。

休谟与上述三个传统不同，他同样继承了三个传统，一个是古希腊的怀疑主义感性哲学，一个是中世纪的唯名论，一个是近代英国的经验主义。他的怀疑主义是一个哲学的方法论，首先提出了人所能认识事物之真实的界限问题，也就是说，休谟告诉我们，人的理性是有限度的，而且是受到情感支配的，所以，对于所谓的真理，只能认识到一定的程度，在人的认识能力之外，世界是什么，由什么构成的，最终来自哪里归宿到哪里，我们是不可能知道的，他的所谓怀疑主义简单地说就是如此。应该指出，彻底的怀疑主义最终要走向虚无主义，而休谟不是虚无主义，他承认在有限的范围内，世界的相对的真实是可以认识的，也是存在的，因此，他的怀疑论又被称为"和缓的怀疑主义"（a mitigated scepticism）。

　　所谓温和的怀疑论，指的是对于否定一切和怀疑一切的拒绝，而是在事实和真理之间保持一种审慎的"中道"。这种怀疑主义是合理的，对人类有益的，"它的用意在于用怀疑的眼光审视理性，为此，我们需要这种温和的怀疑主义，它并非否定理性的作用，而是理解它的限度"。① 但是，这个方法论在哲学上面临着有关"事实"这个问题的考问：究竟什么是事物的真实，如何达到这个真实呢？按照休谟的思想，他的理路大致是这样的：这个事实既不是绝对的客观性或实体性乃至理念论，也不是绝对的主观性或修辞符号。通过前者，他不同于那些目的论和唯理论的哲学家，事实是需要主观接受的，不被认识就不是什么真实，一个远离人的世界构造或演绎逻辑的大前提是不可信的；通过后者，他也不同于唯心论和直觉论乃至语言符号论，事物的真实是需要一定的事实依据的，是存在着

---

① H. O. Mounce, Hume's Naturalism, Lond and New York 1999, p. 49.

的，不是单纯的感觉和意识，如贝克莱（后来的马赫）等哲学家所认为的那样。在休谟看来，事实是一种存在于对象和自我之间的认识性的关系，它们是存在的，但是，它们离开不了我们的印象和观念，在这个范围内，是不用怀疑的真实。他这样写道："存在观念和我们想象为存在的东西的观念是同一的。单纯地反省任何东西和反省它是存在的，这两件事并无不同之处。存在观念在和任何观念结合起来时，并没有为这个观念增加任何东西。"①

　　现在的问题是如何达到事物的真实呢？这个问题对于休谟来说，并不是所谓达到这个问题，因为本来就没有一个东西要达到，而是如何形成所谓的知识或如何形成知识论的判断，甚至是正确与否的判断。休谟认为必须借助于基本的认识方法，那就是经验主义的方法，为此他特别提出了"类似、时空接近和因果关系"三种方法，而这些又都属于归纳法。在休谟看来，这些方法所依据的逻辑推理不是三段论的理性的演绎，而是属于近似的联系，如类似、相关、接近等关系，它们的依据在于想象，通过想象和累积的持续，使得观念之间的强度和生动性得到加深，形成了习惯和惯例，甚至形成了规则和公理，实际上这些都是或然性的，是某种概率性的东西，有偶然性和变化，并非必然性。说到底，人的知识和事物的真实，并非绝对的如此，而是偶然性的，是人们依据想象、类似、接近和习惯性的推理而形成的，因果之间并没有必然性。休谟指出，他的怀疑主义要破除的乃是那种抽象独断的"同一性"理性假设，"要根据日常经验和观察指明，那些可变的或间断的、可是又被假设为继续同一不变的对象，只是由持续着的部分所组成，而由类似关系、

---

① 休谟：《人性论》，上，关文运译，商务印书馆 1996 年版，第 82—83 页。

接近关系或因果关系联系起来的。"①

## 法律事实：法学的规则主义

到此为止，本文只是论述了休谟思想中的哲学意义上的事实或哲学认识论，那么，他的法律思想或法学方法论是怎样的呢？当然，休谟是一个哲学家，并非法学家，并没有建立一套系统的法学理论，但是，他的哲学包含着丰富的法学思想，在他的《人性论》、《道德原则研究》、《道德、政治和文学文集》等一系列著作中对于法学问题曾经有过深入的探讨和论述。② 本文在此关注的是休谟思想中的方法论问题对于法学方法论的启发意义，我认为，休谟的哲学怀疑主义在他的法学研究中已经转换为一种规则论，或者说，哲学的怀疑主义并没有使他在法学乃至政治哲学中变成虚无主义，而是反而恰恰把法律的内在特性揭示出来，这样，休谟通过一种经验主义的怀疑方法使得他的法学理论显示出英美普通法的不同于大陆法的特性，由于休谟是一个哲学家，因此他的这个理论转换，比职业的英美法律人（律师、法官和法学家等）更具有理论的内涵，在法学方法论上更具有普遍性的意义。

为了进一步说明本文的上述观点，我们还是回过头来再看一下有关事实问题，对于休谟来说，这里首先存在着两个重要的前提：一是事实与价值的二分，即不能从事实直接推导出一种价值，事实

---

① 休谟：《人性论》，上，关文运译，商务印书馆 1996 年版，第 285 页。
② 关于这方面的论述，参见高全喜：《休谟的政治哲学》，北京大学出版社 2005 年版，第三章和第五章。

就是事实，价值就是价值，不存在联系两者的目的论推论（这是亚里士多德的预设）；二是关于事实之真实与否，不能从理性推导出来（这是笛卡儿的哲学要点），只能来自经验，是印象、观念之间的联系，取决于习惯、想象和类似的作用，是一种相对的真实。现在的问题是这两个前提对于法律这种事物究竟意味着什么呢？

休谟写道：

> 让我们首先探究所谓罪恶的事实内容存在于何处，指出它来，规定它实存的时间，描述它的本质或本性，说明发现它的那种感官或机能。这个事实寓存于那个忘恩负义的人的心灵里。因此他必定感受到它，意识到它。但是在他的心灵里除了恶意或绝对漠然这种激情之外一无所有。你们不能说，这些东西自身永远而且存在在一切条件下都是罪恶。不，惟有当它们指向先前对我们表达和显示出善意的人时才是罪恶。因此我们可以推断，忘恩负义的罪恶不是任何特定的单个的事实，而是起源于一些复杂的因素，当这些因素被呈现于旁观者时，由于旁观者的心灵的特定的结构和组织，才激起谴责的情感。①

显然，在休谟的理论中，道德与法律都属于"应然"的而非"是然"的范围，因此，它们都关涉价值问题，存在着有关是非、善恶的价值判断，而且关于这些是不可能从自然事实中直接推论出来的。从这个意义上看，道德事实和法律事实一样，它们共同地有别于自然的事实，后者没有好与坏、善与恶的区分，前者却是呈现了这样的

---

① 休谟：《道德原则研究》，曾晓平译，商务印书馆 2001 年版，第 139 页。

区分，或者说具有这样的判断依据。休谟写道：

> 罪恶是独立于我们的理性判断之外的，它是这些判断的对
> 象，而不是它们的结果。——道德并不存在于作为科学的对象
> 的任何关系，而且经过仔细观察以后还将同样确实地证明，道
> 德也不存在于知性所能发现的任何事实。[1]

为此，休谟特别列举了一个著名的例子，即假定一个人如果从
窗中恰巧窥见了我同邻人的妻子的淫乱行为。[2] 关于这件事情，按
照休谟的分析，大致有如下两种不同的看法，一种是通常的理性
主义道德学家的看法，认为这个事件本身是不道德的或罪恶的，
因为它违背了基本的道德观念，从而以此推导出道德观念是一切
不道德事件的原始的根源，即便是假如这个看到这个淫乱行为的
人误以为她是我的妻子，而并不把它视为不道德的行为，那也是
他受到了迷惑，道德是非是脱离这个行为而存在的，它们是标准。
还有另外一种不同的看法，即休谟的观点，他并不认为道德观念
是判断这个事件成为罪恶的标准，在休谟看来，这个行为是不道
德的或罪恶的，这是没有疑问的，但是，它的不道德和罪恶这个
判断，并不是依据道德观念以及推导，[3] 也不是来自自然事实之间
的诸如"类似关系、相反关系、性质的程度和数量与数目的比例"

---

① 休谟：《人性论》，下，关文运译，商务印书馆 1996 年版，第 508 页。
② 休谟：《人性论》，下，关文运译，商务印书馆 1996 年版，第 501—504 页。
③ 休谟进一步反驳说："我的淫乱行为并没有想使别人发生一个错误判断的意图，而只是
为了满足我的性欲和情感。""如果我在和邻人的妻子尽情淫乱的时候，小心地先把窗
子关住，那么我就不犯不道德的罪了。"显然，休谟指出这种把罪恶归结于理性判断的
观点是站不住脚的。参见休谟：《人性论》，下，关文运译，商务印书馆 1996 年版，第
501 页的注释。

等关系的推理,①而是来自另外一种道德感,或者更准确地说,来自人们的正义的感情。不是道德观念和事实推论而是道德情感和正义情感以及正义规则,才是一个事件道德与否或罪恶与否的根源。具体地就这个事件来说,它之所以是不道德的罪恶在于它违反了人间基本的正义规则,使得人们在道德感情上感到厌恶,而不在于它是否被发现或引起错觉等等。至于这个正义的道德情感则是不能怀疑的,它们是真切存在着的,在我们每个人的内在心里都可以感受到,在社会中更是实在地存在着,一个正义社会的维系主要是由于它们的存在。

我们看到,休谟在讨论道德之是非善恶问题时,他的思想方法实际上已经做了一个重大的转换,即从哲学的怀疑论转换为道德哲学(包含法律哲学)的正义规则论。所谓哲学的怀疑论指的是排斥理性的演绎推论,认为事实问题在于印象和观念之间的归纳性联系(通过类似、相关、接近等关系推理),而正义规则论则与之不同,它指的是同样排斥道德理性的演绎判断,但与哲学怀疑论不同的是,道德事实在他看来属于应然领域,而非是然领域,因此,那些依据印象和观念之间的归纳性联系(通过类似、相关、接近等关系推理)而得出的判断就不起作用了,或者说至少不起主导作用了,道德问题的核心在休谟看来就进入一个新的领域,即正义规则和正义情感的领域。从这个角度来看,休谟在全面论述他的哲学思想时,实际上已经区分了两种事实,一个是自然事实,一个是道德事实(包含法律事实),显然,后一种事实由于他的哲学方法论的转换,已经具有了不同于前者的特殊含义,即具有了价值论的意义,或者说是一

---

① 休谟:《人性论》,下,关文运译,商务印书馆1996年版,第504页。

种政治哲学（法学）的正义规则论。这个价值论是休谟政治哲学的中心思想，包括德性论和正义论两个层次或维度，前者涉及道德学，后者涉及法律和政治制度。①

关于上述问题，我们可以列举一个在法律推理中颇有争议的问题来加以说明，在刑法案件的判决中，所谓休谟之叉（Hume's fork）的两难问题近来受到了欧美法律界的高度重视。这个休谟之叉实际上说的仍然是我们前述的有关事实与价值的二分难题，只不过这个问题被落实到了人的基因构造以及相关的罪责承担的认定或法律推理问题上了。按照现代生物科学的某些理论研究成果，人们的行为确实与其内在的生物性的基因遗传或构造有关，以此推论，传统上的有关人的意志自由或人的理性控制力，在有关人的行为的自主能力方面是有限度的，或者说是无力的，我们的行为要么是被事先决定的，在这种情况下我们不必为它负责；要么我们的行为是随机的，在这种情况下我们也不必为它负责。在上述任何一种情况下，人对于自己的行为都无法承担相关的责任，即便是在盗窃、抢劫、杀人等犯罪行为中，也是如此。这样一来，传统延续的法律推理就被颠覆了，常识经验被否定了，社会秩序因此瓦解了。对于这个结论，休谟显然是不赞同的，按照他的观点，这是一个混淆了事实与价值关系问题的伪问题，也不是休谟哲学合乎情理的推论，而是对于休谟难题的滥用，或不负责任的教条主义的误用休谟的理论。尽管在具体的司法判决中，应该审慎考虑基因方面的遗传因素，或适时考量病理学的因素，但整个社会绝不可能被预设为一个福柯或弗洛伊德所认定的无序社会或病理社会，否则，社会就成为一座监

---

① 关于这两个方面的具体论述，参见高全喜：《休谟的政治哲学》，第二章、第三章和第五章。

狱了，法律就成为人的激情与欲望的镣铐了。而休谟从来就不是这样一个绝对的非理性主义者。

我一直认为对于休谟思想有一个重大的误读，即把他的哲学上的怀疑论直接等同于他的法学中的怀疑论，把他的哲学中的反对理性直接等同于法学上的排斥抽象的普遍性，其实，休谟的思想存在着一个重大的转换，即哲学的怀疑论在政治哲学和法律哲学中被转换为坚定的形式规则论，哲学上的反对理论独断论被转换为对于传统和秩序以及个人自由和社会公益的坚定维护。休谟的道德情感主义并不是绝对的，他从来没有彻底否定理性的作用，他反对的只是理性的独断，不承认理性对于道德观念的支配性作用，"休谟所坚持的是理性并不能充分地产生善恶的判断，但他从没有认为这种判断可以无须理智的帮助而自发地产生"。[1] 诺顿曾经指出，休谟在社会政治领域并非一个道德怀疑论者，而是一个常识道德主义者（commonsense moralist），"他试图表明，他那个时代的政治社会是可以很好地被理解和维持的，只要有这样一种信念，即正像他的科学所解释的，它们基于我们的本性，而不是像流行的理论那样付诸于理性主义"。[2] 米勒对休谟的怀疑思想给予了具体分析，他指出：

> 温和的怀疑主义包含了三个命题：第一，道德判断不能完全基于理性，因此也不能由理性的证明来辩护。第二，无论如

---

[1] Divid Miller, Philosophy and Ideology in Hume's Political Thought, Oxford University Press, 1981, p.48.

[2] T. Penelhum, David Hume, An Introduction to His Philosophical System, Purdue University Press 1992, p.30；参见 David Norton, David Hume：Commonsense Moralist, Sceptical Metaphysician, Princeton University Press 1982。

何，我们不能得出这样的怀疑论的观点，即道德判断是完全任意主断的，因为它们在人性上有着稳固的基础。第三，道德判断是可以改正和改进的，但这种改进并非根源于提供给它们的充分的理性依据，而是由情感在这类判断中所扮演的重要角色来限定的，以及由理智的一般合宜性来限定的。正像在他的经验判断的论述中所表明的，我们看到，休谟试图在理性主义（例如像 Clark 和 Wollaston 的理性主义伦理学所代表的）和彻头彻尾的怀疑主义（例如像曼德维尔之类的哲学家，据宣称他已经揭示了作为人为的和教育的结晶的所有道德之特性）之间开辟一条中间道路。①

按照我的理解，在有关人的行为责任问题上，休谟之叉并不会对法律推理和判决带来颠覆性的影响，因为它只是涉及事实领域的是然问题，并不涉及价值问题，而法律推理和判决虽然与事实有关，但从根本性上说属于价值领域，是一个应然问题，人的基因构造并不可能为人的行为提供逃避责任甚至惩罚的避风港。判断一个社会行为的责任，尤其是罪责归属，以及惩罚额度问题，是依据社会通行的正义规则来确定的，法律的最终标准是正义，而不是科学，因此法律事实与物理事实并不完全是一回事，甚至是相反的，法律事实是一个拟制的事实。在这个问题上，休谟的思想是非常清楚的，也是非常明智的，他没有把哲学中的怀疑论照搬到法律与道德领域，而是进行了一种转换，变成了政治哲学和法律哲学上的正义规则论，

---

① Divid Miller, Philosophy and Ideology in Hume's Political Thought, Oxford University Press, 1981, pp. 41 - 42.

强调社会积习延续的规则、惯例、传统和伦常等等，是法律推理和判决的标准，没有什么可以怀疑的。我认为这也正是休谟作为一个保守主义而非科学至上主义的原因所在，回顾人类的思想史，我们不难发现，绝对的相对主义和过度的怀疑主义只会导致虚无，取消任何的标准和价值，就像古希腊的智者学派那样，最终不过是通过怀疑一切而达到一种智力游戏的满足。休谟的怀疑主义却与此根本不同，他并没有走向虚无，而是提出了一种事实与价值的两分观念，并进而在价值层面上维护传统的习惯和美德，承认世俗社会的普遍标准，尊重人们习以为常的道德原则，承认普通法律的正当性，因此立法者在休谟眼中享有崇高的威望，他们是社会道德的维护者，传统价值的守护者。由此可见，休谟的政治哲学所维系的，是一个在温和的怀疑主义的方法论基础上建立起来的讲责任、道义与价值的人类社会。凯尔克在谈到"怀疑论的实在主义"者休谟对美国社会的广泛影响时曾经指出：

> 时至今日，我们美国人民一方面继续持守着他们在宗教上的忠诚，另一方面在政治上却坚持有节制的怀疑主义，这并不矛盾。怀疑主义并非不相信一切，它是对于简单趋从与狭隘冲动的否定。就休谟的政治识见对于美国的政治潮流依然产生如此的影响来说，他的怀疑主义不失为一种健康的酵母。[1]

---

[1] Russell Kirk, The Roots of American Order, Regnry Gateway 1991, p. 368.

## 一种法学视角的转换机制及其困难

到此为止，本文还有一个问题没有搞清楚，即从自然事实到法律事实的转换机制，休谟只是从正义规则、共同利益感和心理机制方面指出了这个转换机制，并没有对法律拟制（fictiones）这个法学的重要机制深入论述，下面本文仅仅是根据休谟思想的内在理路，探讨一下经验主义法学在方法论方面的这个转换机制及其内在的困难。

依照前面一节的观点，法律事实的证成（justification）在于道德或正义的情感与规则，但是，法律事实本身还首先是一种经验事实，例如，偷盗行为不管被发现与否，不管是依据法律戒律还是根据正义情感而证成它的犯法性质，这个行为都是一种自然的甚至是物理的行为。[①] 现在的问题是，这个行为是否就是法律事实呢？对于这个问题，休谟并没有展开论述，不过他却明确地指出诸如淫乱行为这个自然事实并不构成道德行为的主要内容，使这个淫乱行为成为罪恶行为的关键在于它不符合正义的道德情感和规则。因此，我们有理由推论，按照休谟的观点，法律事实的关键不是事实行为本身，而是这个行为与法律规则和正义情感的关系，换用一个现代法学的专业术语来说，法律事实之证成在于正义规则和道德情感。当然，就法律事实的整体性来说，自然行为本身也是一个必要的要件，没有自然行为，例如，没有盗窃、抢劫、杀人等人世间的自然物理行为，也就谈不上法律事实，但是就这些事实的物理属性来说，它

---

① 参见休谟：《人性论》，下，关文运译，商务印书馆 1996 年版，第 501 页的注释。

们还构不成法律事实，法律事实还需要另外一个关键的因素，即政治社会的正义规则和人的道德情感，它们冒犯了这些东西，才成为法律事实。休谟和斯密都引用了这样一个例子，即自然生物的新陈代谢不属于犯法，但在人间，弑父则是一个天大的罪恶。

上述观点，还可以从休谟有关私人财产权的法律理论中得到说明。休谟认为，财产权是人类社会的基本的正义规则，当然也是一个法律规则，关于这个规则的意义，本文不再进一步讨论，[①] 而是讨论休谟对于财产权这样一个法律规则的证成机制。休谟先是从财物的"占有"（possession）开始他的财产权理论的，与占有相关的第一个问题便是探讨占有的对象是什么，或者说作为被占有物与占有是怎样的一种关系，在何等情况下成为被占有的物。一般说来，被占有的对象作为一种物品，就其自然属性来说与世界中的万事万物没有什么本质的区别，自身具有着自然的属性。但是问题在于，这样一个自然物并不因此就成为一种被占有的物品（object），或者更准确地说成为一种财物（goods），独立的物品本身在财产占有关系中并不是根本的属性，为此休谟指出了这样一个基本的关系，那就是物品之所以能够成为被占有的对象，是因为它与人发生了关系，在此他提出了一个重要的观点，即稳定性的占有财物不是自然关系，而是一种人与物的道德（moral）关系：

> 我们的财产只是被社会法律、也就是被正义的法则、所确认为可以恒常占有的那些财物。因此，有些人不先说明正义的

---

① 关于财产权在休谟哲学中地位以及休谟对这个问题的分析，参见高全喜：《休谟的政治哲学》，第三章。

起源，就来使用财产权、权利或义务等名词，或者甚至在那种说明中就应用这些名词，他们都犯了极大的谬误，而永不能在任何坚实的基础上进行推理。[①]

由此可见，财产权作为一种法律事实，它的存在特性得到了休谟的揭示，但是，它的证成并没有完成，为此，休谟探讨这个财产权的起源，他并不认为人在社会产生之前就具有财产权的自然权利，人也不是单独地通过自己的劳动就可以孤立地占有财产，财产权在休谟看来乃是一种社会关系的产物，依赖于社会的习惯，是在社会共同体中逐渐产生出来的。休谟对于法律的认识一方面虽然也受到苏格兰市民法的影响，但是他更强调习惯、传统、惯例等在塑造社会的作用，强调具体的法律实践在确立财产权关系中的作用，这实际上又都具有普通法的特征。哈康森指出："休谟的理论明显与普通法传统，与柏克相一致，他发现与这些思想家们在强调正义的历史发展方面有着共同的基础。"[②] 休谟认为理性在法律中的作用是非常有限的，法律的关键在于感性，在于人的情感和利益感，共同的利益感和正义感以及道德情感、同情心等是法律规则的哲学基础，也同样是财产权理论的哲学基础。因此，休谟把财产权理论所涉及的利益问题放到了一个共同的利益感的基础上来加以论述，认为这样一种法律的正义是一种基于共同利益感的情感正义，而不是自然法的那种普遍的理性正义。

上述证成还是属于社会政治论的，显然，休谟不满足于此，他

---

① 休谟：《人性论》，下，关文运译，商务印书馆 1996 年版，第 531 页。
② K. Haakonssen, The Science of a Legislator, The Natural Jurisprudence of David Hume and Adam Smith, Cambridge, 1981, p. 21.

沿着共同的利益感追溯下去，又提出了一个基于想象力的财产权的主观心理机制问题。休谟认为，确立现实的财产占有的规则存在着一个与想象力相关联的主观心理机制，其中的时间问题是与基于想象力的类比原则相关联的，而不是与一个所谓的时间实体相关联的，他不承认有一个实在性的时间实体，并以此客观地划分不同的占有方式。例如，休谟在谈到长期占有问题时，就认为时间上的确定性是难以最终保持的，"一切东西虽然都是在时间中产生的，可是时间所产生的一切东西确是没有一件是实在的；由此而得的结论就是：财产权既然是被时间所产生的，所以它并不是对象中存在着的任何实在的东西，而是唯一可以受时间影响的情绪的产物"。① 为了证明这一点，休谟在哲学上给出了一种新的论证，在他看来，人们相互之间有关情感的联系并不是一种客观的必然性的联系，而是一种建立在记忆、想象力等主观感受上的联系，为此，他提出了三个基本的联系方式，即类似关系、接近关系与因果关系，在他看来，财产权从精确性的角度来看，涉及的仍然是这个主观心理问题，财产占有的含义包含着一种因果关系，因为一切外界财物的占有是变化的和不定的，因此，最初的占有总是具有优先性的意义，但是这个占有如何在精确的层面上或在时间的层面上加以证成，就涉及因果关系。他写道：

---

① 休谟：《人性论》，下，关文运译，商务印书馆 1996 年版，第 549 页。米勒分析说："想象力是如何把财产权规则提示给我们的呢？它是通过促使我们把财产权的习惯联系与个人和对象之间的自然联系联结在一起而完成的。假设我们寻求一种指定对象 A…M 与个人 N…Z 派对的方式，如果其中 A 和 N 之间，B 和 O 之间是一种自然的关系，其他的也是如此，那么，在没有反对理由的情况下，明显的分派方式也将会是 A 对 N，B 对 O，如此等等。"参见 Divid Miller, Philosophy and Ideology in Hume's Political Thought, pp. 68 - 69。

不但当我们直接接触任何东西时，我们可以说是占有了它，而且当我们对那种东西处于那样一种关系，以致有能力去使用它，并可以随着自己现前的意愿或利益来移动它、改变它或消灭它的时候，也可以说是占有了那个东西。因此，这种关系是一种因果关系；财产权既然只是依据正义规则或人类协议而得来的一种稳定占有，所以也应当看作是同样的因果关系。[①]

我们看到，休谟的心理机制的证成与前面所提出的祛除法律事实的自然观念的推理方面是矛盾的：一方面他认为道德事实来自社会的正义规则，关于类似关系、接近关系与因果关系的观念联系在这个规则方面是不起作用的，但是另一方面，在证成这个规则的机制方面，他又企图调用这个心理作用。尽管可以从他的理论中我们能够找到有关自然（physei）德性与人为（thesei）德性的区分，但是，有关自然正义与德性正义、是然与应然的二元划分仍然是他的理论无法调和的内在困难。因此，现代道德哲学在肯定休谟这个二分理论的思想史的重大意义的同时，对此也展开了批判性论述，例如希拉里·普特南的知名著作《事实与价值二分法的崩溃》就直指休谟，并把这个问题置入现代英美思想中的从语言学转向到实践理性的转向的大背景来考察。[②]

应该指出，休谟问题的更深刻内涵在于古典的实践理性（practical reason）这个宏大的问题阈之中，单纯的心理机制和语言

① 休谟：《人性论》，下，关文运译，商务印书馆 1996 年版，第 546 页。
② 关于这方面的文献，参见 Bernard Williams, Ethics and the Limits of Philosophy, Bambridge university press, 1985；阿马蒂亚·森：《后果评价与实践理性》，应奇译，东方出版社 2006 年版。

学机制似乎都无法应对休谟哲学方法论呈现的分裂。前面开篇本文就指出休谟法律思想的独特性，它属于普通法和大陆法奇妙组合的一种产物，哈耶克领悟了这个独特性并开辟了一条保守的自由主义的法治理论，但是他并没有深入探究休谟的法学方法以及内在困难。现代英美哲学试图把它放到亚里士多德实践理性的背景中来加以解决，但是休谟的经验主义和温和的怀疑论与亚里士多德的目的论和演绎论是对立的。固然，普通法方式是实践科学的典范，是一种依时空而变的实践智慧（phronesis）的法律观，而且这样普通法的方式刚好和亚里斯多德的实践理性传统汇流。一些著名哲学家、政治思想家的论述，如后期维特根斯坦、迈克尔·博兰尼、列奥·施特劳斯、哈耶克、迈克尔·奥克肖特、伽达默尔等，一些法律家如霍姆斯、卡多佐等，都有关于实践科学的辩护性论述，在现代的法律推理概论或法律解释概论的著作中，我们也可以指出这些论证结构的类型：例证推理、修辞式三段论、法律拟制；文义解释、历史解释、目的解释等法律解释方法。但是，以休谟为代表的法学方法如何与这种实践智慧相结合，从而开辟出一个新的理路，依然是一个艰难的挑战。

# 附录三　《休谟政治经济论文选》中文版序言

文学史上有句老话，叫说不尽的莎士比亚，其实在思想史中休谟也是说不尽的。休谟这个人物很重要，在西方思想史中具有举足轻重的地位，五年前我曾经写了一本著作——《休谟的政治哲学》，写完后仍然感觉自己的书只是研究了休谟思想的一个部分，远不是他的全部。我们有时会问，如何分辨谁是伟大的思想家，他们的意义又何在呢？我们看到，一些古典思想家的很多观点总是被不同时代的学者或者理论家们不断地咀嚼、重新地阐释，这样的思想家无疑是伟大的，因为他们提出的是一些永恒性的问题，这些问题在不同时代总会给人以深刻的触动。尽管后来的思想家们在进行思考时所得出的答案与原创者的本意已经有所差别，但这个路径却是前人开辟的。在我看来，休谟就是这样一位活在现代的思想家。

关于休谟，美国有一位保守主义的思想家凯尔克（R. Kirk）谈得非常到位，他说如果要寻找 18 世纪西方精神的化身，休谟就是最好的代表。我在自己的书中进一步强化了这个论断，我认为休谟的哲学集中体现了 18 世纪的保守主义、自由主义与古典主义三种因素的交集融汇。休谟身上有 18 世纪苏格兰人在社会转型时期对于市民社会的钟情，休谟承认人的自私，预设政府为恶，但又强调德性，主张法治秩序和自由经济，他喜欢美文，又好名气，对于英国怀抱忠诚。这个人重视德性美仪，是一个谦谦君子，不是那种极端偏颇之人。如果从主流英美社会的视角来看，18世纪的精神化身，不是卢梭，而是休谟，卢梭只是一面旗帜，休谟更代表西方18世纪的精神气质。当然文学家和革命家，尤其是各色左派人物非常喜欢卢梭，他们是不会喜欢休谟的。休谟一辈子不结婚，没有多少浪漫的谈资和故事，很平庸，但是在平庸中有大智慧。我们经常用一些词汇形容一个人，说这个人是道貌岸然，或者呆若泥塑，很多人都觉得这些词是贬义词。但是，在我看来，这些词汇都是一些内涵丰富的好词，只是年轻不懂罢了。其实，每个人都有一些情感张扬的经历，都有任性自由的诉求，但是能够自我节制而达到一种正襟危坐、波澜不惊的境界，这需要何等的精神修为。二十年前我曾经写过一本有关宋明理学的小书，当时说到朱熹的时候，我曾指出他的温恭虔敬、安详和悦的威仪包含着深刻的教诲，现在这个情况也多少体现在休谟身上，在他们那里我们感受到一种对于生活的虔敬、通达与诚乐。

休谟提出的几个重要的理论命题，尤其是事实与价值、实然与应然的区分这个命题，在哲学思想领域具有革命性的意义。这个命题是说，一个东西的因果性事实是这样的，但这并不等于它应该就是这样的，这个应该具有价值层面的意义。自然事物的因果联系没有什么价值，比如天冷、下雨，诸如此类的物理上的事实联系都是实然的东西，可以通过自然科学把它们内在的原理揭示出来。但是，应然的事情只有人类社会才有，这里面蕴含着人类社会的价值因素。那么应然的机制到底是什么，为什么会如此呢？休谟有一个理想，他觉得牛顿提出的自然力学解决了自然世界中的一系列事物的构造原理，关于自然世界的法则牛顿似乎已经做完了，自己不可能再做了，他要研究人类世界应然的东西。如果把人类世界的内在原理揭示出来了，那不就是一个通达之人了嘛！但是，应然的东西不好研究，因为应然世界的动因涉及人的内在情感，属于人性问题。由于人的情感的发动，才有了外部世界，当人性转化为外部世界的时候，就出现了社会秩序，出现了经济生活，出现了政体结构，出现了人类历史。

由于要研究人性原理，休谟势必就成为一个综合性的思想家，按照我们今天的学科分类来说，休谟除了是哲学家、道德学家，还是一个法学家，一个政治经济学家，一个历史学家和一个美学家。例如历史是怎么演变的，就不单纯是一个实然的东西，而是有很多的机运在里面，有很多人的主动因素在里面。休谟觉得应该探讨人类社会的主动因素，但他又不赞成当时占据主导的唯理主义的决定论，他是一个温和的怀疑主义者。他认为，人的认识能力是有限度的，是否存在着绝对必然性的东西，这些问题是人类认识不了的，人是在有限的知识范围之内来理解和把握道德世界。他所谓的道德世界就是精神世界，在 18 世纪的西方思想界，道德的（moral）这个词是一个非常丰富的词汇，不是我们现在一般的伦理学所说的那种狭隘的人与人之间的道德关系，它关涉着一个不同于自然世界的广泛的人类社会领域。道德世界的奥秘在于人性，休谟的核心思想体现在他的主要著作《人性论》之中，后来他又把《人性论》简化为两本书，即《人类理解研究》和《道德原则研究》。此外，休谟一生配合他的体系性思想，还撰写了六卷《英国史》，以及一系列关于政治、经济、文艺等方面的文章。

关于休谟的文章，此前国内有多种不同的版本出版，商务印书馆曾经有《休谟经济论文选》（陈玮译，1984 年）、《休谟政治论文选》（张若衡译，1993 年）两个版本的小册子。另外，休谟的论文（其实理解为小品文更为合适）还包括道德哲学的内容，这些小品文的译本也非常多，比较全面的是《休谟散文集》（肖聿译，中国社会科学出版社 2006 年）。说起来，这些译稿对于我们了解休谟的思想多有助益，但是，仅凭这些简约的译稿，在我看来是远远不够的。休谟的小品文自 1741 年就开始出版，1752 年《政治论文集》（*Political Discourses*）出版，在其生前就已经出版了十数个版本。在这些版本中，休谟也会经常做些改动，因而每个版本的注释也会多少有些不同。休谟去世之后，1777 年曾有《杂文与论文若干》（*Essays and Treatises on Several Subjects*，London）2 卷本，1985年，米勒（Eugene E Miller）根据这个 2 卷本的第一卷编辑成《论道德、政治、文学》（*Essays, Moral, Political and Literary*）。同时，休谟哲学选集的编辑也将这些小品文收录在册，1996 年 Thommes重印了 1854 年的《休谟哲学选集》4 卷本，政治经济论文和道德哲学论文分散在 3、4 两卷。同时，随着休谟研究的推进，注释版的休谟文集也出现了，1994 年剑桥大学出版社出版了哈孔森（Knud Haakonssen）编辑的《政治文选》（*Political Essays*），以休谟《英国史》的大量论据注解这些论文。现在张正萍博士和马万利博士综合这些版本将休谟政治经济和道德哲学的论文全部翻译出来，并根据 1985 米勒注释版、1994 年哈孔森注释版、1996 年哲学选集注释版等不同版本，择其精要做了不同注释，对于国内的休谟思想乃至苏格兰启蒙思想的传播和研究，无疑是一个很大的贡献，在此，作为此文选译事的牵头者，我深感欣慰。

虽说休谟是说不尽的，但我利用这个序言的机会，还是想就休谟的政治、经济和文明思想陈述一二。

## 休谟的人性哲学

我在自己的《休谟的政治哲学》一书中曾经对于休谟的政治和法律思想做了一个系统性的研究，在书中我完全赞同休谟的一个基本观点，即任何一种社会制度或者理论体系的产生都有一个人性基础。我们现在时常谈到的社会理论或者自由主义，基本上都属于一种薄的理论，或薄的自由主义，所谓薄的自由主义就是以罗尔斯、哈耶克为代表的，不去探讨那种形而上学问题，不去探讨多元价值背后的深层人性问题，而只是就社会公共政治层面上的一些程序形式以及价值问题进行讨论，关于人性的基础性的东西，是在他们理论的视野之外的，现代的自由主义基本上都是一种薄的自由主义。但是，这种薄的自由主义受到了一些理论思潮特别是社群主义的批判。社群主义就认为，这种薄的自由主义只是构建了一个法律制度，一个社会基本的秩序，但它的立足点在于价值中立，薄的自由主义强调的是一种形式正义、程序正义，不去过多涉及深层的人性论价值层面的问题。这种中立性的与价值无涉的自由主义在现代西方社会导致的结果是个人的极端自私自利，个人之间、个人与社会群体之间的原子化分离，个人的纵欲、个人权利的泛滥，这种自由主义对社会、群体甚至对国家的忽视，产生了诸多的弊端，社群主义更多的是从这个角度来批判现代的薄的自由主义。但是，我这里重点谈的是，这种价值中立的自由主义只是现代的自由主义，实际上自由主义在古典时期，特别是在休谟、斯密他们所代表的苏格兰启蒙时期的自由主义那里，是有很多宝贵的理论资源的，他们非常强调德性论，强调道德、同情、友爱、仁慈这些东西，这些东西恰恰是被现代自由主义所忽视了。现代自由主义要应对社群主义的攻击，就有必要重温古典自由主义的这些传统，不要极端个人权利至上论，而要讲究德性问题，讲究社群关系，讲究仁义礼智信，这些是与自由主义的个人原则不矛盾的。

当然，从根本性上说，我是不赞同社群主义的，休谟显然也不是一个社群主义者，这一点麦金太尔看得很清楚，所以他在多部著作中对于休谟都提出了严厉的批判。麦金太尔有一个著名的观点，他认为，以斯密、休谟为代表的苏格兰启蒙思想是一种对于苏格兰德性传统的"英国化的颠覆"，这批启蒙思想家通过把当时苏格兰旧传统中保持甚好的道德礼俗纳入到已经发达的英格兰市民社会的体制内，从而颠覆了苏格兰本土资源中的优良传统，麦金太尔认为这是休谟等人的一个重大错误，是对苏格兰的背叛。在麦金太尔看来，苏格兰本土资源中的道德传统实际上接续的是亚里士多德的道德学说，甚至和欧洲中世纪的道德思想也有联系，这样一条脉络被休谟和斯密打断了，麦金太尔作为社群主义的代表，他认为应该重新恢复亚里士多德的德性传统，把休谟在苏格兰颠覆过去的东西再颠覆过来。

我觉得麦金太尔看到了问题的症结，但是他对这个问题的立场是错误的。社群主义所鼓吹的亚里士多德的德性传统，这里面有一个前提，即古希腊的城邦国家是一个奴隶制社会。那时城邦里有公民资格的人之间才是讲美德的，相互之间才是互助友爱的，但是他们只是公民，不是市民，不是生产者，整个希腊社会之所以是一个美好的古典社会，在于从事生产的全是奴隶，这帮奴隶把物质生产这块给解决了。讲德性的是城邦公民，他们作为战士，追求荣誉，从事国家赋予的战斗职责，打仗胜利了以后分取掠夺来的财产和奴隶，公民自己不从事劳动，但他们的物质生活是有保障的，生产劳动是奴隶的事情，他们除了城邦贸易、战争掠夺，就是积极参与公共生活。这时公民的德性当然是很好的，因为他们要打仗，如果战败了，整个国家的公民就全部变成奴隶了。所以，我们读古代著作的时候发现，那些公民是非常的爱国，非常的英勇，因为国家一旦战败了他们就都是奴隶了，这个时候，德性传统是存在的。但是近代以来社会转型之后，一个社会秩序赖以建立的基本前提就是需要有人从事生产，从事财富的创造，要有人首先成为商人、成为劳动者，其次才是国家的公民。如果还是遵循过去古代的传统，社会成员只是承担城邦式的既是公民又是战士这样一种职责，那么生产谁来做？一个没有了奴隶制的现代社会，如何解决社会物质生成的政治属性呢？我们看到休谟、斯密最大的贡献在于重建了一个市民社会的美德，在市民社会里面人们首先是市民，首先必须从事生产，作为一个商人或者工匠，你首先得赚钱，首先得要追求私利，制造产品，使产品进入交换、流通，这些东西完成了之后，你才是政治公民，才是家庭成员，这时候才讲究国家的义务，才有美德。也就是说，社会转型到了近现代之后，社会结构已经发生了本质性的变化，一个社会乃至一个国家最基本的问题是如何存在下去，如何使得个人幸福、社会繁荣、国家强大的问题，如何为上述事业构建一个正义的秩序的问题，只有在市民社会的社会财富创造的前提之下，才谈得上美德问题。自由主义不是说不要美德，而是说这个美德在怎样的前提下建立，遮蔽这个问题，社群主义就是在唱高调，唱高调当然很好了，问题在于你说的这样一个德性的东西如何能够现实地存在。

我是把斯密和休谟放在一起来研究的，因为他们虽然有些地方存在区别，但基本思想和观点还是一致的。现代自由主义只讲从事生产的方面，即市场经济以及相关的政治法律制度，不讲美德了，但是 18 世纪的古典自由主义就非常高明，理论上也十分深刻，他们既讲市民社会的生产、交换，同时还讲道德情操，讲国家政治。斯密除了写《国民财富论》，还写了《道德情操论》，休谟《人性论》中也大谈人的有限的同情，讲人们之间要仁慈友爱。如何在一个市民社会建立德性原则？这个问题社群主义只唱高调是不行的，这一点我觉得麦金太尔所代表的社群主义说起来很好听，就像我们说中国传统儒家的那一套东西很好听一样。问题在于，在一个现代工商社会形态之下如何建立或恢复德性传统，与此相关联的问题是，正义与德性哪一个更高？这个问题在古典时代一直是争论不清的。因为德性涉及的是一个人心性修养的卓越问题，而正义涉及的是人与人之间关系的制度正当性问题，正义落实的根本处就是一个社会的法律正义和政治正义，德性最终落实的则是一个人自己的心性情感的归宿问题。在这种情况下，哪一个更重要呢？古代传统思想大多认为德性比较重要，但是这两者最终是被亚里士多德统一起来了，他认为目的论最后通过正义达到自善，他通过目的论解决了这个问题。近现代以来，这个问题又屡屡出现，社群主义和自由主义对此是存在着尖锐对立的，德性与正义到底哪一个更重要，我是比较赞成休谟的观点，确实是正义优先于德性。但是我们也不能忽略了德性，现代的自由主义有一个最大的不足，就是严重忽略了德性传统，过于强调个人的自由权利，过于主张方法论的个人主义，个人成为一个赤裸裸的原子，与个人密不可分的家庭、社会、社群、国家等内容被大大低估了，也就是说，现代自由主义缺少了德性学说，而这些方面恰恰是能够从休谟、斯密的古典自由主义思想中大力学习和继承的。但是，像社群主义那样光有德性也是不行的，如果没有一个正义制度的基础，人与人之间只是靠血缘、亲情、友爱为纽带，这样的社会只能是一个封闭性的小社会，是无法扩展成为一个大社会的，是无法建立起现代社会的政治、经济和国际秩序的。应该指出，就世界范围内，就历史进程来看，现代社会作为哈耶克所谓的大社会，它的发育、形成与政治、经济、法律、文化等方面的全方位扩展是一个不争的事实，也是抗拒不了的，因此，对于我们来说，不是拒斥，不可能躲进自家的小楼里重温过去的美梦，而要是认识这个现代化进程，并且在它的前提下维护我们的传统，复活传统的德性美仪。

## 休谟的政治经济学

一说到政治经济学，大家首先会想到斯密，这很正常，但是我提醒读者不要忘了休谟。中国改革开放以来所引进的西方学术理论，经济学与法学一样，主要是现代学科分殊下的现代理论，但是我一直强调，我们现在处于一个转型时期，对应的是一个类似西方古典政治经济学框架下的历史时期。应该看到，现代经济学的各种理论，都是有前提的，这个前提就是现代的政治制度和法律制度。但我们现在还没有建立起一个成熟的制度，把那些东西拿过来以后，很多方面就会发现它们变形得非常厉害，所以制度环境是非常值得考虑的。我觉得现代中国的经济学研究要注意两个方面的问题，一个方面是需要研究现代经济学，它们属于一些学科分类非常精细的微观\宏观经济学，其中不乏模型、图表、数据等，但是同时我们还要研究政治经济学，这个政治经济学就是社会经济秩序中的政治框架问题，属于一个宪法经济学问题，我们现在对这一块的研究相当不够。由于现实的诸多问题，最近学术界有一个政治经济学的回潮，但到底什么是政治经济学呢？其实是要说清楚的。古典政治经济学在休谟、斯密，特别是斯密那里，已经达到了很高的水准，被视为政治经济学的发源地，斯密在他的《国民财富论》中搞了一个政治经济学的体系。但是我感觉国内对于苏格兰古典政治经济学的理解是有偏差的，从英国古典政治经济学衍生出了三条路径：一条是从斯密到李嘉图再到马克思，这是一条大家熟悉的路径；第二条路径是古典政治经济学到现代的制度经济学，一直到布坎南所谓的宪法经济学；第三条路径是主观主义的通往边际效用学说的路径，这就与休谟有关了，从休谟的政治经济学到奥地利学派，这是一条主观主义的路径，休谟强调财富的个人感觉，个人的偏好，他指出私人财产权的产生机制是从想象力开始的，他的财产权的法学理论有一个内在的心理机制问题。所以，我们谈政治经济学不能仅仅知道马克思的政治经济学，马克思的政治经济学确实是政治经济学的一种形态，但除此之外还有另外两个路径。说到中国现实问题，有人主张回到政治经济学，我是赞同的，但我们的视野要开阔一些，回到政治经济学并不仅仅意味着我们只有一条道路，我觉得 18 世纪英国的古典政治经济学，尤其是休谟和斯密所代表的苏格兰学派的政治经济学，可能对我们现在更有现实意义。

我感到在休谟、斯密他们的著作中实际上有两条线索，一条是写出来的显明的理论，另一条则是没有写出来的隐含的理论。写出来的大家都知道，政治经济学从总的方面来说就两个基本的问题，一个就是国民财富的性质与原因，这是斯密《国民财富论》的书名所直接指出的，其中，有关"看不见的手"的机制，有关劳动分工、生产、流通、交换、分配，等等，这些东西构成了斯密乃至休谟经济学的一条主线。但是，他们的经济学还有另外一条线索，即政治法学的建构，休谟和斯密都谈到立法家，谈到法律制度对于经济活动的决定性影响，所谓政治经济学之"政治"，其实质就是一个国家的政治与法律制度，国民财富的产生所必须依据的政治和法律制度，这是斯密、休谟政治经济学隐含的另外一条主线。这条主线是和前一条主线贯串在一起的，但这条主线却被很多经济学家忽视了，他们只是谈国民财富的产生、发生的机制，而没有注意到这种机制必须建立在与它配套的一个法律制度和政治制度之上。例如财产权问题就不仅仅是一个经济学问题，更是一个法律问题，甚至涉及政府的体制问题。我在多篇文章和演讲中曾经一再指出，我们不能说斯密的古典政治经济学只是论述了一个小政府，就认为他忽视了国家问题，国家问题是英美思想家们隐秘的主线，例如斯密《国民财富论》的下卷，殖民地问题就是一个国家问题，当然这个国家是放在国际社会的体系中来考察的，在当时英国就是一个帝国，这和现在的情况不一样。国家问题不一定仅是要放在国际体系中来讲，国内也有这个问题，它就是一个宪政制度下的国家问题。宪政国家与国外的丛林世界并不必然矛盾，我们看帝国的形态也是变化的，大英帝国是近代的国家版本，当代美国的新帝国则是另外一个版本，对于这个国家问题，我们不能忽视。

## 休谟的财产权理论

关于财产权在西方有三个路径或三种财产权的理论形态是比较

重要的：第一个是洛克自然权利学说的财产权理论，第二个是黑格尔的自由意志论的财产权理论，这两个关于财产权的理论在西方可以说是非常著名的财产权理论，此外，第三个是休谟的法律规则论的财产权理论。应该指出，自然权利、自由意志、法律规则三者之间是有不同含义的，它们尽管有着密切的关系，但本质上是有重大差别的，虽然它们都属于自由主义的理论谱系。休谟的规则论的财产权理论在西方过去也是没有得到足够的重视，只是到了现代的重视边际效应的经济学派以及布坎南的宪法经济学，还有哈耶克有关财产权规则的理论兴起之后，才开始引起人们的广泛关注。我在《休谟的政治哲学》一书中集中用一章专门来讨论这个问题。规则论的财产权理论与其他两种经典的财产权理论有什么不同？为什么值得我们来研究呢？

首先我们来看洛克、黑格尔、休谟这三种理论形态之间的共同性。上述三种关于财产权的政治法律理论都属于近现代市民阶级的理论诉求，这是它们最大的共同点。自封建制度解体之后，西方社会进入的现代社会或者现代性社会，是既不同于古代城邦国家的一元化社会，也不同于中世纪神权与政权二元分立的社会形态，它是一种新的市民阶级或资本主义主导的社会形态，作为市民阶级的核心利益诉求，财产权理论体现的是一种市民阶级对于财富占有的理论诉求，或者说是把这种利益诉求转化为一种法权性的理论表述，在表达市民阶级的正当合法的利益诉求方面，三种理论是基本一致的。这三种理论不同于罗马法中的财产占有理论，虽然从它们的法学形式特征上看可能有很多的共同处，但是从精神实质来说，这三种理论体现的是市民阶级对于财富占有的一种正当性的法权诉求，与古代罗马人对于财产权的认识是大不相同的。与古代法权理论相比，近代社会的市民性质，这是上述三种财产权理论的共同点。此外，我认为还有一个共同性就在于，上述三种理论都没有把私人财产权简单地视为一个属于私法领域或者部门法中的产权规定，而是都把它上升到了政治法的高度，都把它视为是现代社会的一个最核心的组织单元或细胞，就是说，他们都认为构成一个现代社会的基石就是私人财产权，即私人对于财产的稳定占有以及这种占有的正当性证成，这是构成现代社会的一个最核心的东西。假如没有这一基点，那么现代社会的经济秩序、政治秩序和生活秩序也就都无法建立起来。从这个意义上说，上述三种财产权理论，不论是权利论的，自由意志论的，还是规则论的，就已经超出了狭隘的民法中财产权范畴的划界，而具有了政治哲学的内涵。我觉得从大的方面来看，上述两点是近现代三种财产权理论的共同性特性。

那么，三种财产权理论有什么不同呢？洛克的财产权理论当然是最著名的了，影响最为深远。首先，洛克认为人类对财产的占有是一种自然权利，人作为一个人天然地就具有对财产加以占有的权利，这个权利是先在的，不可剥夺的；其次，他认为人类对财产权的占有是人通过劳动就把自己的力量体现在对象物中了，这个物就变成了所有物，体现的是人劳动的价值，这个基于劳动的财产权论证是洛克思想的核心。需要指出的是，洛克自然权利论的基于劳动的财产权理论与马克思的劳动价值学说在本质性上是不同的，马克思的劳动价值学说抽象出了一个所谓的"劳动一般"，马克思把劳动变成一个实体性的东西，并且是从剩余劳动的角度对于资本主义的法权理论给予了全面的批评，而洛克是一个经验主义哲学家，他并没有把劳动上升到一个实体性的"劳动一般"，更没有剩余劳动的概念，洛克认为劳动是一种没有办法且非常痛苦的事情，人只有付出了辛苦的劳动，才能够占有对象物。在他那里，劳动没有异化，也没有美学，是一件迫不得已的权利，它为人赢得法权上的保障，使人获得自由，但终究是件无奈的事情。

黑格尔的财产权理论是一种自由意志论的法权理论，他认为，人占有一个物品，占有的不是物品本身，而是把人的人格附属上去了，人占有的是自己的人格，而不是外在的物品。这个人格在黑格尔看来就是一个自由意志，物品作为自由意志的对象而为人所占有，人在占有中实现了自己的自由意志，私人财产权从本质上说是一种自由权，即人通过人的活动或劳作，他占有或实现了人的自由，人只有在财产的占有中才能获得自由，没有对于财产的占有，也就没有人的自由，因此，私人财产权是人类社会中最基本的属于人的自由权。在黑格尔那里，市民社会也好，伦理国家也罢，都必须建立在这个个人自由的财产权的基础之上。笼统地看，黑格尔与洛克的思想有很大的相同性，但仔细看他们之间是有区别的，黑格尔的私人财产权理论，强调财产占有中的社会性。黑格尔认为，脱离社会的自然人是从来就没有的，也不存在什么自然权利，占有自然物是离不开一个社会基础的，私人财产权作为一种法权，只有作为一个社会中的人才能够获得，离开社会的自由人格是不存在的。脱离社会的所谓抽象的个人是不能占有物品的，即使占有了也是没有价值的，没有法权保障的，与动物的占有没有什么两样，所以，财产权的建立需要先有一个政治社会、政治国家的支持，作为市民社会的财产权脱离不了法权的伦理性质，看来，财产权在黑格尔的理论中体现的是一种市民社会与政治国家的辩证法。

下面我们看休谟的私人财产权理论。首先，休谟是反对洛克的自然权利论和政府契约论的，他认为，人对财产物的占有是需要依附于社会的，他与黑格尔一样不同意洛克的个人占有理论，也反对通过社会契约来构成一个政治社会或者一个政府。在私有财产权问题上，休谟强调指出人的财产关系脱离不了传统，脱离不了社会、家庭的联系，只有在这个社会性的过程中人对物的占有才具有实质性的意义，这是他与黑格尔相同而与洛克不同的地方。其次，休谟与洛克和黑格尔两人的不同之处在于，他认为，财产占有的正当性不是通过所谓的劳动获得的，占有关系也没有体现什么自由的人格，在他看来，占有只是一种法律的界定形式，是一种权界的划分规则，与劳动并没有本质性的关系，即便是不劳动的占有，例如继承关系，时间或空间的先占，等等，也都可以属于财产权的正当归属。因此，休谟并没有过多地论述或重视财产权的内容，而是强调财产权的规则形式，强调的是如何才能达到"稳定的占有"。而一旦涉及稳定占有，显然就需要一个重要的前提，即需要一个社会的、政府的稳定，因为只有政府的存在才能够使得个人对财产稳定的占有得到落实，或得到法律制度上的保障。

休谟在他的一系列著述中反复指出了人类社会得以存在的三个基本的正义规则：第一个是有关财产的稳定占有的规则，第二个是有关财产权的通过同意而得到转换的规则，第三个是承诺必须得到履行的诚信规则。其实这三个规则，第一个财产权规则是最基本的，后面的两个规则主要是从第一个规则中衍生出来的，这三个规则被休谟认为是构成一个社会最核心的原则。他认为，财产的占有不在于劳动和个人自由意志的体现，而在于占有财物是一种在法权中得到保护的稳定性占有的财产权，从占有的事实到财产权，这是人类历史上的一个标志性的推进，它意味着一个政治社会的产生。在休谟看来，稳定占有财物并不是人的自然权利所能保证的，洛克的所谓神学假设甚至通过人的参与劳动等理论，只是把占有限制在人的独立自主上，认为人能够凭着自己的先天权利而获得对物占有的持续性和稳定性，并由此证明其合法性，这在休谟看来是不可取的。休谟认为，人本身单纯依靠自然权利是不可能达到稳定占有的，即使一个自主的个人具有自然占有的正当性，他仍无法避免他人对于自己财产的攫取，因此要获得稳定的占有必须人为地设计出一套补救的办法，这样就从一个自然社会进入到了一个政治社会。所谓的财产权理论不可能是一种自然权利的权利理论，只能是一种政治社会的规则理论，因为稳定的占有只有通过规则、通过人为设计的措施而得到保证。

　　休谟一再强调，财产的占有是通过政治社会自发演进或由立法者制定的一套规则而得到稳定的保障，并转换成为一种财产权，这样这种占有才因为法律而不被其他人侵犯，至于占有本身是不是体现了劳动或者体现了自由的人格，这些并不重要，体现也好，不体现也罢，问题是这种占有是否能够在法权上成为你的合法所有，由你自由支配。如果要成为你的合法所有就必须有一个政治社会、一个国家、一个政府，它们使得这样的占有能够稳定而不被其他人侵犯。所以，休谟强调的是占有规则，不是这个物上体现了什么，而是这个物是通过一种什么规则而为人所占有的，有了规则，占有才会存在，如果没有了规则，这个占有也就不会成为你的所有。所以，休谟认为人对物的占有的财产权关系是一种人的关系，是一种道德关系，而不是一个自然关系。实际上，我认为这里面存在着一个悖论，这个悖论是什么呢？一方面，政治社会要保障这样一个规则的实施，使得这个占有能够稳定地成为法权意义上的财产权；另一方面，政治社会是怎么产生的呢？它又是建立在财产权基础上的，财产权是一个政治社会最基本的构成前提。从这个逻辑上大家可以看出来，占有需要政治社会、政府、国家对这个占有予以承认，并由此确立财产权这个规则；但是，一个政治社会如果没有私人财产权的基础规则，又是不可能正义地存在下去的，因为一个政府之所以不是一个强盗集团，在于这个政治社会存在着最基本的财产权规则。从逻辑上来说这是一个悖论。休谟不是一个在逻辑上非常缜密的思想家，读他的著作，有时候可能会发现很多的矛盾和悖论，但是休谟是一个经验主义的思想家，他提出了一个完全不同于洛克和黑格尔的政府起源理论，上述逻辑上的矛盾在他的经验论的论述中得到了有效的解决。

政府是怎么产生的呢？洛克有一套精细的契约论，在洛克看来，个人先天地就是一个自主性单元，他们相互之间通过订立契约而产生了政治社会，产生了政府和国家等政治与法律机构，这些机构的职责就在于通过权力来保护个人的诸多先天权利，其中包括财产权利，这番论证从逻辑上来说是很自恰的。但是，休谟指出，这个自恰的逻辑从来就没有存在过，世界上从来就没有任何一个政府是通过订立契约产生的，历史地看，政府是通过战争、掠夺、继承等五种方式产生的，因此，休谟对于洛克、霍布斯等人的契约论是持批评态度的，他说从来没有所谓先天的自然权利，也不存在人们相互之间通过订立契约来产生政府，说到底任何政府都是枪杆子里打出来的。在历史的演变过程中，强暴的政府逐渐从不正义转变为正义的，仁慈的，为了统治的稳定性和持久性，统治者逐渐开始讲究仁义，讲究荣誉，讲究正当性与合法性。政府的权威也罢，政府的起源也罢，休谟对此的经验主义论证，大致就是这样的一个论证过程。

上面谈的是财产权与政治社会的关系，这只是休谟财产权理论的一个方面，下面还有另外一个方面，即如何论证财产权的正当性问题，也就是说休谟并不仅仅只是认为存在了一个合法的政府就可以一劳永逸地解决私人财产权的正当性问题，仅仅通过政府的权力是不可能完全解决财产权问题的，休谟对于财产权的正当性论证还有另外一个方面。休谟一再指出，私人财产权是一个正义的制度，为什么它是一个正义的制度呢？实际上黑格尔和洛克也认为私人财产权是一个正义的制度。洛克的论证方式主要是从天赋权利、自然正义的角度来考虑的，这里既有神学的印记，也遵循着传统的自然法精神。黑格尔也是从一个庞大的形而上学的法学体系来展开财产权的正义性论证，先是抽象法，然后是市民法，最后是国家法，法律的表现形式体现了民族精神乃至绝对精神的演变，通过财产权体现人的自由意志，不仅如此，黑格尔认为，道德、艺术、宗教等也都是人类自由的体现。休谟与黑格尔、洛克的论证方式不同，关于私人占有财产之所以具有正当性，他试图从公共利益和个人利益的关系出发，提出了一个基于共同利益感的主观主义论证。

我们知道，休谟对于人性提出了三个预设，首先，自然资料的提供是相对匮乏的，这个预设不像洛克认为自然资料是相对丰富的，也不像霍布斯认为是非常缺乏的，其他的两个预设是，人本性上是自私自利的，但又不是绝对自私的，休谟认为人还有一些有限的同情。在上述有关人性论的前提下，休谟所代表的苏格兰思想在论证财产权乃至政治社会的形成与合法性时，做出了一个巨大的理论贡献，他们有效地解决了公共利益与个人利益的关系问题，即认为个人追求私利能够促进公共利益的实现，这基本上是古典政治经济学的一个重要命题。这个命题说起来并不高尚，但在人类社会的实际生活当中却是普遍存在的。从曼德维尔到斯密、休谟，甚至现代经济学的公共选择学派，基本上都有这样一个假设，个人追求自己的私利，这在市民社会是没有错的，只要遵纪守法地追求就可以了。从道德上来说，可能会受到质疑，但也未必就全部有错，因为人不能仅仅靠着道德来生活，人首先要吃、穿、住。问题在于，这里面有一个转换，恰恰是在大家追求私利的过程中产生了一系列公益的事情，在追求私利的个人活动中一个莫名其妙的结果是，私利导致了公共利益。这种公共利益到底是怎么产生的，产生的机制是什么？经济学上的论证是，由于大家都追求个人利益的最大化，最后认识到，由于大家都需要公共产品，公共产品的生产可能会有助于个人私利的最大化扩展。例如，我们的生意都需要公路，假如大家都不去建设公路的话，可能所有人的生意都会受到不良影响。这个大账算清楚之后，人们就会觉得公益的事情反而更能够促进个人利益的实现。

那么，到底什么是公共利益？这一问题我觉得值得我们特别重视。休谟认为，所谓的公共利益可能有很多，但其中最主要的是确立一套普遍抽象的规则，建立一套行之有效的法律制度，所谓正义的制度说到底就是能够现实公共利益的制度，就是能够使个人利益在公共利益中获得协调扩展的制度。休谟认为，私人财产权是公共利益和私人利益的一个有效的平衡，只有确立了私人财产权，每个人都可以稳定占有属于自己的私人财产，作为私人利益的追求者，人们才能够诉求公共利益，并由此生成出一套经济秩序、法律秩序和政治秩序，这就是最大的公共利益。这个公共利益休谟不是通过理性来论证的，在私人财产权的利益问题上，休谟与边沁等人的偏重于理性计算的功利主义不同，他强调的是基于共同利益感的规则形式。一般说来，功利主义有两种，一种是内容的功利主义，一种是形式的功利主义。所谓内容的功利主义主要是指边沁他们那一套功利主义，由此导致后来的实用主义，每个人都追求利益的最大化，其最后的原则是最大多数人的最大幸福，蛋糕做得越大分给大家越多就越好，这是一个结果论的功利主义。但这个原则并不能保证这个最佳结果的实现，从某种意义上说，它是一种空想，因为它不注重规则，即便是一个大蛋糕，如果没有公正的分配规则，也无法保证上述原则的实现。形式的功利主义强调的是如何制定一套普遍抽象的规则，休谟认为提供一套正当行为规则，才是约束个人利益膨胀，促进公共利益的关键，财产权在他看来就是这类规则中最根本性的元规则，它是公共利益的实质之所在。

## 休谟的文明政体论

17、18 世纪欧洲的社会政治思想处于一个所谓的启蒙时期，思想家们对于世界的认识不但有启蒙的眼界，还有历史的眼界，冲破神学束缚，开启民智，审视人类从野蛮到文明的发展历史，考察各个民族的风俗、礼仪、文化与制度，为本国的社会变革输入新的资源，这是当时思想家们的共识，因此有伏尔泰的《风俗论》、孟德斯鸠的《论法的精神》等一大批著述涌现。休谟作为苏格兰历史学派的代表人物之一，显然受到了那个时代的影响，他对于政体的看法渗透着时代的精神。但毕竟英国的精神不同于法国的精神，休谟有关文明与野蛮政体的观点，对于政府的起源与本性的看法，尽管与法国的思想有着密切的关联，与英国霍布斯和洛克的政治理论有着内在的呼应，但仍然呈现出理论的独创性。

休谟的政治理论有一个历史的维度，对于历史，休谟具有自己的理解，他并不赞同法国乃至英格兰前辈思想家的理性色彩较浓的历史观，他的历史理论是经验的，是建立在他的政治哲学和政体论的基础之上的，或者说他的历史意识服务于他有关人类政治事务的理论。通过对于人类历史状态的考察，休谟隐含地认为人类的历史大致经历了的四种基本的社会形态，第一种是野蛮的极少文明的社会，在那里还没有出现主权之类的事物，例如美洲的印第安人就是如此。第二种是古代希腊、罗马社会，虽然存在少许的贸易，但工业并不发达。政制形态有多种形式，公民平等，共和精神和民主意识都很强烈。第三种是封建社会，经济上主要依靠农业，封建等级普遍存在，但国家有统一的法律，在法律下人人平等。生产技艺落后，生活简陋，无高雅兴趣。第四种社会是近代以来的商业社会，有关这个社会的经济、政制与文明的内容是休谟论述的中心，他的一系列著述都是围绕着这个近代社会展开的。

　　在休谟的社会政治思想中，文明具有十分重要的意义，他有关政体的理论首先是一个有关文明与否的政制问题。尽管休谟考察了一系列不同形态的政体，在他的论文中涉及专制政体、自由政体、共和政体、混合政体、民主政体、绝对专制政体、君主政体、君主专制政体、民主共和政体、东方专制政体、温和政体、野蛮政体、僭住政体等等，但是在我看来，休谟理论中的这些政体形式并不是平行排列的，如果仔细研究休谟的政体理论，就会发现其中隐含着一个内在的政治逻辑，即隐含着一个有关人类政治体制的二阶划分标准。我认为在上述大量的政体形式背后，休谟实质上做了二阶的层次划分，首先，野蛮政体与文明政体的划分是休谟政体论的一阶逻辑，在此之下，才有所谓二阶形态的政体区分，所以，有关野蛮与文明的政体划分在休谟的政体论中，具有基础性的意义。虽然，一阶划分在休谟的政体理论中是隐含的，而且就内容看，也不是休谟考察、分析与研究的主要对象，但我们不能因此就忽视了它的重要性，否则就不能准确地理解休谟的政体理论。

有关君主制问题的考察、分析是休谟政体思想的一个重要内容，也是他一系列论述中着墨最多、思考最勤、独创性最突出的地方，所以值得我们下工夫研究，我认为即便在现代这样一个民主政治占据主流的时代，休谟的思考对于我们仍然不无裨益。为什么呢？因为自从马基雅维里开启了近代的政治哲学和政体论之先河后，有关政体问题的探讨不绝如缕，随着民族国家的日渐突起，究竟采取何种政体治理社会，君主制、共和制还是民主制，一直是政治理论争论的要点，特别是 17 世纪启蒙运动肇始以来，随着人民主权和民主政治呼声的高涨，君主制似乎已成为明日黄花。但是，不可否认的是，欧洲的君主制在近代历史上有着深厚的基础，已融入传承相续的政治传统之中，并且在现实的政治事务中保持着强大的生命力，英国人民历经革命的洗礼最终仍然选择了君主制，便是最好的例证。休谟在他那篇"英国政体究竟更倾向于君主专制，还是更倾向于民主共和国？"的文章中提出了他的主张，在他看来，一味坚持君主制还是民主共和制都是不妥的，问题的关键在于君主制是怎样一种君主制，民主共和制是怎样一种民主共和制，应该看到问题的复杂性，看到在政治制度里面蕴涵着更加本质性的东西。因此，他主张对不同的政体给予认真的分析和考察，特别是对于人们自以为熟知的所谓君主制，给予彻底的全面分析，探讨一下君主制有几种形态，究竟何种君主制最适合英国的国情与人民的习惯。这样一来，就涉及前面我们所指出的有关政体的二阶划分的问题，涉及自由君主制、专制君主制，以及有关专制程度、法治标准与政治自由等一系列复杂而又本质性的问题。

休谟有关政体的一阶划分是野蛮与文明政体两种形态的实质区分，野蛮政体的特征是绝对的专制暴力，统治者肆意无法，典型形态是古代东方社会的绝对君主制，如波斯等，以及希腊、罗马时期的变态政体，如僭主制等。而通常意义的君主制在休谟眼中，则基本上是属于文明政体的一种形态。亚里士多德在《雅典政制》与《政治学》中对于古代的君主制曾做过分析，认为君主政体有多种类型，总的来说是属于较好的政体，亚里士多德主要是从统治者的人数来看待君主制的，当时希腊的主流政体是民主制、贵族制与共和制，以及各种变体形式，君主制并非政制的主流。第二类君主制是近代以降的事情，随着近代民族国家的产生与发展，真正意义上的君主制国家出现了，马基雅维里是第一位系统论述君主制的政治思想家，他的《君主论》可谓近代政体论的开山之作。此后，但丁、博丹、霍布斯、孟德斯鸠等一大批重要的政治思想家都曾深入地探讨过君主制问题，遂使它成为近代政治学中的一门显学。休谟所处的时代，君主制问题不仅是一个重大的理论问题，更是一个严峻的现实问题。一方面，英国的光荣革命与英国君主制的命运息息相关，另一方面，法国的启蒙运动却使得法国的君主制风雨飘摇。君主制的命运如何？怎样看待君主制？英国与法国两种君主制是否存在着差别？英国是否适合君主制？适合何种君主制？等等，这一系列问题摆在了当时思想家们的眼前。休谟基于对英国现实问题的极度关切，对于上述问题均给予了深入的思考。

休谟首先把近代君主制视为一种文明政体。在他看来，欧洲的君主政体，特别是近代以来的君主制国家，不同于野蛮的君主制，它们属于文明社会的政制形态。欧洲的各类君主国（包括英国）无疑都是专制性的，特别是在欧洲大陆，君主专制的色彩普遍较为强烈，君主个人的意志在国家统治中占有重要的地位，例如，它在法国路易十四那里发展到顶峰，法国的君主制是一种典型的君主专制。但是尽管如此，欧洲的君主专制仍然不同于东方社会的野蛮专制政体，君主的权力是受到约束的，有限度的，而不是绝对的，无限度的，不但受到一定的法律制度的约束，还受到传统、习惯、荣誉、惯例等因素的限制。例如，像英国这样的君主制其国王受制于法律与传统的约束自不待说，即便是法国那样的专制君主制，它的古制一直受到了各种力量和法律的制约且不说，就是后来的所谓登峰造极的君主独裁，其权力也不是绝对的，相对于野蛮的绝对专制（absolute monarchy），仍是有限度的（limited sovereign）。所以，休谟认为近代君主制无论怎样都属于文明的政体，是一阶划分中的文明政体形态。

不过，在明确了上述这个基本前提之下，我们看到，休谟政体思想的深刻性在于他并没有满足于此，或者说他有关君主制理论的主要内容还在后面，他认为对于近代的君主制不能简单地一概而论，应该在二阶层次上做本质性的区分。为此就进入休谟政体论的第二个要点，即在文明政体这一前提下，休谟对于君主制又做了明确的区分，划分了两种君主制，一种是专制君主制，一种是自由君主制。以休谟之见，自由之多少，而不是自由之有无，是区分近代君主政体之性质的一个关键，而我们知道，休谟所说的自由，并不是民主制意义上的自由，而是法治意义上的自由，因此，这种自由与法律制度有着密切的关系。这样一来，我们可以从休谟的上述论断中得出这样一个结论：由于法治之自由的程度标准，君主制可以分为两种，少许君主制与自由法律的结合是自由君主制，以英国为代表；少许自由法律与君主制的结合是专制君主制，以法国为代表。

休谟有关区分两种君主制的思想，与孟德斯鸠的观点有很多一致之处。孟德斯鸠早期较为推崇共和政体，在《论法的精神》一书中他的思想发生了变化，他认为共和政体虽然总的来说优于君主政体，但并非全部如此，像威尼斯的共和政体就很糟糕，相比之下，像英国那样的君主政体不仅优越于大多数古代共和国，而且也优于现代的意大利诸共和国。在他看来，区分共和制与君主制的关键因素不在于统治者的人数，传统政治学的区分标准无法判断政体之优劣，以他之见，评价政体良莠的标准是"有无法治"。所以，无论是一人之治的君主国，还是众人之治的共和国，只要是建立在法治的基础之上，国家的权力在法的统治下相互制约、均衡运行，就是一个良好的政治宽和的政体。根据孟德斯鸠，特别是根据休谟的观点，我们综观一下近代欧洲国家的政治体制的演变过程是很有必要的，它们不但能够加深我们对于上述富有洞见的理论的理解，而且还有助于我们把握西方近代以来文明政体的演进轨迹及其本质性差异，从而理解当今世界政治文明的状况，促进我们作为一个政治民族的成熟，深思熟虑地选择适合于我们国情的自由政体。

我们看到，欧洲自近代政制发轫以来就呈现出两条政制道路，一条是欧洲大陆式的，它以法、德、俄为代表，在休谟那个时代，主要体现为法国的专制君主制。法国的君主制基本上延续了欧洲大陆传统的君主制的政治模式，在那里虽然也有某种法律之治，但国王的权力巨大，他可以根据自己的私人意志而决定国家的治理，在他身边的政府不过是一种附属性的行政机构，完全听命于他的个人专断。因此，以国王为中心，以巴黎为首都，形成了一个欧洲大陆的专制性的国家体系。相比之下，在德意志则是一群分崩离析的公国各自为政，虽有一个王制形式，但君主的权力是虚的，还没有像法国那样有一个统一的王权，只是后来俾斯麦推进的铁血政策促成了普鲁士王国的强大，并进而形成一个法治国的专制国家，但这些都是休谟之后的事情了。不过总的来说，从法国到德国直至苏联18、19乃至20世纪的政制演变基本上是一个国家主义的政治路线，尽管这个"国家"开始是以君主国的形式出现，后来逐渐为"人民"的民主政治所代替，但其实质仍然是一种国家绝对高于个人的国家主义当道。另外一条是英美式的宪政主义政治路线，在休谟的时代，集中体现为英国的立宪君主制。我们知道，早在英国的古制时期就有宪政的传统，而经过英国革命所确立的政治体制，是不同于法、德路线的一种以法治主义为核心的自由政制。尽管国王在英国的政体中一直保持到今天，美国宪法之下的总统从某种意义上来说，也可以称之为匿名的国王，但这种立宪君主制的政体形式，并不影响其自由政体的实质，并不影响它在本质上是一种与专制主义相区别的自由政体。细究起来，休谟在几乎所有的文章中一直把英国的君主制称之为"自由政体"、"自由制度"、"自由君主制"，斯密也多次指出英国是一种"自然的自由制度"，其原因也正在于此。

由此可见，政体形式尽管是重要的，但并不是最根本性的。政治学中一直有两个问题，一个是由谁统治的问题，另一个是如何统治的问题，"由谁统治"可以根据统治者数量之多少而区分为君主制、贵族制和平民制，以及怎样产生统治者的方式与程序之不同，而区分为直接民主制、代议制和一系列非民主制的政体，如僭主制、寡头制等，但这些都只是涉及政治学的政体形式问题，并不涉及根本问题。根本问题则是"如何统治"的问题，也就是说究竟是依据法律来统治，特别是依据宪法（未成文的与成文的）来统治，还是依据统治者（无论是君主一人、少数人还是大多数人）的意志来统治，这个问题触及自由与专制的实质性问题。相对来说，休谟更关注于后一个问题，并提出了一个二阶的政体划分理论。

野蛮与文明政体的一阶政体划分解决的是有关自由之有与无的问题，即绝对的专制政体是没有自由的政制，按照他的这个一阶分类，不但古代蛮族的绝对专制是野蛮政体，而且各种各样的近代乃至现代的绝对专制政制，如罗伯斯俾尔的人民专制、拿破伦的僭主制，特别是希特勒的独裁、斯大林的暴政等，都属于野蛮政体，它们是一种新的不同于古代野蛮政制的现代野蛮政制，用贡斯当的话说，它们是文明化的野蛮，其暴虐程度比古代有过之而不及。至于文明框架内的二阶政体的划分，则不是自由之有无，而是自由之多少，涉及专制的相对程度问题，为此休谟集中探讨了三种政体方式，即英国的自由政体、法国的专制政体和他理想中的共和政体。休谟认为究竟在英国是采取君主制还是共和制，这些争论是不重要的，重要的在于是否存在法治，是否保障了人民的财产权利，是否存在着自由，这才是最为关键的。休谟的上述思想在美国的联邦党人那里得到了继承和发展，联邦党人同样关注的是如何统治的问题，特别是法治与宪政问题，根据当时的情况，他们又特别警惕多数人的专制问题，这些思想受到了现代自由主义如哈耶克等理论家们的高度重视。

休谟的政治思想是深刻的，复杂的，而又丰富的，他并没有像当时的一些英国政治理论家们那样仅把目光局限在英国本土以及英国的政治传统，他对于欧洲大陆的政制考察也并不是仅局限在法国。固然英国的政治实践以及传统在休谟的理论中占有重要位置，法国的专制君主制也是他考察的一个主要对象，但是阅读休谟的一系列政治文章，我们发现，他还有另外一个值得注意的理论来源，那就是他对于欧洲历史上的共和制的分析与研究。古代希腊、罗马的一些小型城邦共和国的制度形态、政治德性以及自由精神时常出现在他的文章中，而近代以来的一些自治的城市共和国，如威尼斯、荷兰、苏黎世等则更成为他考察研究的要点，并且成为他分析英国和法国政体的理论参照。我们说休谟的政治思想是一种非体系化的复杂的深刻，他虽然对于英国的自由君主制推崇备至，认为它是最符合英国国情的一种明智选择，是一种良好的制度设计，但是在他的心目中其实还有另外一个标准，那就是他认为理想的国家制度最终乃是一个自由共和国的政体模式。

休谟的理论表现出他对于政治事务有着一种审慎的理解，这种理解与他的人性观和关于政治的正义理论有着密切联系。如果不了解他的政治哲学，就会产生很多的误解，甚至发现有些观点是矛盾的，例如，休谟的政治理论究竟是自由主义的，抑或保守主义的，就是思想史界一个聚讼纷纭的问题。但是，如果理解了他对于人性的复杂性的认识，理解了他所说的自私与同情在政治事务中的重要作用，理解了个人利益与公共利益在政治事务中的互动关系，我们就会发现他对于政体制度的分析，确实是展示了一个伟大的政治思想家所特有的那种把握人类事物的洞察力，这足以为我们解决当今的现实问题提供一些借鉴。

# Here 此间学人系列书目

**徐　贲**

《与时俱进的启蒙》

《人文启蒙的知识传播原理》

《人类还有希望吗：人工智能时代的人文启蒙和教育》

《AI 时代重读人文经典》

**郑也夫**

《神似祖先》

《五代九章》

**高全喜**

《苏格兰道德哲学十讲》

《休谟的政治哲学》（增订版）

《论相互承认的法权：〈精神现象学〉研究两篇》（增订版）

**吴　飞**

《浮生取义（外两种）》

《论殡葬》

**李宝臣**

《礼不远人：走近明清京师礼制文化》（深度增订版）

**陈　洪**

《结缘两千年：俯瞰中国古代文学与佛教》

**朱海就**

《真正的市场：行动与规则的视角》

《文明的原理：真正的经济学》

《企业家与企业》

**刘业进**

《演化经济学原理》

《经济发展的中国经验》

**方绍伟**

《经济学的观念冲突》

《经济增长的理论突破》

**黄琪轩**

《大国权力转移与技术变迁》（深度增订版）

《政治经济学的智慧：经典传承与当代回响》

《世界政治经济中的大国技术竞争》

**朱天飚**

《争论中的政治经济学理论》

**冯兴元**

《创造财富的逻辑》（冯兴元、孟冰）

《门格尔与奥地利学派经济学入门》

**李　强**

《自由主义》（第四版）

《思想的魅力》

**殷　融**

《向善之心：进化如何让我们成为更好的人》

**军　宁**

《保守主义》

《投资哲学》

**任剑涛**

《艰难的现代：现代中国的社会政治思想》

《博大的现代：西方近现代社会政治创制》

《嘱望的现代：巨变激荡的社会政治理念》

**Here 此间学人 · 经典精译系列**

亚里士多德：《尼各马可伦理学》（李涛 译注）

久米邦武编撰《美欧回览实记》（徐静波 译注）

---

**"Here 此间学人"系列**

1. 不以某个论域为中心，而是以一个个学者为中心，突出人文社科各领域中的学术名家；

2. 不同于一般的学术论著，突出理论思想性与现代问题意识；

3. 突出中文学界的学术思想原创力，兼及研究型翻译。

如对本系列图书感兴趣，请扫描下方二维码。

**图书在版编目（CIP）数据**

休谟的政治哲学/高全喜著 . —增订本 . —上海：
上海三联书店，2025. 4. —ISBN 978 - 7 - 5426 - 8578 - 0

Ⅰ．B561.291；D0

中国国家版本馆 CIP 数据核字第 2024LZ4754 号

## 休谟的政治哲学（增订版）

著　　者 / 高全喜

责任编辑 / 徐建新
装帧设计 / 一本好书
监　　制 / 姚　军
责任校对 / 王凌霄　张　瑞

出版发行 / 上海三联书店
　　　　　　（200041）中国上海市静安区威海路 755 号 30 楼
邮　　箱 / sdxsanlian@sina.com
联系电话 / 编辑部：021 - 22895517
　　　　　　发行部：021 - 22895559
印　　刷 / 上海雅昌艺术印刷有限公司

版　　次 / 2025 年 4 月第 1 版
印　　次 / 2025 年 4 月第 1 次印刷
开　　本 / 655 mm × 960 mm　1/16
字　　数 / 400 千字
印　　张 / 34.25
书　　号 / ISBN 978 - 7 - 5426 - 8578 - 0/B · 914
定　　价 / 118.00 元

敬启读者，如发现本书有印装质量问题，请与印刷厂联系 021 - 68798999